BASTEI LÜBBE

**Über die Autoren:**
**Kenneth Good** wurde für seine Arbeit über die Yanomami an der Universität von Florida promoviert. Er arbeitete als Forscher am Max-Planck-Institut in München. Gegenwärtig lehrt er Anthropologie am Jersey City State College.

**David Chanhoff** ist Co-Autor sechs weiterer Bücher, darunter *Slow Burn* (mit Orrin DeForrest), *Warrior* (mit Ariel Sharon) und *Portrait of Enemy* (mit Doan Van Toai). Er lebt mit seiner Familie in Marlborough, Massachusetts.

Abenteuer Leben

# YARIMA

KENNETH GOOD
DAVID CHANOFF

**Ich brach auf, um ein Volk im Urwald des Orinoco zu erforschen. Was ich fand, war eine ungewöhnliche Liebe**

**Aus dem Amerikanischen von Klaus Pemsel**

BASTEI
LÜBBE

BASTEI-LÜBBE-TASCHENBUCH
Band 61902


Die amerikanische Originalausgabe
erschien unter dem Titel *Into The Heart:*
*One Man's Pursuit of Love and Knowledge Among the Yanomama*
bei Simon & Schuster, New York

Printed in Germany, Januar 1996
Redaktion: Ulrike Brandt-Schwarze, Bonn
Einbandgestaltung: CCG, Köln
Titelbild: Art Wolfe, Tony Stone, München
Druck und Bindung: Ebner Ulm
ISBN 3-404-61902-1

Der Preis dieses Bandes versteht sich einschließlich
der gesetzlichen Mehrwertsteuer.

Den Hasupuweteri,
die mir die Lebensweise der Yanomami gezeigt haben,
und besonders meiner Frau Yarima gewidmet,
die so mutig den Prüfungen des Schicksals
sowohl durch ihre eigene als auch durch meine Welt
standgehalten hat.

*Bemerkungen zur Sprache und Schreibung:*
Bei den Yanomami ist das Aussprechen von Eigennamen mit einem Tabu belegt, das sogar noch strenger gehandhabt wird, wenn der oder die Betreffende stirbt. Aus Achtung vor diesem Tabu sind alle Yanomami-Namen in diesem Buch erfunden. Die Yanomami-Wörter sind möglichst klanggetreu wiedergegeben. So wird das Wort »napé« (Fremder) »nabuh« geschrieben, was in etwa der Aussprache der Yanomami entspricht.

# Inhalt

Der nüchterne Forscher
- Der Dschungel am Amazonas und seine Bewohner. Geschichte, Legenden und Mißverständnisse — 10
- Anreise mit Hindernissen — 16
- Die Hasupuweteri — 27
- Alltag im Indio-Dorf — 42
- Der Treck — 68
- Aufnahme in die Sippengemeinschaft — 89
- Dörfer im Herzen des Dschungels — 100
- Malaria und Stromschnellen — 117
- Verlobung bei den Yanomami — 133
- Stippvisiten im Dschungel — 151

Liebe zwischen zwei Welten
- Sehnsucht nach Yarima — 174
- Die Volkszählung — 188
- In den Fängen der Bürokratie — 215
- »Nohi harupo« – Eifersucht — 231
- Die Patahamateri — 250
- Verirrt im Behördendschungel — 264
- Die Suche nach Yarima — 282
- Yarimas erster Kontakt mit der Zivilisation — 295
- Trennung auf Nimmerwiedersehen — 320
- Bei Nacht und Nebel — 341
- Indios in Caracas — 365
- Abschied vom Dschungel — 383
- Hochzeit in Pennsylvania — 401

Register — 412

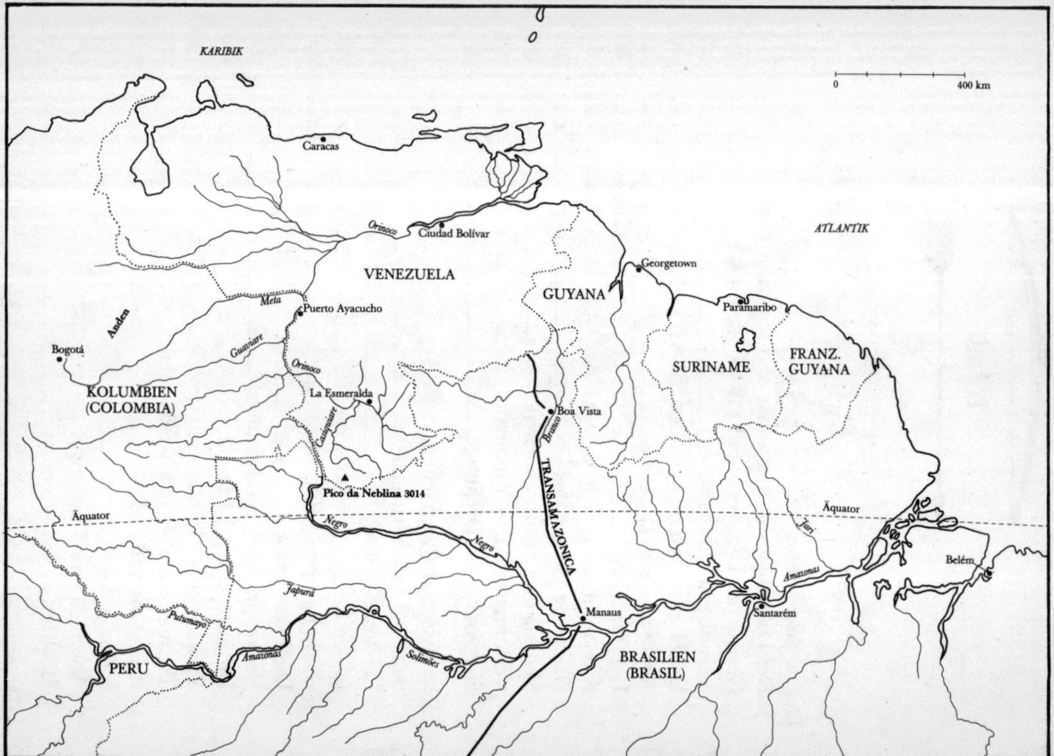
KARIBIK
0
400 km
Caracas
Orinoco
Ciudad Bolívar
ATLANTIK
Georgetown
VENEZUELA
GUYANA
Paramaribo
Meta
Puerto Ayacucho
Anden
Bogotá
Guaviare
Orinoco
SURINAME
FRANZ.
GUYANA
KOLUMBIEN
(COLOMBIA)
La Esmeralda
Boa Vista
Branco
Casiquiare
TRANSAMAZONICA
Pico da Neblina 3014
Äquator
Äquator
Jari
Negro
Negro
Belém
Amazonas
Japurá
Manaus
Santarém
Putumayo
Amazonas
Solimões
PERU
BRASILIEN
(BRASIL)

# Der nüchterne Forscher

# Der Dschungel am Amazonas und seine Bewohner.

## Geschichte, Legenden und Mißverständnisse

Seit Jahrhunderten hat die verborgene Welt des südamerikanischen Regenwaldes Außenstehende in ihren Bann gezogen, den Stoff für unzählige Legenden geliefert und immer neue Eroberer, Abenteurer, Forscher und Wissenschaftler angelockt. Habsüchtig, neugierig, wagemutig oder tollkühn sind sie gekommen, angefangen von Christoph Columbus, der vor einem halben Jahrtausend den Orinoco entdeckte, bis zu den Botanikern, Biologen, Zoologen, Anthropologen und anderen, weniger wohlwollenden Eindringlingen unserer Tage. Und noch immer gibt es im Urwald Gebiete, aus denen ein guter Botaniker mit 20 oder 30 bisher unentdeckten Pflanzenarten von einer Forschungsexpedition zurückkehren kann. Aus anthropologischer Sicht stellen die innersten Tiefen des Dschungels bis heute die Heimat von Stämmen dar, die mit der modernen Welt noch nicht in Berührung gekommen sind. Vielleicht ist es das letzte Fleckchen auf Erden, das mit so herrlichen Verlockungen winkt.

Seit der Frühzeit der Entdeckungsgeschichte sind Spanier, Portugiesen und Deutsche gekommen, Männer mit Namen wie Orellana, Teixeira, Ursua, Berrio, Aguirre und Alfinger. Als die Pilgerväter am Plymouth-Felsen im späteren New England landeten, hatte es bereits seit fast hundert Jahren Forschungsexpeditionen in das Amazonas-Becken gegeben. Noch 1914 sprach der Forscher und spätere US-Präsident Teddy Roosevelt von dem »letzten weißen Fleck« und ist später auf seiner Kartierungsexpedition auf einem noch nicht verzeichneten Regenwaldfluß nur knapp dem Tode entronnen. Viele Vorgänger Roosevelts und einige, die nach ihm kamen, hatten weniger Glück. Im Dschungelinnern ereilte sie der Tod: Blutvergiftung, Hunger, Schlangenbiß, Fieber und die curarevergifteten Pfeile feindlicher Indios forderten ihre Opfer unter den mutigen Entdeckern. Einige kehrten auf dem Rücken ihrer Freunde zurück, andere wurden von Kannibalen verspeist. Wieder andere, wie zum Beispiel Oberst Fawcett, Grenzvermesser für Brasilien, verschwanden schlichtweg.

Doch die Forscher zog es weiterhin in den Urwald, trotz der ungeheuren Leiden, die er ihnen auferlegte. Der tropische Regenwald ist eben vom Hauch des Geheimnisvollen umgeben und beflügelt die Phantasie. Was mag in seinen unbekannten Tiefen nicht alles der Entdeckung durch die sogenannten zivilisierten Menschen harren? Welche erstaunlichen und wunderbaren – oder abscheulichen und entsetzlichen – Orte und Wesen? Welcher Reichtum? Welches Wissen? Nachdem Pizarro das Inka-Reich erobert hatte, drang er nach Osten vor und schickte Gruppen von Conquistadores und Indio-Sklaven auf die Suche nach dem sagenhaften Land El Dorado, das so reich sein sollte, daß der König sich jeden Morgen nackt in Goldstaub wälzte und sich jeden Abend in einem See säuberte, dessen Goldsediment dadurch jährlich vermehrt wurde. Francisco de Orellana leitete eine dieser Expeditionen. Er fand zwar kein Gold, aber der Franziskanerpater in seiner Begleitung berichtete, daß er weibliche Krieger gesehen hätte, »groß und weiß, mit langem, in Zöpfen um den Kopf gewundenem Haar, und sie sind sehr robust und laufen nackend, nur ihre Geschlechtsteile sind bedeckt, mit Pfeil und Bogen in den Händen herum und kämpfen wie zehn Männer«. Das war 1540. Dreieinhalb Jahrhunderte später hatte das Amazonas-Gebiet nichts von seiner phantastischen Anziehungskraft eingebüßt. Noch Arthur Conan Doyle träumte davon, daß sich im Herzen des Dschungels ein riesiges Plateau erhebe, eine von der Zeit vergessene Insel, wo Dinosauriers und Affenmenschen ums Überleben kämpften. Sein Buch hieß »Die vergessene Welt«. Es fragt sich, ob er von den Tafelbergen, den *tepui*, des Guyana-Schilds gehört hatte, die sich auf Steilwänden bis zu 3000 Meter über den umliegenden Dschungel erheben und tatsächlich Inseln in der Zeit sind.

Das wahrscheinlich am wenigsten erforschte Gebiet des riesigen tropischen Regenwaldes liegt in Venezuelas unzugänglichem *Territorio Federal Amazonas*, das sich von dem unwirtlichen Vorposten Puerto Ayacucho nach Süden bis zur brasilianischen Grenze erstreckt. Durch dieses Gebiet dichten Regenwaldes und schroffer Berge windet sich der mächtige Orinoco dem Meer entgegen, entwässert in seinem Lauf mehr als 200 000 Quadratkilometer und ist durch den Casiquiare und den Río Negro auch mit dem noch gewaltigeren Amazonas verbunden. Als Columbus das erste Mal die breite Orinoco-Mündung erblickte, schrieb er an die Königin Isabella, daß sie ihm wie »die Pforten zum himmlischen Paradies« erschienen sei. Auch Walter Raleigh dachte, sie würde ins Paradies führen, allerdings in ein irdischeres, das vor Schätzen glitzerte. Auf den Expeditionen, die er 1595 und 1617 unternahm, fand er keine Reichtümer. Dennoch pflanzten seine Berichte der Phantasie der Engländer die Vision von El Dorado ein, die bereits die Träume der Spanier und Portugiesen jahrzehntelang beflügelt hatte. Einige glaubten, die Stadt läge am Ufer des Parima-Sees im fernen Hochland oder im Königreich von Chibcha im entlegenen Südwesten. Und noch Alexander von Humboldt, der große deutsche Naturforscher des 19. Jahrhunderts, konnte sich der Anziehungskraft der Amazonas-Legenden nicht völlig entziehen. »Hinter den Katarakten [beim heutigen Puerto Ayacucho]«, schrieb er, »beginnt ein unbekanntes Land.«

»Das unbekannte Land« war Venezuelas Regenwald. Selbst heute noch trifft diese Bezeichnung zu, denn man weiß nur wenig darüber. Im Gegensatz zur brasilianischen Amazonas-Region ist das Gebiet noch relativ unerforscht und von der Zivilisation unberührt. Gold- und Diamantenschmuggler gehen ihrem Gewerbe nach, vereinzelte Naturkundler und Anthropologen machen ihre Forschungen, und hin und wieder wagt sich ein Fotograf oder Filmemacher den Fluß hinauf zu einem kurzen Aufenthalt bei den katholischen Salesianerpatres oder den amerikanischen Protestanten der Eingeborenenmission. Doch nur einige sind über die Stromschnellen von Guajaribo hinaus vorgedrungen. Wenige haben das Zirpen der Vampire hinter Peñascal gehört oder den Pfotenabdruck eines Jaguars im Sand beim Orinoquito gesehen. Außer den Sanema- oder Ye'kwana-Indios, deren Siedlungen in der Nähe der brasilianischen Grenze liegen, kennt kaum jemand das große Sarisariñama-Plateau. Der Pico da Neblina, der Wolkenberg, der sich 3 000 Meter hoch aus der Sierra Imeri erhebt, ist der höchste venezolanische Gipfel außerhalb der Anden-Region. Er wurde erst 1953 entdeckt. Außer von den wenigen Abenteurern und den Forschern, die an seinen regennassen Hängen einen Schatz an ungewöhnlicher Flora und Fauna gefunden haben, kommen nur gelegentlich Gruppen halbnomadischer Regenwald-Indios in die Nähe des Berges.

Diese Halbnomaden des brasilianisch-venezolanischen Grenzgebiets sind die Yanomami. Sie legen Gärten an, sind aber auch Jäger und Sammler. Sie bewohnen das entlegene Hinterland zwischen den Flüssen des Regenwaldes, ein Land, das Fremden bis vor kurzem verschlossen war. Für die etwa 10 000 Yanomami, die verstreut im venezolanischen Regenwald leben, gilt das immer noch. Ihre Brüder und Schwestern über der Grenze in Brasilien hatten weniger Glück. Während der letzten zehn Jahre wurden ihre Wälder vernichtet, ihre Flüsse vergiftet und ihr Wild abgeschossen von Minenarbeitern, Kautschuksammlern und Bauern, die in Wellen hereinbrachen und erbarmungslos den Wald zurückdrängten, was dessen Bewohner zum Aussterben verurteilt. Für die venezolanischen Yanomami aus dem Landesinnern dagegen ist das Leben inzwischen mehr oder weniger so weitergegangen wie seit Vorzeiten, so lange sie sich erinnern können.

Viele Anthropologen glauben, die Yanomami seien ein Teil der zweiten Welle von Paläo-Indianern, den frühesten Bewohnern Amerikas, die vor etwa 25 000 Jahren die Landbrücke über die Beringsee nach Nordamerika überquerten. Über Jahrtausende hinweg sind sie immer weiter nach Süden gezogen und vor 20 000 oder vielleicht auch erst vor 12 000 Jahren in ihrer gegenwärtigen Heimat angelangt. Niemand kann das mit Sicherheit sagen. Heute erstrecken sich ihre Siedlungen nur über einen oder zwei Grade nördlich und südlich des Äquators. Sie leben gemeinschaftlich in großen Rundhäusern, die *shapono* heißen; selten zählt eine Gruppe mehr als 120 Köpfe. Mit Ausnahme des Geschlechtslebens und der Verrichtung der Notdurft spielt sich ihr ganzes Tun und Treiben in der Öffentlichkeit ab.

Was ihre materiellen und technologischen Errungenschaften betrifft, fallen die Yanomami durch ihre Ursprünglichkeit auf. Sie haben kein Zahlensystem; sie kommen mit »eins«, »zwei« und »viele« aus. Ihr einziger Kalender ist der zu- und abnehmende Mond. Auf ihren Stammeszügen durch den Urwald, den Trecks, tragen sie ihre gesamte

Habe auf dem Rücken; das Rad haben sie noch nicht erfunden. Sie kennen die Metallverarbeitung nicht, und die Dörfer im Dschungelinnern können sich gerade einiger stumpfer Macheten und verbeulter Blechnäpfe rühmen, die sie im Handel mit Stämmen erworben haben, die näher bei den *nabuh* wohnen, den Nicht-Yanomami von draußen. Bis vor kurzem haben sie noch mit Hölzern Feuer erzeugt, indem sie zwei Stecken geschickt aneinanderrieben.

Traditionsgemäß tragen die Yanomami keine Kleidung. Sie bemalen ihre Körper mit roter Paste aus »onoto«-Samen in Schlangen- und Kreismustern. Ihr dichtes schwarzes Haar tragen sie in einem gleichmäßigen Rundschnitt, manchmal mit Tonsur. Die Männer haben kaum Körperbehaarung, bei den meisten Frauen kommt sie überhaupt nicht vor. Mädchen und Frauen schmücken ihre Gesichter, indem sie schmale Stöckchen in drei Löcher in der Unterlippe (an beiden Mundwinkeln und in der Mitte) und durch die durchbohrte Nasenscheidewand stecken. Außer diesen und den durchbohrten Ohren, in die die Frauen Blumen und die Männer Federn stecken, bringen sie sich keinerlei körperliche Verstümmelungen bei.

Es heißt, sie sind ein gewalttätiges, blutrünstiges Volk. Einigen Anthropologen zufolge ist das Leben der Yanomami durch andauernde Aggressionen unter Dorfgenossen und ständige Stammesfehden gekennzeichnet. Sie sollen sich angeblich mit Knüppeln schlagen, Massenvergewaltigungen und Morde begehen. Das war der Wissensstand, als ich das erste Mal von ihnen im Rahmen eines Anthropologieseminars, eines Menschenkundeseminars, las, das ich als frischgebackener Student 1969 an der Penn State University belegte, und das war er auch noch sechs Jahre später, als ich als graduierter Student zu meinem fünfzehnmonatigen Feldforschungspraktikum zu den Yanomami aufbrach.

Entgegen meiner ursprünglichen Absicht habe ich die Yanomami nicht verlassen, als die fünfzehn Monate vorbei waren. Zu meiner großen Überraschung hatte ich bei ihnen eine Lebensweise vorgefunden, die zwar gefährlich und rauh, aber auch von Kameradschaft, Mitgefühl und tausend täglichen Lektionen in gemeinschaftlicher Harmonie getragen war. Mit der Zeit lernte ich ihre Sprache, ich lernte auch, mich in ihrem Wald zu bewegen, zu jagen, zu fischen und zu sammeln. Ich entdeckte, was es heißt, ein Nomade zu sein. Nach einiger Zeit wurde ich in die Sippe meines Dorfes aufgenommen. Ich bekam nach Yanomami-Sitte und in Übereinstimmung mit den Wünschen des großen Schamanenoberhaupts eine Frau. 1986, elf Jahre nachdem ich das erste Mal über Humboldts Katarakte ins »unbekannte Land« vorgedrungen war, verließ ich den Regenwald. Aber ich bin immer noch nicht ganz herausgekommen. Meine Frau Yarima und ich sind inzwischen noch einmal den Orinoco hinaufgefahren, und wir haben vor, unsere Verwandten wiederum zu besuchen. Liebe verringert nicht das Verlangen, andere Liebgewonnene zu sehen, ganz besonders bei den Yanomami, die ihr gesamtes Leben in so großer Nähe zu Familie und Freunden verbringen.

Als ich fünf Jahre alt war, zogen meine Eltern vom Westen Philadelphias in die stille Vorstadt Havertown, Pennsylvania. Aufzuwachsen in Havertown war angenehm. Es ist eine Gemeinde mit gediegenen Einfamilienhäusern, gepflegten Gärten und guten Schulen. Wie viele andere kehrten wir mit dem Umzug meiner Eltern dem großstädtischen Völkergemisch den Rücken. Wir mochten die geordnete Gleichförmigkeit des neuen Wohnviertels. Wenn es uns irgendwohin zog, dann nur in die noch stabileren und gleichförmigeren Vorstädte weiter draußen. Ich habe mir oft gedacht, daß ich zum Teil deswegen Anthropologe geworden bin, weil ich als Kind von allem Exotischen und Andersartigen ferngehalten wurde. Das hatte eine mit zunehmendem Alter ständig wachsende, unwiderstehliche Sehnsucht nach fremden Ländern und fernen Völkern zur Folge. Meine ersten Erfahrungen mit anthropologischer Feldforschung machte ich in Mexiko, wo ich die Überreste der Tolteken-Kultur studierte, die Eroberer von Teotihuacan und die Vorläufer der Azteken. Doch das Studium eines Volkes aus ferner Zeit befriedigte mich noch nicht völlig, und schließlich vertiefte ich mich in das Leben eines Volkes, das zwar auch aus ferner Zeit stammt, aber noch voll im Leben steht. Welche Auswirkungen diese Beschäftigung für mein gesamtes Leben haben würden, hätte ich mir damals nicht träumen lassen.

# Anreise mit Hindernissen

Die letzten Worte der hitzigen Debatte noch im Ohr, bestiegen wir auf dem New Yorker John-F.-Kennedy-Flughafen zu sechst einen PanAm-Clipper nach Caracas und von dort weiter ins Herz des venezolanischen Regenwaldes. Der erste im Flugzeug war Napoleon Chagnon, der große Yanomami-Feldforscher, der die Expedition leitete. Ihm folgten Bob Carneiro von der Südamerika-Abteilung am amerikanischen Naturgeschichtemuseum in New York und William Sanders, der hervorragende Mittelamerika-Archäologe. Nach ihnen gingen Ray Hames, Eric Fredlund und ich an Bord, die drei graduierten Anthropologiestudenten, die während der nächsten fünfzehn Monate als Grundlagenforscher für Chagnons Yanomami-Projekt in den tiefsten Winkeln des Dschungels leben würden.

Die Yanomami-Indios, das »wilde Volk«, wie sie in Anthropologenkreisen hießen: die letzten Stämme von Steinzeitkriegern auf der Welt. Sie bliesen sich gegenseitig mit meterlangen Röhren pulverisiertes *Epene*, eine Droge, in die Nase. Sie kämpften mit curarevergifteten Pfeilen und tranken die Asche ihrer gestorbenen Verwandten. Diese Leute sollten unsere Gastgeber sein, sofern der Ausdruck hier angebracht ist. Da ich etwas älter und robuster als meine beiden Kommilitonen war, war ich den wildesten von allen, den Hasupuweteri-Yanomami zugeteilt. Diese Leute seien wild, hatte mir der bärtige, breitwangige Chagnon versichert, vielleicht nicht ganz so wild wie das Dorf, wo er die Studien für seine Doktorarbeit gemacht hatte, aber schon verdammt wild.

Natürlich waren nicht alle Anthropologen der Meinung, daß diese Indios geborene Killer seien. Gerade darum hatte sich die hitzige Debatte in New York zwischen Chagnon, an dessen anthropologischem

Bestseller über die Indios, »The Fierce People«, sich die Kontroverse entzündet hatte, und seinem Hauptwidersacher, Marvin Harris von der Columbia University, gedreht. Harris glaubte überhaupt nicht an Chagnons Thesen über das »wilde Volk«. Der Mensch, argumentierte er, sei kein von seinen Erbanlagen zur Gewalttätigkeit getriebener Mörder. Die Ursachen kriegerischer Gewalt seien komplexer. Es gäbe umweltbedingte Gründe dafür, ökologische Ursachen, die in der Notwendigkeit zu suchen seien, Jagdgründe zu verteidigen und den Nahrungsbedarf an Protein zu befriedigen.

Als die Maschine ihre Reisehöhe erreichte, dachte ich an die Debatte. Ich grübelte nun schon monatelang darüber nach, seit ich erfahren hatte, daß ich ausersehen war, die ökologischen Einwände ein für allemal zu entkräften. Als das Signal zum Anschnallen gerade erloschen war, stand Chagnon bereits mit einem Whisky in der Hand im Gang vor mir und riß Witze. Doch seine Argumente gegenüber Harris gerade in New York waren kein Witz gewesen. Die Yanomami ermordeten einander, sagte er, weil sie keine sozialen Kontrollen zur Eindämmung ihrer Gewalttätigkeit entwickelt hätten. Jede andere Ansicht sei Unsinn. Ihre Dörfer spalteten sich so häufig, weil sie ihr dauerndes Kämpfen und Streiten nicht unterdrücken könnten. Jeder, der anders dächte, würde bald Kreide fressen müssen, sehr proteinhaltige Kreide.

Nachdem wir auf dem Maiquetia-Flughafen von Caracas gelandet waren, verhandelte ich mit dem Eigentümer eines großen Lieferwagens, um unseren Berg an Ausrüstung in die Innenstadt zu befördern. Ich war erfreut, daß ich während der beiden letzten Semester auf der Penn State University das venezolanische Umgangsspanisch nicht verlernt hatte. Davor hatte ich längere Zeit recht glücklich in Caracas gelebt und an der Zentral-Universität von Venezuela unterrichtet. Dann folgte die Trennung und Scheidung von meiner venezolanischen Frau, die ich kennengelernt und geheiratet hatte, als wir beide an der Penn State University noch in den Anfangssemestern waren. Die Scheidung war eine Tragödie, die manchmal kaum noch erträglich schien. Nichtsdestoweniger dachte ich mir, als der Fahrer sechs äußerst gewinnverheißende Yankee-Opfer vor sich sah und einen Preis nannte, bei dem seine Kollegen schallend lachen würden, wenn er es ihnen später erzählte, daß zumindest eines die Scheidung überstanden hatte: meine Beherrschung des Jargons, der für eine solche Situation gerade recht war.

Schließlich mieteten wir den Wagen samt Fahrer für die ganze turbulente Woche, die wir in Caracas waren. Für die Türen und anderes Material, das wir zum Hüttenbauen verwenden wollten, mußten wir zu Holzhandlungen fahren. Wir mußten Fässer mit Handelsgütern und große Säcke Reis kaufen. Fünf Tage lang rauschten wir von morgens bis abends auf verschiedenen Besorgungsgängen in jede Ecke der Stadt. Wir kauften kistenweise Äxte und Buschmesser, rollenweise Lendentuchstoff, tausendstückweise Angelhaken. Das alles kam zu der tonnenschweren Ausrüstung, die wir per Schiff vorausgeschickt hatten, und zu dem, was wir im Flugzeug mitgenommen hatten, noch hinzu. Es war ein verrücktes Unternehmen. Ich konnte nicht umhin, Chagnons Energie und Ausdauer zu bewundern. Die ganze Zeit trieb uns dieser Mann ununterbrochen an.

Als wir schließlich den ganzen Berg von Gütern zusammengetragen und unsere Genehmigungen für den Aufenthalt im Orinoco-Gebiet geregelt hatten, gingen wir alle an Bord eines kleineren Flugzeugs, das Chagnon gechartert hatte. Vier Stunden später landeten wir bei der Ocamo-Mission, die von den verschiedenen Missionen im Orinoco-Gebiet die längste Landebahn hatte. Sobald wir wieder festen Boden unter den Füßen hatten, begannen wir sofort mit dem Entladen. Der Pilot hatte einen langen Rückflug vor sich und wollte keine Nacht im Dschungel zubringen. Wir schoben also unsere Sachen nach und nach aus dem Flugzeug, ein Anblick, der die kleine Schar von Missionaren und Indios, die sich angesammelt hatte, in großes Staunen versetzte. Da waren die fünfzehn riesigen Armeekoffer, die aus allen Nähten platzten, alle nach einem Codierungssystem in verschiedenen Farben gestrichen. Es folgten die Fässer und Kisten mit Kleidung, Nachschub und Handelsgütern. Dann kamen vier Außenbordmotoren aus der Frachtluke, in schützende Holzgestelle verpackt – wahre Ungetüme. 50-Pfund-Säcke mit Reis und Kiste um Kiste mit weiteren Nahrungsmitteln rundeten den Berg ab. Die Traube der Schaulustigen konnte sich einfach nicht vorstellen, daß solch eine verblüffende Gepäckansammlung tatsächlich zu einer so kleinen Zahl von Leuten gehörte.

Ocamo war eine katholische Mission, deren Oberhaupt der Salesianerpater Coco war. Ich war hier schon einmal gewesen – vor zwei Jahren, als ich noch in Caracas Anthropologievorlesungen hielt. Damals hatte ich mich nach einem Weg flußaufwärts erkundigt, in der Hoffnung, dem Dorf von Jacques Lizot, einem französischen Anthropologen, der seit beinahe zehn Jahren bei den Indios lebte, einen kurzen Besuch abstatten zu können. Ich hatte Padre Coco damals kurz getroffen, aber mehr Zeit mit Sor Felicitas verbracht, einer legendenumwobenen Nonne, die fließend Yanomami sprach. Sie hatte mit einem Yanomami-Krieger, der nur einen Penisstrick trug, worüber sie angewidert mit der Zunge geschnalzt hatte, darüber verhandelt, mich in seinem Kanu mitzunehmen. Aber der Fluß war zu niedrig gewesen, und nachdem wir uns zwei Tage zwischen Felsen abgemüht hatten, mußten wir umkehren. Das war eine herbe Enttäuschung gewesen.

Diesmal waren weder Sor Felicitas noch Padre Coco in der Mission. Statt dessen war Padre Bis da, ein großer polnischer Pater, dem es offenbar Spaß machte, auf seinem Traktor mit einem Anhänger voller johlender Indiokinder herumzukutschieren. Das sei, johlten sie, kein »Autobus«, sondern ein »Auto-Bis«! Eine Viertelstunde später benutzte der gutherzige Padre seinen Traktor, um unsere Versorgungsgüter zum Fluß hinunterzutransportieren. Eine gütige Fügung, dachte ich, da der Fluß einen Kilometer von der Landebahn entfernt war und ich mir nicht hatte vorstellen können, wie wir unseren Berg von Sachen ohne Hilfe dorthin geschafft hätten. Selbst mit dem Anhänger waren es viele Fahrten, und erst um zwei Uhr war der gesamte Haufen am Ufer verladebereit.

Nun mußten wir uns entscheiden. Eigentlich hatten wir in der Mission schlafen wollen, um am nächsten Morgen aufzubrechen. Doch Chagnon war rastlos. Er wollte sich augenblicklich auf den Weg machen und nicht mehr den Nachmittag in Ocamo vertrödeln. Demzufolge verluden wir unsere Sachen auf einen verbeulten Flußkahn mit Blechdach, den Chagnon gechartert hatte, und dampften stromaufwärts Richtung Mavaca, der nächsten Mission in der Reihe. Wir nahmen noch drei Yanomami mit, um uns behilflich zu sein.

Auf dem breiten, leicht beklemmend wirkenden Strom nahm sich das Boot fast wie ein Spielzeug aus, winzig angesichts der Wasserfläche und des riesigen, bedrohlichen Waldes zu beiden Seiten des Ufers. Mich überfiel eine unwillkürliche Erregung. Diese Gegend hatte etwas Geheimnisvolles, das ich beim letzten Mal nicht empfunden hatte, etwas Unheimliches und Wildes. Die satte, reine Luft des Regenwaldes umgab uns. Außer dem Heulen des Motors gab es kein einziges Zivilisationsgeräusch.

Der März war der letzte Trockenmonat, und trotz seiner Breite war der Fluß sehr flach. Doch die ersten Regengüsse waren bereits im Anzug. Wir waren unter tiefhängenden Wolken eingeflogen, und den ganzen Nachmittag sah es bedrohlich nach einem Wolkenbruch aus. Kaum waren wir fünfzehn Minuten unterwegs, als es losging. Mit einem Schlag befanden wir uns mitten in einem tropischen Monsun. Bei Niedrigwasser ist die Navigation zwischen den knapp unter der Wasseroberfläche liegenden Felsen und der kaum auszumachenden Fahrrinne schwierig. Doch wenn das Wasser niedrig und das Wetter klar ist, ist zumindest einigermaßen zu sehen, wo es langgeht. In der Regenzeit dagegen ist es auf dem Fluß äußerst unerfreulich, wie ich noch herausfinden sollte. Aber wenigstens ist das Wasser hoch, und es besteht keine Gefahr, auf die Felsen aufzulaufen. In diesem Moment befanden wir uns aber mitten auf einem seichten Fluß und in einem heftigen Wolkenbruch – die schlimmstmögliche Kombination.

Die Strecke von Ocamo nach Mavaca ist in einem motorisierten Einbaum normalerweise in zwei oder drei Stunden zu schaffen. Doch mit unserem langsamen, schwerfälligen Kahn, mit dem wir uns mühsam eine Fahrrinne suchen mußten, kamen wir erst um Mitternacht dort an. Es goß die ganze Zeit, und als wir uns dem Zusammenfluß von Mavaca und Orinoco näherten, prasselte es noch stärker. Dort vor der Mavaca-Mission verbreiterte sich der Fluß, und im Dunkeln schienen Sandbänke und Felsbrocken wie aus dem Nichts aufzutauchen. Wir wußten, daß wir, um zur Mission zu gelangen, eine Fahrrinne finden mußten, die uns flußaufwärts brachte, um dann umzukehren und uns mit der Strömung an den Anlegeplatz von Mavaca treiben zu lassen. Selbst wenn wir den Weg genau gekannt hätten, wäre es ein schwieriges Manöver gewesen, doch Chagnon, der steuerte, kannte ihn nicht. Plötzlich, als wir uns vorsichtig voranpirschten, schlingerte und knarrte das Boot, dann saß es dreißig Meter vom Ufer mit einem Ruck fest wie ein gestrandeter Wal auf einer Sandbank.

In der Mission schliefen alle schon lange, da die Menschen in den Tropen schon um acht oder neun Uhr zu Bett gehen. Doch der Lärm auf dem Fluß hatte sie geweckt. Bald sahen wir am Ufer Taschenlampen schwanken und torkeln. Als sie sich uns gegenüber befanden, schrien wir gegen den Regen an, um das Unwetter zu übertönen. Die Szene hatte dabei durchaus ihre komischen Seiten.

Einen Augenblick später kamen ein Priester, ein Laienbruder und zwei Kreolen vom örtlichen Malariateam durchs seichte Wasser auf uns zu gewatet. Ich wußte, daß vermutlich widerliches Fischzeug im Fluß lauerte – Piranhas, Stachelrochen, Zitteraale. Doch da anscheinend niemand deswegen beunruhigt war, machten wir uns alle an die Arbeit, wuchteten Körbe und Kisten unter das Blechdach des Bootes oder schleppten sie durchs Wasser, um sie aus dem Regen auf die Veranda der Mission zu schaffen. Doch die Sachen vorne auf Deck, wo es kein Dach gab, waren bereits naß. Wir wußten, daß wir eine Menge Nahrungsmittel verloren hatten, vor allem Reis, der schnell fault, wenn er naß wird.

Wir taten unser Bestes für den Nachschub und die Ausrüstung. Dann knüpften wir unsere Hängematten unter das Verandadach und fielen in durchweichten Kleidern erschöpft in Schlaf. Vier oder fünf kurze Stunden später dämmerte es grau, und wir luden alles, immer noch tropfnaß, wieder auf das Boot. Dann mühten wir uns ab, es von der Sandbank wegzuschieben, wo es aufgelaufen war, und steuerten wieder flußaufwärts, diesmal mit dem Ziel Tayariteri, dem Yanomami-Dorf, wo Jacques Lizot lebte.

Lizot, der französische Anthropologe, dem ich zwei Jahre zuvor erfolglos einen Besuch abstatten wollte, hatte mit Chagnon vereinbart, daß wir sein Dorf als unser Basislager benützen sollten, statt diesen

Stützpunkt, wie sonst üblich, bei einer Mission einzurichten. Wie wir nachträglich erfuhren, stand Lizot mit den Missionaren derzeit auf Kriegsfuß und wollte nicht, daß wir – Kollegen der Anthropologen-Gemeinschaft – etwas mit ihnen zu tun hätten. Ungeachtet des liebenswürdigen Padre Bis schien das zu bedeuten: die Anthropologen auf die eine und die Missionare auf die andere Seite.

Also hatte Lizot von seinen Indios eine kleine Hütte und Lagerhalle für uns bauen lassen, wo Eric Fredlund und ich am Abend, als wir in Tayariteri ankamen, unsere Hängematten aufknüpften. Ray Hames, unser Kommilitone, richtete sich in einer noch kleineren Hütte ein. Die älteren Expeditionsteilnehmer waren drüben in Lizots Hütte – Chagnon, Carneiro und Sanders, zusammen mit Jacques Lizot und einem weiteren französischen Anthropologen, der gerade zu Besuch war. Eric und ich waren maßlos müde, und als wir unsere Hängematten aufspannten und die Moskitonetze festzurrten, freuten wir uns darauf, an einem trockenen Fleck zu schlafen. Wir hatten einige sehr anstrengende Tage hinter uns. In Lizots Hütte jedoch hatte eine zur Feier unserer Ankunft entkorkte Flasche Whisky die gemütliche Stimmung gehoben. Die Ausgelassenheit war an einem Punkt angelangt, wo drei von unseren Älteren befanden, daß es an der Zeit sei, sich einen kleinen Spaß zu erlauben.

Chagnon, Lizot und der französische Anthropologe kannten alle die Yanomami und natürlich auch ihre berüchtigte Gewalttätigkeit. Da sie schon gut über den Durst getrunken hatten, meinten sie, es wäre ein Riesenspaß, uns einen Mordsschrecken einzujagen. Schließlich war es die erste Nacht, die Ray, Eric und ich in einem Yanomami-Dorf verbrachten, und wer weiß, welche Befürchtungen uns durch die Köpfe geistern mochten? Also beschlossen sie, uns das Fürchten zu lehren.

Wie auch immer Chagnon und die anderen sich unsere Gedanken ausgemalt hatten, es kam der Wahrheit wahrscheinlich ziemlich nahe. Erst vor einer Stunde waren wir an einem Ufer gelandet, das vor Indios wimmelte, die Bogen und zwei Meter lange Pfeile in unsere Richtung schüttelten. Ihre Körper waren mit schwarzen und roten Mustern bemalt, und bunte Federn hingen an ihren Ohren. Niemand hatte uns tatsächlich bedroht, aber wenn ihr Benehmen ihrem Aussehen entsprach, konnten wir wohl mit etwas ziemlich Bizarrem rechnen. Es waren freilich Lizots Leute, und er hatte hier jahrelang gelebt, weswegen sie wahrscheinlich freundlicher waren als die Yanomami weiter flußaufwärts. Aber dennoch: Chagnons Geschichten von Pfeilen, die ihm um die Ohren sausten, und seinem knappen Entrinnen vor axtschwingenden Kriegern hatten wir noch lebhaft im Gedächtnis.

Im Innern unserer Hütte vertrieb das Licht der Lampe die düsteren Gedanken. Draußen aber war die Nacht hereingebrochen. Es war stockfinster und still. Das Shapono, das große Yanomami-Gemeinschaftshaus, war nur knapp hundert Meter entfernt. Dafür, daß es so groß und so nah war, erschien die Nacht unnatürlich ruhig. Als Eric und ich mit unseren Hängematten beschäftigt waren, platzten aus der Finsternis urplötzlich zwei große Gestalten in die Hütte und brüllten »Aaaaaah«. Sie packten uns und drängten uns zu unseren Hängematten, wobei sie die Moskitonetze zerrissen. Mein Herz setzte einen Schlag aus. Ich hörte, wie Eric nach Luft schnappte. Ich stemmte mich gegen einen Tisch, um nicht hinzufallen, drehte mich um und sah im trüben Licht der Lampe Chagnon und den französischen Anthropologen, beide völlig betrunken.

»Herrgottnochmal«, schrie ich, einen abgerissenen Fetzen des Netzes packend. »Herrgottnochmal!« Mein Puls jagte. Eric saß am Boden, die Augen so groß wie Untertassen. Er sah aus, als hätte er einen Herzanfall.

»Aaaaaah!« Der Schrei erfüllte immer noch die Hütte, und in diesem Moment merkte ich, daß er von mir genauso ausging wie von ihnen. Immer noch schreiend, packte ich Chagnon mit dem einen Arm und den Franzosen mit dem anderen und stampfte mit ihnen zur Tür hinaus. Dort stolperte ich über irgend etwas und schlug der Länge nach auf den Boden. Ich sah gerade noch, wie Chagnon und sein Freund in die drei Meter tiefe Grube purzelten, aus der die Indios den Lehm für unsere Hütte gegraben hatten.

Keuchend am Boden liegend, blickte ich auf und sah Lizot aus dem Dunkel auftauchen. »Tranquilo, Ken, tranquilo«, sagte er. »Nimm's leicht, sie haben bloß Spaß gemacht.«

»Na danke«, sagte ich und versuchte meiner Erregung Herr zu werden. »Na danke ... schauen Sie sich das an.« Ich wedelte mit dem abgerissenen Stück Netz herum, das ich immer noch in der Faust zerknüllte. Lizot konnte das im Dunkeln freilich nicht sehen. Meiner Überzeugung nach würde aber dieser Fetzen alles erklären. Mittlerweile krochen Chagnon und sein Freund aus der Grube. Sie kamen langsam heraus, stützten sich gegenseitig und bemerkten nicht einmal Lizot und mich ein paar Meter weiter. Wir sahen ihnen nach, als sie im Finstern zurück zu Lizots Hütte torkelten und stolperten. Am nächsten Morgen fragten sie sich, was geschehen war, da sie sich an nicht mehr viel erinnern konnten, außer daß sie leicht angeschlagen und verkatert waren. Ich war darüber ganz froh. Das war zweifellos kein verheißungsvoller Auftakt zu einer Dschungelexpedition mit meinem Doktorvater.

Wir blieben noch zwei weitere Tage auf dem Fluß, kampierten eine Nacht im Wald und schliefen die nächste dann auf einer Insel gerade unterhalb der Guajaribo-Stromschnellen. An beiden Ufern gab es nur dichten Urwald – Bäume, Bäume und nochmals Bäume –, das dichte, verschlungene Laub des tropischen Regenwaldes. Wir sahen keine Menschenseele, kaum Tiere außer Reihern und gelegentlich einem Schwarm kreischender Tukane. Der Urwald war riesig und stumm. Als wir ihn vorbeigleiten sahen, war uns fast, als würden wir in die Vergangenheit zurückreisen. Wir näherten uns dem Oberlauf des gewaltigen Orinoco, dem zweitgrößten Strom Südamerikas, der sich nun auf dreißig oder vierzig Meter verschmälert hatte.

An den Stromschnellen mußte alles aus dem Boot genommen und getragen werden. Zu sechst transportierten wir diesen Berg von Sachen. Als Sanders einen meiner Koffer nahm, konnte ich hören, wie er leise vor sich hin brummelte: »Das ist der letzte verdammte Koffer, den ich tragen werde. Den noch, dann hat sich's.« Sanders war 50 Jahre alt und einer der führenden archäologischen Anthropologen auf der Welt. Chagnon hatte ihn eingeladen, damit er einen kurzen Blick auf die Yanomami werfen konnte, und jetzt schleppte er Vorräte und Ausrüstung für ein paar graduierte Studenten herum. Aber als der Mann, der er nun einmal war, packte er natürlich lieber mit an, anstatt bloß herumzustehen und zuzuschauen.

Als wir alles Gepäck herausgehoben hatten, mußten wir das Boot durchziehen. Das hieß, ins Wasser zu steigen und es am Rand entlangzuziehen. Wir wußten ja nicht, wie wir sonst durch die Stromschnellen hindurchkommen sollten. Wir mußten aus Leibeskräften ziehen, obwohl wir nun nicht mehr gegen die starke Strömung der größten Stromschnellen ankämpften. Am Rand floß das Wasser langsamer, obwohl die Strömung noch immer stark war. Wir legten uns in die Seile und schienen gut voranzukommen, als ich plötzlich den Boden unter den Füßen verlor. Im Wasser tretend, merkte ich, daß alle darum kämpften, sich über Wasser zu halten, und das Boot nicht mehr vorankam. Ich war der erste, und da ich nicht wußte, was ich sonst tun sollte, nahm ich das Seil zwischen die Zähne und fing an zu schwimmen. Sanders stand oben am Ufer und sah mich an, als wäre ich verrückt.

Schließlich kamen wir durch – naß, müde und von Moskitos zerstochen. Fünf Stunden oberhalb der Stromschnellen bogen wir um eine felsige Kurve, in der Chagnon sofort die Stelle wiedererkannte, wo er vor zwei Jahren die Hasupuweteri-Yanomami besucht hatte. Das war der Stamm, bei dem ich leben sollte, doch als wir das Ufer absuchten, war kein Indio zu sehen, was bedeutete, daß sie nicht in der Gegend waren. Wenn die Yanomami irgendwo in der Nähe waren, kamen sie immer zum Fluß, wenn sie einen Motor hörten. Soweit wir wußten, konnten sie auf einem kurzen Streifzug sein oder ein anderes Dorf besuchen. Es konnte aber auch sein, daß sie unterwegs auf einem ihrer langen Trecks durch den Urwald, oder sogar, daß sie auf Dauer an einen anderen Platz gezogen waren. Da wir kurzfristig nicht weiterwußten, entschieden wir uns, noch ein Stück flußaufwärts zu der kleinen Gemeinschaft zu fahren, wo Ray leben und seine Gartenbaustudien durchführen sollte.

Zum Glück war Rays Dorf an Ort und Stelle; eine kleine Gemeinde von nur etwa dreißig Leuten. Ich hatte mir am Fluß eine schwere Erkältung zugezogen und war froh, gleich meine Hängematte aufknüpfen und schlafen zu können. In der Zwischenzeit nahm Chagnon Bill Sanders flußabwärts mit und regelte dessen Abreise. Ray, Eric, Carneiro und ich rührten uns nicht vom Fleck, ruhten uns aus und warteten auf Chagnons Rückkehr. Ich fragte mich, was wir tun würden, wenn die Hasupuweteri wirklich nirgends ausfindig zu machen wären.

Eine Woche später kam Chagnon mit Neuigkeiten zurück. Er hatte mit den Hasupuweteri ein Stück weiter unten als dort, wo er sie vermutet hatte, Kontakt aufgenommen. Nun wüßten sie, daß ich kam, und hätten bereits damit begonnen, mir eine Hütte zu bauen. Carneiro und ich sollten auf der Stelle aufbrechen, sagte er. Carneiro würde einen Monat dort bleiben. Mein Aufenthalt war unbefristet.

# Die Hasupuweteri

Als Bob Carneiro und ich in meinem motorisierten Einbaum stromabwärts tuckerten, fragten wir uns, was uns wohl bei den Hasupuweteri erwartete. Lizots Dorf hatte in der Nacht, als wir dort waren, einen einigermaßen friedlichen Eindruck gemacht, jedenfalls, was die Indios betraf, und Rays Gemeinschaft – nicht viel mehr als ein paar zusammenlebende Großfamilien – hatte auch keine Aggressivität an den Tag gelegt. Tatsächlich hatte ich mich dort die meiste Zeit in aller Seelenruhe entspannt. Doch die Hasupuweteri waren ein anderes Kapitel – sie waren in den Gewaltkreislauf verwickelt, der die Stämme jenseits des Einflußbereichs der Außenwelt umgab. Sie lebten, wie es in den Anthropologenzeitschriften hieß, in der Zone mit heftigen Stammesfehden.

Als wir um die Biegung kamen, erwarteten uns die Indios an der Böschung. Es war eine ganze Horde, bemalt und mit langen Pfeilen und Bogen bewaffnet. Von weitem sahen sie fremdartig und bedrohlich aus, doch als wir näher kamen, schwanden unsere Ängste. Sie grinsten und lachten, schwenkten ihre Bogen und hüpften wie in Feiertagsstimmung herum. Als ich ans Ufer stieg und dabei ebenfalls lächelte, sah ich mir die Menge genauer an. Da plusterte sich keiner in einschüchternder oder bedrohlicher Weise auf. Nur Lächeln. Und gleich hinter diesen lächelnden Gesichtern sah ich die Stelle, an der sie schon die Eckpfeiler meiner Hütte errichtet hatten, direkt oberhalb eines kleinen Erdwalls, der etwa drei Meter zum Fluß abfiel.

Die Hasupuweteri erschienen gar nicht bedrohlich, als sie uns zusahen, wie wir den Einbaum entluden, aber sie strahlten eine Wildheit aus, die etwas völlig anderes war als das, was wir in Lizots Dorf gesehen hatten. Im Unterschied zu ihren Verwandten flußabwärts trugen sie keinen Lendenschurz und auch sonst keine Kleidung, bloß einen Strick um die Hüften, der ihren Penis an der Vorhaut hochband. Ihre Unterlippen waren von Tabakklumpen ausgebeult, ganz so, wie ich es in den anthropologischen Filmen gesehen hatte. Doch live erschienen die Beulen größer, vorstehender, und ließen die Gesichter länglich und urtümlich aussehen. Als ich einen Koffer die Böschung hochschleppte, stieß ich mit einem der Männer zusammen, der Carneiro anstarrte und mir dabei den Rücken zuwandte. An seinem Pfeilköcher war ein Feuerquirl befestigt. Diese dünne Holzspindel wird zum Feuermachen benutzt, indem man ein anderes Hölzchen in einem der darin eingekerbten Löcher hin- und herdreht. Plötzlich wurde mir klar, warum diese Indios mir so anders erschienen. Bei all ihrem exotischen Aussehen waren Lizots Dorfbewohner an Fremde gewöhnt, mit zumindest einigen ihrer Verhaltensweisen und einigen ihrer Apparate und Geräte vertraut. Nicht so die Hasupuweteri. Als sie mit aufgerissenen Augen auf unser Zeug starrten, schien es mir, daß sie nicht ganz sicher waren, wie sie uns einschätzen und mit uns umgehen sollten. Sie haben, dachte ich, als wir einander musterten, eine Aura der Unschuld um sich.

In diesem Augenblick wurde mir erst richtig klar, daß dies meine Leute waren, daß alles, was von nun an geschah, wichtig war. Die Art der Beziehung, die ich zu ihnen anknüpfte, entschied darüber, wie die Dinge während der nächsten fünfzehn Monate für mich laufen würden. Die Hasupuweteri wiederum sahen Kenny, den Mann, von dem Chagnon gesagt hatte, er würde bei ihnen leben. Es war klar, daß auch sie mich sorgsam beäugten – auf eine freundliche und sehr, sehr neugierige Weise.

Ich merkte schnell, daß die Freude der Hasupuweteri, mich hier zu sehen, völlig echt war. Es gab aber keinen Grund, sich deswegen geschmeichelt zu fühlen. Hinter all dieser Begeisterung steckte eine einzige schlichte Tatsache. Diese Leute begriffen rasch, was meine Anwesenheit bei ihnen bedeutete. Sie konnten es ja mit eigenen Augen sehen: die Kisten und Körbe, die wir aus dem Einbaum geschleppt hatten, die nun am Fluß lagen und auf die Fertigstellung des Hauses warteten, damit ich sie dort verstauen konnte. Diese Dinge, diese Fülle von Schätzen mochten mir gehören. Aber sie könnten sie auch haben.

Ich wußte, daß die Hasupuweteri genügend Kontakt mit der Außenwelt gehabt hatten, daß Carneiro und ich ihnen trotz unserer Fremdartigkeit keinen totalen Schock versetzten. Gelegentlich kam ein Malariateam vorbei, Chagnon war ein paar Tage hier, einige der älteren Männer kannten die Mission flußabwärts und hatten die Priester gesehen. Sie hatten von einem oder zwei fremden weißen Männern gehört (Lizot und Chagnon), die mit anderen Gruppen zusammengelebt hatten. Demnach wußten sie, daß es so etwas wie Stammesfremde gab, und sie wußten auch, was für Dinge Stammesfremde mitbrachten, nämlich Sachen, die ihnen abgeluchst werden konnten. Wenn also ein Fremder kam, um bei ihnen zu leben, so wurde das als ein Segen des Himmels betrachtet, eine unversiegbare Quelle von Handelsgütern – Macheten, Stoffe, Aluminiumtöpfe, Angelhaken, Äxte –, all die Dinge, die wir in Caracas zusammengeklaubt hatten.

Chagnon hatte alles mit den Hasupuweteri besprochen. Um mir die Dinge zu erleichtern, hatte er ihnen erzählt, ich wäre sein jüngerer Bruder. Aber schon nach einem Tag hatten Carneiro und ich begriffen, daß kein Yanomami je einen Stammesfremden abweisen würde. Der Fremde – der Nabuh – bringt eine Menge Güter mit, die offensichtlich für sie bestimmt sind. Dafür will er nur in seiner kleinen Hütte leben, im Dorf herumlaufen und reden. Oder vielleicht Aufnahmen machen, was einige nicht mögen, andere wieder akzeptieren werden. Du (als Nabuh) wirst sie nicht verunsichern. Deine Gegenwart wird sie nicht stören. Sie haben keine Probleme mit dir, solange du sie und ihre Gewohnheiten mit Achtung und Anstand behandelst.

Als mir all das dämmerte, fühlte ich mich allmählich zwar nicht wie ein Ehrengast, aber sicher auch nicht wie ein ängstlicher Fremder. Andererseits beruhte alles, was ich mir da zusammendachte, auf reiner Intuition, einfach weil ich noch kein Wort von dem verstand, was meine Gastgeber mir sagten. Auf der Penn State University hatte ich nichts Brauchbares über die Sprache gelernt. Außerdem merkte ich mit der Zeit, daß die Yanomami anscheinend nicht einmal diese kleinen Höflichkeitsfloskeln kannten – hallo, auf Wiedersehen, bitte, danke –, die es so einfach machen, sich mit jemandem anzufreunden, ohne eigentlich irgend etwas zu sagen. Freilich gibt es dafür gute

Gründe. Die Yanomami trafen nicht auf Fremde. Sie kannten jeden in ihrem Lebensraum. Sie sahen jeden tagtäglich, wie in einer großen Familie. Also ergaben diese Ausdrücke keinen Sinn für sie. Selbstverständlich hatten sie Formalitäten, aber auf ihre eigene Art. Wenn jemand unten am Fluß badete, und ein anderer kam dazu, sagte er nicht, »Na, wie ist das Wasser?« Das wäre Quatsch. Das Wasser ist das Wasser. Das war es immer und wird es immer bleiben. Statt dessen sagte er, »Eou, du badest gerade«, und stellte damit fest: Ich bin hier, du bist hier.

Das wurde mir alles erst mit der Zeit klar, doch zunächst einmal hatte ich einen großen Lernbedarf. Vom ersten Tag an, als sich die Indios um mich scharten, sagten sie: »Shori, shori, shori«. Sie tätschelten mich: »Hahahaha. Shori, shori, hahaha. Nohi, nohi, nohi« – »Freund, Freund, Freund« – dann Lächeln. Lächeln bedeutet weltweit das gleiche. Ich fand später heraus, daß *shori* Schwager heißt, aber sie können es auch für jede nicht mit ihnen verwandte Person, die sie treffen, verwenden. Das wußte ich zuerst noch nicht, aber ich wußte, daß es ein Erkennungszeichen war – »shori, shori«. »Nohi« genauso, mit einem Lächeln gesagt. Ein nettes Wort, jemand »nohi«, Freund, zu nennen. »Yahi« sagen sie und deuten auf etwas. »Eou, shori. Yahi?« »He, Schwager. Was ist mit dem Haus?« »Matohi« sagen sie und deuten auf die Sachen, die du für sie mitgebracht hast, die Handelsgüter. »Yahi, matohi.« »Haus – Waren.« Und da ist sie, deine erste Verhandlung auf Yanomami.

Ich wurde direkt in den Bau meines Hauses miteinbezogen. Mein Einbaum war ideal zum Überqueren des Flusses, um Palmbretter zu holen. Es war das einzige Boot im Dorf. Mein Maßband bot die einzige Möglichkeit, die Latten abzumessen, damit die Bauleute wußten, wo sie sie mit ihren Macheten abhacken sollten – ansonsten hätten sie irgendeine abgeschätzte Länge abgehauen, womit sie schon begonnen hatten. Ich mußte den Grundriß der Hütte auf den Boden zeichnen, damit sie viereckig wurde, und als ich ihnen zeigte, wie sie aussehen sollte, merkte ich, daß sie keine Vorstellung von viereckig oder rechtwinklig hatten.

Wie das Dach ihres runden Gemeinschaftshauses, des Shapono,

bestand mein Hüttendach aus Blättern und Ranken, die miteinander verwoben waren. Die Hüttenwände waren aus Palmholzlatten. Die Außenseite einer Palme ist steinhart. Ich mußte sie mit einer Machete in der Mitte durchhauen und dann immer weiter spalten. Dann schnitt ich den breiigen Kern heraus und übrig blieb meine Palmholzlatte. Da ich keine Erfahrung hatte, ließ ich sie die Latten senkrecht aufstellen, was verkehrt war. Es wäre schneller gegangen, sie waagerecht anzuordnen, und hätte uns erlaubt, die Ritzen und Lücken wirkungsvoller mit dem lehmartigen Schlamm abzudichten, den die Indios an der Uferböschung ausgruben.

Doch mit all ihren Fehlern war die Hütte in drei oder vier Tagen fertig. Dankbar schafften Carneiro und ich unsere Hängematten und die anderen Sachen hinein. Es gab allerdings ein Problem, das mir noch während des Bauens aufgegangen war. Das Haus stand oberhalb des Flusses an der Stelle, die Chagnon ausgesucht und den Indios gezeigt hatte. Aber das Gemeinschaftshaus der Hasupuweteri, ihr Shapono, befand sich 500 Meter weiter landeinwärts. Somit wohnte ich eigentlich nicht in der Gemeinschaft. Diese Tatsache würde mein Vorhaben, als teilnehmender Beobachter unter den Indios zu leben, erheblich erschweren.

Während ich noch herumgrübelte, wie ich damit zurechtkommen sollte, entdeckte ich einen weiteren Nachteil, wenn ich in der Welt der Hasupuweteri ein Außenstehender bleiben würde. Jeden Morgen beim ersten Licht hörte ich sie den Pfad heranstapfen. Ich hörte aufgeregte Stimmen und Lachen in der Ferne, machte ein Auge auf und wälzte mich dann ein bißchen in der Hängematte, um noch eine Weile weiterschlafen zu können. Es war im ersten Morgengrauen. Sie kamen immer im frühesten Morgengrauen, vom ersten Tag an, seit Carneiro und ich im Haus waren, und von da an jeden Tag. Die nackte Angst packte mich, als mir einfiel, daß ich wieder einmal nicht auf sie vorbereitet war, daß die Taschenlampe und mein Messer für alle sichtbar auf dem Boden lagen. Wie hatte ich bloß wieder schlafen gehen können, ohne sie wegzutun? Nach dem ersten Tag lernte ich, daß alles, was nicht niet- und nagelfest war, in die Truhen gesperrt und weggeschlossen werden mußte. Die Hasupuweteri mochten zwar nicht die gewalttätigen Unholde sein, die ich halb erwartet hatte, aber sie hatten keinen Begriff von einer Privatsphäre, und ihre Vorstellungen von »mein« und »dein« genügte, um mich auf die Palme zu bringen. Sobald sie im Haus waren, hatten sie ihre Hände überall, berührten, stibitzten, bettelten, verlangten. Deshalb mußte ich für diese Leute gewappnet sein. Sie tauchten beim ersten Lichtstrahl auf und blieben bis zum Einbruch der Nacht und oft noch länger da. Ich hatte nie Ruhe. Ich war keine Minute allein. Ich konnte den starrenden Augen, den Kommentaren, dem Fordern und dem Abschwatzen nie entrinnen. Ich hätte mich mittags gern zu einem Nickerchen hingelegt, doch unweigerlich würden sich sofort acht oder zehn Yanomami um mich scharen und ihre Bemerkungen machen. Ich wußte nicht, wie ich sagen sollte: »Bitte, laßt mich in Ruhe, ich versuche zu schlafen.« Ich nahm an, sie sähen, was ich wollte, und würden es respektieren. Aber nein. Sie klopften an die Latten. Sie hämmerten an die Tür. Sie schüttelten Pfeil und Bogen. Sie riefen mich: »Shori, Shori. Eou, Shori.« Sie wollten, daß ich rauskäme, redete, ihnen Sachen zeigte, Sachen schenkte. Sie wollten, daß ich bei ihnen sei. Aber ich war von der Hitze und Feuchtigkeit so geschafft, daß ich alles darum gegeben hätte, die Augen schließen und die Indios eine Stunde lang vergessen zu können. Aber sie gingen einfach nicht weg.

Dabei verstand ich sie, was aber die Qual nicht minderte. Sie lebten schon ihr ganzes Leben lang ungestört im Dschungel, und auf einmal tauchten aus heiterem Himmel zwei Fremde auf, um bei ihnen zu wohnen. Und diese Fremden brachten auch noch eine unglaubliche Menge an materiellen Gütern mit, wovon sie das meiste noch nie gesehen hatten, eine schlichtweg umwerfende Sammlung exotischer Waren. Also kamen sie natürlich zu uns und blieben. Bob Carneiro und ich waren die größte Attraktion, die sie je gesehen hatten, eine Attraktion, die sie durch ständige Darbietungen des Erstaunlichen und Unwahrscheinlichen magisch anzog.

Von morgens bis abends verfolgten die durch die Latten des Hauses auf mich gerichteten Augen jede meiner Bewegungen. Ich zog die Schuhe aus und hörte Bemerkungen, die Oohs und Aahs, Lachen, Kichern, das immerwährende »hahahaha«, und wußte nicht, warum.

Was mögen sie denken? fragte ich mich. Vielleicht sind es die Schuhe: sie haben noch nie Schuhe gesehen. Schau hin, er hat diese Dinger an seinen Füßen und zieht sie ab. Oder vielleicht sind es gar nicht meine Schuhe, sondern die Füße. Meine Zehen sind alle zusammengekrümmt. Bei ihnen sind sie gespreizt, so wie auch unsere Zehen aussehen würden, wenn wir ständig barfuß gingen. Und unsere Füße sind weiß, weiß und weich. Ihre sind zäh wie Leder.

Oder vielleicht ist es noch was anderes, womöglich meine Brille – ein unbegreiflicher Augenschmuck. Monate später sagte mir eine der Frauen, ich hätte sehr schöne Augen, sehr hübsche Augen. Warum ich sie bloß so dämlich schmücke? Natürlich wollte ich ihnen nicht auf die Nase binden, daß ich ohne die Brille nicht besonders gut sehe, also sparte ich mir eine ausführliche Erklärung. Später beschlug mir die Brille. Als ich einmal einen Vogel auf einem Baum schießen wollte, konnte ich ihn nicht sehen, weil sie völlig beschlagen war. Ich schielte darüber hinweg oder versuchte, sie zu putzen, wozu meine Jagdgenossen dann sagten: »Das ist dein Problem, Shori. Wenn du das Ding wegwerfen würdest, könntest du den Vogel sehen.« Also konnte ich nur antworten: »Aber nein, ich will sie nicht wegwerfen, ich mag sie, sie ist gut.«

Unausweichlich begannen auch einige der Halbwüchsigen, die *huya*, die Lage auszutesten, um zu sehen, wie weit sie gehen konnten. Ich brauchte die Sprache nicht, um zu wissen, daß ich für ein paar der hitzköpfigeren Teenager zur Zielscheibe wurde. Sie erinnerten mich an die Jungs an der Straßenecke, die sich einen Jux daraus machten, den neu ins Viertel Gezogenen anzupöbeln. Sie dachten wohl, sie hätten die perfekte Zielscheibe gefunden, jemanden, der nicht reden konnte, der im Wald nur herumstolperte, der zum Triezen und Necken nur so herausforderte. Sie kannten natürlich nicht den Grund für meine Unfähigkeiten. Sie dachten, die ganze Welt bestünde aus Regenwald. Wo auch die Fremden herkamen, sie mußten in Yanomami-artigen Dörfern und in einer Yanomami-gemäßen Umgebung leben. Es kam ihnen nicht in den Sinn, daß es noch etwas anderes geben könnte. Und da ist nun dieser mit Kleidern behangene Fremde, der Schweiß rinnt ihm ununterbrochen herab (sie schwitzen kaum), und er stolpert über Lianen. Er hat große Stiefel an, um seine Füße zu schützen. Er ist unbeholfener als jedes menschliche Wesen, das sie je gesehen haben oder sich vorstellen können. Seine Bewegungen sind rasch und ruckartig anstatt langsam und lässig wie bei ihnen. Er macht alles zu schnell und legt sich dann erschöpft von seinen Anstrengungen hin.

Manchmal hatte ich das Gefühl, der Zirkus wäre in den Regenwald gekommen und ich stünde in der Manege. Während zum Beispiel einige meiner neuen Freunde nahe herankamen, um zu reden und zu fragen, kugelten sich andere vor Lachen am Boden. Ich wußte, die Fragen waren unsinnig, nur wegen des Witzeffekts gestellt. Aber natürlich konnte ich die Pointe nicht verstehen. Ich wußte lediglich, daß mir die Yanomami-Teenager einen ausgezeichneten Einblick in ihren Sinn für Humor boten, und zwar aus der Sicht des Opfers. Guter Rat war teuer. Wenn alle lachten, konnte ich nicht den Beleidigten spielen und auf meine Menschenwürde pochen. Und ich konnte mich um alles in der Welt nicht erinnern, je gelesen zu haben, daß andere Anthropologen so eine Situation schon erlebt und Ratschläge gegeben hatten, wie damit umzugehen war. Also mußte ich es grinsend über mich ergehen lassen.

Aber obwohl sie auf der einen Seite wußten, daß ich nichts verstand, was einige so erheiternd fanden, konnten sie auf der anderen Seite einfach nicht glauben, daß so etwas möglich war. Wie kam es überhaupt, daß ich nichts verstehen konnte? Deshalb kamen einige der Männer her und setzten sich zu mir, redeten ernsthaft, berichteten mir ausführlich von etwas, was ihnen gerade einfiel – ihrem Jagdausflug letzte Woche, einem Besuch bei einem anderen Stamm, den Chancen für einen guten Fischfang –, und stellten mir Fragen, mal ernsthaft, mal nicht. Alles nur, um zu sehen, wie ich reagieren würde.

Eines Tages setzten sich einige Huya zu mir und redeten auf mich ein, während ich meinen Kassettenrecorder reinigte. Ich gab nicht weiter acht, murmelte nur hin und wieder »Hm? Hm?«, um zu zeigen, daß ich zu verstehen versuchte. Kurz darauf verschwanden sie. Eine halbe Stunde später ging ich zum Wasserholen an den Fluß hinunter, und da sah ich sie in meinem Boot, draußen beim Fischen. Ich brüllte zu ihnen hinüber, sie sollten zurückkommen, und versuchte zu sagen: »Was macht ihr da? Warum habt ihr mein Boot genommen?« (mit dem unersetzlichen Motor dran). Später erst ging mir auf, daß sie mich gefragt hatten, ob sie es ausleihen könnten, und daß »hm« bei den Yanomami auch »ja« heißen kann.

Ende des ersten Monats war ich nahe daran, aus der Haut zu fahren. Das Stehlen und Austricksen war schon eine ständige Belästigung. Viel schlimmer aber war der ununterbrochene, vollständige Mangel an Privatsphäre. Ich konnte nie das Gefühl überwinden, daß alle Augen ständig auf mich gerichtet waren, daß jede meiner Bewegungen genau verfolgt und beobachtet wurde. Ich mußte sogar die kleinen Kinder wegscheuchen, wenn ich in den Wald ging, um mich zu erleichtern. So muß es großen Stars mit den italienischen »paparazzi« ergehen, dachte ich. Aber es war schlimmer als bei den Filmstars und den »paparazzi«. Die Hasupuweteri hatten keine Vorstellung von einer Privatsphäre. Es kam ihnen nicht in den Sinn, daß sie in bezug auf meine Person eine Anstandsregel verletzten. Sie kannten das überhaupt nicht, brauchten es nicht und wollten es offenbar auch nicht. Sie selbst lebten gemeinschaftlich, und absolut alles, was sie taten, mit Ausnahme des Geschlechtsverkehrs und der Verrichtung der Notdurft, war öffentlich. Warum ich das anders empfand, ging über ihr Begriffsvermögen.

Obwohl die Yanomami also nicht gewalttätig oder aggressiv erschienen, machten sie das dadurch wett, daß sie die irritierendste Gruppe von Menschen waren, die sich überhaupt vorstellen läßt. Yanomami, »das Wilde Volk«? Ich dachte allmählich, daß Yanomami, »das Aufdringliche Volk«, den Tatsachen näherkam. Andererseits hatte ich, trotz all der Schwierigkeiten, vom ersten Augenblick an keine Angst, mit ihnen zu leben. Unter der exotischen Körperbemalung und dem seltsamen Schmuck waren sie einfach menschliche Wesen, die lächelten, lachten und Spaß machten wie alle anderen Menschen auch.

Aus dieser Erkenntnis heraus räumte ich zum Beispiel das Reizgas weg. Während der einjährigen Vorbereitung auf der Penn State University hatte Chagnon ein furchterregendes Bild von der Wildheit der Yanomami gezeichnet. Er hatte uns kanisterweise mit der chemischen

Keule versorgt – dem Zeug, das nur die Polizei einsetzen durfte –, um etwas gegen die Feindseligkeit und Hinterlist, auf die wir treffen würden, in der Hand zu haben. Chagnon hatte es irgendwie beschafft. Ich kratzte geflissentlich die Etiketten ab, da wir es sonst nicht durch den Zoll gebracht hätten, und klebte andere darauf mit der Aufschrift: »Center County Tierbetäubungsmittel«. Mir war schon damals nicht ganz wohl bei der Sache. Schließlich wollte ich gute freundschaftliche Beziehungen zu den Yanomami aufbauen, und dabei würden mir Dosen mit der chemischen Keule nicht gerade weiterhelfen.

Mit ziemlicher Erleichterung stellte ich fest, daß ich das Reizgas nicht brauchen würde, und verstaute es in der unzugänglichsten Ecke meiner Feldkiste. Aber da ich es nun mal hatte, dachte ich, warum es nicht mal ausprobieren, sagen wir, an den Vampirfledermäusen, die sich manchmal in meine Hütte verirrten. Die Vampire, klein, mit mausähnlichem Körper und einer Flügelspannweite von einem halben Meter, stürzten sich nachts auf die Schlafenden und bissen ihnen in die Finger oder Zehen, wobei sie einen Antigerinnungsstoff einspritzten, so daß das Blut stundenlang tropfte. Ihre Zähne waren so scharf wie ein Rasiermesser. Selten wachte einer davon auf, wenn er schlief. Das erste Mal, als ich gebissen wurde, war ich im Halbschlaf und spürte plötzlich ein Zwicken an meinem Finger. Ich merkte es kaum, geriet aber in Panik und sprang, ohne zu denken, auf die Füße. Aber ich lag ja in der Hängematte, und die wirbelte herum und ließ mich auf den Boden plumpsen. Dieser Krach weckte Carneiro, der sich mit einem Ruck aufsetzte und mich verblüfft anstarrte.

Das nächste Mal, als ein Vampir in der Hütte war, beschloß ich, das verdammte Biest anzusprühen. Die Fledermaus saß auf einem Querbalken in etwa drei Metern Höhe. Ich nahm also den Kanister, visierte sie an und sprühte. Der Vampir sah überrascht aus, hob dann ab und flatterte ein wenig durch den Giebel, bevor er sich auf einem Dachsparren auf der anderen Seite der Hütte niederließ. In der Zwischenzeit war das Gas herabgesunken, und ich fing so schlimm zu würgen und zu husten an, daß ich in den Wald hinausrennen mußte. Da stand ich nun nachts im Dschungel, während die Fledermaus mein Haus okkupierte. Die chemische Keule hatte sie nicht im mindesten gestört.

Im Grunde genommen waren die Fledermäuse bloß lästig. Es war für Carneiro und mich eben anstrengend, mit ihnen und mit der ganzen übrigen neuen Umgebung zurechtzukommen. Es war auch gar nicht so einfach, sich körperlich zu akklimatisieren. Die feuchte Hitze der Tropen erschöpfte uns und forderte für alles, was wir taten, ihren Preis. Abends machten wir uns ein Essen mit Suppe oder Reis und spürten, wie gut uns etwas Warmes im Magen tat. Doch unmittelbar danach begannen wir ausgiebig zu schwitzen, der Schweiß rann uns in Strömen die Brust herunter und tränkte unsere T-Shirts. Oder wir gingen im Fluß baden, und wenn wir herauskamen, überfielen uns Schwärme von blutrünstigen Stechmücken. Da fragten wir uns dann, warum wir uns überhaupt die Mühe gemacht hatten.

Doch trotz aller Probleme startete Carneiro gleich sein Projekt. Er hatte vorher schon über den Landbau von Eingeborenen gearbeitet, und nun machte er einige sehr technische Vergleichsstudien. Er bestimmte die Dichte verschiedener Baumarten, die die Indios fällen mußten, um Platz für ihre Gemüsebananenpflanzungen zu schaffen. Carneiro wollte die Effektivität von Stahläxten, die die heutigen Yanomami benutzten, mit der der Steinäxte vergleichen, deren sich ihre Vorfahren zu Beginn des Jahrhunderts wahrscheinlich bedient hatten. Wie lange hatten sie gebraucht, um das Land zu roden, bevor die Stahläxte aus der Außenwelt ihren Landbau revolutionierten, und welche Auswirkungen hatte diese Revolution auf ihre Ernährung?

Während Carneiro unterwegs war, um Bäume und Pflanzungen zu vermessen, nahm ich mir vor, mich mit dem Shapono vertraut zu machen, dem großen Gemeinschaftsbau, der den Hauptplatz der Siedlung kreisförmig umschloß. Die meisten Regenwaldindios bauten dunkle, geschlossene Häuser ohne Fenster. Das einzige Licht kommt von einem Loch im Dach, durch das eigentlich auch der Rauch ihrer Feuer abziehen soll. Verglichen damit ist das Yanomami-Haus, das Shapono, ein Wunder an Luftigkeit und Helligkeit. Es wird in einem weiten Kreis von etwa 20 bis 50 Metern Durchmesser um eine zentrale offene Fläche errichtet. Das Laubdach neigt sich von einer Höhe von vier Metern in der Mitte bis auf einen halben oder einen Meter am äußeren Rand. Innerhalb des überdachten Ringes gibt es keine Wände oder Abtrennungen. Jede der rundum angeordneten Feuerstellen gehört zu einer Kernfamilie. Diese Familien wiederum ordnen sich nach Verwandtschaft und Sippen, so daß sich die Sozialstruktur der Familien im Dorf in der Anordnung der Feuerstellen und Hängematten widerspiegelt. Innerhalb dieses großen Ringhauses und seines Hofes finden alle häuslichen Tätigkeiten statt· Kindererziehung, Nahrungsverteilung und -zubereitung, Handel und Wandel, Heilung und Totenverbrennung, die Drogeneinnahme der Männer und die Sing- und Tanzfeste der Frauen.

Weil meine Hütte so weit weg war, ging ich immer zweimal am Tag ins Dorf, vormittags und nachmittags. Ich wollte es zunächst ruhig angehen lassen, um mich akklimatisieren zu können. Ich dachte mir, daß ich die Hasupuweteri nur Schritt für Schritt kennenlernen konnte. Es würde Zeit brauchen, mir alles anzusehen und einen Gesamteindruck von ihrer Gesellschaft zu bekommen. Die detaillierten Studien ihrer Proteinaufnahme und ihrer Ernährungsgewohnheiten, die im Mittelpunkt meiner Feldforschung standen, würden noch ein bißchen warten müssen. Zuerst hatte ich mich in das Alltagsleben der Yanomami einzufinden. Als Schlüssel dazu würde mir die fließende Beherrschung der Sprache dienen.

Zunächst tauchte ich einfach nur auf und schlenderte im Shapono und in den nahe gelegenen Pflanzungen herum, um die Leute bei ihren Beschäftigungen zu beobachten. Der Eindruck der Wildheit, den ich empfunden hatte, als die Hasupuweteri-Männer Carneiro und mich am Fluß begrüßten, verflüchtigte sich rasch. Körperlich waren die Yanomami nicht sehr beeindruckend. Sie gehörten eigentlich zu den kleinsten Leuten der Welt – die Männer im Durchschnitt 1,60 Meter, die Frauen noch 20 Zentimeter kleiner. Doch ungeachtet ihres kleinen Wuchses und ihrer schlanken Arme und Beine waren sie sehr stark. Sie konnten Lasten bis zu 100 Pfund, wenn nötig, über weite Entfernungen tragen und stundenlang mit ihren Äxten auf riesige Bäume einhakken.

Selbst wenn sie hart arbeiteten, bewegten sie sich noch graziös und ohne Hast, in einem anscheinend den trägen Bewegungen des Regenwaldes vollkommen angepaßten Rhythmus. Die kupfer- und bronzefarbene Haut paßte auch gut in den Dschungel mit den lederbraunen Lianen und den vielen Braunschattierungen des gefallenen Laubs. Die rote »onoto«-Farbe, Wildblumen und die Federn exotischer Vögel, mit denen sie sich oft schmückten, brachten ihre satte Hautfarbe gut zur Geltung und verliehen ihnen einen merklichen und doch zarten Duft. Ihr Haar war schwarz, glatt und dicht, selbst bei älteren Leuten war es kaum grau, und es gab, soweit ich sehen konnte, keine Glatzen. Sie hatten jedoch praktisch keine Körperbehaarung. Die hohen Backenknochen ließen noch die Spuren ihres asiatischen Ursprungs erkennen. Ihre Vorfahren hatten die Bering-Landbrücke vor etwa 20 000 Jahren überquert. Sie hatten Tausende von Jahren gebraucht, um sich bis zum südamerikanischen Tiefland vorzuarbeiten.

Beim Umherwandern im Innern des Shapono ging ich immer an allen Feuerstellen vorbei und sah mir an, was sich dort abspielte. Eine Schar von Männern, diejenigen, die an diesem Morgen nicht auf die Jagd gegangen waren, lagen dann regungslos in ihren Hängematten, die Hände über dem Mund, und starrten mich bloß an. Ich versuchte herauszubekommen, was sie dachten. Sahen sie mich neugierig oder abschätzig an? Oder hatten sie Angst und wollten deshalb nicht reden? Ich dachte, sie würden vielleicht auf mein Gewehr reagieren, das ich immer ins Dorf mitnahm, genauso wie die Indios nie ohne Pfeil und Bogen einen Fuß vor das Dorf setzten. Niemand läuft unbewaffnet durch den Dschungel. Es läßt sich nie sagen, was einem alles über den Weg laufen kann – eine Giftschlange, ein Jaguar, eine Anakonda, vielleicht eine feindliche Gruppe auf Raubzug. Wer konnte es wissen? Doch das Gewehr schien sie nicht zu stören, jedenfalls nicht sichtlich. Aber was dachten sie dann? »Alles in Ordnung«, wollte ich sagen, »keine Bange, es passiert euch nichts. Ich bin ein Freund.«

Andere wiederum lächelten, besonders die Frauen. Wenn sie gerade dabei waren, Holz zu spalten, Essen zu machen oder ihre Babys zu stillen, blickten sie auf und lächelten. Es war ein Weg, Kontakt herzustellen. Dann ergab es sich manchmal, daß ich jemandes Blick auffing und hergewinkt wurde. Da es sprachlich nicht ging, machten sie Geräusche, Klacken und Schnalzen oder Sch-Sch ... die universelle menschliche Verständigungsmöglichkeit. Und natürlich das Lächeln, das viele Bedeutungen haben kann, wobei einige von Kultur zu Kultur verschieden sind. Doch all dem liegt die Freundlichkeit zugrunde, die das Lächeln vermittelt.

Ich benutzte immer alle Wörter, die ich kannte. Die Frage »Was ist das?« lautet »Weti kete?«. Ich habe erst nicht den ganzen Satz kennengelernt, bloß »weti« – »was«. Also ging ich herum, deutete auf etwas und sagte: »Weti?« Sie antworteten mir etwas – und amüsierten sich köstlich dabei. Dann schrieb ich das in mein Notizbuch. Damit hatte ich den Grundstock zu einem Wörterbuch.

Die Kinder waren stets überall im Shapono – hübsche lächelnde, kichernde Kinder. Sie waren ein komischer Haufen, so neugierig wie die Teenager, doch ohne den Drang zu piesacken – wenn ich sie auch zuweilen erwischte, wie sie die getrocknete Lehmwand meines Hauses abfraßen, was große Löcher hinterließ, die umständlich wieder gestopft werden mußten. Als ich sie nach dem Grund fragte, sagten sie immer bloß: »Es ist gut!« Ich kam zu dem Schluß, daß der Lehm wohl Verdauungsstörungen behob, wie das Kaolin in unserem »Kaopectate«, einem Mittel gegen Durchfall. Wenn ich mich hinsetzte, um mir Notizen zu machen, kamen sie immer plappernd und lachend her, faßten mein Haar und meine Haut an und zwickten mich in die Nase, um zu sehen, ob ich echt war. Ich hatte bebilderte Bücher bei mir. Also schlug ich ein Buch auf und deutete auf ein Tier. Eine Sekunde später brachte mir ein Dutzend Kinderstimmen das Wort bei – Hauptwörter zuerst, nach einer Weile auch Zeitwörter. Kinder hatten die Geduld dazu, sie konnten alles tausendmal wiederholen. Ein Erwachsener würde mir nie die Sprache beibringen können, schloß ich nach einigen nicht gerade erbaulichen Unterredungen. Ein älterer Mann zum Beispiel wiederholte mir ein Wort ein- oder zweimal, begann dann aber zu schreien und mich seltsam anzuschauen, weil er sich fragte, mit was für einem Idioten er es hier zu tun hatte. Dann wiederholte er es noch einmal, sehr laut, sehr langsam und sehr sarkastisch. Wenn ich es dann immer noch nicht kapierte, schüttelte er nur noch den Kopf und ging davon, um etwas Lohnenderes anzufangen. Aber den Kids machte es nicht im geringsten was aus. Wenn ich ein Idiot war, na und? Ich war außerdem auch das seltsamste und interessanteste Wesen in ihrer Gegend.

*Ich war noch ein kleines Mädchen, als ich Kenny das erste Mal sah. Ich hatte noch nie vorher einen Nabuh gesehen. Wir haben alle an dem schwarzen Haar in seinem Gesicht gezogen. Wir haben über seine weiße Haut gelacht und uns gewundert, warum sein Körper so lang war. Er hatte die größte Stirn, die ich je gesehen habe. Wir haben ihm geholfen, ein Haus aus Lehm zu bauen, wo er seine Sachen reintun konnte, weg vom Shapono, wo wir alle lebten. Aber als wir etwas von seinem Haus gegessen haben, ist er ganz böse geworden und hat rumgebrüllt. Er hat nicht mit uns reden können, deshalb haben wir ihn »Geisterzunge« genannt, wie jemand, der nicht sprechen kann, oder ein Baby. Oder manchmal habe ich ihn »Große Stirn« genannt. Ich bin damals erst ein kleines Mädchen gewesen, bloß ein kleines Mädchen.*

# Alltag im Indio-Dorf

Bob Carneiro brauchte einen Monat, um seine Studien zu Gartenbau und Energieaufwand durchzuführen. Als dann seine Zeit um war, begleitete ich ihn flußabwärts. Bei den Guajaribo-Stromschnellen trafen wir verabredungsgemäß auf Chagnon und Eric Fredlund, die uns bei der vertrackten Arbeit halfen, den schweren Einbaum durch die Seitenarme zu bugsieren, ihn an Seilen zu halten und vom Ufer aus durchzulotsen. Eine bestimmte Stelle war besonders gefährlich. Es gab da eine Felsnase, die direkt in das Wildwasser hinausragte, wo die reißende Strömung leicht das Kanu erfassen und jeden hineinziehen konnte, der es im Griff zu behalten versuchte. Gerade im entscheidenden Augenblick, als wir alle vier voll an den Seilen hingen, wurde Eric von einer Biene ins Ohr gestochen und ließ um ein Haar die Leine los. Unter Zurufen wie »Halt durch, Eric, halt durch!« bekam er den Schmerz gerade noch rechtzeitig unter Kontrolle, um uns davor zu bewahren, von dem schlingernden Kanu in die Strömung gerissen zu werden.

Der Rest der Fahrt bis Tayariteri war unproblematisch, doch der Vorfall hatte mir einen gehörigen Respekt vor den Stromschnellen eingejagt. Ich machte mir schon Sorgen, wie ich sie bei zukünftigen Proviantfahrten allein bewältigen sollte. In Tayariteri verabschiedete ich mich von Carneiro, der mit Chagnon zur Ocamo-Mission weiterfuhr. Dann beluden Eric und ich unsere Kanus mit Sachen aus unserer Vorratshütte und gingen wieder getrennte Wege.

Ich fuhr zunächst bis Platanal, um Padre Gonzalez, dem Oberhaupt der dortigen Salesianer-Mission, einen kurzen Besuch abzustatten. Dann brach ich mit 200 Kilogramm Vorräten im Einbaum wieder nach Hasupuweteri auf, zum erstenmal nun wirklich allein. Es war deprimierend, ohne einen anderen Menschen den Fluß hinaufzufahren. Ich war nie ein sportlich-naturverbundener Typ gewesen und fühlte mich in dieser Situation äußerst unbehaglich. Ich kannte mich mit Booten oder Flüssen ohnehin nicht aus, und dies hier war ein Urwaldfluß, in dem Piranhas, Stachelrochen, Zitteraale und Kaimane lauerten. Er war voller Felsen und reißender, tückischer Strömungen. Was geschieht, dachte ich, wenn ich kentere oder, was noch wahrscheinlicher ist, wenn das Boot leck wird, wie es bei diesen Einbäumen so oft vorkommt? Es war ja nicht so, daß ich einfach bei der nächsten Stadt anhalten konnte, um das Boot reparieren oder mich verarzten zu lassen. Doch selbst wenn es mir gelänge, nach einem Kentern ins Boot zurückzukommen, hätte ich alle meine Vorräte verloren – mein Essen, meine Kleider und Arzneien. Ein Weiterfahren hätte sich erübrigt. Ich würde nicht überleben, wenn ich wie ein Yanomami leben müßte. Mir würde nichts anderes übrigbleiben, als zu wenden und umzukehren. Ohne Geld für neue Vorräte müßte ich das ganze Projekt hinschmeißen. Und der Auslöser für alles wäre nur ein kleines Mißgeschick gewesen. Und wenn mir das tatsächlich zustoßen würde, müßte ich wahrscheinlich nachts im Regenwald kampieren und mich mit all den Gefahren an Land herumschlagen – Schlangen, Skorpione, drei Zentimeter lange Ameisen, deren Biß 24 Stunden schmerzen kann (auf spanisch heißen sie »veinte y cuatro« – die Vierundzwanzig), und Wanderameisen, mit denen ich schon in meiner Hütte Bekanntschaft gemacht hatte, was ich nicht so schnell vergessen würde.

Ich war eines Nachts aus dem Tiefschlaf aufgewacht. Nicht durch ein plötzliches Geräusch oder eine Bewegung – ich spürte nur eine vage Beklommenheit. Als ich meine Taschenlampe anknipste, schien sich alles zu bewegen: die Wände, der Boden, die Decke, alles. Beim genaueren Hinsehen erkannte ich, daß ich Ameisen vor mir hatte, einen lebenden, wogenden Ameisenteppich. Ich wußte nicht weiter. Ich erinnerte mich zwar, gehört zu haben, daß Wanderameisen keine Menschen angreifen, aber ich wußte immer noch nicht, was ich tun sollte. Sollte ich einfach liegenbleiben und hoffen, daß sie abzogen, oder aufstehen und etwas tun – irgendwie versuchen, sie zu vertreiben, vielleicht durch sie zu waten, um zu meinen Büchsen mit Insektiziden zu gelangen? Doch was würden meine zwei Spraydosen schon gegen diese Horden ausrichten? Schon die Idee, das Insektenbekämpfungsmittel in den Regenwald mitzunehmen, war lachhaft gewesen, obwohl mir in diesem Augenblick, als ein leichter Regen aus Ameisen vom Dach auf mein Moskitonetz fiel, nicht nach Lachen zumute war. Normalerweise würde ich bei einem Ameisen- oder Termiten-Überfall meine Dosen herausholen und sie einnebeln, aber meine Indio-Freunde hätten sicher gefragt: »Warum tust du das? Laß sie in Ruhe. Sie sind nur auf dem Durchmarsch. Sie säubern dein Haus für dich, das ist alles.«

Also blieb ich einfach in der Hängematte liegen und sah zu, wie die Horde langsam aus der Hütte zog. So hatte ich die Invasion überlebt. Aber was wäre, wenn einer dieser lebenden Teppiche mich mitten im Dschungel auf dem Boden im Schlaf überraschte? Während ich mir die haarsträubenden Dinge vorstellte, beobachtete ich wie ein Adler jede kleine Welle im Wasser und versuchte herauszufinden, ob sie nicht von einem Felsen oder einem untergetauchten Baum herrührte, der mein Boot zum Kentern bringen könnte.

Als ich bei den Hasupuweteri ankam, war ich zwar erschöpft, aber auch stolz, daß ich diese navigatorische Heldentat allein und erfolgreich vollbracht hatte. Die Freude darüber währte aber nicht lange. Ich hatte erwartet, daß mich die Indianer am Ufer bei meinem Haus freudig begrüßten. Doch als ich nun herantuckerte, war die Böschung menschenleer. Vielleicht haben sie bloß den Motor nicht gehört, dachte ich. Also feuerte ich mein Gewehr ab, in dem Glauben, daß dies gewiß jemand herlocken würde. Es rührte sich aber nichts.

Obwohl ich nur eine Woche weggewesen war, sprossen im Innern meiner Hütte schon kleine Triebe, und die Palmbretter waren weiß mit Schimmel überzogen. Meine Ausrüstung und Kleidung waren klamm und feucht. Ich machte ein Feuerchen, das ein bißchen was von der Feuchtigkeit vertrieb, und kochte mir eine Tasse Kaffee. Währenddessen ging die Sonne hinter einer leuchtend orangen Wolkenbank unter, die im Westen über dem Fluß hing. Die Stille draußen war nervtötend. Ich fragte mich, wohin die Hasupuweteri gezogen waren und wann oder ob sie je zurückkommen würden. Ich war noch nie so völlig allein gewesen, in einer derart ungewohnt fremden und bedrohlichen Nacht. Plötzlich wurde die Stille vom Knarren und Quaken tausender Frösche zerrissen, und bei dieser schauerlichen Musik fiel ich endlich in unruhigen Schlaf.

Am Spätnachmittag lag ich in meiner Hängematte und schrieb in meinem Tagebuch, als ich plötzlich draußen eine Stimme hörte: »Shori?« Da ich schon so sehr an die Stille gewöhnt war, schreckte mich der Laut auf. »Shori. Eou, Shori.« Als ich durch die Ritzen meiner Palmholztür spähte, sah ich zwei junge Männer in Lendenschurzen mit Pfeil und Bogen.

»Weti kete?« – »Was ist?« fragte ich, wobei ich mich bemühte, gleichgültig zu klingen, obwohl ich ziemlich aufgebracht war.

»Ich bin's«, sagte einer der Indios, als ob das schon genügt hätte. Als ich die Tür öffnete, sah ich aber, daß sie nicht aus Hasupuweteri waren, sondern von der kleinen Siedlung flußaufwärts. Ihre Gruppe war auf einem Treck gewesen und gerade zurückgekommen. Die beiden waren hergekommen, um nach mir zu sehen. Die Hasupuweteri seien auch auf Dschungeltreck gewesen, berichteten sie, aber sie wären jetzt wieder in der Nähe. Sie würden sie gleich am nächsten Morgen für mich herholen.

Die Morgendämmerung hatte kaum eingesetzt, da wurde ich schon von vertrauten Tönen, Lachen und Reden, geweckt, als die Hasupuweteri den Trampelpfad zu meiner Hütte entlangkamen. Die gleichen Geräusche, die mich vor einigen Wochen fast zur Verzweiflung gebracht hatten, klangen auf einmal angenehm und tröstlich.

Und so begann alles wieder, als hätte es nie eine Unterbrechung gegeben. Einmal mehr war ich der Anthropologe, der in einer Situation gefangen war, die ich inzwischen das Paradox des beobachteten Beobachters nannte. Hier war ich, der Forscher, der ausgezogen war, die Eingeborenen zu studieren, aber tatsächlich war ich es, der studiert wurde – besessen, rücksichtslos, endlos studiert. Im Morgengrauen kamen sie also wie immer mit Gebrüll und Geschrei den Pfad entlang. Mittags folgten sie mir wieder zur Hütte. Abends kamen sie nochmal. Die Hasupuweteri hatten keine Notizbücher und Stifte, aber sie prägten sich jede meiner Bewegungen mit dem ganzen Ernst des gewissenhaftesten Anthropologen ein. Für sie war die Art, wie ich schlief, aß, ging, sprach und mich kleidete, äußerst faszinierend.

Von meinem Lager am Fluß aus war die Beobachtung der Hasupuweteri nicht einfach. Gewöhnlich ging ich zweimal am Tag zu ihrem Shapono, vormittags und nachmittags. Aber da ich keineswegs ins Dorf integriert war, fiel es mir schwer, länger als ein paar Stunden dazubleiben. Bis Mittag hatte ich schon die Stechmücken satt und war von der tropischen Hitze genervt. Mein Notizbuch war dann schon voll mit Bemerkungen über die Sprache und das Vokabular, und ich bekam immer mehr Konzentrationsschwierigkeiten. Weil ich unbedingt meinen Mittagsschlaf brauchte, ging ich wieder zu meiner Hütte, zu meiner Verzweiflung dicht gefolgt von einer Eskorte aus Männern und Burschen, die sich ein bis zwei Stunden lang an mich herandrängten und mich anstarrten, während ich versuchte, mich bei einer Tasse Kaffee oder einem Schläfchen zu entspannen. Dann machte ich mich wieder auf ins Dorf, um noch ein paar Stunden Notizen zu machen, bis ich in der Abenddämmerung meine Sachen wieder zusammenpackte und zurückkehrte zu meinem Kaffee, meinem Essen, meinem Schreibtisch, meiner Hängematte – all den Dingen, an die ich mich so gewöhnt hatte.

Was ich im Shapono und in der Pflanzung sah, war faszinierend und ganz anders, als ich es erwartet hatte. Regelmäßig begrüßten mich die Frauen mit einem strahlenden Lächeln, blickten vom Baumwollspinnen an ihren Rohrspindeln oder vom Korbflechten aus langen Ranken auf. Auch die Männer, die sich entschieden hatten, an diesem Tag nicht jagen zu gehen, gaben sich beileibe nicht aggressiv. Mütter stillten ihre Kinder, während sie die brutzelnden Bananen über der Feuerglut wendeten. Väter schmusten mit ihren Babys oder spielten mit ihnen in ihren Hängematten. Draußen bei der Pflanzung, gleich hinter dem Shapono, rodeten und bestellten Männer zusätzliche Flächen, während Frauen ernteten und Bananen bündelten, um sie zu ihren Feuerstellen zu bringen. Einem Fremden erscheint die Pflanzung als ungegliederte Fläche, aber tatsächlich hat jede Familie ihren eigenen Bereich, wo sie oft *ocumo*, Maniok, Zuckerrohr und Baumwolle zusätzlich zu dem Hauptprodukt Bananen anbauen. Mir fiel auf, daß die Hasupuweteri zwar gemeinschaftlich zusammenlebten, die Gartenarbeit und auch die meisten anderen Beschäftigungen aber nicht gemeinschaftlich, sondern als individuelle Familieneinheiten erledigten. Es wurde mir immer klarer, daß ich nur Teilbeobachtungen machte. Wenn ich alles sehen wollte, müßte ich einen Weg finden, wirklich in ihren Alltag aufgenommen zu werden.

*Großer Bruder hat gesagt, daß ein anderer Nabuh unser Dorf besucht hat, als er noch klein war. Er hat gesagt, daß sie ihre schwarzen Kisten gerne auf Leute richten. Er hat gesagt, die schwarzen Kisten nehmen deine* Noreshi. *Er hat gesagt, sie wissen, wie so Sachen wie Macheten und Angelhaken gemacht werden. »Maquina« hat sie gemacht, hat er gesagt. Ich habe nicht gewußt, was eine »maquina« ist. Ich habe nicht gewußt, ob »maquina« ein Mensch oder ein Ding war. Ich habe nicht gewußt, ob Nabuh sterben können. Vielleicht lebten sie ewig. Ob Kenny ewig leben würde? Kenny hat nicht wie ein normaler Mensch reden können. Er hat nur ein paar Worte sagen können, deshalb haben wir ihn ausgelacht. Er hat auch gelacht. Aber ich habe gedacht, er würde bösen Zauber bei mir machen. Er würde mich krank machen, und ich würde sterben. Ich habe mich vor ihm gefürchtet. Er hat große Dinger an seinen Füßen gehabt, die einen komischen Abdruck auf dem Weg hinterlassen haben. Er hat auch glänzende Dinger auf den Augen gehabt. Großer Bruder hat gesagt, damit könnte er sehr weit sehen.*

Ich begriff bald, daß der einzige Weg, meine Außenseiterrolle abzubauen, der wäre, mich so weit wie möglich zu integrieren und damit eine weniger fremdartige Erscheinung zu werden. Je mehr sie von mir sahen, desto weniger würde ich eine Sehenswürdigkeit und eine Ablenkung sein. Was ich brauchte, war ein neues Haus direkt neben ihrer Gemeinschaft.

Ich hatte mich bereits dazu entschlossen, als ich eines Morgens Mitte April vom Fluß her plötzlich ein ungewöhnliches Geräusch hörte. Ich war noch in meiner Hütte und machte mich gerade fertig, um ins Dorf zu gehen. Wie üblich war ich von der Schar von Männern und Burschen umringt, die sich in der Morgendämmerung eingefunden hatten, um wieder einen Tag lang den Nabuh zu beobachten, als es plötzlich still wurde und alle gespannt lauschten. Dann schrie ein halbes Dutzend Stimmen: »Motoro!«

Fünf Minuten später umrundete ein gelbes, motorisiertes Kanu mit zwei Männern darin die Flußbiegung. Die Huya aus dem Dorf, die jungen Männer, kamen den Pfad entlanggestürmt, wie sie es immer taten, wenn sie einen Motor hörten. »DDT, DDT«, brüllten sie, womit sie das Malariakontrollteam meinten, das sie hin und wieder besuchte. Die Malariabekämpfungsteams bestanden aus Ortsansässigen, die von der Regierung angeheuert waren, um vorbeugende Medikamente an alle Yanomami-Gruppen zu verteilen, die sie erreichen konnten. Oft waren die Malarialeute selbst Halb-Indios, nicht viel gebildeter als die Stammes-Indios.

Der Anführer dieses Teams war ein kleiner, dicker, knopfäugiger Kreole, der sich als Blanco vorstellte. Sein Bootsfahrer war ein junger Mann namens Francisco Valero, von dem ich schon gehört hatte. Da Francisco Valeros Vater ein Yanomami war, beherrschte auch der Sohn die Sprache fließend. Von der väterlichen Sippe hatte er die dunkle Haut und das glatte schwarze Haar. Beim Lächeln entblößte er seine kleinen, vollkommen weißen Zähne, ein weiteres Yanomami-Kennzeichen. Seine Mutter war Helena Valero, eine Brasilianerin, die als Kind entführt worden war und beinahe zwanzig Jahre bei den Indios gelebt hatte, bis sie befreit wurde.

Blanco und Francisco ließen sich von mir zu einer Tasse Kaffee einladen. Blanco war müde von der Reise und entschied, nicht den ganzen Weg ins Dorf zu laufen. Es war regnerisch, der Pfad war schlammig, und es war einfach zuviel Aufwand. Statt dessen befahl er den jungen Männern, die Dorfbewohner an den Fluß zu bestellen.

Ich wußte, daß das Team eigentlich ins Dorf gehen und an jeden in der Gemeinschaft Chlorchinin verteilen sollte. Sie sollten auch darauf achten, daß die Leute die Pillen nahmen, und sich vergewissern, daß sie geschluckt und nicht weggeworfen wurden. Das Chlorchinin war sehr bitter, und die Yanomami sahen nicht viel Sinn darin, eine Arznei zu schlucken, wenn sie nicht krank waren. Der Gedanke der Vorbeugung war ihnen nicht beizubringen.

»Gehen Sie nicht ins Dorf?« fragte ich.

»Nein«, antwortete Blanco mit einem Seitenblick auf den schmutzigen Pfad. »Vielleicht das nächste Mal.«

»Was ist mit den Frauen? Sie werden nicht zum Fluß runterkommen, aber sie kriegen auch Malaria.«

»Ach, machen Sie sich keine Sorgen«, winkte er ab, »wir kriegen sie das nächste Mal.«

»Ach kommen Sie«, beharrte ich.

»Nee«, sagte Blanco. »Außerdem haben sie nie Wasser dort oben, mit dem sie die Pillen schlucken können.« Das stimmte, sie hatten nicht viel Wasser beim Shapono.

»Aber ich habe einen Kanister. Nehmen Sie das Wasser mit rauf.«

»Nein, nein, sie sollen hierher kommen; sie werden schon runterkommen.«

Mittlerweile waren die Huya hinaufgegangen und hatten alle Männer geholt. Ich konnte sie schon von weitem hören. Doch auf einmal verwandelte sich das vertraute Stimmengewirr auf dem Pfad in Gekreisch und Geschrei, und einen Augenblick später stürmten die Hasupuweteri gellend auf mich zu: »Komm schnell, Shori, komm schnell! Nimm dein Gewehr und komm mit.«

Irgend etwas war im Gange, aber ich wußte nicht genau, was. Francisco Valero verstand. »Enemigos!« sagte er mit zitternder Stimme. »Angreifer.«

Auf dem Weg hatte ein Überfallkommando aus einem anderen Dorf den Männern aufgelauert. Der letzte in der Reihe war angeschossen worden. Ein junger Mann stand zitternd neben mir. Die übrigen waren in Panik und schrien mir in die Ohren, ich solle mein Gewehr holen. Aber ich lehnte ab. Ich würde nicht kommen. Um keinen Preis würde ich mich da hineinziehen lassen. Als sie merkten, daß ich keine Hilfe war, rannten die Hasupuweteri in wilder Verfolgung auf dem Pfad zu ihren Gärten davon.

Ich wußte nicht, ob sie die Angreifer schnappen würden, aber ich erwartete keine offenen Gefechte. Die Yanomami ließen sich nie auf eine offene Kriegführung ein. Sie hielten es für absurd, ihr Leben derart aufs Spiel zu setzen und möglicherweise eine Menge Leute abgemurkst zu bekommen. Statt dessen schlich sich ein Überfallkommando an ein feindliches Dorf heran und versteckte sich die Nacht über im Gebüsch, zum Beispiel an einem in die dörflichen Pflanzungen führenden Pfad. Am nächsten Morgen warteten sie dann, bis jemand vorbeikam, schossen auf ihn und rannten dann weg. Keine Heldentaten, kein Zweikampf, keine Massenschlacht. Bloß verstecken, schießen und wegrennen. Es erfüllte den Zweck, und der Täter ging dabei nicht drauf.

Etwa eine halbe Stunde später kamen die Hasupuweteri zurück, außer sich vor Wut. Ich bekam nur einige Brocken mit, aber Francisco Valero übersetzte. Es war wirklich jemand verwundet worden, als die Männer zu uns heruntergekommen waren. Der Verletzte sei nun im Dorf, und sie wollten, daß wir mitkämen, um ihn uns anzusehen. Als wir dort ankamen, lag der Mann in seiner Hängematte, während die Schamanen über ihm sangen und eine Gruppe junger Frauen weinend am Boden saß. Es war Takawe, ein junger Mann, den ich gut kannte. Sein rechter Arm war von einem Pfeil aufgeschlitzt worden, aber wirklich gravierend war der zweite Pfeil in seinem Bauch. Dessen Spitze war mit Widerhaken versehen gewesen, und als sie sie herauszogen, war ein Teil von Takawes Gedärm herausgerissen worden. Eine große Darmschlinge hing ihm aus der Wunde.

Die Männer sprachen ein paar Worte mit Valero, der sich dann an mich wandte: »Okay, Kenny, die wollen, daß Sie ihn behandeln.« Alle sahen mich an. Die arme Seele hätte eindeutig operiert werden müssen, aber ich dachte, ich könnte zumindest sein Gedärm wieder hineinstopfen, obwohl das sicherlich wenig helfen würde. Ich umwickelte Takawe mit einer Gazebinde, um die Fliegen abzuhalten und die Blutung etwas zu stillen. Dann bandagierte ich seinen Arm. Aber es bedurfte keines Arztes, um zu wissen, daß er verloren war. Er lebte noch und stöhnte, aber schwach und an der Schwelle des Todes.

Inzwischen sprachen die Hasupuweteri im Staccato miteinander, äußerst aufgeregt. Die Sprecher klopften sich gegenseitig heftig auf den Rücken und in die Seiten, um ihren Worten Nachdruck zu verleihen. Sie gestikulierten mit Pfeil und Bogen, deuteten den Pfad entlang und in den Wald hinein, manchmal aber auch auf uns. Es herrschte eine zornige und aufgeheizte Stimmung, eine Situation, bei der ich nicht unbedingt dabeisein wollte. Als Valero und ich zum Fluß hinuntergingen, fragte ich, was sie gesagt hatten. Er berichtete mir etwas nervös, daß sie über ihn und Blanco gesprochen hätten. Sie wären nicht auf mich böse, sagte er, und schienen auch ihn nicht zu beschuldigen. Zumindest war das die vorherrschende Meinung. Es ging um Blanco. Er war es schließlich gewesen, der sich geweigert hatte, ins Dorf zu gehen, und der sie gezwungen hatte, den Pfad herunterzukommen. Deshalb seien sie in den Hinterhalt geraten. Die meisten schienen gewillt, ihn ziehen zu lassen – dieses Mal noch. Doch wenn er je zurückkäme, hatten sie geschworen, ihn umzubringen.

Sie hatten auch von dem Überfall gesprochen und Rache geschworen. Valero hatte nur einen kleinen Teil mitbekommen – die Angreifer seien Kasharaweteri, eine kleine Gemeinschaft, die flußabwärts bei den Stromschnellen lebte –, und es war ihm nicht klar, warum sie angegriffen hatten. Später fand ich heraus, daß die Hasupuweteri und die Kasharaweteri sich bis vor kurzem gegenseitig besucht und miteinander Handel getrieben hatten, also in durchaus friedlichen Beziehungen zueinander standen. Dann aber hatten die Hasupuweteri die anderen zu einem Fest eingeladen, auf dem es eine große Menge geräucherten Fisch und Bananen geben sollte. Einige der Gäste waren im Kanu gekommen, während andere den Weg zu Fuß zurückgelegt hatten. Doch nach ihrer Ankunft stellte sich heraus, daß nicht annähernd soviel Essen da war wie versprochen. Das Fischen war nicht ergiebig gewesen und der Festschmaus deshalb etwas dürftig ausgefallen.

Als Gäste waren die Kasharaweteri darüber natürlich aufgebracht. Sie waren die weite Strecke hierhergekommen, und der Besuch hatte selbstverständlich einen Zweck. Die Yanomami besuchten einander nie einfach nur, um Hallo zu sagen. Es ist immer wegen der Tauschwaren, um etwas zu erwerben oder ein früheres Handelsabkommen zu vergelten. Und um zu essen. Da nun aber das Essen so spärlich gewesen war, war der ganze Besuch nicht gut verlaufen. Nicht lange, und die jungen Männer in den beiden Gruppen hatten einen Streit vom Zaun gebrochen und einander beschimpft. Einige der Hasupuweteri waren so erbost gewesen, daß sie die Kanus der Gäste versteckten. Die Gäste waren aufgebracht heimgezogen – so aufgebracht, daß sie einen Überfall auf die Hasupuweteri beschlossen. Dieser erste Überfall forderte zweifellos Rache, was wieder Rache und mehr Rache auslösen würde. Keiner dieser Überfälle war ein offener Kampf, bei dem die eine Seite klar gewann und die andere verlor. Alle erfolgten in der gleichen Weise wie der eben erlebte Zusammenstoß. Eine Gruppe erschoß jemanden und rannte dann heim. Das ging so weiter, manchmal jahre-, sogar jahrzehntelang. Einige Gruppen befehdeten sich über Generationen hinweg.

Den Abend darauf starb Takawe und wurde eingeäschert. Ich befand mich nur fünfhundert Meter entfernt und versäumte doch alles. Freilich wußte ich nicht, wann er sterben würde. Und obwohl ich wußte, daß die Yanomami ihre Toten verbrennen und ihre Asche trinken, wußte ich nicht, wann sie diese Zeremonien durchführten. So kam es, daß Takawe am Abend starb und noch in der Nacht eingeäschert wurde – alles, nachdem ich es für den Tag hatte genug sein lassen und in meine Hütte zurückgegangen war. Am nächsten Morgen, als ich wieder ins Dorf kam, war er weg. Nur die Überreste des Feuers waren noch da.

Das beschleunigte meine Pläne, ein neues Haus neben der Ansiedlung zu bauen. Ich konnte meine kostbare Zeit einfach nicht länger einen halben Kilometer entfernt allein in einer Hütte vergeuden. Also machte ich mich an die Arbeit und heuerte einige männliche Hasupuweteri an, um mir ein neues Haus zu bauen. Diesmal machte ich mir alle Lektionen zunutze, die ich beim Bau meiner ersten Behausung gelernt hatte. Sie war dicht, ohne Spalten, durch die Vampire hereinschlüpfen konnten. Sie hatte ein vergittertes Fenster, aber über Mannshöhe, so daß niemand hereinspähen konnte, und sie war größer, groß genug, damit ich mir einige einfache Schreibtische bauen und meine Notiz- und Tagebücher darauf aufreihen konnte. Aber das Beste daran war, daß die Hütte nur dreißig Meter vom Shapono entfernt lag.

Es hatte über einen Monat gedauert, bis mein neues Heim endlich fertig war. Doch dann wurde mit einem Schlag alles besser. Unten am Fluß war ich ein Besucher gewesen. Nun war ich ein Teil ihres Lebensablaufs. Selbst wenn ich in meiner Hütte war, befand ich mich praktisch innerhalb des Gemeinschaftsgefüges. Ich konnte alles hören und augenblicklich zur Stelle sein, wenn irgend etwas vor sich ging. Das Haus war schöner und größer. Ich stellte meine Arbeitstische auf und kam endlich ernsthaft zu meinen Studien.

Bis dahin hatte ich den Grundwortschatz der Yanomami-Sprache erfaßt und bemühte mich sehr, auf eine Verständigungsbasis zu kommen. Der Großteil meiner Anstrengungen in den ersten Monaten hatte dem Erlernen der Sprache gegolten. Es war ein Grundpfeiler meiner Überzeugung, daß der beste Weg, die Yanomami zu studieren, eher das Verständnis des gesamten kulturellen Zusammenhangs war als die alleinige Konzentration auf die quantitativen Messungen, die ich für meine Proteinstudien brauchte. Es gab eine Alternative dazu. Nach dieser Methode hätte ich im Dorf in regelmäßigen Abständen Stichproben vornehmen und aufzeichnen müssen, was jede Familie zu dem Zeitpunkt gerade tat. Mit dieser Datensammelmethode war es möglich, quantitative Analysen zu machen und aus diesen Zahlen abzulesen, wie viele Stunden am Tag jemand mit Jagen verbrachte, wie viele mit Gartenarbeit und so weiter. Es war ein erprobtes Verfahren, nicht unbedingt stichhaltig, aber effektiv, und ich habe mit dem Gedanken gespielt, es so zu machen. Für fünfzehn Monate, sagte ich mir, kann ich mich mit diesen simplen Aufzeichnungen begnügen. Ich kann die Stichproben machen, die Messungen vornehmen, die Daten festhalten und meine Studie vervollständigen. Oberflächlich besehen, war das der Zweck meines ganzen Aufenthaltes hier.

Andererseits lebte ich mit einer Stammesgruppe zusammen. Durch Stichproben allein würde ich sie nie so eingehend kennenlernen, wie ich es wollte. Wenn ich auch nie die Tatsache aus dem Blick verlor, daß ich die Yanomami studieren sollte, um über sie zu berichten, so war ich doch hier, lebte mit ihnen in engem Kontakt und wollte sie verstehen – und, daß sie mich verstanden. Das hielt ich für den einzigen Weg, der es mir möglich machte, nicht einfach nur aufzuzeichnen, was sie taten, sondern auch einen Begriff davon zu bekommen, was es in ihrem Lebenszusammenhang bedeutete.

Es gab tatsächlich eine ganze Menge in ihrem Leben, was ich erst noch verstehen mußte. Ich sah die eindrucksvollsten Vorgänge, besonders jetzt, da ich so nah beim Dorf wohnte und entsprechend mehr Zeit mit ihnen verbrachte. Ich beobachtete und machte über alles Notizen, oft, ohne genau zu begreifen, was ich da mitbekam.

Eines Nachmittags, kurz nachdem ich in das neue Haus gezogen war, kam ich in das Shapono, als der Schamane gerade über einem Kranken sang. Sein Gesang war laut und heiser. Er hatte die »epene«-Droge genommen und wurde von fünf oder sechs anderen Männern assistiert, die auch unter Drogen standen, bemalt und mit Federn geschmückt waren. Plötzlich sprangen die Helfer auf und rannten wie wild um den Innenhof des Shapono. Dann, genauso plötzlich, fielen sie um, als wären sie tödlich getroffen. Leute kamen und brachten die reglosen Körper wieder zum Schamanen, der über ihnen zu singen begann, um sie wiederzubeleben, während sie »Wasser, Wasser« ächzten, was das einzige war, das ich während des ganzen Vorgangs deutlich verstehen konnte. Plötzlich, ohne jede Vorwarnung, rannte der Schamane vom Innenhof zum überdachten Rand des Shapono und kroch auf allen vieren durch die Familienabteilungen, wobei er rundherum Haushaltsgeräte umstieß, durch Herdfeuer trampelte, Töpfe umschmiß und Aschewolken hinter sich aufwirbelte. Als ich dabeistand und alles mit Kamera, Recorder und Notizbuch aufzeichnete, fragte ich mich, was genau vor sich ging. Mir war klar, daß dies ein Heilritual war – der Schamane trieb dem Patienten die Krankheit aus, übertrug sie auf die anderen und belebte sie dann wieder. Doch meine mangelnde Sprachkenntnis zwang mich zu Vermutungen und Annahmen. Also nahm ich alles auf Band und Film auf und dachte mir, daß ich eines Tages vielleicht herausfinden würde, was das alles bedeutete.

In der folgenden Woche machte ich mich weiter ans Lernen der Sprache, füllte Notizbuch um Notizbuch und beschrieb Hunderte von Vokabelkärtchen. Es war hart. Das Erlernen einer ungeschriebenen Sprache inmitten einer Eingeborenenbevölkerung, mit der ich sprachlich nichts gemeinsam hatte, geht unendlich langsam vor sich. Yanomami-Wörter gehen ineinander über und werden schnell gesprochen. Einen Yanomami dazu zu bringen, ein Wort langsam auszusprechen, war problematisch. Es war sogar noch schwieriger, ihn dazu zu bewegen, es Silbe für Silbe herzusagen. Sie verstanden nicht, worauf ich hinauswollte; sie sprachen nie so. Ich mußte die Informanten darin regelrecht einüben.

Auf Yanomami bedeutet das Wort »obisi« sowohl »langsam« als auch »leise«. So sagte ich am Anfang »Obisi, obisi«, wobei ich »Langsam, langsam« meinte. Statt dessen flüsterten sie dann alles, was sie mir gerade erzählten. Ich sagte, »Nein, nein, nein« und versuchte, die Art nachzuahmen, wie sie es mir vorsprechen sollten, langsam und Silbe für Silbe. Aber sie lachten bloß. Ich war ganz schön neidisch auf Chagnon und Lizot, die beide auf Missionen angefangen und mit spanischsprechenden Yanomami gearbeitet hatten. Manchmal fragte ich mich, ob es nicht besser gewesen wäre, erst einmal drei Monate in der Mission zu leben und eng mit einem zweisprachigen Indio zusammenzuarbeiten. Es hätte mir eine Menge Frust und eine Menge Zeit erspart. Aber es war nun mal nicht so gewesen.

Statt dessen lernte ich die Sprache durch einen Sprung ins kalte Wasser, Wort für Wort, Satz für Satz. Dabei halfen mir die Kinder am meisten. Sie hatten nicht nur die Geduld, mir die Wörter beizubringen, sie gingen auch spielerisch mit meiner Lernbegierde um. Wenn ich sie etwa fragte, »Weti kete?« – »Was ist das?« –, dann drehten sie auch mal den Spieß um. Wenn sie zum Beispiel eine Ameise sahen, kamen sie zu mir und fragten selbst: »Weti kete?« Ich sagte auf yanomami: »Ich weiß es nicht.« Woraufhin sie in Gelächter ausbrachen. Wie um alles in der Welt konnte ich nicht wissen, was eine Ameise ist – ihnen war ja nicht bewußt, daß es um das Wort und nicht um das Tier ging. Ist es zu fassen, daß dieser Nabuh nicht weiß, was eine Ameise ist? Oder ein Grashüpfer, oder ein Baum? Jedes Kind kennt die Namen jedes Baums und jeder Ameisenart (tatsächlich gibt es kein einzelnes Wort für Ameise). Sie lachten sich einfach halbtot. Ich fragte sie, dann fragten sie zurück, und wir alle hatten schließlich Tränen in den Augen vom vielen Lachen. Aber ich lernte. Langsam, aber sicher lernte ich.

Als es mit der Verständigung besserging, stieg ich allmählich ernsthaft in meine Studien ein, deren Kernfrage die Proteinaufnahme war. Ich wollte wissen, wieviel Wild die Hasupuweteri pro Kopf verzehrten, wieviel Zeit sie mit der Jagd verbrachten, welche Entfernungen sie zurücklegen mußten und wie groß das Gebiet sein mußte, um sie mit ausreichenden Mengen zu versorgen. Ich wollte das Verhältnis zwischen der Anzahl der in einem Ort lebenden Menschen und der Gebietsgröße feststellen, die sie brauchten, um sich ausreichend mit Protein zu versorgen. War Marvin Harris' Theorie stichhaltig? Er nahm an, daß die kriegerischen Auseinandersetzungen unter den Yanomami dazu dienten, die Siedlungen verstreut zu halten, damit sichergestellt wurde, daß die Bevölkerungsdichte in einem bestimmten Gebiet nicht über die Wilddichte hinauswuchs. Oder traf Napoleon Chagnons Annahme zu, daß die Stammesfehden der Yanomami nichts mit den spärlichen Proteinquellen zu tun hatten, sondern nur mit der Wildheit der Indios?

Zur Beantwortung dieser Fragen mußte ich soviel wie möglich über die Nahrungssammel- und Eßgewohnheiten der Hasupuweteri herausfinden. Ich mußte die Männer auf die Jagd begleiten, Männer und Frauen sorgfältig beim Sammeln von Wildfrüchten und beim Fischen in den Bächen beobachten und ihre Gartenarbeiten genau dokumentieren. Peinlich genau mußte ich auch die Nahrungsmengen messen, die sie zu sich nahmen.

Die Vorstellung, den Nahrungsverbrauch einer Person zu messen, mag in einer Unterrichtsdiskussion einigermaßen vernünftig klingen, aber in der Praxis sieht das anders aus. Um es genau zu machen, muß jeder Bissen gewogen werden, den die Leute in den Mund nehmen. Da half kein intellektuelles Getue, ich mußte einfach unverschämt genug sein, hinzugehen und es zu machen. Das tat ich dann auch.

*Eines Tages ist Kenny mit einem sonderbaren Ding ins Haus gekommen. Er hat es an einen Balken gehängt, als Großer Bruder und die anderen von der Jagd zurückkamen. Das Ding war schwarz und hatte einen großen Haken. Dann hat Kenny ein Pekari hochgehoben, das Abamis Mann mitgebracht hatte, und es auf den Haken gesteckt. Als wir das Pekari am Haus hängen gesehen haben, mußten wir lachen. Niemand hatte jemals ein Pekari so hängen sehen. Ich habe so arg lachen müssen, daß mir die Seiten weh getan haben. Aber Abamis Mann hat nicht gelacht. Er hat Kenny gefragt, warum er das mit dem Pekari gemacht hat. Kenny hat gesagt, »Schwer?« Da haben wir erst recht gelacht. Auch Abamis Mann hat da lachen müssen. Er hatte das Pekari den ganzen Weg vom Rahuawe-Fluß hergetra-*

*gen. Dann hat Kenny das Pekari von Abamis Mann heruntergenommen und den Klammeraffen von Yoamas Mann hingehängt. Das hat so viel Spaß gemacht, daß danach immer, wenn einer ein Tier erlegt hat, er zu Kenny gesaust ist, um es ihm zu sagen. Wir wollten, daß er herkam und nachsah, ob es schwer war.*

Anfänglich konnte ich, da ich die Sprache nicht ausreichend beherrschte, nicht einmal etwas fragen. Wenn ich die Männer vom Jagen heimkommen sah, ging ich zuerst mit meiner großen Waage hin, hob ein Gürteltier, einen Ameisenbär oder ein Pekari, das sie gerade auf den Boden geworfen hatten, auf und wog es – ohne mich darum zu scheren, wie lästig oder peinlich das war. Während ich wog, standen alle lachend um mich herum und fragten sich zweifellos, was um alles in der Welt ich bloß anstellte. Sie wußten nicht, was »wiegen« ist. Sie wußten nicht, daß ich das erlegte Wild an eine »Waage« hängte. Sie hatten nie etwas von Kilos und Pfunden gehört. Es brauchte nicht viel Phantasie, um sich vorzustellen, was ihnen durch den Kopf ging. Sieh dir doch den Nabuh an. Er nimmt dieses seltsame Ding und bindet es an einen Hauspfosten, dann nimmt er das Pekari und hängt es dran, mitten im Dorf. Dann schaut er es mit zusammengekniffenen Augen an und macht kleine Zeichen auf Blätter.

»Eou, Shori«, sagten sie dann, »was machst du da?«

»Ich wiege das Tier. Ich schaue, wie schwer es ist.«

Das konnte ich so natürlich nicht auf yanomami sagen. Als ich das Wort gelernt hatte, konnte ich bloß sagen: »Schwer?« – Sie haben kein Wort für »wiegen«. Darauf antworteten sie dann in ihrer Sprache: »Wo liegt das Problem, Shori? Warum hebst du es nicht hoch, dann merkst du, wie schwer es ist.« Bevor ich das Wort für »schwer« kannte, habe ich bloß gelacht und die Tiere an die Waage gehängt. Die ganze Zeit haben alle gekichert, gedeutet und laut herausgelacht. Sie hatten schon einige ziemlich unverständliche Dinge gesehen, seit ich hergekommen war, aber das übertraf alles, was sie wohl von mir erwarteten. Dennoch, solange ich nichts kaputtmachte, warum nicht? Der Nabuh will das Pekari dort an den Haken hängen? Meinetwegen, es ist merkwürdig, aber pah, was macht das schon?

Ich mußte jedes Stück Wild wiegen, das in das Shapono kam.

Außerdem mußte ich versuchen, die Leute selbst auf die Waage zu kriegen. Ich wollte sie alle wiegen, damit ich den Energieumsatz messen und die Proteineinnahme pro Kilo Körpergewicht bestimmen konnte. Ich hatte dafür eine normale Hauswaage, aber es war ein kühnes Unterfangen, sie dazu zu bringen, sich daraufzustellen. Zum einen war es unendlich komisch. Es war schon seltsam, die Tiere aufzuhängen, aber das war nun echt verrückt. Zum anderen konnten sie einfach nicht darauf stehenbleiben. Wenn ein Fuß drauf war, glitt der andere wieder ab. Sie stellten den einen Fuß vorn auf die Waage und den anderen auf den Boden oder beide Füße vorn auf die Waage. »Kommt her«, hätte ich gerne gesagt. »Stellt euch zu mir, ich werde euch zeigen, wie es geht. Tut einfach einen dahin, so, dann den anderen hierhin, so.« Aber ich mußte es pantomimisch erklären.

*Kenny hat eines Tages noch etwas anderes ins Haus gebracht. Es war am späten Nachmittag, als alle sich in den Hängematten ausruhten. Er hat sehr laut gesagt, »Schwer?« Dann hat er auf alle in den Matten gedeutet. Großer Bruder hat mehr als alle anderen gelacht. Aber ich habe nicht gelacht. Ich habe Angst gehabt, weil ich dachte, Kenny würde mich wie das Pekari an den großen schwarzen Haken hängen.*

Als ich nun meine Arbeit wirklich ernsthaft in Angriff nahm, wurde ich im Endeffekt aufdringlich für sie, anstatt daß sie mir auf die Nerven gingen. Aber sie waren ziemlich tolerant, und meist lachten sie einfach oder machten Witze darüber. Sie hielten mich allmählich für eine Art Tanzbär, eine unterhaltsame Abwechslung.

Das machte mir nichts aus, zumindest nicht im Anfangsstadium meiner Beziehungen zu ihnen. Eine Möglichkeit, mit ihnen ins Gespräch zu kommen oder Spannungen abzubauen, war das Lachen und Scherzen, also lachte ich und spielte ihnen etwas vor. Ich vollführte ein Tänzchen oder machte irgend jemanden nach. Erst glotzten sie, dann platzten sie los. Sie hatten so etwas noch nie im Leben gesehen. Kein Yanomami würde je so etwas tun. Derartige Vergnügungen gehörten nicht zu ihrer Welt. Da gab es einen Mann, der sich vor kurzem den Knöchel verstaucht hatte und hinkte. Als ich seinen Gang nachmachte, platzte das ganze Shapono vor Lachen, und der betreffende Mann lachte am lautesten von allen. Die ganze nächste Woche wollten sie jeden Tag diesen Auftritt sehen – selbst als der Knöchel geheilt war. Es hatte den Anschein, es sei das Lustigste gewesen, was sie je gesehen hatten. Ich war der Hofnarr, der Dorftrottel. Aber das ging in Ordnung. Anstatt mich nur anzustarren und für weiß Gott was zu halten, zeigten mir alle ihre Zuneigung und wollten mich um sich haben.

Das war ganz in meinem Sinne. Endlich entwickelte sich ein guter Draht zu ihnen, die Beziehungen knüpften sich an, und ich fühlte mich entspannter. All dies bedeutete, daß es von nun an einfacher sein würde, Kontakte aufzunehmen und zu lernen. Ich wußte, sie akzeptierten mich, wenn auch auf eine sehr spezielle Weise. Sie dachten nicht dauernd, oh nein, da kommt der verdammte Kerl schon wieder.

Bei meinen Runden durchs Dorf ging ich zu jeder Feuerstelle und beobachtete, was sie gerade taten. Dabei sah ich, wie sie die Bananen zubereiteten, wie sie sie über dem Feuer rösteten. Ich fand heraus, daß es noch anderes Essen gab, und fragte sie, was es wäre. »Weti?« Dann sprachen sie mit mir, was ich nicht verstand. Doch wenn sie mich sahen, dachten sie neben dem immer auch an Handelswaren, und so hörte ich die Worte für »Topf«, »Angelhaken« oder »Buschmesser«. Darin lag ein gewisser Humor. Ich wollte was von ihnen, und sie wollten was von mir. Und beide Seiten kamen auf ihre Kosten. Bei all meinen unzähligen Fragen dachte ich im Hinterkopf stets: »Was ißt er gerade? Wieviel ißt er hiervon? Wieviel davon?« Bei ihnen lief zweifellos das gleiche ab. Seltsam, interessant, schau dir dieses Verhalten an. Aber wie steht es mit den Handelswaren?

Als ich tagtäglich meinen Dorfrundgang machte, lernte ich allmählich die Familien ziemlich genau kennen. Langsam lernte ich auch ihre Namen – keine einfache Sache, da die Yanomami nie öffentlich ihre Namen benutzten. Statt dessen riefen sie sich bei den entsprechenden Verwandtschaftsbezeichnungen, und die verwandtschaftlichen Beziehungen waren oft selbst erst einmal sehr verwirrend. Onkel der väterlichen Linie wurden beispielsweise von ihren Neffen und Nichten »Vater« genannt, für die sie, anthropologisch ausgedrückt, »klassifikatorische« Väter sind. In gleicher Weise wurden die Tanten der mütterlichen Linie »Mutter« genannt, und deren Neffen und Nichten waren »Söhne« oder »Töchter«. Doch langsam verstand ich das System, und bald sah ich jeden Hasupuweteri als Einzelwesen. Um die Identifizierung zu erleichtern, gab ich ihnen sogar meine persönlichen Spitznamen: Romeo, Narbengesicht, Zwei Frauen, Schlappi, Roter und so weiter. Doch vor allem die Kinder faszinierten. Sie waren ein robuster Haufen, gutmütig, neugierig, verspielt und freundlich. Der Wald hallte von ihrem Lachen wider, wenn sie Versteck spielten. Sie benutzten einen riesigen umgestürzten Baum als Gemeinschaftstrampolin oder erteilten mir eine weitere hektische Lektion in der Sprache der Yanomami.

*Als Kenny zu unserem Feuer gekommen ist, habe ich mich hinter meiner Mutter versteckt. Großer Bruder hat auch Angst gehabt, aber er hat es nicht gezeigt. Er hat bloß gelächelt, als sich Kenny vor ihn hingehockt hat. Dann hat Großer Bruder Kenny am Bart gezupft und gesagt, er möchte auch so einen dichten Bart haben. Ich habe auch manchmal Kennys Bart angefaßt, wenn wir alle mit ihm gespielt haben. Ich habe hingelangt und ihn angefaßt, wenn er nicht hingeschaut hat. Aber wenn er mich angesehen hat, wollte ich von seinen Augen wegschauen. Ich habe Angst gehabt. Ich habe gedacht, wenn ich ihm in die Augen schaue, würde mir etwas passieren. Großer Bruder hat Kennys Handgelenk genommen, wo er ein glänzendes Ding trug. Als Kenny es uns gezeigt hat, ist da ein kleiner Stock drinnen immer rundherumgelaufen. Ich hab Großen Bruder gefragt, was es war, und er hat gesagt, es sei eine Sonne.*

Ein kleines Mädchen, das mit ihrer Mutter und ihrem älteren Bruder zusammenlebte, gewann meine besondere Zuneigung. Sie war nicht älter als acht oder neun Jahre. Zuerst hat sie sich immer hinter ihre Mutter gestellt und sich halb versteckt, wenn ich vorbeikam. Nach ein paar Schmeicheleien aber schaffte ich es, ein strahlendes Lächeln von ihr zu bekommen, das mir immer sehr wohltat. Kindernamen unterlagen nicht dem Tabu, und ihre Mutter sagte mir, sie hieße Yarima. Sie war zweifellos das reizendste Kind, dem ich bei den Yanomami begegnet war. Darüber hinaus war Yarimas großer Bruder, ein junger, etwa 16jähriger Bursche, freundlich und gesprächig, und im Lauf der Zeit merkte ich, daß es mich immer mehr zu diesen Leuten hinzog, die liebenswerter waren und auch besser in der Lage, mir sprachlich zu helfen. Die meisten Leute redeten ungefähr eine Viertelstunde auf mich ein, dann wurde es ihnen zuviel. Yarimas Bruder aber konnte so lange weitermachen, wie ich Interesse zeigte.

Noch hilfsbereiter war der Mann, dem ich wegen seines roten T-Shirts den Spitznamen »Roter« gegeben hatte. Er war einer der wenigen im Dorf, die ein Kleidungsstück trugen. Ich hatte ihn ein paar Tage nach meiner Ankunft kennengelernt und gleich gemerkt, daß er etwas anders war als seine Stammesgenossen. Roter war ein außergewöhnlich mitteilsames, lebhaftes Wesen. Aber er hob sich vor allem deswegen von den anderen ab, weil er sich vom ersten Tag unserer Begegnung an in meiner Umgebung völlig wohl zu fühlen schien. Er zeigte nicht diese mit Aufregung gemischte Angst, die ich bei den anderen sah. Statt zu lachen oder sich durch meine Verständigungsschwierigkeiten irritieren zu lassen, versuchte er herauszubekommen, was ich sagen wollte, und ging mir zur Hand, wenn etwas zu erledigen war.

Als ich vom Fluß zum Dorf zog, wurde unsere Beziehung enger. Auf mein Betreiben kam er zu mir in die Hütte, um mit mir zu arbeiten, und er stellte sich als sehr fähig heraus. Er war äußerst geduldig, eine seltene Annehmlichkeit. Er lernte auch rasch. »Hen-na-ha-ka-mi-ye-ya-ra-mi-huu« konnte er in getrennten Silben sagen, statt »henahakamiyeyaramihuu«, wie es eigentlich klang. Niemand sonst konnte – oder wollte – so sprechen. So dauerte es nicht lange, bis Roter mein Hauptinformant wurde. Wir begannen, Dinge gemeinsam zu übersetzen, und er wurde darin immer besser. Er unternahm alles, um mir ein Wort verständlich zu machen, und spielte es mir, wenn nötig, sogar vor. Er war ein guter Lehrer und wurde rasch auch ein guter Freund.

Zusätzlich zu meinen Messungen im Dorf ging ich mit den Männern auch fischen und jagen. Ich zeichnete Karten von den Gegenden, durch die wir kamen, beschrieb das Gelände, berechnete Entfernungen, Zeiten, Richtungen und wie viele Tiere wir aufscheuchten. »Wir hielten 7 Uhr 23 am Punkt A«, stand dann zum Beispiel in meinem Notizbuch. »Wir stöberten ein Baumhuhn auf. Um 8 Uhr 10 sahen sie ein Halsbandpekari und jagten es zwanzig Minuten lang, verloren aber die Fährte. Dann wandten wir uns nach Nordosten und gingen eine Stunde lang über den Zusammenfluß von zwei Bächen hinaus.« Ich machte Zeit- und Bewegungsstudien. Ich zählte, wie viele Schüsse abgegeben wurden, wie viele Tiere erwischt und wie viele verfehlt wurden. Es war anstrengend und beschwerlich, etwas ganz anderes, als hinter meinem Schreibtisch an der Universität zu sitzen und mein methodisches Vorgehen sowie dessen Anwendbarkeit, Stichhaltigkeit und die Bedeutung des Ganzen niederzuschreiben. Sich tatsächlich »ins Feld« zu begeben und all diese Dinge zu messen stand auf einem völlig anderen Blatt.

Es war schon Schwerstarbeit, allem auf den Fersen zu bleiben, was im Dschungel passierte, und zuerst hatte ich Mühe, körperlich und geistig durchzuhalten. Ich war noch nie zuvor in einer ähnlichen Situation gewesen. Rucksacktouren und Zelten oder ein Essen am Lagerfeuer mit Feldgeschirr und ausklappbaren Gabeln und Löffeln hatten mich nie besonders gereizt. Aber ich war fit und sportlich. Ich hatte an der High-School immer Football und Basketball gespielt und mich auch am College in Form gehalten. Aber weder war ich an das Leben im Freien gewöhnt, noch war ich ein Jäger. Ich hatte nie mit einem Gewehr geschossen.

Es blieb mir also nichts anderes übrig, als mich unvorbereitet ins Dschungelleben zu stürzen und bei jeder sich bietenden Gelegenheit mit auf die Jagd zu gehen, bis ich ein gutes Gespür dafür hatte, was vor sich ging. Ich lernte, daß die Indios im Grunde keine ausgefeilten Jagdtechniken oder -strategien hatten, aber sie waren genaue Beobachter und todsichere Fährtenleser. Ich versuchte, mich im Hintergrund zu halten, weil ich mich nicht so leise anschleichen konnte wie sie. Aber das schien sie nicht zu stören, und bald stellte ich fest, daß mir die Jagd Spaß machte. Es war eine gemeinschaftliche Sache. Da ging ich mit ein paar Männern in den Wald, wir zogen zusammen los und kamen zusammen zurück. Ohne viel Gerede, aber das war okay. Ich bekam im Shapono genug zu hören. In gewisser Weise war die Jagd eine Flucht aus dem Dorf, und ich fand später heraus, daß die Yanomami selbst das auch so empfanden. Draußen im Wald zu sein war eine

Chance, von der Gruppe wegzukommen, ein bißchen Ruhe zu haben. Nicht die Art von Privatsphäre, die wir uns wünschen, doch zumindest eine Möglichkeit, für eine Weile allein zu sein.

Es gab ein Problem bei der Jagd. Die Indios wollten, daß ich mit meinem Gewehr auf Tiere schießen sollte. Sie scheuchten einen Vogel aus dem Unterholz oder entdeckten ihn in einem Baum, deuteten dann auf mich und sagten: »Los, jetzt schieß ihn.« Aber ich sollte ja die Jagd studieren. Wie konnte ich das, wenn ich derjenige war, der schoß? Meistens schoß ich nicht, und schließlich nahm ich das Gewehr einfach nicht mehr mit. Das erste Mal, als ich mit ihnen auf eine fünftägige Jagd ging, ließ ich mein Gewehr zu Hause. Sie hielten mich für völlig übergeschnappt. »Du gehst auf Jagd und nimmst dein Gewehr nicht mit? Du könntest damit doch so leicht Wild erlegen!« Ich konnte ihnen nicht erklären, daß ich ihre Jagd theoretisch studieren wollte. Sie hätten das zu Recht für völlig absurd gehalten. Es mußte gejagt werden, um Nahrung zu beschaffen, um etwas in den Magen zu bekommen.

Ende August hatte ich beinahe vier volle Monate in Hasupuweteri ganz allein, ohne Bob Carneiro, gelebt. Doch demnächst mußte Chagnon kommen. Bei unserer letzten Begegnung hatte er gesagt, er habe vor, zum Dorf zu kommen, um genealogische Studien zu treiben und nach mir zu schauen. Am 20. August hörten wir einen Motor auf dem Fluß, und wie üblich rannten die Hasupuweteri kreischend und johlend zum Ufer. Als ich hinkam, sah ich, daß es tatsächlich Chagnon war, in Begleitung von vier Missions-Indios, die ihn flußaufwärts gebracht hatten.

Napoleon Chagnon und ich hatten während der siebenmonatigen Vorbereitungszeit auf diese Expedition unsere Schwierigkeiten miteinander gehabt, und die Spannung war noch nicht ganz gewichen.

Seine Auseinandersetzung mit Marvin Harris, in die ich hineingezogen worden war, war eben nicht bloß wieder so ein folgenloser theoretischer Streit. Die Yanomami waren mehr als bloß wieder so ein exotisches Volk. Viele Teilstämme lebten noch immer in völliger Abgeschiedenheit, unberührt von der Zivilisation. – Die Yanomami waren das »unverfälschteste« Volk, das es geben konnte. Gerade deshalb warf die Gewalt in ihrer Gesellschaft ein so beunruhigendes Licht auf die menschliche Natur selbst. Die Lektüre von Chagnons »The Fierce People« verführte zu der Annahme, die Menschheit neige von Natur aus zur Gewalt und Selbstvernichtung.

Marvin Harris hatte seine Angriffe gegen Chagnons Ansichten auf die Methoden und Prinzipien der Kulturökologie gestützt – eine Vorgehensweise, die den wechselseitigen Bezug zwischen Umweltfaktoren und kultureller Entwicklung betonte. Chagnon wußte, daß er die gleiche Vorgehensweise wählen mußte, wenn er Harris widerlegen wollte. Es genügte einfach nicht, Harris' Argumenten den Wahrheitsgehalt abzusprechen, es mußte bewiesen werden, daß sie falsch waren. Das erforderte aber eine Untersuchung der Wechselbeziehung zwischen der Kultur der Yanomami und ihrer Umwelt, und Chagnon selbst hatte wenig Erfahrung auf diesem Gebiet. Als examinierter Student mit etwas Vorbildung in Kulturökologie und einem bißchen Feldforschungspraxis auf dem Buckel war ich ihm als geeigneter Kandidat erschienen, um jene Daten zu sammeln, die endgültig beweisen würden, daß die Proteinaufnahme nicht der Hauptfaktor für die Gewalttätigkeit der Yanomami war, wie Harris und seine Kollegen glaubten.

Ich hatte mich gleich nach einem längeren Aufenthalt in Venezuela für das Projekt verpflichtet und anfänglich gar nicht gemerkt, daß ich mich mitten in eine der hitzigsten und vehementesten Auseinandersetzungen begab, die die akademische Welt zu bieten hatte. Als ich dann doch verstand, auf was ich mich da eingelassen hatte, wurde es mir mulmig. Da stand ich zwischen meinem Doktorvater Napoleon Chagnon, der meine Forschungen finanzieren würde, auf der einen Seite, und einem anderen hervorragenden Professor, dessen Werk ich schätzte, genau auf der Gegenseite. Als ich begann, den Kern der Streitfrage zu begreifen, setzte ich mich von der Parteigängerschaft, die mein Posten an der Penn State University nahelegte, ab. Daraufhin, so schien es mir, kam bei Chagnon allmählich der Verdacht auf, er hätte einen Anhänger von Harris' ökologischer Fraktion am Hals. Als er mir dann verbot, nach New York zu fahren und mit Harris direkt über seine Theorien zu sprechen, platzte mir der Kragen, und ich fuhr trotzdem hin. Von da an war meine Beziehung zu Chagnon zerstört. Auch wenn wir die Scherben notdürftig kitteten, um das Forschungsprojekt nicht zu gefährden, war unsere ursprüngliche Freundschaft dahin.

Doch trotz alledem tat es mir nach diesen vier Monaten allein unter den Hasupuweteri gut, wieder ein bekanntes Gesicht zu sehen. Die nächsten drei Tage blieb Chagnon in meinem neuen Haus. Wie immer war der Mann ein Energiebündel. Während er Unmengen von Kaffee aus der Thermoskanne wie Wasser in sich hineinschüttete und pausenlos filterlose Zigaretten rauchte, richtete er sich häuslich bei mir ein. Er interviewte nonstop einen Dorfbewohner nach dem anderen, wobei er ihre Auskünfte geradezu verschlang. Ich war verblüfft über seine Ausdauer und den unablässigen Ehrgeiz, der ihn von früh bis spät auf Trab hielt.

Als er fertig war, fuhren wir runter nach Tayariteri. Mit der Hilfe der Missions-Indios war es kein Problem, unsere beiden Einbäume durch die Stromschnellen zu bugsieren. Chagnon kehrte nun in die Vereinigten Staaten zurück, während ich weitere Vorräte einlud und mich wieder auf den Weg flußaufwärts machte. Doch in Tayariteri fiel mir ein altes Aluminiumboot auf, das Chagnon gehörte. Mensch, dachte ich, das wäre was, wenn ich dieses Boot statt meines 15 Meter langen Einbaums hätte. Auf jeder Reise mußte ich allein durch die Stromschnellen, und da der Einbaum für einen Mann allein zu schwer war, um ihn mit einem Seil vom Ufer aus durchzuschleusen, mußte ich hindurchschießen, ein immer wieder gefährliches Unterfangen. Das Aluminiumboot jedoch war leicht wie eine Feder. Ich würde es ohne Probleme vom Ufer aus halten können.

»Nap«, sagte ich, »du kannst doch mit dem Boot nichts mehr anfangen. Es liegt da einfach nur rum. Kann ich es nicht haben? Ich muß immer durch die Stromschnellen, und damit wäre es viel leichter als mit meinem Einbaum.«

Chagnon schüttelte den Kopf. »Das geht nicht. Wenn ich es dir gebe, muß ich auch für Ray und Eric ein Aluminiumboot besorgen. Ich kann nicht einem von euch so was zur Verfügung stellen und den anderen nicht.«

»Aber Ray und Eric müssen nicht durch die Stromschnellen«,

beharrte ich. Nach dem ersten Monat war Ray zu einer Siedlung weiter unten am Fluß gezogen, und Erics Dorf lag am friedlichen Ocamo. »Wenn sie krank werden, brauchen sie bloß in ihr Boot zu steigen und sich zur Mission treiben zu lassen. Ich muß durch Guajaribo. Wenn ich das nicht schaffe, komm' ich nicht mehr raus aus dem Dschungel. Was passiert, wenn ich von einer Schlange gebissen werde oder Malaria bekomme?«

»Dann laß dich einfach von keiner Schlange beißen, Ken«, erwiderte Chagnon ungerührt.

Eines Tages, kurz nach meiner Rückkehr aus Tayariteri, war ich in den Dorfpflanzungen und maß den Zeit- und Energieaufwand, der für verschiedene Phasen wie Roden, Pflanzen und Ernten benötigt wurde. Yarimas Bruder war als mein Informant mitgekommen und gab mir über die verschiedensten Fragen Auskunft. Plötzlich sagte er unvermittelt: »Es gibt fast keine reifen Bananen mehr.«

»Was werdet ihr dann essen?« fragte ich.

»Kapiromi«, sagte er – eine im Wald wachsende Wurzel.

»Heißt das, das Dorf wird aufbrechen?«

»Wahrscheinlich«, kam die Antwort. »Frag den Großen Mann. Er wird es dir sagen.«

Ich brauchte den Großen Mann nicht zu fragen. Ich wußte bereits die Antwort. Bananen bildeten die Hauptnahrung der Yanomami, wenn sie bei ihren Pflanzungen lebten. Sobald nichts mehr zu ernten war, blieb den Menschen keine andere Wahl, als in das Leben zurückzufallen, das wahrscheinlich ihre Vorfahren geführt hatten, bevor die Banane in den Regenwald eingeführt worden war – die nomadische Wanderschaft von Jägern und Sammlern.

Am nächsten Tag wußte ich sicher, daß das Dorf zu einem *wayumi*, einem Treck, aufbrechen würde. Sie würden, meinten sie, etwa »einen Mond« wegbleiben. Bis dahin wären die nächsten Bananen reif. Ob ich nicht mit ihnen ziehen wollte, fragte der Große Mann. Mir schwirrte der Kopf. Das würde mir Gelegenheit geben, einen Aspekt des Yanomami-Lebens zu erfahren und zu dokumentieren, den noch nie jemand untersucht hatte. Und ob ich mit ihnen gehen wollte. Andererseits mußte ich dann meine gesamte Ausrüstung unbeaufsichtigt im Haus lassen. Außerdem mußte ich auch eine Unmenge mitschleppen: Verpflegung für einen Monat, Kleidung, Arzneimittel, Notizbücher, Tonkassetten und Recorder und was weiß ich noch alles. War es diesen Aufwand wert? Aber wenn ich blieb, was sollte ich einen Monat oder länger in völliger Einsamkeit machen – lesen und meine Karteikarten durchgehen?

»Ja«, sagte ich zu ihm, nachdem ich rasch alles überdacht hatte, »ich komme mit euch.«

# Der Treck

An diesem und dem nächsten Tag bereitete ich mich auf den Treck vor. Ich konnte natürlich nicht alles mitnehmen, doch selbst für das Notwendigste brauchte ich Träger. Ich mußte also mit einigen Männern eine Abmachung treffen – eine faire selbstverständlich. Ich fand die Idee nicht schlecht: Sie wären glücklich über ihren Lohn in Form von Gebrauchsgegenständen, und ich hätte Gelegenheit, ihnen eine Vorstellung von wechselseitiger Hilfe zu vermitteln. Aber ich durfte nur einige von ihnen als Träger engagieren, weil ich ja extra deswegen mitkam, um sie bei ihrem normalen Tun und Treiben zu beobachten. Da ich mir ausrechnete, daß jeder Träger nicht mehr als zwanzig oder dreißig Pfund aufgebürdet bekommen sollte, konnte ich nur das Allernotwendigste mitnehmen.

Vor allem mußte ich an meine Verpflegung denken. Noch konnte ich mich nicht von ihren Mahlzeiten ernähren. Das Leben bei den Yanomami war nicht einmal mit dem bei einer relativ urwüchsigen Bauerngemeinde zu vergleichen, wo man das essen kann, was diese Leute essen. Die Yanomami aßen Maden aus den Palmen und Ameisen. Sie rupften Wurzeln aus der Erde, und auf einem Treck gab es selbst von dieser Kost manchmal nicht besonders viel. Lange Hungerperioden waren nicht selten.

Ein Weißer hat nicht die körperliche Kondition für einen Treck. Er schwitzt furchtbar und wird schnell müde und schwach. Er kann aber nicht einfach stehenbleiben, ausruhen und sich stärken. Es gibt keine Möglichkeit, den Salzverlust auszugleichen. Die Indios scheinen kein Salz zu brauchen; sie haben es nie gesehen. Sie schwitzen kaum. Ein Weißer kann so nicht überleben, zumindest nicht, bis er eine lange Zeit körperlicher Anpassung hinter sich hat.

Deshalb brauchte ich vor allem Säcke mit ausreichender Nahrung. Dann mußte ich meine Kamera, meinen Recorder mit Kassetten, meine Notizbücher und Stifte mitnehmen. Dazu meinen Kompaß. Wichtig waren auch meine Gürteltasche, mein Gewehr und Patronen sowie meine Arzneien – meine Ausrüstung gegen Schlangen, meine Malariatabletten, Antibiotika und Antiseptika. Dann brauchte ich natürlich Kleidung zum Wechseln – Hemden und Hosen, Socken und ein zweites Paar Schuhe. Alles mußte in spezielle Plastiksäcke verpackt werden. Ehe ich mich versah, hatte ich fünf oder sechs Säcke mit »notwendigen« Dingen gefüllt.

Während der ganzen Zeit, in der ich mein Zeug zusammenpackte, fragte ich mich, was mich wohl erwartete. Nomadisches Jagen und Sammeln wie in der Steinzeit. So haben die Leute gelebt, bevor das Getreide angebaut wurde. Das war keine Wanderung, nicht einmal eine Expedition, sondern etwas Unwägbares. Und mir kamen Zweifel. Kann ich es wirklich schaffen? Kann ich ein Nomade sein? Kann ich im Dschungel überleben? Aus meiner Sicht als Stadtkind oder College-Student war schon das Leben in meiner kleinen Hütte am Oberlauf des Orinoco eine Strapaze. Aber jetzt erwartete mich ein Sprung vom Regen in die Traufe. Ein Treck durch den amazonischen Regenwald hat nichts von einer Waldwanderung in einem Nationalpark. Der dichte Dschungel hier ist von schroffen Bergen und unzähligen Bächen durchzogen, die alle auf kaum erkennbaren Pfaden überwunden werden müssen. Ich kannte mich damit nicht aus. Das Dschungelinnere war mir fremd, selbst jetzt noch, nach all den Jagden, die ich mitgemacht hatte.

Ich verbrachte einen ganzen Tag damit, meine Sachen auszusuchen, auszusortieren und alles zu verstauen, was ich in verriegelten Koffern und Aluminiumkisten in meiner Hütte lassen würde, und klebte alles fest zu. Doch schließlich stand ich da in der feuchten Morgenluft mit meinen Vietnam-Kampfstiefeln, meinen Shorts, der Gürteltasche und dem Gewehr – und fühlte mich sehr mühselig und beladen. Neben mir standen die Yanomami-Männer, mit nichts als einem Strick um die Hüften und den federleichten Pfeilen, Bogen und Pfeilspitzenbehältern, die sie wie Köcher über dem Rücken trugen.

Fünf von ihnen hoben meine Bündel auf und rückten die Tragriemen um ihre Stirnen zurecht. Selbst mit den Lasten kommen sie noch besser weg als ich mit Stiefeln, Hose, Hemd, Messern, Gewehr, Gürteltasche und all dem Zeug, dachte ich. In der schwülen Luft kamen mir meine 180 Pfund eher wie 280 vor.

Die Männer brachen als erste auf, wobei die Träger und ich das Ende bildeten. Die Frauen und Kinder würden nach kurzer Zeit nachkommen. Wir waren noch nicht lange gegangen, als wir auf den ersten Bach stießen, und schon war ich von oben bis unten naß. Stiefel, Socken und Hose waren durchnäßt, und wenn ich mich vorher schon schwer gefühlt hatte, so fühlte ich mich jetzt bleischwer. Irgendwie war überall Sand hineingeraten, und beim Gehen spürte ich ihn in meinen Socken und den nassen Hosen reiben und mir die Schenkelinnenseiten wundscheuern. In dieser Feuchtigkeit trocknete nichts.

Nachdem ich mich ein paar Stunden mühsam dahingeschleppt hatte, brannte mir der Schweiß auf den Augen, und meine Kleidung hatte sich in alle Winkel und Ritzen meines Körpers hineingezwängt. Ich fühlte mich unbehaglicher als je zuvor in meinem Leben. Als ich die flinken, grazilen Yanomami vor mir durch den Dschungel flitzen sah, ertappte ich mich dabei, daß ich vor mich hin murmelte: »Warum denkt ihr Leute euch bloß nicht was aus, damit ihr zu Hause bleiben könnt, anstatt im Dschungel herumzuwandern? Warum habt ihr nicht mehr Bananen angepflanzt, damit wir das hier nicht machen müssen? Es ist mir jetzt schon eine Qual, und ich kann mir nicht vorstellen, wie ich das noch einen Tag länger aushalten soll. Wie lange werden wir hier draußen bleiben, einen Monat, zwei Monate?«

In der ersten Nacht regnete es, und unter dem dürftigen Schutz wurde alles, was ich bei mir hatte, durchgeweicht. Es regnete auch in der zweiten Nacht, in der dritten und fast in jeder weiteren Nacht. Meine Schuhe wurden nie trocken. Ich hängte sie abends über einem Feuer auf, bis sie vom Rauch braun und steif waren. Dann zog ich sie am Morgen wieder an. Eine Minute später stand ich in einem Bach, und sie waren wieder naß, bis ich sie in der folgenden Nacht wieder übers Feuer hängen konnte.

Nach ein paar Tagen lag ich in meiner Hängematte und dachte an die unzähligen Sportstunden in meiner High-School-Zeit. Wenn ich mich genug verausgabt hatte, konnte ich wenigstens heimgehen, mich schön duschen, etwas Leckeres essen und ein erfrischendes Nickerchen in meinem gemütlichen Bett machen. Keine Moskitostiche und Parasiten, keine Anflüge von Malaria und kein Herumliegen in einer feuchten Hängematte, während es gießt, der Regen ins Essen tropft und alles matschig und modrig ist. Als ich meine leichte Decke um mich zog, mußte ich im stillen darüber lachen, daß ich das Leben in meiner Hütte für primitiv gehalten hatte. In meiner Erinnerung erschien mir diese Behausung nun wie ein himmlischer Traum. Wenn ich je zurückkam, würde ich meine feuchten, vermoderten Socken und Schuhe abstreifen und in meine trockene Hängematte fallen. Ich würde mir eine Tasse Kaffee und einige Kräcker mit Erdnußbutter gönnen. Ich würde eine Kassette in meinen Recorder legen. Ich würde mich wie ein König in seinem Schloß fühlen.

Erstaunlicherweise ging es mir aber nach einigen Tagen im Wald immer besser. Nun konnte ich endlich die Yanomami beobachten, statt mich mit meinen eigenen Wehwehchen zu beschäftigen. Ich stellte fest, daß die Indios den Treck überhaupt nicht als schrecklich empfanden. Es gab im Gegenteil vieles, was sie offensichtlich genossen. Hier draußen gab es weit weniger beißende Insekten als im Shapono. Die Luft war kühler. Mir fiel auf, daß einzelne und ganze Familien, die zu Hause nicht viel miteinander zu tun hatten, häufiger zusammen waren und ihre Unterstände nebeneinander aufbauten. Ein Großteil der Spannung und der Wut, die von Zeit zu Zeit im Shapono aufbrach, schien sich nun zu verflüchtigen. Die Leute waren in gelassenerer, fröhlicherer Stimmung.

Die ganze Gemeinschaft war unterwegs – Frauen, Kinder und auch alte Menschen. Daraus ergab sich eine eher geruhsame Durchschnittsgeschwindigkeit des Trecks. Jeden Morgen brachen die Männer als erste auf. Eben waren sie noch im Lager, dann verschwanden sie plötzlich lautlos im Wald. Nach etwa einer Stunde der Jagd versammelten sie sich, hockten sich auf dem Pfad hin und warteten, während sie über das Wild redeten und gegenseitig ihre Pfeilspitzen begutachteten. Mittlerweile bewegten sich die Frauen langsam und gemächlich voran. Sie hatten große Körbe auf dem Rücken, die aussahen, als würden sie mehr wiegen als die Frauen selber. Darin waren Hängematten, Bananen, Töpfe, Kalebassen, Holzasche, die sie für eine Art pikante Soße verwendeten, und all die Sachen, die eine Familie besaß. Sie trugen sogar die Dachblätter, die jede Nacht für den provisorischen Unterstand gebraucht wurden. Viele hatten auch kleine Kinder auf der Hüfte, und einige waren hoch in Umständen. In langsamem Tempo kamen die Frauen schließlich zu der Stelle, wo die Männer warteten. Dort setzten sie ihre schweren Lasten ab und ruhten aus, plauderten über die Kinder, lachten und machten es sich alle gemütlich. Nach etwa 20 Minuten standen die Männer dann wieder auf und verschwanden auf der Suche nach Wild, da sie wußten, daß die Frauen und Kinder wohlauf waren und etwa in ein oder zwei Stunden wieder aufschließen würden.

Nach diesem Muster verlief jeder Tag bis zum frühen Nachmittag. Dann machte die ganze Gruppe halt, um zu kampieren. Zuerst entfernten die Männer das Unterholz und kleine Bäume, indem sie mit ihren Buschmessern darauf einhieben. Das Prügeln und Prasseln war meilenweit zu hören. Dann schlug jeder von ihnen sechs oder acht Pfähle ab. Mit senkrechten und waagerechten Streben versehen, bildeten sie den Unterstand für eine Familie. Die Blätter, die die Frauen mitgebracht hatten, wurden dann wie Dachschindeln darübergelegt. Obendrauf kamen Äste, damit die Blätter nicht weggeweht werden konnten. Das alles dauerte etwa eine Dreiviertelstunde. Der verbleibende Nachmittag wurde mit einer gründlichen Jagd in der Umgebung und dem Sammeln von allen möglichen auffindbaren Früchten, Beeren und anderem Eßbaren verbracht. Die Frauen hatten zwar Bananen mitgebracht. Aber sie reichten nicht aus, und deshalb war die Sippe auf das angewiesen, was der Wald ihnen bot – das Wild, die kleinen Krabben und Fische aus einem nahe gelegenen Bach, die Wurzeln, Beeren und das Obst, alles, was es in der Gegend an Eßbarem gab. In diesem mehr oder weniger jungfräulichen Dschungel war die Jagd sehr ergiebig. Brüll- und Klammeraffe, Baumhuhn, Gürteltier, Ameisenbär, alles wanderte in den Kochtopf. So aßen die Leute trotz des Mangels an Bananen recht gut. Es war alles in allem kein schlechtes Leben, wenn man sich erst in den Rhythmus eingefunden hatte.

*Eines Tages ist Großer Bruder vom Garten zurückgekommen und hat erzählt, daß Kenny mit uns auf Wayumi gehen würde. Wir sind alle überrascht gewesen. Er ist nie zuvor mit uns gegangen. Er ist weggewesen oder in seinem Haus geblieben. Als wir bereit waren, hat er viele Taschen für die Männer zum Tragen gehabt. Wir haben nicht gewußt, was da drin war oder warum er das mitgenommen haben wollte. Ich habe mir gedacht, es muß sein Essen sein. Er hat immer in seinem Haus gegessen, so daß wir nicht sehen konnten, was er aß.*

*Als wir aufgebrochen sind, ist Kenny mit den Männern vorausgegangen. Später, als wir sie eingeholt hatten, hat er dann immer mit ihnen am Pfad gehockt und auf uns gewartet. Sein Hemd ist immer ganz schweißnaß gewesen, und er hat die ganze Zeit die Moskitos und Schweißbienen zermantscht. Wenn wir gehalten haben, um das Lager zu machen, hat er die Männer gebeten, ihm einen Unterstand zu bauen. Aber seiner hat größer sein müssen, wegen seiner langen Hängematte. Er hat eine sehr schöne Baumwollhängematte gehabt, sehr groß und sehr lang. Ich habe mich immer gefragt, wie es wäre, in einer so schönen Hängematte zu liegen.*

*Auf dem Wayumi hat meine Mutter Kenny immer etwas von dem Essen gegeben, das wir gefunden haben. Das haben auch die anderen Frauen gemacht. Jetzt lebte er ja bei uns, und mit Nachbarn mußt du immer das Essen teilen. Meine Mutter hat mir einmal gesagt, ich soll ihm eine geröstete Krabbe und eine Banane bringen. Er hat es genommen und mich angelächelt. Dann bin ich heimgerannt.*

*Eines Tages, als er bei den Leuten herumgegangen ist und Zeichen auf Papier gemacht hat, hat er meine Mutter gefragt, ob sie mich mit ihm verloben würde. Sie hat nein gesagt. Sie hat nicht gewollt, daß er mich wegnahm. Ich habe da keine Angst gehabt. Ich habe gewußt, daß er einen Scherz macht. Meine Mutter hat auch gedacht, daß er nur Spaß macht, aber sie hat ihm gesagt, sie würde es nicht zulassen, daß er mich nach Pensilvaniateri mitnimmt. So hat Kennys Dorf geheißen. Ich habe gedacht, daß Pensilvaniateri ein sehr großes Dorf sein muß. Es muß größer sein als Hasupuweteri oder sogar Nanimabuweteri.*

Gegen Ende des ersten Monats auf Treck saß ich in meiner Hängematte und ging die Aufzeichnungen durch, die ich über Themen wie zurückgelegte Entfernungen, Marschtempo und Jagdbeute gemacht hatte. Da bemerkte ich Yarima, das kleine Mädchen mit dem bezaubernden Lächeln. Sie brachte mir eine Mahlzeit, die ihre Mutter gekocht hatte: eine Kürbisschale voll »pishaassi«-Sprossen in einer scharfen Soße. Sie kam zögernd auf meine Hängematte zu, hielt mir den Kürbis hin und sagte, »pei« – »Hier«. Dann drehte sie sich um und rannte zu ihrer Mutter zurück.

Wenn es mich auch angenehm überraschte, daß sie zu mir herüberkam, dachte ich mir nichts weiter dabei. Der Großteil der Sippe teilte regelmäßig das Essen mit mir, besonders seit wir auf Treck waren. Später dann, als ich beim Unterstand ihrer Mutter vorbeikam, sagte ich scherzhaft: »Ist deine Tochter schon irgend jemandem versprochen? Ich möchte sie eines Tages heiraten.«

»Nein, sie ist niemandem versprochen«, war die Antwort, »aber ich möchte nicht, daß du sie heiratest.«

»Oh, warum nicht?«

»Weil du sie ganz weit den Fluß hinunterbringen würdest und ich sie nie wiedersehen würde. Ich würde sie zu sehr vermissen. Nein, sie wird nicht deine Frau.«

»Oh«, sagte ich, sie noch weiter neckend, »du weißt, daß ich sie nirgendwohin mitnehmen würde. Ich würde hier leben und meine Schwiegersohnpflichten erfüllen. Ich würde für dich jagen und Wild beschaffen.«

»Nein«, – sie lachte –, »das glaube ich nicht. Du würdest sie wegbringen.«

»Na ja, vielleicht hast du recht«, gab ich zu und ging weiter. Ich freute mich, daß ich auf einmal mit den Yanomami spaßen konnte. Ich war mir sicher, daß Yarimas Mutter in den Witzeleien auch meinen Dank für das Essen und dafür erkannt hatte, daß ihr strahlendes, lächelndes Töchterchen es mir gebracht hatte.

Der Wayumi ging weiter – Woche um Woche –, und ich verzeichnete unermüdlich Richtungen und Entfernungen. Dabei fiel mir schließlich auf, daß unser Kurs einen weiten Bogen beschrieb. Wir steuerten nun wieder auf die Dorfpflanzungen zu. Obwohl die Hasupuweteri angenommen hatten, wir wären nur »einen Mond« unterwegs, waren es jetzt schon beinahe zwei Monde – wir befanden uns nach meinem Kalender in der siebenten Treckwoche. Schon seit einer Weile war die Jagd nicht mehr annähernd so ergiebig wie zu Anfang, und als die Ausbeute jeden Tag spärlicher wurde, beschloß ich endlich, mit meinen Trägern vorauszugehen und vor den anderen zu meiner Hütte zurückzukehren.

Zwei Tage später waren wir wieder am Shapono. Ich war erleichtert. Ich war wieder zu Hause. Und ich hatte die Strapazen nicht nur überstanden, sondern mich sogar daran gewöhnt. Meine Hütte war von Gebüsch und Bäumchen überwuchert, drinnen wie draußen. Ich wunderte mich, wie die Samen so schnell hatten sprießen und wachsen können – etwa ein Dutzend Schößlinge waren emsig dabei, aus meinem einzigen Raum einen Jungwald zu machen. Aber es war schön, wieder daheim zu sein, wo alles, wonach ich mich gesehnt hatte, griffbereit war, alles unter einem guten, trockenen Dach.

Am übernächsten Tag, während ich immer noch muffige Kleidung wusch und Säcke und die vom feuchten Wald und den plötzlichen Regengüssen durchweichte Ausrüstung trocknete, kamen die Hasupuweteri an. Im Shapono stellten die Männer ihre Bogen ab und knüpften die Hängematten um ihre Feuerstellen herum auf. Die Frauen packten ihre Körbe aus, hängten ihre Wasserbehälter und Flaschenkürbisse auf, und das war's dann. In zehn Minuten hatten sie sich wieder eingerichtet. Dann gingen sie zu ihren Gärten, um nachzusehen, ob die neuen Bananen reif zur Ernte waren. Es war, als wären sie nie weggewesen.

Nicht lange nach unserer Rückkehr beschloß ich, in das Shapono zu ziehen. Es sprach nichts dagegen, daß ich meine Hütte nur als Lagerschuppen und Ruheplatz benützte, wenn ich mich zurückziehen wollte. Und wenn ich im Shapono lebte, konnte ich diese Lebensweise, die ich zu dokumentieren versuchte, voll und ganz erfahren. Ich wußte zwar, was im allgemeinen ablief, aber ich kannte keine Einzelheiten. Während des Trecks war ich zu einem Teil der Sippe geworden. Wenn ich in meiner Hütte blieb, auch wenn sie noch so nah war, wäre das fast wie ein Rückschritt gewesen. Im Shapono konnte ich die Gruppendynamik und den Umgang der Leute miteinander weiterverfolgen. Ich war nun daran gewöhnt, dies alles aus nächster Nähe zu sehen. Außerdem spielte sich ein Großteil des Gemeinschaftslebens in der Nacht ab. Von meiner Hütte aus hörte ich immer den Lärm, die Gespräche und

Ansprachen, nachdem es dunkel geworden war und jeder in seiner Hängematte lag. Der Umzug vom Flußufer in mein neues Haus war ein wichtiger Schritt gewesen. Nun fühlte ich mich bereit, wirklich im Dorf zu wohnen.

*Ich war gerade dabei, Mais aus dem Garten vom Großen Bruder zu rösten, als ich Kenny in das Shapono habe kommen sehen. Er hat zwei von seinen Kisten getragen. Dann ist er wieder hinausgegangen und mit mehr Kisten zurückgekommen. Einige haben geglänzt wie die Sonne an seinem Handgelenk. Nachdem er viele Kisten gebracht hatte, hat er seine Hängematte neben Geierbauch und Geierbauchs Bruder aufgeknüpft. Großer Bruder hat gesagt, daß Kenny jetzt im Shapono schlafen wird.*

*Ich habe ihm die ganze Zeit von der anderen Seite des Platzes zugesehen. Er hat so viele Sachen dabeigehabt, daß er Gestelle an die Rückwand bauen mußte. Viele Jungen haben den ganzen Tag um seine Hängematte herumgestanden, aber meine Schwester und ich sind nie rübergegangen. Aber Kenny hat jeden Tag uns und meine Mutter besucht. Er ist gewöhnlich zweimal am Tag hergekommen, manchmal auch öfter. Jetzt hatte er nicht mehr alle seine Kleider an, nur seine kurze Hose. Er hat auch keine Fußhüllen mehr getragen. Er hatte Haare auf der Brust und an den Beinen. Das hat sehr schön ausgesehen. Die Jungen haben immer an seinem Bart gezupft. Sie haben sich gewünscht, auch so einen Bart zu haben. Sie haben an dem schwarzen lockigen Haar auf seiner Brust gezogen. Aber er hatte eine große Stirn, die bis oben auf seinen Schädel gegangen ist. Das sah komisch aus. Er hat auch zu sprechen angefangen. Er ist keine Geisterzunge mehr gewesen.*

*Ich habe gedacht, er ist schlau, daß er im Shapono schläft. Kenny hat nun in der Nacht ein Feuer zum Wärmen gehabt. Er hat bei den Leuten sein können, anstatt allein in seinem Haus zu schlafen. Ich habe mich gefragt, warum Kenny keine Frau hatte. Er war so groß und stark. Es war sonderbar, daß er keine Frau hatte.*

Sobald der Umzug beschlossene Sache war, packte ich einfach meine Hängematte zusammen und fand einen freien Platz neben der Feuerstelle, an der Roter mit seinem älteren Bruder Orawe und seiner Familie lebte. Orawe war auch ein interessanter Mensch. Der Anführer der kleineren der beiden Sippen und zweite Dorfhäuptling war um die 50 Jahre alt, als ich bei den Hasupuweteri ankam, obwohl das bloß geschätzt war. Bei einem Zahlensystem, das bei zwei aufhört, rechneten die Yanomami nicht nach Jahren und Alter. Statt dessen teilten sie die Leute in allgemeine Altersgruppen ein: Kleinkinder, Kinder, Heranwachsende, Erwachsene und Alte.

Orawe war für einen Yanomami ziemlich alt. Wenige waren älter als 60, und die Lebenserwartung lag, über den Daumen gepeilt, bei 45. Aber er war noch rüstig. Sein Spitzname war Watubawemaka – »Geierbauch«. Wie der Oberhäuptling war Orawe ein großer Schamane. Er nahm täglich Drogen, »epene«-Samen in Pulverform, ein starkes Rauschmittel, das die Indios sich gegenseitig durch einen Meter lange Blasrohre in die Nase bliesen. Im Umgang mit den Geistern heilte Orawe die Kranken und half, das Dorf vor den bösen Mächten zu beschützen, die feindliche Schamanen schickten. Sein Gesang war laut, dramatisch und rhythmisch, seine Imitationen der Tiere, in deren Geister er sich verwandelte, waren lebendig und unheimlich exakt. Orawe hatte auch einen gut entwickelten Sinn für Humor, der dazu beitrug, daß er mit den Leuten auf eine lockere, freundliche Art umgehen konnte, ohne dabei etwas von seiner angeborenen Würde zu verlieren. Wie sein Bruder Roter schien er mich besser akzeptieren zu können als die anderen und zeigte nicht die Verwirrung und Unsicherheit vieler Yanomami angesichts eines Nabuh. Wir mochten uns von Anfang an, und das hatte sich irgendwie auf seine ganze Sippe übertragen. Ich kam mit ihnen im allgemeinen besser zurecht. Es war leichter, mit ihnen zu reden, leichter, mich bei ihnen wohl zu fühlen.

Also hängte ich meine Hängematte neben Orawe und Roter auf. In der ersten Nacht schlummerte ich bei dem freundlichen Gebrummel von Gesprächen und Schnarchen ein, bloß um Minuten später von einem Wehgeschrei wieder aus dem Schlaf gerissen zu werden. Ein Mann auf der anderen Seite des Shapono hatte geschrieen. Als ich lauschte, ertönte die Stimme wieder, diesmal nicht schreiend, sondern klagend. Ein weiterer Klagelaut ging in eine Reihe von erschütternden Schluchzern über. Der Rest des Shapono war still, kein Ton. Niemand schien etwas gehört zu haben, obwohl die Klagelaute laut genug gewesen waren, um Tote zu wecken. Wie konnten sie dabei schlafen? Als ich wach dalag und mich fragte, was ich tun sollte, wurde das Schluchzen allmählich leiser und hörte dann ganz auf. Ich war nun hellwach und horchte gespannt auf die Stille des Dschungels und das friedliche Schnarchen meiner Hausgenossen.

Nach einer Weile hörte ich, daß sich ein paar Feuerstellen weiter etwas bewegte; jemand anderes war auf. Im Mondlicht sah ich, wie eine Gestalt eine Axt aufhob und auf mich zukam. Ich konnte nicht feststellen, wer es war, und ich konnte mir nicht vorstellen, daß mir jemand was antun wollte. Aber im Hinterkopf hatte ich Chagnons Geschichte von den Indios, die sich nachts mit einer Axt auf ihn gestürzt hatten. Ich wurde ganz starr, als die Gestalt sich meiner Hängematte näherte. Dann sah ich, wie sie vorbeiging und auf das Tor des Shapono zulief. Einen Augenblick später zerriß das Dröhnen einer Axt wie Gewehrschüsse die Stille: peng, peng, peng. Niemand rührte sich. Ich lauschte und sah dann eine düstere Gestalt mit der Axt in der Hand und einem Arm voll Holzscheiten zurückkommen. Als der Mann sich über seinen Herd beugte, um das Feuer wieder zu entfachen, begriff ich, daß ihm nur das Brennholz ausgegangen war und er gefroren hatte. Diese Leute bemühten sich offenbar nicht besonders, auf Zehenspitzen zu schleichen, wenn andere schliefen.

Yanomami-Nächte waren ein Erlebnis, diese erste und alle folgenden Nächte. Es war nicht so, daß die Gemeinschaft einfach schlafen ging und dann am nächsten Morgen wieder aufwachte. Nein, eine Yanomami-Nacht war mehr wie ein weiterer Tag. Alle möglichen Dinge geschahen.

Jede Familie hatte ihren eigenen Feuerstellenbereich in dem Rundhaus, aber es gab dazwischen keine Trennwände und keinerlei Privatsphäre. Erwachsene schnarchten, Babys schrien, und jeder hörte alles. Einige Leute waren nicht müde, also unterhielten sie sich bis tief in die Nacht. Huya lachten über etwas, was am Tag passiert war. Ein paar Männer schmiedeten Pläne für die Jagd am nächsten Morgen. Aber nicht flüsternd, wie wir es machen würden, wenn um uns herum andere schlafen. Sie redeten genauso wie immer, in der gleichen Lautstärke. Es scherte sie nicht, genausowenig wie alle anderen. Die Leute waren es gewöhnt; sie wachten eben auf, dösten wieder ein oder überschliefen es einfach.

Dann hielt einer vielleicht eine Rede, einer der »pata«, der großen Männer. In der Hängematte sitzend, sprach er dann zum Dorf: »Ihirupe, irhirupawe, ware a ta hirii« – »Kinder, hört mal her.« Es spielte keine Rolle, daß die meisten schliefen. Ihm war danach, zu der Gemeinschaft zu sprechen, also redete er. Vielleicht sprach er dann von einer Herde Weißlippenpekaris, deren Spuren jemand an diesem Tag im Dschungel gesehen hatte, vielleicht von den Früchten der »eteweshi«-Bäume, die reif waren und geerntet werden sollten, oder vielleicht auch von einem Besuch, der seiner Meinung nach einem anderen Dorf abgestattet werden sollte. Meist geschah dies am Abend, doch manchmal konnte ein Redner auch am frühen Morgen loslegen. Die Leute rührten sich dann in ihren Hängematten. Einige wachten sogar auf und hörten zu. Viele schliefen aber einfach weiter.

Sie schliefen sogar noch weiter, wenn jemand während eines Alptraums vor Wut oder Angst aufschrie oder wenn ein Vater aus einem traurigen Traum von einem gestorbenen Kind hochschreckte und seine Pein hinausschrie, obwohl dessen Tod schon Jahre her sein mochte. Das war es, was ich in der ersten Nacht gehört hatte. Inzwischen stand vielleicht jemand auf, um sein Feuer zu schüren, um die nackt in ihren Hängematten schlafenden Familienmitglieder zu wärmen. Ein anderer mochte zum Urinieren nach draußen gehen, wenn auch nicht weit hinaus, weil sich nachts niemand weit vom Shapono zu entfernen wagte.

Zu nachtschlafender Zeit konnte ein Schamane beschließen, er wollte singen. Er nahm dann seine Drogen, die sein Draht waren zur Welt der *hekura*, der Geister. Um diese Zeit war niemand auf, um sie ihm in die Nase zu blasen, also inhalierte er das Epene wie Schnupftabak aus der Hand, stand dann auf und sang ein oder zwei Stunden, genauso, wie er es tagsüber getan hätte.

Anfangs war ich ständig gereizt. Die Yanomami haben die Fähigkeit, aufzuwachen und in der nächsten Minute wieder einzuschlafen. Ich nicht. Wenn mich etwas weckte, blieb ich wach. Dann lag ich eine Stunde in der Hängematte und versuchte, bei all den nächtlichen Geräuschen des Shapono wieder einzuschlafen. Schließlich gewöhnte auch ich mich daran. Wie die Yanomami verbrachte ich nachts elf

Stunden in meiner Hängematte, um sieben oder acht Stunden wirklich schlafen zu können.

Bei den Hasupuweteri gingen Tag und Nacht bruchlos ineinander über. Es hörte nicht alles für eine Zeit unbewußter Erholung auf. Alles ging einfach weiter, wie vermutlich bei jeder Großfamiliengruppe, die ohne Abtrennungen im selben Haus zusammenlebte. Aus diesem Blickwinkel ging mir plötzlich auf, wie harmonisch das Leben der Yanomami eigentlich war. Hier waren 75 Leute jeglichen Alters, die praktisch in einem Raum wohnten und schliefen. Obwohl ich selbst einige Schlafschwierigkeiten hatte, waren diese lauten Yanomami-Nächte nur ein Beweis dafür, wie gut diese Leute gelernt hatten, miteinander auszukommen.

Ich erkannte auch, daß dies nur eine Seite ihrer bemerkenswerten Fähigkeit zum Zusammenleben war. Bei so wenig Einzelgängern in der Gemeinschaft lag in Hasupuweteri die Betonung auf dem Gruppenzusammenhalt. Es gab keinen formellen Häuptling, keine Gemeinschaftsorganisation. Sie hatten weder Regeln noch eine Vollzugsgewalt. Aber sie hatten Verhaltensweisen, die darauf abzielten, die unvermeidlichen Streitereien und Kämpfe unter Kontrolle zu halten. Sicher gab es Störungen und Gewalttätigkeiten, da hatte sich Napoleon Chagnon nicht geirrt. Aber meistens äußerten die Indios ihre zornigeren Gefühle auf eine Weise, die es der Sippe erlaubte, die grundsätzliche Harmonie zu bewahren.

Als ich diese Zusammenhänge allmählich besser verstand, regte ich mich immer mehr über das von Chagnon gezeichnete Bild des »wilden Volkes« auf. Er hatte eindeutig einen Aspekt des Yanomami-Verhaltens aus dem Zusammenhang gerissen und ihn damit zur Sensation aufgebauscht. Dadurch hatte er dieses bemerkenswerte Volk als brutal und haßerfüllt gebrandmarkt. Ich machte mir nicht vor, daß die Yanomami so etwas wie eine paradiesische Rasse waren, alles eitel Sonnenschein. Weit, weit gefehlt. Sie waren ein aufbrausendes, gefühlsbetontes Volk und fähig zu einem Verhalten, das wir barbarisch nennen würden. Doch selbst dann nahmen ihre Aggressionen faszinierende Formen an und wurden größtenteils auf die ein oder andere Weise in Ritualen aufgefangen.

Die öffentlichen Beschimpfungen und Beschwerden waren gute Beispiele dafür. Was bei den Yanomami wahrscheinlich am meisten auffiel, war der öffentliche Charakter ihres Lebens. Praktisch alles wurde vor allen anderen ausgetragen. Somit sah ich neben der Gewalt auch die zartesten Liebesbeweise, Versöhnung, Harmonie, Wärme und gemeinsames Vergnügen. Ich sah die beständige Hilfsbereitschaft, die enge Freundschaft und die Zärtlichkeit, mit der Eltern ihre Kinder bedachten. Beim geringsten Aufschrei liefen die Yanomami-Mütter zu ihren Sprößlingen, um nachzusehen, was los war. Auch wenn sie vollauf mit Nahrungssammeln und häuslichen Erledigungen beschäftigt waren, ließen sie ihre Kinder nie unbeaufsichtigt. Wenn Väter von der Jagd heimkehrten, legten sie sich in ihre Hängematten und lächelten übers ganze Gesicht, wenn ihre Kinder zu ihnen rannten, um im Arm gehalten oder in die Luft geworfen und wieder aufgefangen zu werden. Andererseits hörte auch jeder im Shapono stets, wenn es eine Auseinandersetzung, einen Streit unter Nachbarn oder einen Ehezwist gab. Das spielte sich nicht in der Abgeschlossenheit einer Küche oder eines Schlafzimmers ab. Außer öffentlicher Harmonie gab es auch öffentliche Beschwerde, öffentliche Verspottung, öffentliche Verachtung und öffentlichen Tadel.

Mein erster Eindruck von der Aggressivität der Yanomami stellte sich als falscher Verdacht heraus – es war die Sprache selbst. In gewisser Weise hat das Yanomami Ähnlichkeit mit dem Deutschen. Gesprochenes Deutsch klingt in den Ohren von Ausländern oft zornig. Es hat viele harsche Kehllaute, und der Tonfall kann gebieterisch und herrisch klingen. Als ich später eine Zeitlang in Deutschland war, fragte ich manchmal, worüber zwei Leute stritten, nur um erklärt zu bekommen, daß sie gar nicht stritten, sondern bloß eine normale Unterhaltung führten. In dieser Hinsicht ist das Yanomami noch extremer als das Deutsche. Die normale Sprache wirkt aufgeregt und zornig, die Betonungen sind hart, und die Gaumen- und Verschlußlaute werden stark betont, was der Sprache eine scharfe, gefühlsbetonte Note verleiht.

Da gibt es zum Beispiel die öffentlichen Zornesausbrüche, die auf einen Fremden besonders beunruhigend wirken. Irgend etwas ist im

Dorf geschehen, und einer der Männer schreit sich die Seele aus dem Leib. Wenn man nicht darauf vorbereitet ist, stehen einem die Haare zu Berge. Ich war es nicht gewohnt, daß Leute vor allen anderen derart explodierten. Meine erste Reaktion war, zusammenzuschrecken und mich rasch umzuschauen, falls jemand auf mich losging. Wenn ich merkte, daß der Mann nicht wegen mir herumbrüllte, stieß ich einen Seufzer der Erleichterung aus und versuchte herauszufinden, was vor sich ging. Nach einiger Zeit berührte es mich überhaupt nicht mehr. Mir war bald so, als hätte ich sowas schon immer gehört. Der Mann schrie, weil er wütend war. Jemand hatte ihm wahrscheinlich ein bißchen Tabak geklaut. Vielleicht dachte er auch, seine Frau habe eine Affäre, oder er war den ganzen Tag auf der Jagd gewesen, und sie hatte keine Lust, Bananen zu rösten. Ich würde das schon bald genug erfahren – wie alle anderen.

Wenn es allerdings um etwas ging, das schon eine Weile gegärt hatte, und jemand wirklich gekränkt war, dann konnte sich solch ein Ausbruch auch in eine wutentbrannte Schimpfkanonade verwandeln. Die Yanomami-Beschimpfungen waren erfindungsreich und grob. Die Indios hatten keinen eigenen Schimpf-Wortschatz. Da das Sexualverhalten völlig einheitlich war, konnten auch Andeutungen über ein abweichendes Verhalten niemanden verletzen. Genauso war es für einen Yanomami sinnlos, die Moral, Aufrichtigkeit, Männlichkeit, Weiblichkeit oder Intelligenz eines anderen Yanomami in Frage zu stellen. Statt dessen machten sie mit Vorliebe irgend etwas am äußeren Erscheinungsbild des Gegners lächerlich.

Das bekam ich regelmäßig zu hören, sowohl im Spaß wie im Ernst. Schon den Kindern wurden beim Sprechenlernen Ausdrücke beigebracht wie »hitosi« (dicke Oberlippe) oder »iwa ka mamo kasi« (große Kaimanaugenlider) oder »teshin potepe« (schwarzer Hintern). Wenn Schimpfworte zum Spaß ausgestoßen wurden, lachten alle, obwohl ein Yanomami es als tief beschämend empfand, wenn ein körperlicher Makel vor aller Augen bloßgestellt wurde. Doch manchmal konnte so ein Brüllduell das ganze Dorf aus seinem friedlichen Tun rütteln.

Kurz nachdem ich in das Shapono gezogen und wegen des Schlafmangels noch ziemlich gereizt war, stürzte eine der Frauen schreiend und brüllend in das Shapono. »Du Gelbhaut, du großer roter Schlitz, du schuppiger Arsch. Dauernd hältst du nette ›Plauderstunden‹ mit meinem Mann, oder etwa nicht?« Es war wie eine Explosion, die Lautstärke war einfach umwerfend. Ich blickte mich um und sah, daß es Yokami war, die ihre Schwester Kraoma anbrüllte. Jeder wußte, daß Kraoma mit Yokamis Mann ein Verhältnis hatte. Aber obwohl Yokami aus Leibeskräften keifte, wandten sich die meisten Leute im Shapono nach der ersten Überraschung wieder ihrer Arbeit zu. Nur Yokamis Schwester, ihre Mutter und ihr Mann schenkten ihr Beachtung – und ich. Ich hatte mich blitzschnell gebückt, um meinen Kassettenrecorder einzuschalten, und schrieb in Windeseile mit. »Ja ja, du hast mit ihm geplaudert, oder nicht? Die ganze Zeit, als ich weg gewesen bin, um Bananen zu ernten. Geplaudert, was? Er ist in dich gekrochen, oder nicht? Er ist in deinen riesigen roten Schlitz gekrochen, war es nicht so? Er ist so weit reingekrochen, daß seine Finger dir wieder zum Mund rauskamen! Sein ganzer Arm ist aus deinem Mund gehangen! Sein Glied ist dir zur Nase wieder rausgekommen!«

Doch nun stand Kraoma auf. »Ich habe nicht mit ihm geschlafen. Ich nicht. Ich nicht. Wir haben nur im Shapono gesessen und geplaudert.«

»Aber ja doch«, kreischte Yokami zurück. »Er ist in dich gekrochen, er ist in dich gekrochen, er ist in dich gekrochen. Er ist unten bei dir eingedrungen und ist dir zum Mund wieder rausgekommen! Du Schorfarsch, du vorstehender Zahn, du Raubtiergebiß, du Kaimanhaut!«

»Nein, ist er nicht, du schwarzer Hintern«, – das kam von Kraoma –, »du riesiger schwarzer Hintern, du ausgeleierter Schlitz!«

»Hör dir das mal an«, lachte einer der Männer aus seiner Hängematte in der Nähe.

»Und du«, gellte Yokami, sich an ihren Gatten wendend, der all das wortlos mitangehört hatte. »Du hast dir gedacht, ›sie hat einen so großen roten Schlitz, da wird mein Arsch sogar noch reinpassen.‹ Das hast du dir gesagt. Das hast du, das hast du. Du Wulststirn. Du Langnase. Dein Glied ist so groß wie ein Tapirdarm. Du wärmst dir dein großes, entzündetes Glied die ganze Zeit an der Glut, damit es nicht mehr so juckt.«

»Eou«, sagte der Nachbar aus seiner Hängematte, »das mußt du dir anhören.«

Bei Yokami hatte sich die Wut offensichtlich schon eine ziemliche Weile angestaut, und sie teilte nach allen Seiten aus, bis sie zufrieden war, daß sie ihre Verachtung gezeigt und die Ehebrecherin gedemütigt hatte. Sie hatte bei der Beschimpfung Kraomas alle Register gezogen und noch ein paar dazuerfunden. Obwohl die Nachbarn darüber lachten, wußte sie, daß ihre Beschimpfungen ernst genommen worden waren, und sie empfand eine gewisse Wiedergutmachung allein dadurch, daß sie Kraoma vor der ganzen Gemeinschaft lächerlich gemacht hatte.

Manchmal allerdings eskalierte so was über einen bloßen Wortwechsel hinaus, und auch das habe ich erlebt. Die Männer konnten sehr wütend werden, wenn sie den Verdacht hatten, daß ihre Frauen fremdgingen. Und manchmal artete die Wut eines Mannes in Gewalt aus. Wenn das geschah, lachte niemand mehr. Yanomami-Männer waren dazu fähig, ein Stück Holz aus dem Feuer zu ziehen und ihren Frauen Verbrennungen zuzufügen oder mit Buschmessern auf sie einzustechen. Die Beweise trugen einige Frauen am Körper, Narben von Verbrennungen oder von Buschmesserstichen, manchmal sogar ein eingerissenes Ohrläppchen oder selten ein fehlendes Ohr, das sie einem wütenden Gatten zu »verdanken« hatte.

Das erschien uns als pure Barbarei. Nicht so im venezolanischen Regenwald. Es klingt grauenhaft in unseren Ohren, wenn ein Mann seiner Frau mit einem glühenden Holzscheit Verbrennungen zufügt oder sie mit einem Buschmesser verletzt. Das ist es auch. Aber zum Verständnis des Geschehenen muß der Betrachter wissen, daß es sich hier um eine Kultur handelte, in der Leidenschaft und die hitzigen Gefühle des Augenblicks vorherrschten und in der Zurückhaltung und vorausschauendes Denken nicht annähernd die Rolle spielten wie bei uns. Die Yanomami schienen die Folgen ihres Verhaltens nicht zu bedenken; ihr Universum beruhte nicht auf psychologischen Vorüberlegungen. Jeder Mann war durchaus fähig, seine Frau anzugreifen – aber er fühlte sich danach auch schrecklich. Die Yanomami waren überaus gefühlsbetont und wurden auch gewalttätig. Dafür waren sie nicht kühl und gleichgültig. Außer bei kriegerischen Fehden lag ihnen jede gezielt berechnende Brutalität fern.

Auch war ihnen jene westliche Abgeklärtheit gegenüber außerehelichen Beziehungen völlig fremd. Wenn diese Männer herausfanden, daß ihre Frauen sie betrogen hatten, dann sagten sie keinesfalls: »Ich danke dir, daß du es mir gesagt hast; ich schätze deine Offenheit. Setzen wir uns doch und bereden alles. Teilen wir uns unsere Gefühle mit.« Nein, wenn die Ehefrau eines Mannes ein Verhältnis hatte, setzte es Hiebe. Der Mann wollte seine eigenen Kinder haben, darum ging es ihm hauptsächlich. Er wollte verhindern, daß seine Kernfamilie zerbrach. Wie bei uns war die Frau in der Yanomami-Gesellschaft nicht einfach eine Lebensgefährtin, sie war Frau und Mutter. Aber dort war der wirtschaftliche Zusammenhalt zwischen Mann und Frau für die Familie überlebensnotwendig. Wenn eine Frau ihren Mann verließ, war er in einer kritischen Lage. Deshalb »arbeiteten« die Yanomami nicht an ihren Beziehungen. Sie konnten sich diesen Luxus nicht leisten. Sie mußten essen, und dazu brauchte ein Mann eine Frau, eine Frau brauchte einen Mann, und Kinder brauchten ihre Eltern.

Darüber hinaus haben wir es im Yanomami-Gebiet mit einer Gesellschaft zu tun, die keine Gesetze hatte und auch keine Exekutivgewalt, selbst wenn sie Gesetze gehabt hätten. In Anbetracht der gelegentlichen häuslichen Gewalt im Shapono drängte sich mir die Frage auf, wie viele Männer im Westen ihre Ehefrauen schlagen würden, wenn es keine sozialen Sanktionen und Gesetze dagegen gäbe? Wie viele tun es trotzdem? Ich möchte damit nichts entschuldigen. Aber es kommt gewiß vor, und selbst in unserer sogenannten zivilisierten Gesellschaft geschieht es beunruhigend oft.

Je länger ich über Chagnons Betonung der Gewalt bei den Yanomami nachdachte, desto mehr erkannte ich, wie verfälscht und verzerrt diese Ansicht war. Überfälle, Morde und Gewalt gegen Frauen, das kam alles vor. Ich sah es und würde zweifellos noch mehr davon zu sehen bekommen. Doch durch die Fehleinschätzung der Gewalt als Dreh- und Angelpunkt im Leben der Yanomami hatte sein Buch »The Fierce People« das Thema über jedes vertretbare Maß hinaus aufgeblasen. Es war genau so, als ob er gesagt hätte, die New Yorker seien Straßenräuber und Mörder. Wer sich auf die Straßen von New York begibt, wird überfallen, abgestochen und ausgeraubt. Selbstverständlich geschieht so etwas auch wirklich. Aber das heißt doch nicht, daß dies ein zutreffendes und vernünftiges Urteil über alle New Yorker ist. Es würde auch niemandem das Recht geben, ein Buch mit dem Titel »Die New Yorker: ein Volk von Räubern und Mördern« zu schreiben.

Abgesehen von den unterschiedlichen Werten und Idealen der Yanomami und der westlichen Gesellschaften liegt ein wesentlicher Unterschied zwischen uns und ihnen nicht in der Häufigkeit des Frauenmißbrauchs und anderer Gewaltformen, sondern in der Tatsache, daß in ihrer Welt ein solches Verhalten derart offensichtlich war. Ein amerikanischer Anthropologe kann die Gewalt der Yanomami ohne Probleme beobachten, aufzeichnen und sogar filmen – was alles zu den dramatischen Darstellungen in Fachbüchern, Vorlesungssälen und Klassenzimmern führt. Im Gegensatz dazu hätte es ein Yanomami-Anthropologe ungeheuer schwer, bis in amerikanische Küchen und Schlafzimmer vorzudringen, um wütende oder besoffene Ehemänner zu beobachten, die ihre Frauen und Kinder verprügeln.

Ich bin davon überzeugt, daß die Yanomami verblüfft und entsetzt gewesen wären, wenn sie von den Dingen gewußt hätten, die in unserer Gesellschaft geschehen, und zwar sehr häufig. Die Obdachlosigkeit und Verlassenheit von Menschen ohne familiäre Bindungen, die Bandenmorde und die Drogengewalt hätten sie zutiefst schockiert. Sie hätten nicht geglaubt, daß menschliche Wesen eines solchen brutalen, unmenschlichen Benehmens fähig sein konnten.

Langsam entwickelte ich ein Gespür für den kulturellen Zusammenhang, in den die Gewalt der Yanomami eingebunden war, und für den Nachdruck, mit dem ihre Kultur sie eher einzuschränken als auszuweiten versuchte. Die öffentliche Beschimpfung als Ventil für die Wut und angestauten Gefühle reichte oft gerade aus, um die Gewalt nicht zunehmen zu lassen. Wenn eine Situation sich wirklich zuspitzte, konnten sich die Männer von zwei Sippen oder zwei Dörfern auf so etwas wie Boxkämpfe einlassen – wobei die Beteiligten abwechselnd Schläge auf die Brust austeilten und einsteckten, entweder mit der flachen Hand oder mit der Faust, was vom Grad der Wut abhing. Das waren gefährliche, spannungsgeladene Auseinandersetzungen. Doch in den meisten Fällen klärten sie den Streit ohne Blutvergießen. Eine Stufe höher auf der Skala waren Prügelkämpfe, wo die Widersacher sich gegenseitig mit fünf Meter langen Stangen auf den Kopf schlugen. Sie trugen die Narben dieser Duelle oft ihr Leben lang. Aber auch dies war ritualisierte Gewalt, ein Ersatz für tödliches Blutvergießen. Selbst die Morde, die bei den Dorfüberfällen geschahen, wurden meist durch einen Anschlag aus dem Hinterhalt ausgeführt. Wirkliche Kämpfe mit einer hohen Zahl von Opfern hätten die Yanomami für verrückt gehalten.

Doch nicht allein die Gewalt mußte im übergeordneten Kulturgefüge gesehen werden. Je besser ich die Hasupuweteri kennenlernte, desto klarer wurde mir, daß ihr Leben ausgesprochen ganzheitlich war. Einfach alles, was sie taten, hatte seinen alltäglichen, normalen Bezug – seinen Grund. Der Zweck der Drogeneinnahme bestand zum Beispiel darin, mit der Geisterwelt in Verbindung zu treten. Die Schamanen benutzten die Drogen aus diesem und nur diesem Grund. Andere Männer konnten sie auch einnehmen und taten es auch, aber nur, wenn sie sich an den Schamanengesängen beteiligten. Die Rauschmittel wurden nicht genommen, um high zu werden. Ohne rituellen Bezug und Zweck wäre es einfach unsinnig gewesen.

Das gleiche galt für das Geschlechtsleben. Sex fand tagsüber im Wald statt, wenn die Männer und Frauen zusammen weg waren. Ein Mann beschloß, auf die Jagd zu gehen, und nahm seine Frau mit. Während er jagte, sammelte sie. Eben während dieser Zeit kam es dann zum Liebesakt, eingebunden in den normalen Tagesablauf. Manchmal kam es auch nachts zum Geschlechtsverkehr, aber nicht zwischen Ehepartnern und nicht im Haus. Da spielten sich die Affären ab, doch sehr diskret. Das eheliche Geschlechtsleben vollzog sich im Umfeld einer wirtschaftlichen Tätigkeit, die auch der wesentliche Heiratsgrund war.

Natürlich gab es in der Zeit, während ich diese ganzheitliche und zweckbezogene Lebensweise kennen- und schätzenlernte, Ereignisse, die sich scheinbar einer Erklärung entzogen. Dazu gehörten die Begräbnisbräuche der Yanomami. Der zweite Todesfall im Dorf seit meiner Ankunft war Henaowe, ein alter Mann, der zu seiner Zeit ein großer Redner und Jäger gewesen war, aber seit einigen Jahren nicht mehr recht auf die Beine kam. Eines Morgens konnte er nicht mehr aus seiner Hängematte steigen. Den ganzen Tag lang nahmen die Schamanen Drogen und bemühten sich um ihn, um die bösen Geister aus seinem Körper zu zwingen. Doch trotz größter Anstrengungen rührte sich Henaowe am nächsten Morgen nicht mehr.

# Aufnahme in die Sippengemeinschaft

Am Morgen von Henaowes Tod gingen einige seiner Verwandten in den Wald, um Brennholz zu holen. Sie schleppten Holzklötze herbei, die dick genug für eine Leichenverbrennung waren. Sicher würden sie bald auch den traditionellen Bananentrank zubereiten, in den sie dann Henaowes Asche mischten. Bis zu der Zeremonie, bei der die Asche getrunken wurde, konnten allerdings noch eine oder zwei Wochen vergehen. Erst mußten sie noch ausreichend Wild für die Begräbnisfeier der ganzen Siedlung erlegen. Das bedeutete eine Jagd über volle fünf Tage. Die Einäscherung fand jedoch immer gleich nach dem Tod statt.

An jenem Nachmittag wickelten mehrere Frauen ihre Päckchen mit »onoto«-Samenfarbe aus und bemalten Henaowes Gesicht mit Schlangenmustern. Andere schmückten sein Haar mit weißen Bussarddaunen, steckten ihm dann Zuckerrohrspitzen in die durchstochenen Ohren und behängten seine Arme mit leuchtendbunten Tukanfedern. Unter dem Wehklagen der Verwandten des Toten errichteten die Männer der anderen Linie der Sippe den Scheiterhaufen und zündeten ihn an. Als das Feuer größer wurde, knüpften die Männer die Hängematte los, in der Henaowe immer noch so lag, als wäre er bloß eingeschlafen. So trugen sie ihn dann, von lauterem und verzweifelterem Weinen begleitet, zu den Flammen und warfen ihn hinein. Henaowes Frau wurde von Schluchzen geschüttelt, als die Leiche zu knistern und zu brennen anfing und andere Verwandte seinen Bogen, seine Pfeile und Pfeilspitzen in das flammende Inferno warfen. Um das Feuer herum erging sich die Familie in ihrem Leid. Hemmungslos weinend, warf sich Henaowes Frau auf den Boden und wälzte sich im Staub des offenen Platzes, während seine betagte Schwester in der

Hitze der Nachmittagssonne mit langsamen und schwerfälligen Bewegungen hin und her tanzte. Das war ihre Zeremonie – ihr Ausdruck des Verlustes –, alles schlicht und aufrichtig und aus vollem Herzen. Es gab keine feierlichen Ansprachen, nur das Einäschern des Körpers und den Schmerz derjenigen, die sich darum versammelt hatten. Auf Yanomami-Art schlossen sich Henaowes enge Freunde und Verwandte aus dem weiteren Familienkreis der Trauerzeremonie an. Gleichzeitig gingen andere Mitglieder der Dorfgemeinschaft ihrem Tagwerk nach. Von der gegenüberliegenden Seite des Shapono ertönte das Lachen spielender Kinder.

Zehn Tage später tranken sie seine Asche. Nachdem das Feuer am Tag der Einäscherung niedergebrannt war, hatte die Familie des Toten die unverbrannten Knochenteile eingesammelt. Nun wurden diese Skelettreste in einem ausgehöhlten Stamm zu feinem Mehl vermahlen und dann mit einem Trank aus süßen, reifen Bananen gemischt. Einer nach dem anderen holten sich die engen Verwandten Henaowes große Becher von dem Gebräu und tranken es. Ein paar Freunde und andere aus der Gruppe, die ihr Beileid bekunden wollten, schlossen sich ihnen an. Dann wurden die Pekaris, Affen und Vögel, die bei der Jagd erlegt worden waren, aufgeteilt und ausgegeben. Mit dem Fest war alles vorbei. Henaowe existierte nicht mehr. Von diesem Zeitpunkt an wurde sein Name in der Hasupuweteri-Gemeinde nie mehr ausgesprochen, auch nicht mehr das Wort »henao« – »Morgen« –, wovon sich sein Name ableitete.

Auch wenn Henaowe nicht mehr erwähnt wurde, lebte er doch in den Herzen derjenigen fort, die ihn geliebt hatten, ganz so, als würde er noch jahrelang weiterleben. Sie vergaßen nie. Das war auch nach Jahren noch ein heikles Thema. Das Wort, das die Yanomami dafür benutzen, ist »hushuo« und bedeutet, »Ich trauere um meine Toten« und »Ich bin zornig« – beides. Wenn in diesem Zusammenhang ein falsches Wort fiel, konnte das einen heftigen Gefühlsausbruch auslösen. Die Gefühle waren lebendig und wund, als wäre die Zeit nie vergangen.

Warum genau die Yanomami die Asche ihrer verstorbenen Verwandten tranken, habe ich nie zu meiner Zufriedenheit herausfinden können. Sie hatten keine vernünftige Erklärung dafür, und wenn es je einem praktischen Zweck gedient hatte, war das nicht mehr ersichtlich. Nichtsdestoweniger verbanden sie mit diesem Brauch sehr starke Gefühle. Für sie war es der einzig anständige Weg, einem verstorbenen Verwandten die letzte Ehre zu erweisen. Daß wir unsere Toten in ein Loch im Boden versenken, fanden die Yanomami barbarisch – nicht bloß barbarisch, sogar unmenschlich. »Euer Volk weiß so viel«, sagten sie mir dann, »ihr habt soviel Zeug, Flugzeuge, Motoren und Doktoren. Doch wenn einer alles hinter sich hat, wißt ihr nicht mehr weiter. Ihr trinkt nicht einmal die Asche eurer verstorbenen Verwandten.«

Als meine Sprachkenntnisse besser wurden und ich die Leute von Hasupuweteri einzeln kennenlernte, kam ich mit meinen Proteinstudien immer besser voran. Ich war über die anfängliche Peinlichkeit und Verlegenheit beim Abwiegen ihrer Nahrung hinaus, und sie hatten sich mehr oder weniger daran gewöhnt. Nun wog ich aber nicht nur jedes einzelne Tier, das in das Shapono kam, ich wog und maß auch alles, was sie sonst noch aßen. Ich hatte eine kleine Lebensmittelwaage und schnappte ihnen buchstäblich den Bissen vor dem Mund weg und wog ihn, bevor sie ihn verzehrten. Eine Banane, eine Pfirsichpalmfrucht, eine Handvoll Nüsse, alles war zu wiegen, vor und nach dem Schälen. Ich mußte die Zeit messen, die sie zum Schälen brauchten. Ich wurde ganz pingelig, um meine Aufgabe gewissenhaft zu erledigen, alles zu messen und aufzuzeichnen.

Doch ich wollte mehr als ein Beobachter sein. Ihre Neigung, mich als Haustier oder Witzfigur zu betrachten, störte mich allmählich. Zuerst war es ja ganz nett und unterhaltsam gewesen. Dadurch hatte sich die Spannung vermindert, und wir konnten uns ohne Sprache verständigen. Wir hatten viel miteinander gelacht, statt uns verwirrt und argwöhnisch anzustarren. Doch nach einer Weile wurde das zu einem Problem. Sie erwarteten allmählich, daß ich ständig herumalberte, und behandelten mich wie ein gutmütiges, ulkiges Kind. Ich wollte aber nicht in diesem Sinn akzeptiert werden, sondern als ernst zu nehmender Mensch.

Die ersten Tage meiner Anwesenheit hatten sich ihnen eingeprägt, und immer noch bekam ich gelegentlich zu hören: »Tsch-tsch – hier, tsch-tsch, komm her.« Dann sagte ich: »Jetzt komm, ruf mich nicht so. Du weißt, ich bin kein Hund. Laß uns anders miteinander umgehen.« Da waren sie wie vor den Kopf gestoßen.

Vielleicht ist es ein grundlegendes menschliches Bedürfnis, Gesellschaft zu haben und Mitglied einer Gruppe zu sein. Was es auch war, ich empfand es sehr stark. Ich wünschte mir nichts sehnlicher, als daß sie mich wie ihresgleichen behandelten. Was irgendwie komisch war. Ein Mann aus den Vereinigten Staaten, ein Westler, ein Mann aus der Welt der Hochtechnologie und der jüdisch-christlichen Ethik sehnte sich danach, daß die Yanomami ihn als einen der Ihren akzeptierten. Aber so war es, und das war eine starke Motivation, die mich mehr und mehr in ihre Gemeinschaft zog.

Als ich die Dorfsituation besser kennenlernte, erkannte ich, daß es zwischen den beiden Stammeslinien der Hasupuweteri eine Art unterschwelliger Konkurrenz um meine Freundschaft gab, wobei die Sieger natürlich hofften, daß sie leichter an meine Handelswaren kommen konnten. Der Sippe von Roter stand Orawe vor, der große Schamane, während Yarima und ihre Familie zur anderen Sippe gehörten. Diese Gruppe war größer, und ihr Anführer war der berühmte Yarimowe. Alle kannten ihn unter seinem Spitznamen »Langbart«, wegen der dünnen Bartsträhnen, die er nie abschnitt.

In seiner Generation war Langbart gleichsam die Verkörperung der Hasupuweteri an sich, der bei weitem einflußreichste Pata und vom Ansehen her ein noch mächtigerer Schamane als Orawe. Wenn er seinen Gesang anstimmte, was er regelmäßig tat, war er sehr laut, sehr beseelt – er kannte alle Gesänge und war allen Geistern nahe. Wie Orawe war er ein guter Schauspieler und ahmte die verschiedenen Tiere nach, wie es die Schamanen machen, wenn sie vom Geist eines Tiers erfüllt sind. Abends hielt er lange, dramatische Ansprachen an die Gemeinde. Es war offensichtlich, daß seine Macht nicht nur von seinen zahlreichen Angehörigen kam, sondern auch von der Stärke seiner eigenen Persönlichkeit. Wo Orawe entspannt und liebenswürdig war, war Langbart aggressiv und bestimmend. Anfangs hatte er versucht, mich einzuschüchtern, und Waren verlangt, nicht nur für sich, sondern auch für zu Besuch weilende Anführer anderer Stämme, als stünden meine Sachen zu seiner privaten Verfügung. Er ließ das aber bald sein, als er merkte, daß ich genauso aggressiv sein konnte wie er. Schließlich wurden wir Freunde, wenn es auch eine Beziehung war, die eher auf gegenseitiger Achtung als auf gutem persönlichem Einvernehmen beruhte.

Wie alle anderen nannten sowohl Orawe wie Langbart mich zuerst Shori – Schwager, doch nachdem ich einige Monate bei Orawes Sippe gewohnt hatte, bezeichnete Orawe mich als »owasi«, »kleiner Bruder«. Von da an riefen mich alle Leute im Dorf bei dem entsprechenden Verwandtschaftsnamen. Da die Yanomami ihre eigentlichen Namen nicht aussprechen, war jeder unter seinem Verwandtschaftsnamen bekannt. Wenn man keinen hatte, mußte man sich einen ausdenken oder eine Art Verwandtschaft aufbauen. Sobald ich Orawes »kleiner Bruder« geworden war, nannten mich Roter und Orawes andere Brüder »Bruder« und seine Kinder »Vater«. Dagegen rief mich Langbarts Sippe, die durch Heirat mit der von Orawe verbunden war, weiterhin Shori, doch nun bedeutete es mehr als nur »Schwager-weil-wir-sonst-keinen-Begriff-für-dich-haben«. Diese Verwandtschaftsbezeichnungen entsprachen natürlich nicht den Tatsachen. Aber sie erleichterten den persönlichen Umgang miteinander im normalen Tagesablauf. Außerdem war es ein weiteres Zeichen dafür, daß ich akzeptiert wurde, ein Indiz, daß sie mir gegenüber positiv eingestellt waren und mich einbezogen.

Nach meinem ersten Jahr bei den Yanomami merkte ich, daß ich mich ganz allmählich mit ihrer Lebensweise immer mehr anfreundete, mit der Harmonie, dem Gruppenzusammenhalt und der innigen Verzahnung all ihres Tuns. Viele Nuancen ihres Seelenlebens zogen mich an, besonders, wenn ich sie mit den Vorgängen in unserer eigenen Gesellschaft verglich. Zum Beispiel hatte ich immer schon meine Probleme mit der Eitelkeit gehabt. Der Zeit- und Energieaufwand, der für die äußere Aufmachung draufging, die übertriebene Wertschätzung von Schönheit und Jugend, der wir frönen, regte mich schon seit den High-School-Zeiten auf. Ich habe es bei meinen Freunden und besonders meinen Freundinnen nie ertragen können. Ich hatte überhaupt eine tiefsitzende Abneigung dagegen.

Die Yanomami-Frauen waren anders. Sie verschwendeten einfach keine Zeit mit Gedanken über ihr Aussehen. Sie achteten auch nicht darauf, ob sich jemand nach ihnen umschaute. Sie brauchten das nicht für ihr Selbstwertgefühl, denn niemand beurteilte ihren Wert nach ihrem Aussehen. Nach meinem Eindruck war eine Frau bei den Yanomami einfach eine Person. Sie kümmerte sich nicht darum, ob ihr Haar richtig saß oder um irgend etwas in dieser Richtung. Und das war erfreulich, zumindest für mich.

Umgekehrt waren die Männer im großen und ganzen auch keine Machos. Sie wetteiferten nicht dauernd miteinander. Sie waren nicht auf Konfrontation aus. Sie waren nicht an der Erstellung einer Hackordnung interessiert. Ihre Männlichkeit hing nicht davon ab. Abends steckten sich Männer wie Frauen Blumen oder Zuckerrohrstengel in die Ohren und schmückten sich. Also gab es wohl doch eine gewisse Eitelkeit. Aber sie war minimal. Sie spielte keine herausragende Rolle in ihrem Leben. Dick oder dünn, schön oder häßlich, sie waren Menschen, und sie betrachteten sich als Menschen. Sie akzeptierten sich. Es kam ihnen tatsächlich nie in den Sinn, einander nicht einfach so, wie sie waren, zu akzeptieren. Ich fand das ungeheuer anziehend. Obwohl Kenntnisse und Geschick bei der Jagd und dem Schamanismus geschätzt wurden, stand doch jede Person auf der gleichen Ebene wie alle anderen. Es gab keine Spur von Überheblichkeit, kein Standesbewußtsein und kein Klassenbewußtsein. Niemand glaubte, er sei besonders wichtig und andere nicht. Diese Haltungen entsprachen auch meiner persönlichen Veranlagung. Schließlich war ich deshalb aus der akademischen Welt mit ihrer starren Rangordnung geflohen, weil dort viele Leute in den oberen Bereichen förmlich vor Selbstherrlichkeit strotzten. Im Gegensatz dazu waren die menschlichen Beziehungen hier schlicht und nüchtern. Wenn ich mit Männern oder mit Frauen sprach, gab es keine Barrieren. Sie achteten nicht darauf, wie sie sich selbst darstellten, wie sie wahrgenommen wurden und was das für ihre Zukunft bedeuten konnte. Es dauerte eine Weile, bis ich erkannte, daß ich hier eine Gleichheit sah, eine grundsätzlich gleiche Sicht des Lebens und der Mitmenschen. Gleichheit nicht als Prinzip oder Glauben, sondern völlig ursprünglich. Dieses Gefühl war tief in ihnen verwurzelt und durchströmte ihre ganze Kultur.

Bei meiner Ankunft in Hasupuweteri waren mir die Indios wunderlich und fremd erschienen. Ihr bloßes Aussehen war exotisch, mit ihren durchlöcherten Lippen, den Nasenstöckchen, den Ohrstöpseln und der Körperbemalung. Doch je länger ich blieb, und je besser ich das Yanomami sprechen lernte, desto normaler wurden sie für mich. Allmählich klang die Sprache nicht mehr so knarrend, und sie sahen auch gar nicht mehr so sonderbar aus. Als alles mehr oder weniger alltäglich geworden war, dachte ich mir, na also, diese Leute sind genauso wie wir. Sie leben hier unter anderen Bedingungen, haben andere Gewohnheiten und eine andere Kultur. Aber es sind auch einfach nur Menschen. Mit der Zeit lernte ich, unterschiedliche Charakterzüge und einzelne Aspekte ihres Gefühlslebens wahrzunehmen, die mir früher entgangen waren. Und ich lernte sie wirklich kennen. Sie waren ängstlich und empfindsam. Sie waren bekümmert und zornig. Sie lachten und waren glücklich. Vielleicht brachten uns unterschiedliche Dinge zum Lachen, vielleicht zeigten wir unsere Gefühle in unterschiedlicher Weise und drückten uns anders aus, aber abgesehen davon waren wir gleich.

Es gab keine plötzlichen Offenbarungen, sondern mir dämmerte erst allmählich, daß ich schlichtweg mit Artgenossen zusammenlebte. Ihre Lebensweise war zwar äußerst einfach, besaß aber nichtsdestoweniger eine tiefe Würde. Es gefiel mir, wie die Familien miteinander umgingen, wie sie sich um ihre Kinder kümmerten, immer mit ihnen zusammen waren und ihnen eine unendliche Liebe und Fürsorge entgegenbrachten. Ich mochte ihre gegenseitige Achtung voreinander. Ich mochte ihre Empfindungen und ihre Art, sie ohne Scham zu zeigen.

Ich mochte auch das grundlegende, praktische Wesen ihres Daseins, deren Qualität sich auf ihre ganze Lebensweise übertrug. Das erste, was einem Yanomami beim Aufwachen in den Sinn kam, war an jedem Morgen, jedem Tag ihres Lebens die gleiche Frage: »Was werde ich heute essen, und wie werde ich es bekommen?« Sie jagten und sammelten jeden Tag, und im Verlauf dieser Aktivitäten verbrachten sie ihr Leben. Die Frauen waren meist gruppenweise unterwegs. Sie nahmen ihre Babys mit und redeten und lachten dabei. Im Wald draußen setzten sich einige von ihnen mit den Babys hin und verbrachten einige gesellige Stunden, während die anderen Früchte und Beeren sammelten. Dann vertauschten sie die Rollen. Wenn es kühl wurde, machten sie sich ein Feuerchen, um sich zu wärmen und das Ungeziefer abzuhalten. Es glich eher einem Picknick, aber es war doch ihre Arbeit.

Vor der Rückkehr in das Shapono hielten sie noch am Bach an, um das Obst abzuwaschen und einen Frosch oder eine Schlange zu säubern, die sie vielleicht gefangen hatten. Wenn das erledigt und der Fang in Blätter verpackt war, badeten sie sich und ihre Babys. Manchmal steckten sie sich vor dem Heimgehen Blumen in die Ohren. Dort fachten sie dann das Feuer an, kochten das Essen und verteilten es an ihre Männer und Kinder. Am Abend ließen sie auch schon mal die Kleinen bei den Großmüttern und gingen weg, um bei den Gärten Brennholz zu schlagen. Dann kamen sie mit ihrer Holzladung rechtzeitig wieder heim, bevor die abendlichen Aktivitäten begannen.

Zur Schlafenszeit gab es manchmal eine Ansprache oder auch mehrere. Die Leute schwatzten beim Zuhören, Kinder lachten, irgend jemand hackte Holz. Andere dösten ein. Das gehörte alles zur häuslichen Abendstimmung. Es war die Atmosphäre des Shapono. Hin und wieder wachte einer der Schamanen auf und meinte, er müsse singen. Er nahm also seine Drogen und stimmte einen kleinen Gesang an, der ungefähr eine Stunde dauerte. Die Hasupuweteri genossen das. Es war irgendwie nett. Du wachtest von dem Gesang auf, schliefst dann dabei wieder ein. Oder aber du bliebst wach und hörtest zu, bis der Sänger wieder schlafen ging. Seltener kam es vor, daß jemand am Morgen, wenn die Leute aufwachten, eine Rede halten wollte. Die Leute standen auf, und der Tag begann. Sie gingen wieder ihren Beschäftigungen nach. Einige jagten, andere fischten oder sammelten. Manche blieben auch daheim oder gingen in die Pflanzung. Das Leben der Yanomami verlief in täglich gleichen Bahnen. Sie waren glücklich, viel glücklicher, glaube ich, als irgend jemand in unserer Gesellschaft – ob arm oder reich. Trotz alledem, trotz der Krankheiten, der Überfälle, der Aggressivität und der Kämpfe waren sie im Grunde ein glückliches Volk, das in einer harmonischen Gesellschaft lebte.

Je mehr ich die ganzheitliche Struktur des Lebens der Yanomami verstand, desto mehr erachtete ich meine Messungen zum Nahrungsverbrauch als ungeeignet oder zumindest unvollständig. Nur noch ein paar Monate, dann wäre meine Zeit hier abgelaufen. Mir wurde klar, daß ich einfach kein getreues Bild abliefern konnte, wenn ich heimfuhr und nur diese Messungen niederschrieb. Das Wiegen des Wilds und die Berechnung der Ernteerträge allein brachten keine Erkenntnisse. Nahrungssammlung und -aufnahme mußten in den Kulturzusammenhang gestellt werden. Es gab noch eine Reihe offener Fragen zu der Auffassung der Yanomami von der Jagd, welche Rolle sie in ihrem Leben spielte, was ihnen Fleisch und Fleischverzehr bedeuteten, wie die Beziehung war zwischen ihren biologischen Bedürfnissen nach Fleisch und Eiweiß und ihren kulturellen Bedürfnissen, und schließlich, welche Bedeutung die Fleischverteilung für den Zusammenhalt des Dorfes hatte. Mir wurde hier vor Augen geführt, daß kulturelle Bedürfnisse sehr mächtig sein können, sogar übermächtig, was die Einschätzung des ausreichenden Nahrungsbedarfs betrifft.

Ich wußte, ich bewegte mich am Rand der Ketzerei. Kulturmaterialisten – und ich hielt mich eigentlich für einen – stützen sich nämlich auf den Glauben, daß der biologische Überlebensdruck die Grundstruktur im Leben eines jeden Volkes bildet und daß diese Bedürfnisse alle anderen Aspekte stark beeinflussen. Ihre Auswirkungen strahlen auf die anderen Bereiche aus – bis hin zu der übernatürlichen Vorstellungswelt. Die biologischen Erfordernisse haben grundsätzlich Vorrang. Die Überlebensfragen, also Nahrung, Unterkunft, Geschlechtsleben, Kameradschaft – diese Bedürfnisse müssen in erster Linie befriedigt werden. Andere Aspekte der Kultur sind davon abhängig, in welcher Weise diese Bedürfnisse anhand der verfügbaren Umweltressourcen befriedigt werden. Schlicht gesagt – wie einer sein Leben gestaltet – wie er überlebt –, formt seine Begriffswelt und nicht umgekehrt.

Aber bei genauerer Betrachtung ergaben bei den Yanomami Erklärungen, die sich nur auf einen Grund stützten, kein vollständiges Bild. Selbst ihre Trecks waren nicht einfach auf eine Ursache zurückzuführen. In ihren Pflanzungen gingen die Bananen aus, und sie mußten sich auf Nahrungssuche begeben, aber das war nicht der einzige Grund für einen Treck. Denn wenn ihnen nicht die Bananen ausgingen, gab es andere Probleme. Sie würden zuviel von den Wildfrüchten verzehren, einer wichtigen Ergänzung zu den Bananen. Sie verringerten den Wildbestand in zu hohem Maße, und das Feuerholz ging ihnen aus. Es konnte noch mehr geschehen. Wenn sie zu lange im Shapono lebten, wurde die Umgebung übermäßig verschmutzt. Der Wald in unmittelbarer Nähe wurde zu sehr mit Exkrementen belastet. Zum Austreten gingen alle einfach ein Stück in den Dschungel, aber das klappte nicht immer. Einige bekamen Durchfall, die Kinder entfernten sich nicht weit vom Shapono, und in der Nacht wagte sich sowieso niemand weit hinaus. Auch das Haus selbst wurde schmutzig, übersät mit Holzresten und anderem Abfall.

Während der vier Wochen oder der paar Monate, die das Dorf auf Treck war, wurde das Haus gesäubert. Die Ameisen und Termiten kamen und vernichteten den Müll. Die Mistkäfer putzten die Exkremente weg. Das Wild kam langsam wieder in die Gegend, und die wilden eßbaren Pflanzen erholten sich. Das Shapono und seine Umgebung wurden zu einem Großteil wieder instandgesetzt.

Als Beobachter fielen mir diese Dinge nicht gleich auf. Ich begann sie erst zu verstehen, als ich lange genug dort gelebt hatte, um eine ganze Reihe scheinbar unzusammenhängender Beobachtungen zusammenfügen zu können. So gelangte ich trotz der Tatsache, daß ich schon eine ganze Menge Daten gesammelt hatte, am Ende der fünfzehn Monate zu der Auffassung, daß ich, um irgend etwas Sinnvolles damit anzufangen, erst noch viel mehr vom kulturellen Kontext verstehen mußte – und das war kein kurzfristiges Vorhaben. Ich hatte bisher übermäßig viel Zeit mit dem Erlernen der Sprache verbracht und fing gerade an, sie halbwegs fließend zu beherrschen. Während meines Aufenthalts hatte ich es gewissermaßen lediglich dazu gebracht, mir den notwendigen Hintergrund und einige Methoden zum Studium der Yanomami anzueignen. Nun fiel es mir schwer, mich loszureißen und meine Arbeit als abgeschlossen zu betrachten.

Als ich gerade mit der Entscheidung rang, ob ich zurückkehren oder bleiben sollte, geschah etwas, das den entscheidenden Ausschlag gab. Im Gespräch mit einigen Männern über andere Yanomami-Dörfer erfuhr ich, daß die Hasupuweteri alte Freunde und Verbündete in einigen Siedlungen tief im Landesinneren hatten, die noch nie mit der Außenwelt in Berührung gekommen waren. Als ich das hörte, war ich ganz begeistert von der Idee, diese Dörfer zu besuchen und der erste zu sein, der mit ihnen Kontakt aufnahm. Diese Aussicht allein hätte genügt, mich zum Bleiben zu bewegen. Doch es war nicht bloß die Chance der ersten Kontaktaufnahme, die mich in Erregung versetzte. Es war auch die Gelegenheit, die ursprüngliche Lebensweise der Yanomami abseits der Flüsse kennenzulernen. Traditionsgemäß hatten die Yanomami nicht an den Flüssen gewohnt – einer der Gründe, warum sie so isoliert geblieben waren. Für jede Art ernsthafter ökologischer Studien würde es notwendig sein, sie in ihrem natürlichen Lebensraum zu beobachten. Meine Siedlung der Hasupuweteri lag am Fluß, so daß sie in dieser Hinsicht nicht mehr traditionsgemäß lebten. Früher aber hatte auch diese Gemeinschaft im Landesinneren gewohnt.

Es war mir klar, daß ich meine Doktorarbeit hinauszögerte, wenn ich im Regenwald blieb. Eine hartnäckige, lästige Stimme flüsterte mir dauernd ein: »Geh zurück. Mach deine Dissertation fertig. Such dir einen Posten. Dann kannst du, wenn du willst, mit einem Stipendium wieder hierherkommen.« Doch eine noch unwiderstehlichere Stimme machte mir unmißverständlich klar, daß ich verrückt wäre, jetzt abzureisen. Meine Kenntnisse über die Hasupuweteri vertieften sich von Tag zu Tag, und die Chance, die Menschen im Herzen des Urwalds zu besuchen, zog mich magnetisch an. Was scherte mich angesichts dieser Aussicht irgendein Zeitplan?

# Dörfer im Herzen des Dschungels

Ich blieb. Napoleon Chagnon hörte natürlich nichts von mir. Es war fast unmöglich, Post zu bekommen oder abzuschicken. Für mich bedeutete jeder Brief eine Reise flußabwärts zur Platanal-Mission. Sicher vermutete er, ich hätte meinen Aufenthalt verlängert, um meine Arbeit zu vervollständigen. Letztlich würde ich mich schon melden. Jedenfalls war es mir nach dem letzten Brief, den ich von ihm bekommen hatte, ziemlich klar, daß er sich nur wenig Gedanken über mein Wohlergehen machte. Während einer Versorgungsfahrt durch die Stromschnellen war der Einbaum gekentert, und ich hatte unter anderem einen Teil meines Vorrats am Camoprim verloren. Dieses Medikament war ein besonders wirksames Mittel gegen Malaria, das wir alle, Roy Hames, Eric Fredlund und ich, mitgenommen hatten. Als ich brieflich um Ersatz bat, hatte Chagnon geantwortet, daß die Pillen sehr schwer erhältlich seien und er sie derzeit nicht bekommen könne. Schon vorher war unsere Beziehung nicht auf Rosen gebettet gewesen. Mit der Aluminiumboot-Geschichte und nun den Malariatabletten hatte sie nun aber einen wirklichen Knacks bekommen. Es kam mir allmählich so vor, als wäre Chagnon einfach zu der Überzeugung gekommen, ich wollte beweisen, daß Marvin Harris recht und er unrecht hatte. Und deswegen würde ich von ihm nichts mehr bekommen.

Eigentlich machte mir meine Lage gar nicht so viel aus, obwohl ich nicht gerade glücklich darüber war, daß mir das Camoprim ausgegangen war. Da ich mich nun zum Bleiben entschlossen hatte, dachte ich nur noch an die kommende Erkundung des Gebiets zwischen den Flüssen Orinoco und Siapa, den die Yanomami den »Shukumini ke U«, den Fluß der Sittiche nannten. Der Siapa verläuft in der Nähe der brasilianischen Grenze und ist eine Art geographischer Orientierungs- und Markierungspunkt für Forscher. Ich wußte, daß Jacques Lizot mit dem Hubschrauber zum Siapa geflogen war. Er hatte kurz eine Siedlung am Fluß besucht und dann flußaufwärts bei einer weiteren haltgemacht. Doch die Dörfer im tiefsten Dschungel waren immer noch »unberührt«. Sie konnten vom Hubschrauber aus nicht so leicht entdeckt werden wie die am Fluß gelegenen Siedlungen. Es war aber nicht ratsam, viel Zeit mit der Suche zu verbringen. Bei diesen Entfernungen erschöpfte sich der Benzinvorrat des Hubschraubers relativ schnell. Die Piloten waren in dieser Gegend besonders vorsichtig, und das aus gutem Grund: Wenn sie gezwungen waren, zu landen, wären sie von allen guten Geistern verlassen. Ein notgelandetes Forscherteam fand sich mitten in dem pfadlosen Dschungel wieder und konnte nur von einem Rettungshubschrauber ausgeflogen werden – wenn Geld da war, um einen bereitzustellen, und wenn der Pilot die Gruppe sowie einen Landeplatz finden konnte. Ein Besuch der inneren Dörfer war also nur mit langen Fußmärschen durch jungfräuliches Gelände zu bewerkstelligen.

Die Hasupuweteri hatten Beziehungen zu diesen Dörfern, die gemeinsam unter dem Begriff »Shamatari« bekannt waren. Sie hatten sich in der Vergangenheit gelegentlich besucht, als sie selbst noch im Landesinnern, näher am Siapa, lebten. Deshalb verwandte ich zunächst einige Zeit darauf, mit meinen Informanten über diese Gemeinschaften zu sprechen. Dann begann ich, einige der jüngeren, abenteuerlicheren Seelen auszuhorchen – um zu sehen, wie sie auf meinen Vorschlag einer solchen Reise reagierten. Ich wußte nicht, ob sie sich so weit vom Dorf entfernen würden. Mir lag natürlich ungeheuer viel daran, die Shamatari zu besuchen. Aber die Hasupuweteri wären nie auf den Gedanken gekommen, so etwas selbst zu unternehmen. Niemand ging zu Fuß vom Orinoco zum Siapa.

Ein paar Huya begeisterten sich dennoch an der Idee und sagten sofort zu. Obwohl andere erst zögerten, hatte ich binnen kurzem fünf Freiwillige, genug, um alles zu tragen, was wir mitnehmen mußten. Ich wollte genügend Proviant für eine Mahlzeit pro Tag mitnehmen, und selbstverständlich brauchte ich Geschenke und Tauschwaren für jedes

Dorf – Angelleinen und -haken, Buschmesser für die Anführer, Lendenschurze, Baumwollgarn und andere Gebrauchsgegenstände. Die Shamatari bewohnten zwölf oder dreizehn Siedlungen. Es war nicht durchführbar, alle oder auch nur den Großteil während dieser ersten Reise aufzusuchen. Aber ich konnte immerhin eine Route für die ganze Strecke bis zum Siapa festlegen. Nachdem ich das Gebiet erkundet hätte, wäre es einfacher, zurückzukehren und die restlichen Dörfer zu besuchen. Diese erste Reise sollte uns zu verschiedenen Siedlungen führen, die alle mehr oder weniger auf einer geraden Linie südwärts lagen. Bei jedem Dorf wollten wir einen Halt einlegen, uns eine Nacht ausruhen, mit Bananen versorgen und auch neue Führer und Informanten mitnehmen. Wir würden gehörige Strecken in unbekanntem Gelände zu überwinden haben, und selbst die Hasupuweteri kannten die Pfade nicht.

Der erste Zwischenstopp würde Mokaritateri sein, ein harter Tagesmarsch immer nach Süden. Am Morgen, an dem wir aufbrechen wollten, hatte ich die Ausrüstung zusammengestellt – insgesamt sechs schwere Packen, einer für jeden Träger und einer für mich. Wir waren etwas überladen, aber wir würden erst hinter Mokaritateri die Berge erreichen, und weil wir zwischendurch aßen und Geschenke verteilten, würde die Last leichter werden. Als wir aufbrachen, sagten uns die Mütter und Schwestern weinend Lebewohl. Sie waren todunglücklich darüber, daß ihre Söhne und Brüder so lange weg sein würden. Doch die Jungen selbst waren begeistert und voller Tatendrang.

Ich ging als dritter in der Reihe los. Aber schon nach zwanzig Minuten war ich der letzte und fiel immer weiter zurück. Sie wußten, daß sie sich sputen mußten, um am selben Tag noch bis Mokaritateri zu kommen. Eine Übernachtung mitten im Dschungel reizte sie nicht besonders, und deshalb bewegten sie sich in einem stetigen Tempo, halb Schritt, halb Trab, das mich von Anfang an heftig ins Schnaufen brachte. Bei meinem Schrittempo war es keine Frage, daß wir irgendwo übernachten mußten. Während ich mir das überlegte und mich bemühte, Schritt zu halten, kam der erste Träger zurück und nahm mir meine Last ab. Gott, war das eine Erleichterung. Nun gut, dachte ich, dieser Packen zusätzlich zu seinem wird ihn etwas bremsen und das

Tempo drosseln. Aber das zusätzliche Gewicht juckte ihn überhaupt nicht. Der leichte Trab ging den ganzen Tag so weiter.

Nach neun Stunden beschwerlicher Reise traten wir am späten Nachmittag aus dem Dschungel in die Gärten von Mokaritateri und platzten mitten hinein in eine kleine Gruppe von Frauen, die emsig Bananen pflückten. Verblüfft blickten sie auf, warfen einen Blick auf mich und vergingen fast vor Angst. »Nicht, nicht, nicht«, schrien sie weinend und jammernd, »bring sie nicht um! Bring sie nicht um! Bring sie nicht um!« Sie glaubten allen Ernstes, ich wäre gekommen, um ihre Männer und Söhne umzubringen.

Noch ziemlich außer Atem nach einem Tag im Dauerlauf, keuchte ich: »Hört auf, schreit nicht, es ist alles in Ordnung. Ich bin nicht gekommen, um euch was anzutun. Ich bin ein Freund. *Nohi*, ein Freund.« Gleichzeitig kündigten sich die Hasupuweteri auf die übliche Art mit gellenden Pfiffen an, die die feuchte Luft durchschnitten und einen Chor aus Gekreische und Gejohle von den Dörflern und Gejaule und Gebell von ihren Hunden hervorriefen. Als wir in das Shapono marschierten, standen die Männer von Mokaritateri pfeil- und bogenschwingend da und veranstalteten einen Höllenlärm.

Selbstverständlich genügte ihnen ein Blick, um festzustellen, daß etwas Außergewöhnliches los war. Die jungen Männer in meiner Begleitung waren mit den Lasten und der Ausrüstung an sich schon auffallend genug. Dazu kam noch ich, in all meiner weißhäutigen, schwarzbärtigen Pracht. Dem üblichen Besuchszeremoniell gemäß standen wir mitten auf dem Platz und starrten ins Weite, um jeden Blickkontakt mit all den aufgeregten Mokaritateri zu vermeiden, die um uns herumhüpften und aus Leibeskräften johlten. Diese laute und hautnahe Überprüfung dauerte etwa fünf Minuten. Ich bemühte mich unterdessen, es meinen Reisegefährten gleichzutun, indem ich ruhig dastand und so tat, als würde mich irgend etwas in den Bäumen hinter dem Shapono fesseln. Aber ich konnte es mir nicht verkneifen, mich immer wieder mal umzuschauen. Alle schienen entweder zu heulen oder zu starren oder beides auf einmal. Sie warfen mir unzählige stierende, starrende, gaffende und glotzende Blicke zu. Selbst als sich der Lärm schließlich gelegt hatte, folgte mir dieses Starren zu der

Hängematte, auf die einer der Mokaritateri mich endlich einlud. Das ganze Dorf sah gebannt zu, als ich die gekochte »ohina«-Wurzel und die Kürbiskelle mit dem Trank aus reifen Bananen, die er mir anbot, entgegennahm.

Zuerst starrten sie nur sprachlos. Doch nach einer Weile kamen sie und hockten sich um meine Hängematte. Sobald sie den ersten Schock überwunden hatten, wollten sie alles, was ich bei mir hatte, anfassen und ansehen. Am meisten faszinierte sie mein Kassettenrecorder. Als sie die venezolanische Popmusik-Kassette hörten, die ich dabeihatte, wurden sie ganz still und hörten andächtig und verwundert zu. Doch ich beging den Fehler, sie heimlich aufzunehmen und sie dann ihre eigenen Stimmen hören zu lassen. Die ganze um mich kauernde Gruppe stob unter ängstlichen Ausrufen schnell auseinander. Es war eine Sache, fremde Stimmen und Musik aus einem kleinen schwarzen Kasten zu hören. Aber es war etwas völlig anderes, wenn die eigene Stimme auf einmal im Kasten war. Für einen Yanomami, der nicht die geringste Ahnung hatte, was der kleine Kasten sein konnte, war es ein Schock, ein schwerer Schock, seine eigene Stimme da herauskommen zu hören. Die Angst davor genügte, um ihn zu töten. Sie konnte ihn tatsächlich umbringen, weil die Yanomami vor Angst sterben konnten. Sie wurden weiß, blaß und zittrig und mehr als nur leicht verärgert. Ich bereute auf der Stelle, daß ich der Versuchung nachgegeben hatte, ihre Reaktion zu testen.

Während der nächsten paar Tage untersuchte ich die Pflanzungen der Mokaritateri und arbeitete mit Informanten zusammen, um die Ahnenreihen und andere Familien- und Geschichtsdaten zu sammeln. Eine Frau, die besonders hilfsbereit war, hieß Rubemi. Sie war um die 25 und arbeitete im Garten ihres Vaters, wo sie Baumwolle pflückte, während ich sie nach den Einzelheiten der Verwandtschaftsbeziehungen der Mokaritateri und den Beziehungen zwischen ihrem Dorf und ihren Nachbarn befragte. Rubemi freute sich besonders über unseren Besuch, da sie klassifikatorische Mütter und Brüder (was wir Tanten und Cousins nennen würden) in Hasupuweteri hatte. Sie ging völlig ohne Angst mit mir um, und während sie sprach, spielte ihr kleines Kind glücklich zu ihren Füßen.

Am meisten interessierten mich Informationen über das Dorf Hawaroweteri, unser nächstes Ziel. Wie die Mokaritateri waren die Hawaroweteri noch nie von einem Weißen besucht worden. Sie lebten aber noch weiter im Landesinnern, was bedeutete, daß ihr Wissen von der Außenwelt sogar noch spärlicher war. Von ihnen erwartete ich auch die entscheidenden Informationen über die anderen Shamatari-Dörfer. Schließlich hoffte ich, dort Führer zu finden, die uns zum Siapa bringen konnten.

Ich mußte aber bald feststellen, daß unsere Gastgeber nur zögernd mit Auskünften über die Hawaroweteri herausrückten. Ich hatte mich bereits vergewissert, daß die zwei Dörfer sich nicht im Krieg miteinander befanden. Aber die unmittelbare Reaktion auf meine Fragen war ausweichend. Die alten Frauen, mit denen ich sprach, erklärten mir, die Hawaroweteri seien nicht zu Hause. »Sie sind auf Treck weit drüben, in der Richtung. Du wirst sie nicht finden, sie sind nicht da, vergeude nicht deine Zeit damit.«

»Das ist egal«, antwortete ich. »Wenn sie dort drüben sind, können wir auch in die Richtung gehen. Uns macht es nichts aus. Dann finden wir sie eben dort.«

Ich wußte, daß die Frauen logen. Was sie sagten, hatte nur einen Zweck, nämlich uns in ihrem Dorf zu halten. Je länger wir blieben, desto mehr Handelswaren konnten sie uns entlocken. Als ich ihnen sagte, wir würden auf jeden Fall gehen, verdoppelten sie ihre Anstrengungen.

»Hört mal«, sagten sie, nun nicht mehr zu mir, sondern zu meinen Trägern, »geht nicht dorthin. Dort drüben sind *shawara*, gefährliche Geister, böse Geister, die im Wald leben. Böswillige Schamanen leben dort. Sie werden Gift über euch blasen. Sie werden euch mit bösem Zauber verhexen. Ihr werdet krank werden und sterben. Geht nicht in diesen Teil des Waldes. Es ist ein übler Ort. Bleibt hier.«

Ich saß in meiner Hängematte und beobachtete alles. Meine Hasupuweteri, die meisten von ihnen waren junge Burschen, hockten da und starrten auf den Boden. Ihre Augen waren ganz glasig geworden. Die Behandlung, die die Mokaritateri ihnen angedeihen ließen, hatte genau die gewünschte Wirkung. Ich mußte dem ein Ende machen.

Ich sprang auf und versuchte sie mit drastischen Worten davon zu überzeugen, daß es nichts ausmachte, ob böse Geister da waren oder nicht. Sie reisten mit mir und stünden unter meinem Schutz. Die Geister – die »hekura« – würden uns nicht nahe kommen. – Aber meine Begleiter starrten weiter vor sich hin, und ich konnte förmlich sehen, wie ihnen das Herz in die nicht vorhandene Hose rutschte. Jeder von ihnen hatte sich verpflichtet, die ganze Strecke mit mir zu gehen, aber sie hatten nicht mit bösen Geistern und böswilligen Schamanen gerechnet. Sie schwankten und waren sich nicht sicher, ob sie es riskieren wollten. Und als die Mokaritateri-Frauen beharrlich weiterredeten, hörte ich bald Genuschel, vom einen über seinen wunden Fuß, vom anderen, daß er Bauchweh hatte, von einem dritten, wie sehr er seine Angehörigen vermißte. Ich sah schon die ganze Expedition gleich hier den Bach runtergehen, wenn ich nicht sofort etwas Durchgreifendes unternahm.

Langsam wurde ich wirklich wütend und schrie sie an: »Hört nicht auf diese Frauen. Die Geister werden euch nichts tun. Sie werden euch nicht belästigen. Sie fürchten sich vor mir, und sie können euch nichts anhaben. Die Geister können einem Nabuh nicht wehtun.« Das hatte eine gesunde Wirkung, weil sich ja sogar die Hasupuweteri meiner Kräfte nicht sicher waren, geschweige denn die Mokaritateri. Wenn ich auf einmal stracks in den Himmel geflogen wäre, hätte es sie überrascht, aber es wäre kein totaler Schock gewesen. Sie wußten nichts von den Nabuh und von ihren Fähigkeiten. Aber sie waren davon überzeugt, daß die Nabuh unglaubliche Kräfte hatten. Und selbst wenn sie erkannten, daß dahinter die Technologie steckte, waren sie dennoch unsicher, was die Nabuh selbst zustande bringen konnten.

Auch nach anderthalb Jahren des Zusammenlebens mit den Hasupuweteri, bei all der Freundschaft und dem Verständnis, das wir aufgebaut hatten, war mir immer noch nicht klar, inwieweit sie mich überhaupt für ein menschliches Wesen hielten. Immer noch kamen Fragen, die einer einem Mitmenschen nicht stellen würde.

»Wirst du eines Tages sterben?« fragten sie zum Beispiel.

»Ja, irgendwann.«

»Würdest du sterben, wenn ein Pfeil dich trifft?«

Diese Frage war bedenklich. Wenn ich nein sagte, mochten sie sich denken, okay, schießen wir auf ihn, er stirbt ja sowieso nicht. Wenn ich aber ja sagte, und damit zugab, daß ich ebenso verletzlich war wie sie, konnten sie mich irgendwann erschießen, wenn sie sich über mich aufgeregt hatten. Also sagte ich: »Tja, vielleicht, vielleicht auch nicht. Es hängt davon ab, wo ich getroffen werde. Aber ich sterbe keinesfalls sofort. Selbst wenn zwei Pfeile in mir steckten, hätte ich noch Zeit, mein Gewehr abzufeuern, bumm.« Natürlich wußte ich, daß 99 Prozent von ihnen mir nichts Böses wünschten, aber da gab es ein paar wilde und aggressive junge Burschen, denen ich nicht über den Weg traute. Der Punkt war, daß sie sich mit diesem fremdartigen Wesen, das bei ihnen lebte, einfach nicht auskannten. Sie hatten sich mittlerweile an meine Anwesenheit gewöhnt, aber sie hatten immer noch keine Ahnung, was es wirklich mit mir auf sich hatte.

Als ich nun meine jungen Träger daran erinnerte, daß sie mir versprochen hatten, diese Reise zu machen, daß sie mir ihr Versprechen auch einlösen sollten, und versprach, daß ihnen kein Haar gekrümmt werden würde – alles in den stärksten, leidenschaftlichsten Ausdrücken, die ich aufbieten konnte –, zeigte das Gott sei Dank die gewünschte Wirkung. Bis jetzt hatte ich Wert darauf gelegt, mich nie in Glaubensangelegenheiten der Indios einzumischen, noch nicht einmal in ihren persönlichen Austausch und Umgang. Als teilnehmender Beobachter waren mir Grenzen gesetzt, und ich war nach bestem Wissen und Gewissen der unbeteiligte Forscher geblieben. Doch ich hatte diese Tour wochenlang geplant und ausgearbeitet, die ganze Ausrüstung und die Versorgung vorbereitet und war durch den Dschungel gewandert, um diese völlig von der Außenwelt abgeschnittenen Menschen zu treffen. Ich steckte bis über beide Ohren in den aufregendsten Erlebnissen, von denen ein Anthropologe nur träumen kann, und genau da kamen einige alte Frauen und wollten meine Expedition zum Scheitern bringen. Und alles bloß, weil sie mich in ihrem Dorf halten wollten, damit ich ihnen Angelhaken gab. Die können mich mal, dachte ich, das werde ich nicht zulassen. »Wir machen uns auf den Weg«, sagte ich zu den Trägern. »Vergeßt einfach die bösen Geister. Wenn sie aufkreuzen, kümmere ich mich um sie.«

Doch die Frauen gaben immer noch nicht auf und verstärkten nochmal ihr Gezeter über die Schamanen, Geister und Zaubermittel, die uns gewiß alle miteinander krank machen würden. Ich wandte mich zu ihnen und schrie so laut, daß es allen anderen Lärm übertönte, und unter Anwendung all der ausgezeichneten Lektionen in Yanomani-Schimpfworten, die ich im Shapono gelernt hatte: »Weti tehe wamaki shami horemou batayoma ke wani?« »Was redet ihr da, ihr verlogenen alten Weiber? Warum versucht ihr diese jungen Männer einzuschüchtern? Ihr wollt doch bloß unsere Waren! Also schweigt und hört auf damit, ihnen von bösen Geistern und Schamanen zu erzählen. Ich will nichts mehr davon hören. Habt ihr mich verstanden? Sagt bloß kein Wort mehr davon. Die Geister werden niemandem was antun.«

Damit war die Auseinandersetzung erledigt.

Gerade als wir uns zum Aufbruch rüsteten, kam einer meiner Träger und stellte mir einen jungen Mann aus dem Dorf vor. Es zeigte sich, daß er ursprünglich aus Nanimabuweteri stammte, der Siedlung am Siapa, die mein Endziel war. Er hatte eine Mokaritateri-Frau geheiratet und lebte nun in ihrem Dorf, aber er sagte mir, er würde sich freuen, mit uns zu kommen und unser Führer zu sein. Zwei andere Mokaritateri waren ebenfalls darauf erpicht, uns als Führer und Träger zu begleiten. Sie hatten sich vom Gefasel über böswillige Schamanen auch nicht beeindrucken lassen. Sie kannten die Hawaroweteri gut und konnten uns direkt dorthinführen. Sie sagten, das würde zwei Tage dauern.

Am nächsten Morgen brachen wir bei Tagesanbruch auf und schritten im üblichen halsbrecherischen Tempo aus. Acht oder neun geschlagene Stunden trabten wir im Gänsemarsch durch das Dickicht und hielten nur an, um Wasser zu trinken und zum Abendessen ein Baumhuhn zu schießen. Aber nun waren wir im Gebirge. Etwas überrascht stellte ich fest, daß es mir gutging. Ich hatte selbst keine Last und schien endlich die nötige Kondition zu haben. Ich keuchte nicht mehr mit rasselnden Lungen, und obwohl wir nun bergauf gingen, war die Luft frischer und angenehmer, leichter zu atmen. Die Indios machten keine Anstalten, diese Berge zu umgehen. Sie liefen schnurstracks darüber, wobei ihre zähen, dürren Beine nie einhielten oder langsamer wurden, trotz des zusätzlich zu tragenden Gewichts.

Diese Nacht schliefen wir im Dschungel. Wir zogen die innere Rinde einiger »nari nati«-Bäume ab und machten Hängematten daraus. Zum Abendessen gab es Baumhuhn mit Maniok, dazu etwas Reis und ein paar Bouillonwürfel, die ich meinem Nahrungsvorrat entnahm. Am nächsten Tag brachen wir im Morgengrauen wieder auf. Es ging weiter bergauf.

Am frühen Nachmittag des zweiten Tages kamen wir an einen kleinen, kristallklaren Bach. Auf der anderen Seite führte ein gut ausgetretener Pfad einen Hügel hinauf. Das war die erste wirklich eindeutige Spur von Menschen, seit wir die Mokaritateri-Gärten verlassen hatten. »Wir sollten hier baden«, sagte der Nanimabuweteri-Führer. »Das ist das letzte Wasser vor dem Shapono der Hawaroweteri. Wir sind ganz in der Nähe.« Ich legte meine Kleidung ab, stieg hinein und wusch mit dem reinen, kühlen Wasser den Schmutz und den Schweiß von zwei harten Tagesreisen ab, während ich zusah, wie die Indios planschten und schwammen und offensichtlich alles genauso genossen wie ich.

Zwanzig Minuten später erreichten wir die Hawaroweteri-Pflanzungen. »Ocumo«-Wurzeln, Avocadobäume und Zuckerrohr wuchsen hier im Überfluß, zusätzlich zu den üblichen Bäumen mit grünen und gelben Bananen. Es sah wunderbar aus, aber die Früchte waren klein und unreif. Es gab keine Spur frischer Arbeit. Auf die Pfiffe der Indios hin kam keine Antwort aus dem Dorf. Als wir die Pflanzung verließen und auf das Shapono zugingen, hörte ich meine Führer zornig grummeln. Ich konnte von meinem Platz in der Reihe aus nicht verstehen, was sie sagten, aber es war nicht schwer zu erraten. Offenbar waren die Hawaroweteri wirklich nicht zu Hause.

Das Shapono war schön gebaut und fast ganz rund, nicht so wie einige der Yanomami-Häuser. Aber es war tatsächlich leer, und meine Träger waren darüber ziemlich enttäuscht. Ich ging um die Umfriedung herum und empfand das gleiche. Eine Wanderung durch den Regenwald ist erschöpfend. Den ganzen Tag schlägst du dich mit dem Gelände herum, dem Unterholz, der Feuchtigkeit und den Insekten. Du mußt dich antreiben, um es zu schaffen. Und du treibst dich auch wirklich an, weil du unbedingt vor Einbruch der Nacht zum nächsten

Dorf kommen willst, damit du was zu essen, Gesellschaft und einen Platz zum Schlafen hast. Den ganzen Tag freust du dich auf eine gute Mahlzeit, eine Hängematte und die Abwechslungen eines Besuches. Wenn du endlich am Ziel ankommst und es verlassen findest, ist die Enttäuschung groß. Für mich war es eine schwere Enttäuschung, weil ich unbedingt den ersten Kontakt mit diesen Leuten herstellen und künftige Besuche mit ihnen vereinbaren wollte.

Da wir die Möglichkeit nicht ausschlossen, daß die Hawaroweteri in der Nähe lagerten, gingen mein Hauptführer und ich den nach Süden führenden Pfad entlang, und suchten nach frischen Spuren. In der Zwischenzeit gingen die anderen zum Garten zurück, um etwas Eßbares aufzutreiben. Ein kleines Stück außerhalb des Dorfes fanden wir Spuren, aber sie waren einige Tage alt und es lohnte sich nicht, sie weiterzuverfolgen. Als wir wieder zum Shapono kamen, waren die anderen auch zurück. Sie hatten wenig gefunden, nur ein paar Bananen und einige Knollen, kaum genug für neun Männer, die den ganzen Tag nichts gegessen hatten. Der Mangel an Nahrungsmitteln war nicht besonders überraschend, weil die Stämme ja gerade dann auf Treck gingen, wenn sie nichts mehr zu essen hatten. Ein paar Jungen waren so erbost, daß sie anfingen, auf das Shapono-Dach einzudreschen und einige Avocadobäume umzuhacken. Mir war klar, daß das Ärger geben würde, sobald die Hawaroweteri zurückkamen. Sie konnten deshalb gewalttätig werden. Ich würde sie entschädigen müssen, wenn wir sie jemals treffen sollten.

Wir verbrachten die Nacht in dem verlassenen Shapono oben auf einem hohen Hügel. Uns war kühl, sogar kalt. Das hatte ich unten am Orinoco noch nicht erlebt. Aber die Sicht von hier oben war herrlich. Wenn ich in die klare Spätnachmittagsluft schaute, konnte ich die sich nach Süden erstreckende Bergkette sehen – die Sierra Unturán, das große Surucucu. Zu Füßen unseres Hügels dehnte sich der Dschungel wie ein Ozean in alle Richtungen aus, eine unendliche grüne Masse, die mit dem fernen Horizont verschmolz, wohin ich auch blickte. In dieser Nacht schlief ich rasch ein, hungrig, aber erschöpft von der Wanderung. Der Schlaf überfiel mich so schnell, daß ich vergaß, meine Brille im Shapono aufzuhängen, und sie statt dessen unter meiner Hängematte am Boden liegenließ. Als ich am nächsten Morgen aufwachte, waren die Gläser noch da, aber der Sicherheitsbügel aus Nylon war von einem Schwarm Termiten weggefressen worden.

Wir verließen das Shapono zeitig und ohne Frühstück. Als wir etwa eine Stunde unterwegs waren, führte uns unser Nanimabuweteri-Führer, der uns zum Dorf seines Vaters bringen sollte, vom Weg ab und begann, sich durch den Wald zu schlagen. Auf diese Weise, sagte er, würden wir auf einen anderen Pfad stoßen, und zwar auf den richtigen. Aber wir fanden ihn nicht, und nach einer weiteren Stunde gab der Führer zu, daß er sich verirrt hatte. Während er sich auf die Suche nach dem neuen Pfad machte, warteten wir, hockten im Dschungel und schlugen nach den Schwärmen von Schweißbienen und Moskitos, die uns bestürmten. Eine halbe Stunde verging, dann eine weitere. Schließlich waren zwei Stunden vergangen, ohne das unser Nanimabuweteri zurückkam. Endlich machten wir kehrt und liefen zum leeren Shapono zurück, wo wir wieder unser Lager aufschlugen. Bei Einbruch der Nacht kam er mit schlechten Nachrichten zurück: Er hatte den Pfad nicht finden können.

An diesem Abend brauchte ich meinen Reis, meine Brühwürfel und das Maniokmehl ganz auf. Das und einige Pfirsichpalmfrüchte, die die Indios gefunden hatten, bildete unser Abendessen. Wieder gingen wir hungrig auf dem kalten Hügel schlafen. Ich hatte mein T-Shirt an und war in eine leichte Decke gewickelt; die Indios schliefen wie immer nackt. Als wir eindösten, hörte ich meinen ersten Hasupuweteri-Führer, der in der Hängematte nebenan lag, vor sich hin murmeln: »Diese Hawaroweteri müssen wahnsinnig viel Brennholz verbrauchen.«

Am nächsten Morgen schaffte es der Nanimabuweteri, den Pfad ausfindig zu machen. Wieder ging es einen Tag durch den dicht mit Farnen und Lianen bestückten Urwald, der von klaren Bächen durchschnitten war, die durch ein Gewirr glatter Felsblöcke flossen. Ich war mir bewußt, daß ich einen Boden berührte, auf den noch niemand sonst als die Yanomami den Fuß gesetzt hatte. Dann verloren wir aber erneut den Weg und mußten uns wieder durch den Wald schlagen. Wir kamen an Stellen vorbei, wo selbst die Yanomami noch nie gewesen waren. Es war inzwischen klar, daß unser Führer seinen Vater schon eine ganze Weile nicht mehr besucht hatte. Als ich den Indios zusah, wie sie einen neuen Pfad durch den Dschungel schlugen, staunte ich über die Mühelosigkeit, mit der das vor sich ging. Es hatte nichts mit dem kräftigen Hauen und Stechen gemein, das wir meist in Dschungelfilmen sehen (und bei Amateuren im echten Dschungel). Sie hieben bloß mit schnellen, geschickten kurzen Schlägen ihrer Macheten auf das Unterholz ein. Das konnten sie den ganzen Tag lang machen.

Die Expedition ging allmählich auf die Knochen. Wir waren hungrig, müde und hatten uns verirrt. – Wir wußten zwar, wie wir umkehren und unseren Weg hinaus finden konnten, aber wir wußten nicht, wie wir zu unserem Ziel gelangen sollten. Meine Gefährten schienen darüber nicht besorgt zu sein, aber ich befürchtete, daß sie bald aufgeben würden und heimkehren wollten. Das wäre eigentlich auch das Vernünftigste gewesen, aber ich wollte diese ganze Tour und die Gelegenheit, Neuland für eine weitere Reise zu erkunden, nicht aufgeben.

Zwei weitere Nächte kampierten wir im Dschungel, bauten behelfsmäßige Unterstände und lebten von den Früchten, die wir finden konnten. Doch am dritten Tag stießen wir auf einen alten Pfad. Zumindest für meinen Nanimabuweteri-Führer war es ein Weg, für ein ungeübtes Auge sah er nicht anders aus als der übrige Dschungel. Vom Hawaroweteri-Dorf auf dem wunderschönen Bergrücken aus waren wir meist bergab gegangen. Der Hügelzug war eine Art Wasserscheide, die wir vom Orinoco aus erstiegen hatten. Nun führte uns der Pfad hinunter zum Siapa, dem Fluß der Sittiche. Den ganzen Tag bergab zu gehen war viel anstrengender, als bergauf zu steigen. Es bedeutete, daß ich mich während der ganzen Zeit gegen das eigene Gewicht stemmen mußte, das einen nach unten zog. Balance und Muskelbeanspruchung waren anders. – Ich hatte schon bald heftige Schmerzen in den Knien. Aber ich wurde gleichzeitig von einer gespannten Vorfreude erfaßt. Wir waren endlich auf dem richtigen Pfad und steuerten auf das Dorf Nanimabuweteri zu. Bei jedem Schritt wuchs die Aufregung. Wir schliefen noch eine Nacht im Wald, und dann, beim letzten Tagesmarsch, öffnete der Himmel seine Schleusen. Es goß in Strömen, und eine unglaubliche Wassermenge prasselte vom Himmel, die bald den abschüssigen Pfad in einen Bach verwandelte, der trüb um unsere Knöchel sprudelte. Anfangs war es nicht so schlimm. Wir verloren nicht das Gleichgewicht, weil der Boden noch fest und hart war. Doch nach einiger Zeit weichte der Pfad auf, und das Erdreich verwandelte sich in Schlamm. Selbst die Indios glitten aus und kamen nur mühsam wieder auf die Beine, obwohl sie barfuß liefen und viel besseren Halt finden konnten als ich mit meinen Vietnam-Dschungelstiefeln. Alle paar Schritte fiel ich hin und schlidderte in der matschigen Pampe herum.

Mittendrin stolperten wir direkt in eine aufgelassene Bananenbepflanzung, was zu dem Unerfreulichsten gehörte, das uns passieren konnte. Im Dschungel sorgen die hohen Bäume normalerweise für ein Blätterdach, das die Sonnenstrahlen abhält und die Ausbreitung des Unterholzes hemmt. Doch da es sich hier um einen Garten handelte, waren die Bäume gefällt worden. Der alte Garten, der nicht mehr gepflegt und gejätet wurde, war mit dickem, dichtem und dornigem Gestrüpp bedeckt, das unmöglich zu durchschreiten oder durchzuhauen war. Gewöhnlich waren solche Stellen zudem ein Lieblingsplätzchen von Giftschlangen. Während nun also der Regen herunterprasselte, mußten wir auf allen vieren durch gewundene Pflanzentunnels kriechen. An den engeren Stellen wanden wir uns auf dem Bauch und wuchteten unsere Lasten durch den Schlamm, während zentimeterlange Dornen uns Striemen in den Nacken und Rücken kratzten.

Es schien uns eine Ewigkeit, bis wir den Garten endlich hinter uns hatten. Wir wußten, daß wir uns nun dem Dorf näherten. Ich wünschte mir inständig, daß diese Nanimabuweteri zu Hause wären. Wenn sie irgendwo auf Treck wären, konnte ich für nichts garantieren. Für mich bedeutete das in erster Linie eine herbe Enttäuschung. Aber nur Gott wußte, wie sich meine Begleiter fühlen würden. Sie waren orientierungslos im Dschungel herumgeirrt, hatten kaum etwas gegessen und sich tagelang den Weg freigehauen, waren von diesem heftigen Regenguß überrascht worden und durch die überwucherte Pflanzung gekrochen ... ich mochte gar nicht daran denken.

Als wir am Siapa anlangten, hatte der Regen aufgehört. Wir konnten baden und den Schlamm von unserer Kriechtour durch den Garten abwaschen. Wir fanden eine Yanomami-Brücke über den Siapa – in den Fluß gerammte Pfosten, die Ranken trugen, die mit dem nötigen Gleichgewichtsgefühl überquert werden konnten. Wir liefen über die Brücke und kamen ein paar Minuten später erschöpft und ausgehungert zu den derzeit bearbeiteten Gärten der Nanimabuweteri. Als wir zu einer Anpflanzung reifen Zuckerrohrs kamen, ließen wir sofort unsere Lasten fallen, säbelten daran herum und stopften uns den Magen voll. Normalerweise hätten wir uns nicht an einem fremden Garten vergriffen. Aber in den letzten drei Tagen hatten wir uns fast ausschließlich von ein paar Früchten und kleinen Vögeln ernährt. Ich staunte ein bißchen, als ich plötzlich merkte, daß du, wenn du halbverhungert aus dem Dschungel kommst und eine Zuckerrohrpflanzung siehst, nicht mehr darüber nachdenkst, daß du eigentlich gern etwas davon essen möchtest, es aber doch nicht solltest, weil niemand da ist, den du um Erlaubnis bitten kannst. Du machst es ganz wie die Yanomami. Du nimmst dir einfach, was da ist, und denkst erst über die Bezahlung nach, wenn du dir den Bauch vollgeschlagen hast.

Als wir Nanimabuweteri betraten, gab es ein ohrenbetäubendes Heidenspektakel. Es war ohne Zweifel das größte Dorf, das ich je gesehen hatte, und bei weitem das lauteste. Mittlerweile war ich allerdings an das Geheule, Gejohle und die vor Aufregung aufgerissenen Augen gewöhnt, und die Aufnahme erschien mir vertraut, ja sogar freundlich. Die Nanimabuweteri starrten und brüllten, aber ich richtete den Blick einfach auf die Baumkronen und ließ es über mich ergehen.

Wir blieben zwei Tage in Nanimabuweteri, lange genug, um jeden zu fotografieren und Namen und Alter aller 155 Bewohner festzustellen. Außerdem konnte ich einige skizzenhafte Stammbäume aufstellen und erhielt Informationen über die Dörfer noch weiter südlich zur brasilianischen Grenze hin. Ich befragte mehrere Männer im Dorf und erfuhr, wer in dieser Gegend lebte, wer miteinander im Krieg war und wer in Frieden – alles mit dem Gedanken im Hinterkopf, daß ich irgendwann wieder zurückkommen und sogar noch weitergehen würde.

Der »wayamou« – der Handelsgesang – begann in der ersten Nacht gleich nach Einbruch der Dunkelheit. Von seiner Hängematte aus ließ mein erster Hasupuweteri-Führer eine rhythmische, eindringliche Melodie verlauten. Einen Augenblick später hallte die Nacht von Dutzenden gellender, schriller Pfiffe wider. Auf die Art verkündigten die Yanomami, daß der Gesang begonnen hatte. Dann trat wieder Stille ein. Es folgten die seltsam gesungenen Worte, die ich aber bald wiedererkannte. »Was habe ich, habe ich vor, zu sagen? Frag mich nicht, warum, warum ich gekommen bin. Sag lieber, du wirst mich, wirst mich reich beschenken. Sag mir nicht, nein, nein, ich schenke dir nichts.« Von der anderen Seite des Shapono antwortete eine Stimme, lauter und kräftiger: »Sprich jetzt, jetzt mit mir, stell deine Forderungen.« Ich sah, wie ein Nanimabuweteri langsam aus seiner Hängematte stieg und über den dunklen Hof auf seinen Gesprächspartner zuging. Schließlich hockte er sich vor ihn hin, während beide den Wechselgesang fortsetzten.

Das ging die ganze Nacht so. Der Gesang wechselte von einem Besucher zum anderen und von einem Gastgeber zum nächsten. Nicht lange, und die meisten Menschen in der Siedlung waren eingeschlafen. Aber ich blieb wach, um so lange ich konnte zuzuhören und das Hin und Her der Fragen und Antworten aufzunehmen, wobei ich mich emsig bemühte, die bilderreiche Sprache zu verstehen.

»Gib mir eine weiße Frau«, sagte einer, obwohl er damit ein Buschmesser meinte.

»Nein, sie ist zu schüchtern«, kam die Antwort, was hieß, daß das Buschmesser sich lieber nicht zeigte.

Unter den Yanomami, das wußte ich, war ein Besuch nicht einfach ein Besuch, selbst ein so überraschender und ungewöhnlicher wie unserer nicht. Ohne Rücksicht darauf, ob der formelle Anlaß in einem Begräbnis, einem Fest oder nur in einem Zwischenaufenthalt auf einer längeren Reise bestand, immer war ein Handel miteingeschlossen. Niemand kam einfach so auf Besuch und ging auch nie, ohne das ein oder andere Geschenk dazulassen, was später wieder vergolten wurde.

Dieser verzögerte Handel war das typische Muster, das den Beziehungen zwischen den Gemeinschaften zugrunde lag. Gewöhnlich erhielten die Besucher einen Topf, ein Buschmesser und eine Axt oder etwas Gleichwertiges als Geschenke. Zum Ausgleich versprachen sie zum Beispiel einen Hund, der in ihrem Dorf bald geboren werden sollte. Dieses Gegengeschenk wurde dann später überreicht, wenn der Besuch erwidert wurde. Diese Gebräuche führten zu wiederholten Besuchen und einer stetigen Beziehung. Aber daraus konnte sich auch ein Streit ergeben, was recht oft geschah. Zum Beispiel konnte der Welpe gestorben oder jemand anderem überlassen worden sein, bevor der Gegenbesuch stattfand. Oder noch schlimmer, der Besitzer wollte ihn vielleicht einfach nicht hergeben. Daraus entwickelten sich oft heftige Streitigkeiten. Die ursprünglichen Gastgeber waren erzürnt. Sie hatten den Topf, das Buschmesser und die Axt hergeschenkt – die anderen hielten ihr Versprechen nicht. So etwas konnte der Anlaß für einen Überfall sein und den Beginn jahrelanger Feindseligkeiten bedeuten.

Der Handelsgesang, der »wayamou«, ging die ganze Nacht durch, vom Einbruch der Dunkelheit bis kurz vor Sonnenaufgang. Endlich, als der Morgen dämmerte, stand der Häuptling der Nanimabuweteri aus seiner Hängematte auf und sprach: »Das genügt jetzt. Wir haben lange genug gesprochen. Eure Ohren haben es aufgenommen. Das reicht, das reicht, das ist alles.« Und dann zerrissen wieder die Pfiffe die Luft, so wie zu Beginn des Gesangs.

Am nächsten Tag blieben meine Träger in den Hängematten, schliefen sich aus und plauderten mit ihren Gastgebern. Während sie die von Besuchern erwartete Zurückhaltung zeigten, verließ ich mit dem Häuptling das Dorf, um die Pflanzungen der Nanimabuweteri zu inspizieren. Mit seiner Hilfe konnte ich eine grobe Ahnenreihe der Gemeinschaft erstellen. Dann sprachen wir über die anderen Shamatari-Gemeinden im Landesinnern, wo sie lebten und wie sie zu erreichen wären. Ich könne gern wiederkommen, sagte der Häuptling. Diese Einladung hatte ich bereits erwartet. Immer wenn eine Dorfgemeinschaft merkte, daß ich keine Gefahr darstellte, wurde ich eingeladen. Ich nahm die Einladung an. Ich wollte definitiv wiederkommen und sie bei meiner nächsten Reise zum Siapa besuchen.

»Gut«, sagte er erfreut, »und da ich sehr arm bin, bring mir, wenn du wiederkommst, auf alle Fälle wieder ein Buschmesser und einen Topf mit.«

»Versprochen!« antwortete ich.

# Malaria und Stromschnellen

In den nächsten vier Monaten arbeitete ich hart an der Vervollständigung meiner Proteinstudien. Die Durchsicht meiner Feldnotizen ergab, daß ich trotz der ungeheuren Menge an Daten und Beobachtungen immer noch nicht eindeutig belegen konnte, ob es nun einen ursächlichen Zusammenhang zwischen der Proteinaufnahme und den Streitigkeiten unter den Dörfern gab oder nicht. Weder Chagnon noch Harris wären mit diesem Ergebnis besonders zufrieden gewesen. Ich war mir zwar sicher, daß das Protein die entscheidendste Rolle bei der Ernährung der Yanomami spielte und daß es einen direkten Bezug zur Seßhaftigkeit und zum Nomadentum der Dörfer, zu Siedlungsmustern und sogar zum sozialen Klima innerhalb des Dorfes hatte. Aber der ursächliche Zusammenhang mit den kriegerischen Auseinandersetzungen war schwer faßbar, und gerade das war der springende Punkt. Nach meiner Rückkehr in die USA wollte ich die Daten erst einmal gründlich untersuchen. Vielleicht ergaben sich daraus ja klärende Hinweise für das Problem. Aber ich wurde den Verdacht nicht los, daß ich hier erst noch weitere umfangreiche Feldforschung betreiben müßte, um überzeugende Beweise für die eine oder die andere Ansicht vorlegen zu können. Grundsätzlich lag mir auch sehr viel daran, meine Arbeit mit den Yanomami fortzusetzen. Aber das mußte vorerst warten. Ich mußte erst einmal raus aus dem Dschungel. Ich hatte noch einige weitere Trecks mitgemacht und andere Dörfer besucht. Ich lebte nun seit mehr als zwei Jahren im Dschungel, und ich war müde. Ich war bereits neun Monate überfällig; neun Monate, in denen ich keinen Kontakt mit den Vereinigten Staaten gehabt hatte. Meine Kollegen Ray und Eric hatten schon lange den Regenwald verlassen und steckten wahrscheinlich schon mitten in ihren Doktorarbeiten.

Aber ich bereute die Verzögerung keine Sekunde. Schließlich beherrschte ich nun die Sprache und war ein Mitglied der Gemeinschaft geworden, nicht auf die Art, wie sich ein Yanomami aus einem anderen Dorf eingefügt hätte, aber in dem Sinn, daß die Hasupuweteri meine Anwesenheit akzeptierten. Ich hatte die Umwandlung von einem fremdartigen Wesen zum festen Bestandteil ihres Alltagslebens geschafft.

Die Hasupuweteri hatten immer noch nicht verstanden, warum ich eigentlich da war und warum ich lieber bei ihnen leben wollte als bei meinen eigenen Leuten. Es interessierte sie aber auch nicht besonders. Sie hinterfragten ihre eigenen Lebensanschauungen nicht und hatten auch keine Lust, mir tiefgründige Fragen über meine Beweggründe zu stellen. Eine Zeitlang war mein Benehmen eine fesselnde Neuigkeit für sie gewesen, aber die Gründe für mein Verhalten interessierten sie nicht. Selbst meine Notizen, die ich täglich stundenlang niederschrieb, erregten nicht ihre Neugier. Sie meinten, ich würde zeichnen. »Shertayai!« riefen sie und wunderten sich über meine Beharrlichkeit, mit der ich kleine Schnörkel machte. »Du zeichnest aber gern. Laß mich auch mal.« Die Yanomami hatten keine Vorstellung von Buchstaben und Wörtern. Es kam ihnen nicht in den Sinn, daß mein Zeichnen irgend etwas aussagen könnte, und deshalb fragten sie auch nicht danach. Sie dachten nicht: Das bedeutet etwas, sein Tun hat einen Sinn. Sie dachten: Er macht Zeichnungen, und das tut er gern. Wir können so was auch zeichnen, und das zeigten sie mir dann. Obwohl sie noch nie einen Stift in der Hand gehalten hatten, nahmen sie sich meinen und zeichneten irgendwas – wohin sonst, als mitten über meine Aufzeichnungen.

Sie akzeptierten mich. Das war das einzige, was sich bei ihnen in den zwei Jahren, die ich nun bei ihnen lebte, geändert hatte. Die Veränderungen bei mir waren dramatischer. Im Laufe der Zeit spürte ich, daß ich weniger distanziert behandelt und immer mehr in das soziale und emotionale Leben der Siedlung einbezogen wurde. Ich gehörte nicht im engeren Sinne dazu, aber ich war auch kein außenstehender Beobachter mehr. Ich entwickelte ein echtes Interesse an den Hasupuweteri. Ich sah sie bald nicht mehr nur als Gegenstand meiner

Beobachtungen und Untersuchungen, sondern als Mitmenschen, in deren Tätigkeiten und ihren Umgang miteinander ich einbezogen war, ob ich wollte oder nicht. Der Übergang geschah so langsam, daß ich es kaum merkte, bis mich ein bestimmtes Ereignis damit konfrontierte.

Etliche Wochen nach meiner Rückkehr von Siapa kam eine Frau allein in das Shapono. Sie hatte offensichtlich einen langen Marsch hinter sich und war völlig erschöpft. Zu meiner Freude und Überraschung erkannte ich Rubemi, die Mokaritateri-Frau, die mir während meines Besuches in ihrem Dorf geholfen hatte. Ihr Kommen war ein absoluter Glücksfall. Die Ahnenreihen, die ich in Mokaritateri notiert hatte, waren unvollständig, und ich hatte schon an einen zweiten Besuch gedacht, um die Lücken zu füllen. Und nun tauchte die freundlichste und auskunftfreudigste Person, der ich dort begegnet war, plötzlich in Hasupuweteri auf. Laut Auskunft meiner Freunde war Rubemi »shuwahi kobema« – ihrem Mann davongelaufen – und zu den Hasupuweteri gekommen, weil sie hier Verwandte hatte, die sie ernähren und vor ihm schützen würden.

Etwas später, ich hielt gerade in der Hitze des trägen Nachmittags ein Nickerchen, weckte mich der Lärm von Schreien und Raufen. Die Geräusche kamen von außerhalb des Shapono. Ich blickte mich um und sah, daß nur ein paar Frauen und Kinder zu Hause waren. So heiß es auch war, die meisten Leute waren entweder in den Gärten oder draußen im Wald. Eine junge Mutter hielt ihren kleinen Sohn im Arm, der schon lange krank war und aussah, als wäre er dem Tode nahe. Zwei ältere Frauen rösteten Bananen, während eine dritte auf dem Boden saß und einen Korb flocht. Kinder spielten im Innenhof. Niemand von ihnen nahm von der Störung Notiz. Als ich über den Hof dem Lärm nachging, fragte ich einen kleinen Jungen, was vor sich ginge. »Nichts«, sagte er, »die Männer fällen einen großen Baum.«

Bis ich auf der anderen Seite des Hauses war, waren die Laute von Geschrei in ein Ächzen übergegangen. Als ich durch die kleine Öffnung nach draußen gekrochen war, sah es für mich zuerst so aus, als würden zwei Indio-Gruppen ein Tauziehen veranstalten. Doch statt an einer dicken Liane zogen sie an einer Person, an einer Frau, die schlaff zwischen ihnen hing. Die eine Gruppe hielt ihren linken Arm gepackt, die andere zerrte an ihrem rechten, und die Frau wurde erst in die eine, dann in die andere Richtung gerissen. Beim Näherkommen sah ich, daß Rubemi das Streitobjekt war. Ihre Angreifer auf der einen Seite waren drei der wilden jungen Burschen. Drei ältere Frauen, die trotz ihres Alters noch sehnig und kräftig waren und sich gut behaupteten, versuchten, ihnen Rubemi zu entreißen. Das Ächzen kam von den gegnerischen Gruppen. Rubemi sagte nichts. Ihr Kopf kreiste über ihren Schultern, und sie stöhnte, als sie hin- und hergezerrt wurde. Sie versuchte nicht einmal, sich herauszuwinden.

Zuerst dachte ich, daß Rubemis Mann aus Mokaritateri gekommen war, um sie zurückzuholen, und daß er sie von den drei jungen Männern einfangen und zu ihm in den Dschungel bringen lassen wollte. Ich wußte, daß sich aus derartigen Situationen oft Auseinandersetzungen zwischen dem Ehemann und den Verwandten der Ehefrau entwickelten, die mit einem Knüppelkampf oder gar einem Totschlag enden konnten. Wahrscheinlich versuchte der Mann, sie zurückzuholen, ohne selbst auftauchen zu müssen.

Das Tauziehen ging etwa zehn Minuten weiter, während ich zusah und mein Blut in Wallung geriet. Eine innere Stimme sagte mir, ich müsse einschreiten. Die Burschen schleppen Rubemi ein paar Meter, aber jetzt bekommen die alten Damen besseren Halt und zerren sie wieder zurück, während sie sich bemüht, das Gleichgewicht zu halten, und ihr Kopf schlaff hin- und herbaumelt. Plötzlich steht Yokami neben mir, eine der Hasupuweteri-Frauen. Sie kommt von den Gärten und trägt ihre Tochter auf der Hüfte.

»Schwägerin, was machen sie mit ihr?« frage ich.

»Oh«, antwortet sie lächelnd, »sie nehmen sie mit in den Wald.«

»Warum?«

»Sie werden sie beschlafen«, erklärt sie mir, so beiläufig, als hätte sie gesagt: »Sie werden ein Picknick machen.«

In diesem Moment kommt ein anderer junger Bursche, der die Szene aus einiger Entfernung beobachtet hat, seinen Freunden zu Hilfe und zerrt kräftig an Rubemis Arm. Derart fortgerissen, stolpert sie, und ihr rechter Fuß verklemmt sich unter einem Stamm. Sie strengt sich an, um ihn herauszuziehen, schafft es aber nicht, weil keiner auf ihre Notlage achtet. Sie schreit vor Schmerz, ihre Arme werden nach beiden Seiten auseinandergezerrt, und ihr rechtes Bein mit dem unter dem Baum eingeklemmten Fuß ist langgestreckt. Mit einem weiteren Ruck reißen die Burschen sie los, nicht nur von dem Stamm, sondern auch aus dem Griff der alten Frauen. Mit Siegesgeheul rennen die Männer auf dem Pfad davon und schleppen Rubemi mit sich. Während sie weglaufen, schließen sich ihnen noch mehr grölende Burschen an, die plötzlich aus dem Nichts auftauchen.

Ich renne brüllend hinterher, als die wilde Horde die Frau in den Dschungel zerrt. Rubemi dreht ihren Kopf, um zu sehen, wer da hinter ihr herbrüllt und schreit. Für einen Augenblick begegnen sich unsere Blicke. Ihr Gesichtsausdruck zeigt nicht Entsetzen oder Schmerz, sondern Resignation, als wäre sie eine Todeskandidatin auf dem Weg zum Schafott, verurteilt, aber noch nicht hingerichtet. Ihre Augen scheinen zu sagen: »Nicht du auch noch.« Dann wird sie taumelnd und stolpernd ins Gebüsch gezerrt.

Mir klopft das Herz bis zum Hals. Ich weiß, ich kann diese jungen Kerle verscheuchen. Sie haben sowieso etwas Schiß vor mir, und wenn ich einen Stock aufhöbe und ein herzhaftes Drohgeschrei ausstieße, würden sie sich in alle Winde zerstreuen. Andererseits bin ich ein Anthropologe und kein Polizist. Ich sollte nicht Partei ergreifen, Werturteile fällen und ihr Verhalten maßregeln. So was kommt immer wieder vor. Wenn eine Frau ihr Dorf verläßt und woanders allein auftaucht, besteht die Möglickeit, daß sie vergewaltigt wird. Sie weiß es, und die anderen wissen es auch. Es ist zu erwarten. – Was soll ich tun, ihnen meine eigenen Moralbegriffe aufzwingen? Ich bin nicht hierhergekommen, um diese Leute zu verändern oder weil ich glaubte, ich könnte alles, was sie tun, gutheißen. Ich bin hier, um sie zu studieren.

Aber warum stehe ich dann da und zittere vor Wut? Warum frage ich mich, Ken, was ist los mit dir? Stellst du dich jetzt mit deinem Notizbuch hin und beobachtest eine Gruppenvergewaltigung im Namen der anthropologischen Wissenschaft?

Während ich noch mit mir hadere, werden die Geräusche des Handgemenges im Unterholz leiser und entfernen sich schließlich.

Neben mir taucht plötzlich, wie aus dem Boden geschossen, ein kleiner Junge auf. Amotawe, mein klassifikatorischer Neffe. Anscheinend merkt er, daß ich nicht weiß, was ich tun soll. »Geh nicht dorthin, shoabe«, sagt er.

»Warum nicht?«

»Weil sie ihre Scheide essen und mit ihr schlafen. Komm zurück und spiel mit uns.«

Ich ging zurück. Im Shapono saßen die älteren Frauen um die junge Mutter, die immer noch ihr krankes Kind im Arm hielt. Sie jammerte nun leise. Durch das Tor sah ich andere Frauen aus den Pflanzungen zurückkehren, ihre Tragriemenkörbe mit je hundert Pfund Bananen beladen. Ich hatte die Körbe oft gewogen. Es hatte mich nicht überrascht, daß die drei älteren Frauen bei dem Tauziehen gegen die Burschen so lange hatten standhalten können. Nachdem sie ihre Körbe abgesetzt hatten, wurde das Dorf von Gesprächen und Gelächter erfüllt. »Eou«, rief mir eine zu: »Komm her und tanz uns was vor.« Noch mehr Gelächter. Sie zogen mich auf; ich hatte seit ewigen Zeiten nicht mehr für sie getanzt. Ich blickte wieder den Pfad entlang, und hundert Meter weiter sah ich im Unterholz die kleine Schar von Jugendlichen stehen, die offensichtlich darauf warteten, bei Rubemi an die Reihe zu kommen. Zwei der jungen Männer kamen schon wieder zurück zum Shapono.

»Ihr dreckigen Schweine«, schrie eine Frau. Es war eine von Rubemis klassifikatorischen Müttern. Sie war ernstlich böse. »Ihr mit euren dreckigen Schwänzen. Wenn ich dagewesen wäre, hättet ihr das nie geschafft.«

Als ich zu meiner Feuerstelle zurückging, sah ich, daß Yarimas Bruder von der Jagd zurück war. Yarima und ihre Mutter kamen gerade mit zwei Körben voll Pfirsichpalmfrüchten nach Hause. Ich ging zu Roter und ließ mich neben seiner Hängematte nieder. »Wie können sie sowas tun?« fragte ich und deutete mit dem Daumen auf die jungen Burschen.

»Es sind halt Huya, Shori«, antwortete er. »Die benehmen sich eben so, sie wollen dauernd Sex. Kümmere dich nicht darum.«

Als ich später in meiner Hängematte lag, bereute ich bitter, daß ich nicht doch eingegriffen hatte. Es war meine verdammte Selbsteinschätzung als wissenschaftlicher Beobachter. Wie konnte ich mit einer Gruppe von Menschen zusammenleben und nicht wie ein Mitmensch Anteil an ihnen nehmen? War es ein Fehler gewesen, eine freundliche Beziehung zu Rubemi drüben in Mokaritateri aufgebaut zu haben? Hätte ich meine Fragen etwa wie ein Volkszählungsroboter stellen und mich aus dem Staub machen sollen? Beruhte aber andererseits nicht eine gute Kultur- und Verhaltensstudie auf dem Anknüpfen enger Beziehungen, auf einem guten Kennenlernen der Leute? Und wenn du ihnen einmal nahegekommen bist, darfst du ihnen dann einfach den Rücken kehren, wenn sie deine Hilfe brauchen? Genau das hatte ich aber gerade getan, und ich fühlte mich hundeelend in meiner Haut. Was konnte ich nun noch von Rubemi erwarten – einen tiefschürfenden, aufschlußreichen Kommentar über die Erfahrung einer Yanomami-Frau mit einer Vergewaltigung, die ich dann im »American Ethnologist« veröffentlichen konnte? Und was war mit meinem »Neffen« Amotawe oder der hübschen kleinen Yarima, für die ich solche Zuneigung empfand? Wie würde ich mich ihnen gegenüber verhalten, wenn sie in Not waren – würde ich das auch einfach dokumentieren?

Dieser Nachmittag hinterließ bei mir tiefe Spuren; er war eine Wasserscheide, ein Wendepunkt für meine Einbindung in die Gemeinschaft. Das wurde mir einen Monat später endgültig klar, als Hasupuweteri der Schauplatz eines weiteren Gerangels um eine Frau wurde. Es ging um Kreosimi, eine junge Frau aus Ashitoweteri, einer Siedlung im Süden. Sie war ihrem Gatten von einem Mann aus Hasupuweteri weggestohlen worden. Eines Morgens tauchte der zornige Ehemann in unserem Shapono auf, gerade als die Frauen zu den Pflanzungen aufbrachen. Er schnappte sich Kreosimi und wollte sie davonzerren. Aber Kreosimis Entführer sah das und packte ihren anderen Arm. Kreosimi hatte während der letzten Tage einen Malariaanfall gehabt und sah halbtot aus, als die Männer sie hin- und herzerrten. Wenn das woanders auf der Welt geschehen wäre, hätte entweder der Ehemann den Liebhaber erschossen oder umgekehrt. Anschließend hätte der Überlebende seine »Beute« für sich beansprucht. Doch nicht so im

Land der Yanomami. Die Männer stammten aus verbündeten Dörfern. Sie dachten nicht daran, sich über den Haufen zu schießen, zumindest jetzt noch nicht. Statt dessen kämpften sie um Kreosimi und zerrten sie hin und her.

Die beiden Männer waren mehr oder weniger gleich groß und gleich stark, und beide waren fest entschlossen. Das Tauziehen zog sich hin. Krank wie sie war, wimmerte Kreosimi, einer von ihnen solle sie nehmen, einfach nehmen. Es sei ihr egal, nur die Quälerei solle aufhören.

Nach einer halben Stunde Herumgezerre im Shapono wurde einem der Männer der Lärm zu viel, und er stieg aus seiner Hängematte. Es war Takawe, ein Mann mittleren Alters mit zwei Frauen (ungewöhnlich, aber nicht unerhört bei den vornehmlich monogamen Yanomami). »Jetzt reicht's«, sagte er und nahm seine Pfeile. »Das geht mir auf die Nerven. Ich werde sie erstechen, dann hört sich das auf.« Ich sah zu, wie er mit seinen Pfeilen auf die Streitenden zuging. Er war wirklich drauf und dran, es zu tun.

Als ich das sah, schrie ich auf: »Ma, shori, tadiha!« Tu es nicht! Takawe blieb stehen und sah sich überrascht um. Unsere Blicke trafen sich. Dann ging er zu seiner Hängematte zurück und legte seine Pfeile wieder hin. Die Worte waren mir unwillkürlich herausgerutscht. Von diesem Augenblick an wußte ich, daß ich nicht mehr nur ein unbeteiligter Beobachter war.

Am 5. April 1977 brachen die Hasupuweteri zu einem neuen Treck auf. Sie hatten sich das schon seit einer Weile überlegt, und sie mußten auch gehen, denn in den Pflanzungen gingen wieder einmal die Bananen aus. Diesmal begleitete ich sie nicht. Statt dessen nahm ich mir sechs Träger und machte mich auf den Weg nach Hawaroweteri und Yehiopateri. Diese zweite große Reise zum Siapa führte mich noch weiter nach Südwesten als die erste Tour. Auf dem Rückweg wollte ich in Mokaritateri haltmachen, um die Notizen über die Ahnenreihen zu vervollständigen.

Auf dem Rückmarsch trafen meine Träger und ich mit den Hasupuweteri auf ihrem Treck zusammen. Ich wußte, es war vielleicht das letzte Mal, daß ich sie sah. Ich hatte meine Studien soweit wie möglich vervollständigt. Zumindest war ich mir sicher, daß ich eine ganze Menge über den kulturellen Kontext ihrer Ernährungsmuster wußte. Darüber hinaus hatte ich unzählige Notizen und Kassetten zu anderen Lebensaspekten der Yanomami zusammengetragen. Ich hatte nun mehr als zwei Jahre ununterbrochen im Dschungel gelebt. Es war Zeit, heimzukehren.

Vom Trecklager der Hasupuweteri brach ich mit meinen Trägern zu meinem Haus beim Shapono auf. In jener Nacht schliefen wir alle im Stammhaus, und am nächsten Tag verteilte ich die Handelswaren, die ich ihnen versprochen hatte. Ich wußte, daß sie sich nach ihrer Dorfgemeinschaft sehnten, besonders, nachdem sie so lange unterwegs gewesen waren. Als sie gingen, trug jeder ein Bündel mit Geschenken auf dem Rücken – Sachen von mir, die ich nicht mitnehmen wollte.

Als ich sah, wieviel dennoch übriggeblieben war, und überlegte, wie ich alles zum Fluß hinunterschaffen konnte, wünschte ich mir, ich hätte sie nicht so schnell ziehen lassen. Da war noch eine Menge Sachen, die sich in den zwei Jahren angesammelt hatte. Selbst mit Trägern hätte es mehrere Stunden gedauert. Und wie es aussah, mußte ich alles selbst tragen. – Das hieß, ungefähr fünfundzwanzigmal die Strecke von 500 Metern den Hang zum Flußufer rauf und runter zu laufen.

Ich fing am frühen Morgen damit an, und um fünf Uhr nachmittags hatte ich endlich meinen letzten Packen am Flußufer, fertig zum Verladen ins Boot am nächsten Tag. Erschöpft setzte ich mich auf einen Felsen am Wasser. Es wurde schon dunkel, und hier im Regenwald brach die Nacht schnell herein. Am Fluß hielt sich das Licht noch etwas länger, und die Sichtverhältnisse waren besser. Doch der Wald war pechschwarz, und ich mußte schleunigst schauen, daß ich zum Haus zurückkam, insbesondere da ich keine Taschenlampe bei mir hatte.

Aber als ich aufstehen wollte, gaben meine Beine plötzlich nach, und ich plumpste unsanft auf den Boden. Das ist doch lachhaft, dachte ich. Ich versuchte es nochmal, und obwohl sich meine Beine wie Gummi anfühlten, zwang ich mich die Böschung hoch zu meinem Haus, kaum fähig, auf den Füßen zu bleiben.

In dieser Nacht erwischte es mich. Ich bekam hohes Fieber und begann heftig zu zittern. Malaria. Diese Nacht, die nächste, übernächste und auch noch die folgende wurde ich sie nicht los – glühendheißes Fieber, unkontrollierbares Schütteln, ständiger Kopfschmerz, der sich anfühlte, als würde es mir die Augen aus den Höhlen pusten. Für fünfzehn oder zwanzig Minuten schlummerte ich ein, um dann mit den gleichen verheerenden Schmerzen wieder aufzuwachen. In meinen klaren Momenten kramte ich in meinen Vorräten und fand ein altes flüssiges Schmerzmittel. Es half eine Weile und verschaffte mir eine kurze, aber kostbare Verschnaufpause. Ich versuchte, einige Kekse zu essen, und wenn das Fieber sporadisch sank und der Schmerz nachließ, ging ich daran, einige weitere Dinge zu packen. Doch dann schlug die Erschöpfung wieder mit aller Gewalt zu, und ich brach in meiner Hängematte zusammen. Ich fragte mich, ob ich sterben würde. Ich wußte, daß Lizot einmal so krank geworden war, daß die Dorfbewohner ihn von seinem Haus bis zur Mission getragen hatten. Ich dachte verschwommen an die Hasupuweteri irgendwo draußen im Dschungel. Es war niemand da, der mich heraustragen konnte. Aber das schien mir schon kaum mehr wichtig. Die meiste Zeit trieb ich in einer völligen Leere.

Es dauerte neun Tage, bis ich mich kräftig genug fühlte, um an den Aufbruch zu denken. Als ich auf die an meinem Kalender angekreuzten Tage blickte, sah ich, daß nun der 27. April war. An jenem Morgen raffte ich mich langsam und vorsichtig auf und ging zum Fluß. So gut ich konnte, stapelte ich meine Sachen ins Kanu. Ich wußte, daß ich eigentlich in meiner Hängematte bleiben und mich ausruhen sollte, aber ich wollte um alles in der Welt raus. Es wäre bequemer gewesen, in meiner Hängematte zu bleiben und mich zu erholen. Aber wenn ich einen Rückfall bekam und die Malaria schlimmer wurde, konnte das meinen Tod bedeuten. Weiter unten am Fluß hatte ich zumindest eine Chance. Ich mußte mich jetzt auf den Weg machen, solange ich noch ein bißchen Kraft in den Knochen hatte.

Als ich ins Kanu stieg und losfuhr, sah ich alles glasklar vor mir. Einige Stunden flußabwärts erwarteten mich die Guajaribo-Stromschnellen. Unter gewöhnlichen Umständen hätte ich dort das Boot ans

Ufer gezogen und meine Sachen die hundert Meter bis zum Ende der Stromschnellen getragen. Dann hätte ich den Einbaum an einem Seil durch einen Seitenkanal geführt. An der Stelle wo die Felsvorsprünge das Boot wieder hinaus in die stärkere Strömung zogen, wäre ich wieder eingestiegen und hätte den Motor angelassen. Mit zwei oder drei Yanomami an meiner Seite hätte ich es um die Klippen herumbugsieren können. Aber ein Mann allein konnte diesen schweren Einbaum unmöglich handhaben. Das Gewicht des Bootes würde jeden von den Felsen hinunter ins Wasser ziehen, selbst wenn er gesund und kräftig war. Mit dem leichten Aluminiumboot von Chagnon hätte ich erheblich weniger Probleme gehabt als mit diesem ausgehöhlten Baumstamm. Chagnon nahm bereits einen Sonderplatz in meinem Herzen ein, weil er mir keine Camoprim-Tabletten geschickt hatte. Aber als ich mich nun den Stromschnellen näherte, dachte ich die ganze Zeit an ihn – an ihn und dieses verdammte Aluminiumboot, das er mir nicht dagelassen hatte.

Es war ein mörderisches Unternehmen. Mein Einbaum war so schwer, daß die Bordwand nur zehn bis fünfzehn Zentimeter aus dem Wasser ragte. Selbst auf einem ruhigen Fluß würde bei jedem Anecken Wasser ins Boot laufen. Aber da ich zu schwach war, um irgend etwas zu tragen, mußte ich mich mit voller Ladung in die Stromschnellen stürzen. Und das nicht mit irgendeiner Ladung, sondern mit all den Aufzeichnungen der letzten zwei Jahre meines Lebens und allen Ergebnissen meiner Studien: Fotos, Kassetten, Tabellen, Aufzeichnungen, Karteikarten, das ganze Forschungsprojekt. Dann war da noch meine archäologische Sammlung, ein außergewöhnlicher Fund von Topfscherben, den ich auf einer Sandbank des Orinoco während einer intensiven Trockenperiode aufgestöbert hatte. Die Scherben stammten nicht von den Yanomami. Ich wußte sie nicht genau einzuordnen. Möglicherweise stammten sie von den Arawaken. Dann wären sie tatsächlich sehr, sehr alt, Überreste eines Stammes, der vor vielen Generationen am Fluß gelebt hatte. Vielleicht war es dieses Volk, das in einer früheren Zeit die Yanomami ins Landesinnere getrieben hatte. Ich besaß diese Scherben, und als guter Archäologe hatte ich auch alles auf Dias aufgenommen, maßstabsgetreu abgezeichnet und dabei den

Härtegrad, die Dicke, die Glasur, die Einkerbungen und Muster festgehalten. Niemand hatte je Keramik aus dem Gebiet der Yanomamì gesammelt, das wußte ich. Absolut niemand. Es war eine einzigartige Sammlung.

Knapp vor den Stromschnellen steuerte ich eine langgestreckte Insel an und brachte es fertig, meinen großen Koffer voller Notizbücher und unentwickelter Filme ans Ufer zu schaffen. Die Insel erstreckte sich vom Kopf der Stromschnellen bis gut über deren Ende hinaus. Ich ging die Stromschnellen am Ufer ab, schwach, benommen und mit rasenden Kopfschmerzen. Das Wasser sprudelte und schäumte um die Felsen im Fluß. Ich versuchte, die mir passierbar erscheinenden Durchlässe zu orten. Ich rechnete mir aus, daß ich in der Mitte durchschießen, dann nach rechts drehen und umschwenken mußte, dann hatte ich es geschafft.

Ich ging die Sache im Kopf immer wieder durch und stellte mir genau vor, wie ich es anzustellen hatte. Denk nicht daran, was passieren kann, sagte ich mir. Mach es einfach. Wenn ich es aber nicht schaffe, antwortete die innere Stimme, werde ich kentern. Ich werde alles verlieren, auch das Boot und den Motor. Das wäre mein Ende. Niemand wird mich je finden.

Schließlich fasse ich mir ein Herz und steige in mein großes, langes, schweres Kanu. Mein Gepäck türmt sich darin und ich weiß genau, daß ich keine Kontrolle über das verdammte Ding haben werde. Plötzlich geht es los, ich schieße vorwärts, während die Gischt über die Seiten schäumt. Ich lege meinen Kurs fest und schaffe die erste Kehre, wie vom Ufer aus geplant. Ich komme durch und drehe rasch von den Felsen ab. Wenn ich den Bug an den Felsen verkeilte, hing ich fest. Das Heck würde ausscheren und das Kanu kippen. Also schwenke ich herum, auf die größte Stromschnelle zu, eine Steilstufe aus schäumender Gischt. Ich werde sie genau in der Mitte erwischen. Beim letzten Mal, als ich durch diese Engstelle kam, war mein Einbaum hart nach links geknallt. Eine große Welle war über mich geschwappt und hatte das Boot vollaufen lassen. Aber ich war nicht gekentert. Ich war dringeblieben und hatte es geschafft, das Boot an die Böschung am Ende der Stromschnellen zu steuern, schlingernd, aber aufrecht. Freilich war der Einbaum damals leer gewesen. Niemand, der seine fünf Sinne beisammen hat, würde den gleichen Kurs beladen steuern. Aber ich habe keine andere Wahl, und außerdem ist es für solche Gedanken schon ein bißchen zu spät.

Mitten in der Engstelle sieht es so aus, als würde ich durchkommen. Ich werde zwar durchgerüttelt, aber das Boot hält sich gerade, und ich kann das Ende der Stromschnellen sehen. Dann passiert es. In der vollen Strömung der Steilstelle weiß ich einen Augenblick nicht, wohin ich mich wenden soll, und zögere nur einen Sekundenbruchteil, aber das genügt. Der Schwung läßt nach, das Kanu dreht sich leicht seitlich und verklemmt sich mit dem Bug an einem Felsen. In dem Augenblick, als es anstößt, springe ich von meinem Sitz auf. Wenn die Spitze sich verhakt, dreht das Wasser das Kanu auf die Seite, und ich bin erledigt. Bei leerlaufendem Motor kraxele ich über Koffer, Taschen und Seesäcke nach vorne. Ich stemme das Boot vom Felsen weg, drehe mich um und bin wieder am Motor, bevor es herumschwenkt. Ich packe den Gashebel und warte auf den richtigen Moment. Ich kriege dieses Scheißboot schon an dem Felsen vorbei. Ich gebe heftig Gas – der Motor dröhnt lauter als die Stromschnellen. Aber das Boot bewegt sich nicht. Der Aufprall hat den Scherbolzen gebrochen, der die Antriebswelle mit der Bootsschraube verbindet. Ich habe Schub, aber keine Kraftübertragung.

Noch während ich merke, was los ist, wird das Boot vom reißenden Wasser erfaßt. Ab geht es, wumm! Das Kanu kracht auf einen Felsen, dreht sich seitlich, rollt, knallt wieder hinten an, dann vorn, und bleibt schließlich stecken, seitlich quer zwischen zwei Felsen geklemmt. Das Wasser rauscht über mich hinweg. Der Motor hängt zwar noch am Boot, ist aber völlig untergetaucht. In meiner Schräglage sehe ich zu, wie meine Koffer und Taschen den Orinoco weiter und immer weiter hinabtreiben und dann versinken, einer nach dem anderen.

Ich sehe sie davonschwimmen und habe dennoch nichts anderes im Kopf, als hier rauszukommen. Meine Topfscherbensammlung, meine Kassetten, meine Kameras und wer weiß, was noch alles, geht unter, aber es ist mir völlig egal. Ich klammere mich an mein Leben und denke nur daran, daß ich mitten in der größten schäumenden Steilstufe der gefürchtetsten Stromschnellen in diesem Abschnitt des Orinoco hänge. Vielleicht war's das wirklich, vielleicht muß ich jetzt den Löffel abgeben. Ich ziehe mich an der Bordwand hoch, stoße mich ab und versuche, den grasigen Bewuchs auf einem Überhang zu packen. Ich erwische eine Handvoll Grünzeug, aber das rettet mich nicht. Ab geht es mit mir. Die Strömung reißt mich mit sich, schleudert mich von einem Felsen zum anderen. Ich sehe Wurzeln und Äste, die ich aber bei der Geschwindigkeit nicht zu fassen kriege.

Als ich den Kopf hebe, um Luft zu holen, sehe ich, daß ich am Ufer einer kleinen Insel, die den Fluß gerade unterhalb der Stromschnellen teilt, entlanggetrieben werde. Kurz vor dem Ende der Insel bäume ich mich auf und schaffe es nach ein paar Schwimmzügen, einen vom Ufer herabhängenden Zweig zu fassen. Ich ziehe mich an Land und bleibe vollkommen reglos liegen.

Nach einer Weile hörte mein Puls auf zu rasen, und ich konnte wieder ruhig durchatmen. Ich war ein bißchen überrascht, daß mir in der lebensgefährlichen Situation keine Visionen durch den Kopf geschossen waren, wie zu erwarten gewesen wäre. Ich hatte mir nicht vorgestellt, daß ich ertrinken, an einem Felsen zerschmettert oder von einem Schwarm Piranhas gefressen werden könnte. Ich hatte zwar Schiß gehabt, aber nur ganz vage. Mir war allerdings klar gewesen, daß ich von den Stromschnellen des Orinoco im Regenwald mitgerissen wurde, und das war nichts Gutes. Nun lag ich hier auf dieser Insel, und das war etwas besser. Aber es war immer noch nicht besonders gut.

Nach einigen Minuten versuchte ich mich zu rühren und stellte fest, daß ich mich aufsetzen, sogar aufstehen konnte. Meine Knochen waren anscheinend heil geblieben. Ich überquerte die Insel und sah, daß der einzige Weg zu der anderen ufernahen Insel, auf der mein Koffer lag, durchs Wasser führte. Ich mußte versuchen, durch die starke Strömung hinüberzuschwimmen. Ich hatte mich gerade aus dem reißenden Wasser gezogen und hatte keine Lust, mich nun wieder hineinzustürzen. Aber es brachte auch nichts, wenn ich blieb. Also sprang ich in den Fluß, hielt auf das Inselufer zu und schaffte es.

Da war ich also. Als ich dastand und mich fragte, was als nächstes passieren würde, öffnete der Himmel seine Schleusen, und ein Wolkenbruch setzte ein. Es gab auf der Insel nichts, wo ich mich unterstellen konnte. Aber da war eine Art Plattform, die vor einiger Zeit von Inga Goetz errichtet worden war, einer reichen Deutschen, die in Caracas lebte. Inga war Ärztin und hatte in den letzten 25 Jahren die Yanomami ab und zu besucht. Weil sie nicht in einer Hängematte schlafen konnte, hatte sie sich eine Terrasse mit ein bißchen Rahmenwerk darum für Palmen und Moskitonetze errichten lassen, auf die sie eine Luftmatratze legen konnte. Sie besuchte die Yanomami immer wieder, filmte sie, half ihnen und behandelte sie. Schwerkranke flog sie ins Krankenhaus nach Caracas. Sie hatte einem der Yanomami-Männer eine Krankenpflegerausbildung ermöglicht. Sie war eine echte Freundin der Indios.

Jedenfalls boten mir Ingas Plattform und die paar Gitterstäbe für ihre Planen einen Unterschlupf. Ich legte einige Blätter auf die Überreste der Streben und versuchte so, mir einen Unterstand herzurichten. Ich war aber so fertig, daß ich nicht viel zustande brachte. Ich hatte tagelang fast nichts gegessen und keine Nahrungsmittel bei mir. Da saß ich nun im Regen und fragte mich, wie ich hier wegkommen sollte. Es war nicht damit zu rechnen, daß jemand vorbeikam. Ich war schwach, ich war krank. Ich wußte nicht einmal, ob es hier einen Pfad durch den Dschungel gab oder nicht. Und selbst wenn – die Mission war sowieso zu weit weg, als daß ich sie zu Fuß hätte erreichen können.

Ich hockte einen Tag lang dort, dann noch einen weiteren. Den ganzen zweiten Tag über bildete ich mir ein, ich würde ein Boot den Fluß heraufkommen hören. Die Stromschnellen machten einen Riesenlärm – ein ständiges Tosen. Doch neben diesem Geräusch glaubte ich dauernd, das Heulen eines Außenborders zu hören. Alle nasenlang rannte ich an den Fluß mit der festen Überzeugung, daß ein Boot gekommen war. Aber nie war jemand da – ich bildete mir was ein.

Der dritte Tag verging auf die gleiche Weise. Immer noch nichts zu essen und von der Außenwelt abgeschnitten. Aber mir ging das Geräusch dieses Außenborders, der den Fluß heraufkam, nicht aus dem Kopf. Ich wurde wohl langsam, aber sicher verrückt, wie ich da dauernd zum Fluß hin- und zurückrannte. Vielleicht hörte ich Dinge, weil ich schon vorm Verhungern war. (Aber warum hatte ich bloß keinen Hunger?) Bald würde ich wahrscheinlich noch Halluzinationen haben.

Gegen 18 Uhr am dritten Tag hörte ich den Motor wieder. Das Geräusch war absolut eindeutig, obwohl ich wußte, daß da nichts war. Zum Teufel damit, dachte ich. Es wird finster, ich werde nicht wieder dort runtergehen. Ich legte mich wieder hin.

Aber ich hörte immer noch etwas, und als ich so dalag, dachte ich, Herrgott, Ken, du kannst es dir nicht leisten, die kleinste Möglichkeit außer acht zu lassen. Du mußt nachsehen. Ich ging also wieder ans Ufer, und da auf der gegenüberliegenden Insel sah ich ein ans Ufer gebundenes Kanu. Neben dem Kanu saßen zwei Männer, zwei zivilisierte Indios, die ich flüchtig von einer meiner Visiten bei der Mission kannte – Malariapersonal. Ich starrte sie an, und sie starrten zurück.

Plötzlich sprangen die beiden ins Kanu und steuerten flußabwärts davon. Ihr Saukerle, dachte ich, wohin zum Teufel fahrt ihr? Ich schrie: »Hey, hey, hey, kommt zurück! Ich bin's, kommt her!« Ich kannte diese Leute und ihren Aberglauben. Wahrscheinlich dachten sie, ich wäre ein Geist. Aber die Malarialeute nahmen nicht Reißaus. Sie steuerten nur flußabwärts, damit sie das felsige Stück zwischen uns umfahren und den Kanal heraufkommen konnten. Als sie bei mir ankamen, waren sie über meine Lage überhaupt nicht erstaunt. Ich war krank und abgezehrt, ich hatte all meinen Besitz verloren, aber das beeindruckte sie überhaupt nicht. Draußen im Dschungel kommt so was eben vor. Und obwohl ich bloß noch zur Mission wollte, bestanden sie darauf, daß wir uns noch die Zeit dafür nahmen, meinen Außenbordmotor vom überspülten Einbaum abzumontieren. So kamen wir schließlich kurz nach Mitternacht in Platanal an.

# Verlobung bei den Yanomami

Im Juni 1977, 26 Monate nach meiner Abreise, landete ich auf dem Kennedy-Airport in New York. Auf dem Weg zu meiner Wohnung im Penn State College stieg mir die Wut auf Chagnon so richtig hoch. Wir hatten schon vor meiner Abreise Schwierigkeiten gehabt, dann Spannungen während meines Dschungelaufenthalts und nun dieses haarsträubende Finale. Ich nahm mir vor, eines Tages einfach in seinem Büro aufzutauchen, durch die Tür zu spazieren und ihn zur Rede zu stellen. Ich würde ihm klipp und klar sagen, was ich von ihm hielt.

Leider kam etwas dazwischen. Das State College ist eine Kleinstadt mit einer Hauptstraße, die South Allen heißt. Als ich am Nachmittag nach meiner Ankunft dort entlangging, kam mir ausgerechnet Chagnons Frau entgegen. Ich drehte mich rasch um und tat so, als würde ich in ein Schaufenster gucken. Aber sie sah mich sofort.

»Ken«, sagte sie, »du bist zurück! Das ist ja wunderbar! Wir haben uns solche Sorgen um dich gemacht.«

Ich konnte kaum sprechen. Carlene Chagnon ist eine nette Person, aber ich brachte nicht einmal die Worte zusammen, um mit ihr zu reden.

»Meine Güte«, sagte sie, »du mußt rüberkommen und Nap treffen.«

»Nun ja«, murmelte ich, »ich weiß nicht, vielleicht.«

»Ich verstehe«, sagte sie mit einem mitfühlenden Blick. »Du willst wahrscheinlich erst mal niemand sehen.« Sie wußte, daß Leute, die von der Feldforschung zurückkamen, manchmal erst ein bißchen Zeit zum Verschnaufen brauchten.

»Ja«, antwortete ich.

»Egal«, sagte sie, »du mußt trotzdem mit Nap reden. Morgen vormittag ist er in seinem Büro.«

Als ich am nächsten Morgen dorthinkam, war Chagnon gerade damit beschäftigt, einen Brief zu tippen. Er drehte sich um, sah mich und sagte: »Ach ja, hm, Ken. Hör zu, wenn's dir nichts ausmacht, schreib' ich eben diesen Brief fertig.« Ganz cool. Unsere letzte Begegnung lag schon fast zwei Jahre zurück, damals in Tayariteri, als er sich geweigert hatte, mir dieses Aluminiumboot zu überlassen. Aber er mußte seinen Brief abschließen.

»Klar, laß dir Zeit«, sagte ich. »Ich geh noch auf's Klo.«

Als ich zurückkam, war Chagnon mit dem Tippen fertig. »So, Ken«, sagte er, »was hast du für Pläne?«

»Also, als allererstes will ich nichts mehr mit dir zu tun haben. So wie ich das sehe, wäre jede weitere Zusammenarbeit mit dir meiner Karriere abträglich.«

Daraufhin stand Chagnon auf und ging auf die andere Seite des Schreibtisches. Er sah aus, als befürchte er, ich würde mich auf ihn stürzen. »Ach komm, Ken«, sagte er, »warum gehen wir nicht runter und trinken zusammen ein Bierchen?«

»Wenn du noch weiter darüber reden willst, meinetwegen«, entgegnete ich, »aber für mich ist die Sache im Grunde erledigt.«

In einer Bar beim Busbahnhof des State College unterhielten wir uns in überraschender Gemütsruhe. Ich erzählte ihm, warum ich nicht zur verabredeten Zeit zurückgekommen und was mir alles passiert war, seit ich mich auf den Weg nach Hause gemacht hatte. Chagnon sagte, er habe mir, als ich nicht auftauchte, einige Briefe geschickt, die nie angekommen waren. Dann habe er sich an meine Eltern gewandt. Er habe sie gebeten, falls sie Kontakt mit mir hätten, mir mitzuteilen, er ginge davon aus, daß ich das Projekt aufgegeben hätte. Es könnte sogar ein gerichtliches Nachspiel geben, habe er angedeutet. Ich saß ganz verdattert da. Dieser Mann war mein Projektleiter. Wenn er wirklich geglaubt hatte, ich sei verschwunden, hätte er dann nicht die moralische und berufliche Verpflichtung gehabt, nach mir zu suchen? Ich hätte mich ja im Dschungel verirrt haben oder tot sein können. Und was tat er? Erzählte meinen Eltern was von einem gerichtlichen Nachspiel!

Die Probleme spitzten sich zu. Ich war bereit, meine Feldaufzeichnungen zu einer Doktorarbeit zusammenzustellen. Aber so wie die

Dinge lagen, wollte ich Chagnon nicht als Vorsitzenden der Prüfungskommission (was normal gewesen wäre, da er meine Arbeit gefördert hatte). »Wir beide haben eine Menge Probleme miteinander«, sagte ich frei heraus, »und außerdem weichen meine Ergebnisse vielleicht ein Ideechen von deinen ab. Du kannst in der Kommission sitzen, schön. Aber ich möchte Bill Sanders als Vorsitzenden haben.« Chagnon konnte das nicht akzeptieren.

Schließlich schaltete sich der Vorstand der Anthropologischen Abteilung ein und entschied, daß meine Kommission zwei Vorsitzende haben sollte, Chagnon und Sanders – aber Chagnon würde die Prüfung leiten. Also würde nach all der heißen Luft Chagnon immer noch den Vorsitz führen. Ich stellte mich auf die Hinterbeine und weigerte mich, das mitzumachen.

Als in der Abteilung bekannt wurde, wie tief unser Zerwürfnis ging, wurde ich unter Druck gesetzt. Einer der Ordinarien bestand darauf, ich müßte eine Kopie aller meiner Feldaufzeichnungen an Chagnon abliefern.

»Du willst eine Kopie meiner Feldaufzeichnungen?« sagte ich ungläubig zu Chagnon. »Ich hab' da unten zwei Jahre lang mit all den Schwierigkeiten und Risiken gearbeitet, und du willst eine Kopie meiner Feldaufzeichnungen? Es tut mir leid, das sind meine Unterlagen für die Doktorarbeit, und die behalte ich.«

»Nein«, gab Chagnon zurück, »so geht das nicht. Es war deine Aufgabe, Daten für das Yanomami-Projekt zu sammeln. Die Tatsache, daß du daraus eine Doktorarbeit machen wolltest, war nebensächlich.«

Das war mir neu. »Ich bin dort unten gewesen und habe Daten für das Yanomami-Projekt gesammelt, und meine Doktorarbeit war bloß nebensächlich? Ich habe mir in den letzten zwei Jahren eingebildet, ich sei dort als Doktorand, der Feldforschung für seine Dissertation betreibt?«

»Nein«, sagte Chagnon knapp, »das stimmt so nicht. Das war nicht die Hauptsache.«

»Also, ich sag dir mal was«, erwiderte ich aufgebracht. »Eher spüle ich die Sachen ins Klo runter, als sie dir zu geben.«

Das Ganze gipfelte in einem Gespräch am runden Tisch mit dem Seminarvorstand, Chagnon, mir und Bob Carneiro, der von New York herübergeflogen war, um als Beisitzer meiner Prüfungskommission anzugehören. Carneiro eröffnete die Sitzung mit den Worten: »Lassen wir Ken zuerst seine Argumente vorbringen.« Und genau das tat ich.

»Erstens einmal«, sagte ich, »halte ich es nicht für sauber oder moralisch einwandfrei, wenn ein Doktorvater seinem Doktoranden verbietet, mit einem Fachkollegen zu sprechen.« Ich hatte es Chagnon nie vergessen oder vergeben, daß er mich daran zu hindern versucht hatte, mit Marvin Harris zu reden. »Wir sind hier in den Vereinigten Staaten. Hier kann wohl jeder reden, mit wem er will.«

»Ach komm«, sagte Chagnon. »Sowas habe ich nie gesagt.«

Ich hielt es für überflüssig, darüber zu diskutieren, also wandte ich mich den nächsten Punkten zu. Ich war mittlerweile richtig in Fahrt. Chagnon hatte es mir nicht nur Auge in Auge abgestritten, er hatte mich dazu im Grunde noch als Lügner dargestellt. Ich kochte innerlich. Vielleicht meinte der, ich könne das nicht richtig beurteilen oder ich sei ein Hitzkopf. Soll er doch denken, was er will. Aber nenn mich keinen Lügner. Stell mich nie als Lügner hin.

Der arme Carneiro, der ja mit uns beiden befreundet war, redete noch weiter und bemühte sich um einen Ausweg. Am Ende der Sitzung gab es zumindest den Versuch einer gütigen Regelung mit dem Versprechen, daß wir uns über die Probleme mit dem Vorsitz, den Forschungsaufzeichnungen und alles andere brieflich auseinandersetzen wollten.

Abgesehen von meinem Wunsch, mit meiner Doktorarbeit voranzukommen, wußte ich, daß es mit Napoleon Chagnon und mir aus war. Schließlich war er dafür verantwortlich, daß ich im Dschungel fast draufgegangen war – ohne Malariapillen und Boot. Ich würde ihm unter keinen Umständen meine Aufzeichnungen geben und es genausowenig zulassen, daß er den Vorsitz in meiner Prüfungskommission bekam.

»Okay«, sagte Chagnon abschließend, »das wird offensichtlich nichts. Also lassen wir es einfach. Vergessen wir's. Aber Ken, sag mal, was wirst du denn nun machen, im Zahnlabor deines Bruders arbeiten? Denn du wirst bei keiner anderen Anthropologischen Abteilung mehr unterkommen. Dafür werde ich sorgen.«

Das war nicht zu fassen. Gerade hatte ich zwei Jahre bei den sogenannten Wilden verbracht, aber in punkto Wildheit glaubte ich nicht, daß sie dem hier das Wasser reichen konnten. Es juckte mich, es ihm mit gleicher Münze heimzuzahlen, aber ich hielt den Mund. Ich wußte, ich würde problemlos bei einer anderen Universität unterkommen. Chagnon hatte mindestens genausoviele Feinde wie Freunde. Es gab Fakultäten, die mich nehmen würden, gerade *weil* ich ihn verließ. Doch abgesehen von solchen Überlegungen hatte ich den Gegenwert von zwei Jahren bedeutender und einmaliger Feldforschungsdaten. Ich blickte Chagnon an und sagte von oben herab: »Na, wer weiß. Vielleicht werde ich bei meinem Bruder arbeiten.«

Kurz danach rief ich Marvin Harris in der Columbia University in New York an und schilderte ihm die Lage. »Ja«, sagte Harris, nachdem er sich meine ganze Geschichte angehört hatte, »das hört sich eindeutig so an, als ob Sie dort raus müßten. Das geht gegen das Berufsethos. Sie können unter diesen Bedingungen nicht weiterarbeiten. Sie müssen da raus.«

»Was würden Sie davon halten«, fragte ich geradeheraus, »wenn ich an die Columbia wollte?«

»Wenn Sie nach Columbia kommen wollen, können Sie das natürlich«, antwortete Harris. »Aber glauben Sie nicht, daß Sie das müssen. Es gibt eine Menge anderer Stellen, wo Sie hinkönnen. Es gibt eine ganze Reihe von Seminaren mit Leuten, die sich mit Amazonas-Studien gut auskennen und Sie mit offenen Armen empfangen würden. Das Wichtigste für Sie ist jetzt, aus Penn State rauszukommen.«

Ich wußte, daß Harris große Stücke auf Bill Sanders hielt. Er sah in ihm, ebenso wie ich, einen der klügsten Köpfe in der Anthropologie. Aber Harris meinte, in Anbetracht der Umstände sei es erst einmal wichtiger, daß ich wegging, als einfach nur die Professoren zu wechseln. Das sah ich genauso.

Schließlich bewarb ich mich an der Columbia University und wurde als Doktorand angenommen. Etwa um die gleiche Zeit erreichte mich ein Brief von Professor Irenäus Eibl-Eibesfeldt vom Max-Planck-Institut in München. Eibl-Eibesfeldt war Direktor der Forschungsstelle für Humanethologie, erst Student und nun Nachfolger von Konrad Lorenz, der den Nobelpreis für seine Arbeit über das Verhalten der Tiere bekommen und »Das sogenannte Böse« geschrieben hatte, einen Weltbestseller. Eibl-Eibesfeldt schrieb, er hätte durch Inga Goetz, der Deutschen in Caracas, die so viel Arbeit für die Yanomami geleistet hatte, von mir gehört. Sie hatte ihm berichtet, daß ich bei den Yanomami gelebt und dort Feldforschung betrieben hatte und eventuell für eine Fortsetzung zu haben wäre. Ob ich interessiert sei, schrieb Eibl-Eibesfeldt, ans Max-Planck-Institut zu kommen und bei ihm zu arbeiten? Er führe derzeit kulturvergleichende Studien unter verschiedenen Eingeborenenvölkern auf der Welt durch und wolle die Yanomami in seine Übersicht einbeziehen.

Ich war mit dem Max-Planck-Institut nicht allzu vertraut, obwohl ich wußte, daß es eine sehr angesehene Forschungsstätte war. Aus meiner Erfahrung, mit welch harten Bandagen die Studenten an amerikanischen Instituten kämpfen mußten, schrieb ich Eibl-Eibesfeldt einen Brief, der ihn belustigt haben muß. Ja, ich würde gern mehr darüber erfahren, was er im Sinn hatte, wie das Projekt und die Arbeit aussahen, die ich für ihn machen sollte, und so weiter. Für den Fall, daß ich mit ihm zusammen Feldforschung betreiben sollte, fragte ich an, ob er mir so notwendige Dinge wie eine Hängematte und andere Forschungsausrüstung stellen könnte. Ich hätte unglücklicherweise meine ganze Habe beim Verlassen des Regenwaldes in den Stromschnellen verloren und könnte es mir nicht leisten, sie aus eigenen Mitteln zu ersetzen. Eibl-Eibesfeldt muß sich vor Lachen am Boden gewälzt haben, als er das las, denn das Max-Planck-Institut hatte die Mittel, seine Expeditionen mit der tollsten Ausrüstung, die es gab, auszustatten, was Eibl-Eibesfeldt selbstverständlich auch tat.

In seinem Antwortbrief teilte mir Eibl-Eibesfeldt weitere Einzelheiten über seine Arbeit mit. Er fügte hinzu, er würde mir mit dem größten Vergnügen eine Hängematte und das Übrige kaufen. Darüber hinaus gebe es höchstwahrscheinlich ein attraktives Stipendium für die Stelle, die er mir anbot.

Es war nun Sommer, und während dieses Briefwechsels beschäftigte ich mich damit, im State College Häuser anzustreichen, um Geld zu verdienen, damit ich mich, wenn ich für das Wintersemester 1977 nach New York ging, über Wasser halten konnte. An zwei aufeinanderfolgenden Tagen erhielt ich zwei Schreiben – das eine besagte, daß an der Columbia University eine Assistentenstelle frei wäre, und das andere kam von Eibl-Eibesfeldt, der mich davon unterrichtete, daß er ein Jahresstipendium in die Wege geleitet habe, falls ich nach Deutschland kommen wollte.

Ich war von Eibl-Eibesfeldts Angebot sehr angetan. In Deutschland wäre ich kein graduierter Student mehr, sondern ein regelrechter Forscher mit einem entsprechenden, wenn auch bescheidenen Gehalt. Ich hätte auch die Möglichkeit, schnell wieder in den Dschungel zu kommen, zumindest für zeitweilige Aufenthalte. Als ich das mit Harris besprach, redete er mir zu, ein Jahr ans Max-Planck-Institut zu gehen; ich könnte meine Arbeit an der Columbia University ja später aufnehmen.

Ende August landete ich in München und wurde von einem von Eibl-Eibesfeldts Studenten in Empfang genommen, der mich durch die idyllische Voralpenlandschaft um Starnberg zum Institut brachte. Am Ende eines Feldwegs tauchten die modernen weißen Gebäude auf, die sich von dem umgebenden dunklen bayrischen Wald abhoben. Irenäus Eibl-Eibesfeldt kam aus seinem Büro im zweiten Stock, um mich in der Vorhalle zu begrüßen. Er lächelte, dieser drahtige, kleine, untersetzte Mann mit einer dichten Matte schwarzen Haares. Er hatte einen kräftigen Händedruck, der von einer ungewöhnlich großen Hand mit den stummeligsten Fingern kam, die ich je gesehen hatte. Er sprühte vor Energie und Begeisterung, als er mich herumführte und mir die Bilder von seinen Expeditionen zeigte, die an den Wänden hingen.

Ich hatte augenblicklich das Gefühl, ich hätte es mit einem bedeutenden, einflußreichen Mann zu tun, doch ich war auch etwas auf der Hut. Sein Arbeitsgebiet unterschied sich von allem, was ich je studiert hatte. Humanethologie ist das Studium des menschlichen Verhaltens, wobei derselbe Forschungsansatz zugrunde liegt, den Lorenz für das

Studium des Tierverhaltens benützte. Sie konzentriert sich auf das nichtsprachliche Verhalten, die Verständigung durch Gesten und die zwischenmenschliche Körpersprache. Darüber hinaus waren mir Eibl-Eibesfeldts Theorien und Techniken noch nicht klar. Ich wußte nur, daß er selbst der Pionier der Humanethologie war, daß er sie praktisch erfunden hatte. Diese Abteilung des Instituts war extra für ihn geschaffen worden.

Meine Aufnahme am Max-Planck-Institut war eine neue Erfahrung für mich, besonders nach meinem jüngsten Leidensweg an der Penn State University. Die »Forschungsstelle für Humanethologie« war ein ganz anderes Kapitel. Die Tür, die mir Eibl-Eibesfeldt zeigte, trug ein Namensschild: Kenneth Good. Das Büro dahinter war groß, sehr groß, mit einem Riesenschreibtisch, Bücherregalen und einer elektrischen Schreibmaschine. Als ich schließlich auch noch zum Essen eingeladen wurde, haute mich dieser Gegensatz zur Penn State University beinahe um.

Außerdem gab es da noch die Gänse. Konrad Lorenz hatte den Nobelpreis für seine Forschungen zum angeborenen Verhalten von Tieren bekommen. Er fand zum Beispiel heraus, daß frischgeschlüpfte Graugänse instinktiv vorprogrammiert waren, ihre Mutter nach Größe und Stimme zu erkennen. Sie schlossen sich jedem mütterlichen Objekt an, das ihren optischen und akustischen Erwartungen entsprach – Lorenz selbst, beispielsweise. Wenn Lorenz sich hinkauerte, herumwatschelte und in den rechten Tönen schnatterte, reihten sich die frischgeschlüpften Küken im Gänsemarsch auf und watschelten hinter ihm her. Sobald sie sich einmal auf ihn als ihre Mutter eingestellt hatten, konnte sie nichts mehr umstimmen, keine andere Graugans, nicht einmal ihre wirkliche Mutter.

Lorenz hatte sich schon lange in Wien zur Ruhe gesetzt. Doch auf dem Teich hinter Eibl-Eibesfeldts Gebäude schwammen immer noch seine Gänse, die Nobelpreis-Gänse – die x-te Generation von Graugänsen, die immer noch vom Institut erforscht wurden.

Durch genaue und ausgeklügelte Beobachtung hatte Konrad Lorenz eine ganze Reihe von tierischen Verhaltensmustern herausgefunden. Eibl-Eibesfeldt, sein Student, hatte viele Techniken von Lorenz übernommen und sie auf das menschliche Verhalten übertragen. Da er nach allgemeingültigen Verhaltensmustern suchte, mußte er kulturvergleichend arbeiten. Die Yanomami, als isolierte Gruppe, waren für ihn ein ideales Forschungsobjekt zur Ergänzung seiner Studien von Stämmen in Ecuador, Neuguinea, Afrika und anderswo.

Aber die Yanomami waren aufgrund ihrer Lebensumstände etwas Besonderes. Eibl-Eibesfeldt schlug zu Beginn vor, wir sollten uns gemeinsam in die Feldforschung stürzen. Er wollte die nicht-sprachlichen Aspekte des sozialen Umgangs der Yanomami bearbeiten, und ich sollte das Sprachverhalten unter die Lupe nehmen, indem ich die verschiedenen Arten sprachlicher Äußerungen aufzeichnete: die Reden »großer Männer« an die Gemeinschaft, die »wayamou«- und »himou«-Handelsgesänge, öffentliche Beschimpfung und Beschwerde, alles Gesprochene. Ich sollte das alles aufnehmen, niederschreiben, übersetzen und analysieren und dann meine Ergebnisse veröffentlichen.

Eibl-Eibesfeldt brauchte auch jemanden wie mich, jemanden, der das Amazonas-Gebiet gut kannte und der in der Lage war, die Expeditionen vorzubereiten und ihn hinein- und herauszulotsen; einen, der die Ausrüstung und Nahrungsmittel kaufen, den Transport und die Genehmigungen organisieren konnte; einen, der mit einem Boot umgehen konnte und der sowohl das Gelände als auch die Yanomami kannte. Er brauchte, kurz gesagt, jemanden, der ihm alles vom Hals hielt, damit er sich ganz seiner Arbeit widmen konnte, die zu der Zeit darin bestand, eine Reihe von üblichen Verhaltensweisen auf Film aufzuzeichnen und aufzuschlüsseln. Er verkündete mir zum Beispiel, daß die Yanomami einander küssen, daß Küssen zum Verhaltensrepertoire der Yanomami gehöre. Nicht, daß er mich fragte, er teilte es mir einfach mit, als ob nicht ich derjenige war, der zwei Jahre im Dschungel gelebt hatte.

»Das tun sie nicht«, sagte ich.

»Aber ja doch«, antwortete er im Brustton der Überzeugung.

»Haben Sie es je gesehen?« fragte ich.

»Nein«, sagte er, »aber das werde ich.« Und das Komische daran war, daß er es sah, als wir dort waren – nicht ganz das Küssen, das mir vorschwebte, aber jedenfalls eine Art von Küssen.

In jenem Oktober machte ich mit Eibl-Eibesfeldt (seine Freunde nannten ihn »Renki«) meine erste Reise an den Orinoco. Zu meiner großen Enttäuschung waren bei unserer Ankunft die Hasupuweteri nicht zu Hause, genausowenig die Patahamateri, ihre engen Verwandten, die auf der anderen Flußseite lebten. Deswegen fuhren wir weiter hinauf zu der kleinen Siedlung bei den nächsten Stromschnellen, wo wir drei Wochen blieben, filmten und Tonbandaufnahmen machten. Die Hasupuweteri, wurde uns gesagt, seien tief im Dschungel auf einem Treck.

Unser nächster Besuch fand ein paar Monate später statt. Nachdem wir von Caracas direkt zur Platanal-Mission geflogen waren, brachte ich Eibl-Eibesfeldt wieder durch die Guajaribo-Stromschnellen zu den Hasupuweteri. Diesmal waren sie nicht in ihrem Shapono, aber die Patahamateri drüben am Fluß waren da und sagten mir, die Hasupuweteri wären bei ihrer Pflanzung im Landesinnern, die nicht allzu weit weg lag. Sie würden sie holen.

Als die Hasupuweteri hörten, daß wir eingetroffen waren, verließen sie ihren Hinterlandgarten und kamen zum Fluß, wo wir sie beschenkten. Auf der Stelle begann Eibl-Eibesfeldt mit seinen Untersuchungen, die die Indios unglücklicherweise ziemlich durcheinanderbrachten. Sie waren nicht davon begeistert, daß sie, egal in welcher Lage, gefilmt wurden. Nichtsdestoweniger stellte Eibl-Eibesfeldt seine Kamera praktisch mitten ins Shapono und filmte sie nonstop den ganzen Tag über. Eltern mochten es insbesondere nicht, wenn er lange Zeit ihre Kinder filmte. Sie empfanden es als eine Belästigung, daß dieser große fremde Apparat auf sie gerichtet war und ihnen wer weiß was antat.

Etwa eine Woche nach ihrer Rückkehr setzte sich Langbart, der Anführer der Hasupuweteri, neben meine Hängematte und fing eine Unterhaltung mit mir an. Der große Tabakklumpen, der seine Unterlippe ausbeulte, unterstrich seine ohnehin ernste Miene. Er begann langsam, als ob dies etwas wäre, über das er lange nachgedacht hatte. »Shori«, sagte er, »du kommst immer wieder her, besuchst uns und wohnst bei uns.« Ich wartete, während ich mich fragte, was er im Schilde führte. »Ich habe nachgedacht«, sagte er und strich über die dünnen Haarsträhnen, die ihm aus dem Kinn wuchsen. »Ich habe mir überlegt, daß du eine Frau haben solltest. Es ist nicht gut für dich, allein zu leben.«

Ich konnte mir nicht denken, was um alles in der Welt ihn darauf gebracht hatte. Ich hatte zwei Jahre durchgehend bei den Hasupuweteri gelebt, und niemand war je darauf zu sprechen gekommen. »Nein, Schwager«, sagte ich, »mir geht es gut. Ich brauche keine Frau. Ich suche auch keine.«

Aber das stellte ihn nicht zufrieden. Er beharrte darauf, daß ich eine Frau haben sollte. Es wäre wichtig, eine Frau zu haben. Eine Frau zu haben wäre viel besser, als keine Frau zu haben. Er habe eine Frau, all die anderen Männer hätten Frauen, und es wäre eine feine Sache, wenn ich auch eine Frau hätte. Er wolle, daß ich eine hätte.

Als er beharrlich blieb, versuchte ich herauszufinden, worum es ihm ging. Sprach Langbart davon, sich eine Frau zu teilen – vielleicht seine eigene? Einige der anderen Männer hatten mir schon angeboten, ihre Frauen mit ihnen zu teilen, aber ich hatte das jedesmal so taktvoll wie möglich abgelehnt. Drüben im State College hatte ich eine Freundin gehabt, und in München gab es Grete, ein deutsches Mädchen, mit dem ich mich schon kurz nach meinem Eintreffen im Max-Planck-Institut angefreundet hatte. Aber das Leben im Dschungel schien den Sexualtrieb zu beeinflussen, jedenfalls bei mir. Ich stellte fest, daß es mich gar nicht beschäftigte. Darüber hinaus wäre es ein großes politisches Wagnis gewesen, sich mit jemandem eine Frau zu teilen. Das konnte ganz schön problematisch werden. Ihr Mann und ihre Familie würden einen besonderen Anspruch auf Handelswaren haben, was andere Leute befremden und die Familiendynamik durcheinanderbringen konnte. Aber hier war es Langbart, der redete (und redete und redete), und als Oberhaupt bekam er sowieso schon den Löwenanteil von allem, was ich hatte.

Schließlich zeigte Langbarts Hartnäckigkeit Wirkung, und ich ertappte mich bei dem Gedanken, daß es vielleicht gar nicht so schrecklich wäre, hier verheiratet zu sein. Es entspräche sicher ihren Bräuchen. In gewisser Weise erschien mir die Idee sogar verlockend. Was gab es schließlich für eine bessere Bestätigung meiner Verbundenheit mit den Hasupuweteri? Aber ich schwankte. Meine »Ehe« hier konnte nicht von Dauer sein. Ich würde ja nicht für immer bei den Yanomami bleiben, und abgesehen von meinen persönlichen Plänen war es immer ein riesiges praktisches Problem, eine Expedition hierher zusammenzustellen (geschweige denn, hier zu leben). Keines dieser Argumente konnte Langbart beeindrucken. Trotzdem, überlegte ich, während er weiter vor sich hin sprach, was zum Teufel so schlimm daran wäre, ja zu sagen? Ich hatte nicht das Gefühl, ich müßte zustimmen, um Langbart nicht zu beleidigen. Wir kannten und respektierten uns. Und wenn ihm so viel daran lag, warum nicht? »Du willst, daß ich heirate, Schwager? Na schön, dann heirate ich halt.«

»Gut«, sagte er mit breitem Grinsen. »Nimm Yarima. Du magst sie. Sie ist deine Frau.«

Aus den Augenwinkeln sah ich Eibl-Eibesfeldt auf der anderen Seite des Shapono Filmaufnahmen machen. Eine Viertelstunde vorher hatte ich noch in meiner Hängematte gelegen, mit halbem Auge zugesehen und dabei nachgedacht, wie ich am besten das Wort »yai« – Verwandte des anderen Geschlechts – übersetzen sollte, das in einer meiner Niederschriften der Tonbandaufnahmen aufgetaucht war. Das Wort war durch die spezielle Yanomami-Kultur bedingt, so daß ich keine passende geläufige englische Entsprechung fand. Und jetzt hatte ich auf einmal, wie aus heiterem Himmel, eine Yanomami-»Gattin« – jedenfalls so etwas wie eine Ehefrau. Jetzt hatte ich nicht nur eine Frau, sondern keine geringere als Yarima, die kaum älter als zwölf sein konnte.

Yarima selbst wußte ganz offenkundig nichts von alledem. Ich blickte mich im Hof um und sah sie nicht. Wahrscheinlich war sie mit ihrer Mutter draußen im Garten. Sie war bestimmt schon vorher »verheiratet« – das heißt, jemandem versprochen worden. Alle Yanomami-Mädchen in ihrem Alter werden jemandem versprochen. Meistens wurden die Heiraten schon vereinbart, wenn sie viel jünger waren, etwa drei oder vier. Die Mädchen selbst hatten nicht die geringste Ahnung, daß sie schon als Frau von jemand angesehen wurden. Selbstredend war Yarima vorher schon versprochen worden. Und sie würde wieder versprochen werden, vielleicht vier- oder fünfmal vor dem Einsetzen der Menstruation. Erst danach würde sie wirklich jemandes Frau werden.

Ich wußte davon. Ich hatte es schon eine lange Zeit beobachtet. Für junge Yanomami-Mädchen wurde von ihren Eltern oder älteren Verwandten eine Verbindung vereinbart. Danach änderte sich zunächst noch gar nichts in ihrem Leben. Sie blieben bei ihren Eltern und machten genauso weiter wie früher, außer daß sie allgemein als versprochen galten. Bei einer Verlobung wurde das Mädchen zur Hängematte ihres »Gatten« geschickt, um ihm etwas Essen zu bringen, das ihre Mutter zubereitet hatte. Er wiederum (der »Zukünftige« ist immer ein arbeitsfähiger Mann, nie ein Kind) schickte dann eventuell seine eigenen Essensgeschenke herüber. Schließlich gewöhnte sich das Mädchen daran, bei seiner Feuerstelle und bei ihm zu sein. Wenn alles gutging, wurden sie Freunde, auf die Art, wie ein Onkel freundlich zu seiner Lieblingsnichte ist. Der einzige Unterschied bestand darin, daß sie, falls sie dann noch verlobt waren, nach dem Ritual der ersten Menstruation ihre Hängematte neben seine hängten und sie wirklich Mann und Frau wurden.

Vom anthropologischen Standpunkt aus ergab die Sitte der Kindesverlobung der Yanomami viel Sinn. Erstens schuf oder verstärkte es die Bindungen zwischen den Familien in der Dorfgemeinschaft und zwischen den verschiedenen Stammeslinien. Hochzeiten innerhalb einer Stammeslinie waren als Inzest verboten. Da die Mädchen bereits vergeben waren, wenn sie ins heiratsfähige Alter kamen, gab es auch keinen Wettstreit um sie. Auf diese Weise wurde sowohl eine Menge möglicher gefährlicher Rivalitäten wie auch das Problem außerehelicher Schwangerschaften ausgeschaltet. Im Yanomami-Gebiet wurde jede Frau als sexuell verfügbar betrachtet, sobald sie ihre erste Menstruation hatte. Da es aber keine moralischen Vorbehalte gegen voreheliche oder außerehelichen Geschlechtsverkehr gab, hätte es alle möglichen Schwierigkeiten und aufreibenden Konflikte gegeben, wenn ledige heranwachsende Mädchen frei herumgelaufen wären.

Soweit die anthropologische Sicht der Dinge. Die Yanomami selbst nahmen das allerdings nicht ganz so ernst. Das war in verschiedener Hinsicht ein sehr erfinderisches Volk, besonders, wenn es darum ging, einen Nabuh bei sich zu halten, wegen seiner unglaublich vielen zu verteilenden Reichtümer. Der Ursprung von Langbarts Vorschlag konnte leicht einfach der Wunsch gewesen sein, mich damit zusätzlich an die Hasupuweteri zu binden. Er war der Anführer, und es war seine Verpflichtung, an das Wohlergehen des Stammes zu denken. Es konnte sich aber auch um eine Geste der Freundschaft handeln, ein Aufwallen brüderlichen Gefühls – ein Hinweis, daß er und seine Sippe mich als Glied der Gemeinschaft empfanden. Gewiß hat anfänglich niemand an eine tatsächliche Heirat gedacht. Wer hatte je von einer Ehe mit einem Nabuh gehört? Genausogut hätte sie einen Außerirdischen heiraten können. Und was mich anging, so hatte ich in meinen kühnsten Träumen nie daran gedacht, ein Indio-Mädchen aus dem Regenwald zu meiner Frau zu machen. Ich kam aus dem gutbürgerlichen Philadelphia. Ich hatte nicht vor, ein Eingeborener zu werden.

Aber ich willigte trotzdem ein, und auf diese irgendwie beiläufige, spontane Weise wurde mir Yarima versprochen. Natürlich änderte sich nichts, genausowenig wie bei zwei anderen Hasupuweteri in der gleichen Lage. Ich blieb in meinem Bereich des Shapono und Yarima in ihrem, außer wenn ihre Mutter sie mal mit einer kleinen Kürbisschale voll Selbstgekochtem zu mir schickte.

Nach Ablauf von vier Wochen hatte Eibl-Eibesfeldt alles, was er brauchte. Aber meine Aufzeichnungen und Transkriptionen waren noch nicht abgeschlossen. Also kehrte ich, nachdem ich Eibl-Eibesfeldt nach Platanal gebracht hatte, von wo er ausfliegen würde, wieder den Fluß hinauf zu den Hasupuweteri zurück – zu meiner Arbeit und zu dieser neuen Situation.

Niemand nahm es anfänglich ernst, genausowenig wie irgendein anderes Verlöbnis unter den Yanomami. Es mußte wachsen. Der Mann mußte zeigen, daß er wirklich Interesse hatte. Das Mädchen mußte lernen, sich bei ihm wohl zu fühlen. Außerdem war ich ein Nabuh, und Nabuh bleiben nicht im Dorf. Sie machen ihre Bilder, ihre Beobachtungen, und dann verschwinden sie auf Nimmerwiedersehen. Ich war zwar ein »heorope« – ein Gatte, aber außerdem war ich auch ein »Bruder« und ein »Schwager«, alles Verwandtschaften. Doch allmählich merkte ich, daß sich die Einstellung veränderte – die Leute begannen das Verlöbnis ernst zu nehmen. Statt darüber zu lächeln, fingen die Frauen an, mich »Yarima heorope« – Yarimas Mann – zu nennen. Zuerst hieß es: »Yarima heorope, hahaha«, dann bloß noch »Yarima heorope«, ohne das Gelächter.

*Kenny hat dann wieder bei uns gewohnt, als er mit Renki, dem Mann aus Alemaniateri, ankam. Renki hatte große Taschen mit Schmuckperlen. Er verschenkte sie an alle. Jetzt, wo Kenny wieder bei uns gelebt hat, hat meine Mutter mich zu ihm mit etwas zu Essen hingeschickt. Ich bin oft hingegangen. Wenn Großer Bruder einen Vogel geschossen hat, hat er immer ein Stück für Kenny abgeschnitten. Dann hat er mir gesagt, ich soll es ihm bringen. Meine Mutter hat mir gesagt, ich soll keine Angst haben. »Bring dem Nabuh das Essen«, hat sie gemeint. »Er wird dir nichts tun.« Ich hatte auch keine Angst mehr. Kenny ist so oft in unser Haus gekommen, daß ich mich an ihn gewöhnt habe. Aber er war immer noch sehr groß. Manchmal hat er sich mit seinem großen Körper in die Hängematte vom Großen Bruder gelegt und lange geredet. Wenn ich Essen zu seiner Hängematte gebracht habe, hat er mich immer angelächelt. Dann hat er mir immer etwas »mañoco« gegeben. Er hat seine große Kiste aufgemacht und etwas davon in einen kleinen Behälter wie eine Kalebasse geschöpft. Wenn ich zurück war, habe ich es immer dem Großen Bruder gegeben. Eines Tages hat mir Kenny ein schönes rotes Hemd gegeben und mir gesagt, ich soll es anziehen. Aber ich habe mich darin nicht wohl gefühlt. Als ich daheim war, habe ich das Hemd auch dem Großen Bruder gegeben. Ich habe Kenny von meiner Feuerstelle aus beobachtet. Das ist das erste Mal gewesen, daß ich ein Hemd hatte.*

Allmählich wurde ich mehr und mehr in alles einbezogen. Yarima kam immer wieder mit Nahrung zu meiner Feuerstelle. Ich nahm sie an und aß, dann gab ich ihr etwas, wovon ich wußte, daß sie es mochte, zum Beispiel etwas Maniok. Das aß sie dann. Nach fünf oder zehn Minuten ging sie wieder heim. Sie war ein anmutiges und reizendes Kind. Ihr Lächeln hatte ich schon immer gemocht. Es fiel sogar unter all diesen lächelnden und strahlenden Kindern auf. Sonderbar, aber im Laufe der Zeit fühlte ich mich ihr gegenüber allmählich wie ein weiterer Elternteil. Nach unseren Begriffen hätte sie ein niedliches kleines Nachbarskind sein können, das ich gern mochte, und das wegen Milch und Keksen in mein Haus kam. Aber hier lebte ich in einer Kultur, wo ein kleines Mädchen wie sie als Ehefrau betrachtet wurde, zumindest als potentielle Gattin – eine Gattin im Werden. Yarima war nicht das einzige Mädchen in ihrem Alter, das damals versprochen war. Auch andere in Hasupuweteri – Mädchen und Männer – standen in der gleichen Beziehung zueinander, und daher sahen die Dinge anders aus als bei uns. Ich akzeptierte unser Verlöbnis, unter diesen Bedingungen. Im Kontext der Yanomami-Kultur war es vollkommen normal und angebracht, und ich spürte, wie mir das allmählich guttat. Nicht sofort, doch langsam, aber sicher.

Es dauerte meistens ziemlich lange, bis ein Yanomami-Mädchen sich an ihren »Gatten« gewöhnt hatte, egal, ob es nun ein älterer Mann oder ein junger Bursche war. Für sie war er ein Fremder. Er kam aus einer anderen Familie und wohnte in einem anderen Teil des Hauses. Es mochte ein gemeinschaftliches Haus sein, aber dennoch mußte sie sich erst an einen fremden Wohnbereich gewöhnen. Doch wie lange es normalerweise auch immer dauerte, für Yarima war es ein Prozeß von anderer Größenordnung. Ich war wohl kaum ein gewöhnlicher Mensch. Ich fragte mich, was ihr wohl durch den Kopf ging, wenn sie herüberkam und sich scheu auf die Kante meiner Hängematte setzte oder eine Banane für mich zubereitete. Erforderte es besonderen Mut? War es Neugier? War ihr bewußt, daß sie und ich eine besondere Beziehung entwickelten? Was sagte ihr ihre Mutter, wenn sie sie mit einer Essensgabe herüberschickte?

Hauptsächlich ging das Leben aber einfach weiter. Ich wohnte eben im Shapono in dem Bereich der anderen Sippe, die mich »Bruder« und nicht »Schwager« nannte. Ich machte meine Aufnahmen und Übersetzungen. Ich fuhr mit meinen Proteinstudien fort. Ich war in meine tägliche Arbeit eingespannt. Doch manchmal blickte ich auf und sah, wie sie mir einen Augenblick von der anderen Seite des Shapono aus zulächelte.

Nach einer Weile machte ich mit Yarima und ihrem nun etwa 18jährigen Bruder hin und wieder Ausflüge in den Wald. Ich hätte nie daran gedacht, mit ihr allein zu gehen, selbst jetzt nicht, und ich wußte, daß sie sich wohler fühlte, wenn ihr Bruder dabei war. Also gingen wir zu dritt. Öfters fischten wir in dem klaren Bach, der etwa eine Stunde vom Haus entfernt lag. Ihr Bruder, für mich »Shori«, ging immer als erster ins Wasser, dann sie, und ich folgte hinterher. Shori hatte die Angelschnur, die Haken und Senkbleie mit, die ich ihm gegeben hatte. Ich trug mein Gewehr, falls wir auf Vögel stießen – ich nahm auch immer einen Topf, Streichhölzer und etwas Reis mit. Wenn wir Pause machten, kochte Yarima den Reis und die Fische, die wir gefangen hatten. An den Tagen, wo es nicht regnete, genoß ich das Jagen und Fischen im Dschungel. Es entspannte. Ich mußte behend und wachsam sein, aber es war kein Streß. Rückblickend erinnerte ich mich, wie Bob Carneiro und ich im ersten Monat zu kämpfen gehabt hatten, um jeden Tag zu überstehen, ich mehr als Carneiro, der ein erfahrener Feldforscher war, und wie uns der Schweiß hinunterlief, wenn wir von der Anstrengung unserer Beobachtungen erschöpft in unseren Hängematten lagen. Ich dachte darüber nach, was für ein erstaunliches Wesen dieses Menschentier doch ist, so bemerkenswert in seiner Anpassungsfähigkeit.

Wenn wir durch trübere Bäche wateten, hatte Yarima immer Angst, daß Zitteraale oder Stachelrochen am Grund lauerten. Dann setzte ich sie auf meinen Rücken und trug sie. Wir plauderten im Gehen über die reifenden Früchte, die Gärten und die Fische. Im Wald lugte Shori oft schnell hinter einen Baum und zeigte mir ein brütendes Baumhuhn oder einen graugeflügelten Trompetervogel, und ich schoß dann das, was er gefunden hatte. So kamen wir mit Vögeln und Kleinwild beladen zurück. Dann lud mich ihr Bruder ein, beim Zerlegen und Verteilen des Fanges zu helfen. Oder er nahm ihn selbst aus, kochte ihn, und Yarima brachte mir davon einen Happen.

Unterdessen änderte sich unsere Beziehung. Zuvor war sie das niedliche kleine Mädchen mit dem Lächeln und dem Hallo gewesen. Jetzt war es etwas mehr als das, und im Lauf der Zeit wurde es sogar sehr viel mehr. Ich war schon viel auf die Jagd gegangen, doch immer mit den Männern. Sie war ihr ganzes Leben lang schon in den Urwald gegangen, aber als kleines Mädchen mit ihrer Mutter, den anderen Frauen und Kindern. Nun waren wir zusammen hier, zwar mit ihrem Bruder, aber auf die Art zusammen, wie ein zukünftiger Ehemann und seine Verlobte es waren. Es war mir klar, daß sich hier zumindest in den Augen der Yanomami eine Heirat anbahnte. Im Regenwald war alles so einfach und geradlinig. Keine Formalitäten, keine Zeremonie, kein Austausch von Geschenken oder Schwüren. Die Heirat ergab sich einfach. Sie entwickelte sich, baute sich auf und wurde Wirklichkeit. Oder auch nicht.

Einen Monat später fuhr ich flußabwärts nach Platanal und flog dann nach Caracas. Von dort aus telegrafierte ich Eibl-Eibesfeldt, daß ich für ein paar Monate wieder zurück zu den Hasupuweteri gehen würde. Eibl-Eibesfeldt kam es vor allem darauf an, daß ich zur Verfügung stand, um seine Expeditionen in den Dschungel zu bringen, und was meine eigene Arbeit für das Institut anging – die Transkriptionen, Übersetzungen und Textanalysen –, die konnte ich in Hasupuweteri genausogut erledigen wie in Deutschland. Und Yarima war nicht in Deutschland.

# Stippvisiten im Dschungel

*Die Pfirsichpalmfrucht kam und ging. Wir haben damals beim Wawatoi-Garten gewohnt. Ich lag gerade in meiner Hängematte mit meiner kleinen Tochter [Nichte], als Kenny mit drei Patahamateri in den Shapono gekommen ist. Alle sind aufgesprungen. Alle haben vor Aufregung geschrien. Kenny ist gleich auf Geierbauchs Platz zugegangen. Er ist von dem Marsch naß gewesen und hat einen komischen Hut aufgehabt. Ich habe gesehen, wie er seine große Hängematte aufgehängt, sich dann hineingesetzt und seine Fußhüllen ausgezogen hat.*

*Alle Männer sind froh gewesen, ihn wiederzusehen, und sind auf einen Plausch rübergegangen. Ich habe mich zur Feuerstelle meiner Tochter hingeschlichen, damit ich näher dran sein und besser sehen konnte. Als er mich gesehen hat, hat er mich freundlich angelächelt. Ich habe seine weißen Zähne und seinen schwarzen Bart sehen können. Nachdem er seine Taschen ausgepackt hatte, die er und die Patahamateri gebracht hatten, hat er mich hergerufen. »Bushika«, hat er gesagt. Das heißt »Kleine«. Ich habe mich gefreut, daß er mich rief, aber ich wollte nicht hingehen. Dann hat Großer Bruder gesagt: »Geh schon!« Also bin ich zu seiner Hängematte hingegangen. Als ich dortgewesen bin, hat er in eine seiner Taschen gelangt und zwei Fußhüllen herausgezogen. Dann hat er mir gesagt, ich soll sie anziehen. Ich habe erst nicht gewollt. Alle haben mir zugeschaut. Als ich sie dann angezogen habe, haben meine Füße sich schwer angefühlt, und ich habe nicht gut gehen können. Großer Bruder hat gesagt, sie seien gut, aber ich habe sie nicht gemocht. Ich habe mir vorgenommen, sie wegzuwerfen, wenn gerade niemand hinsah. Als Kenny sein Hemd ausgezogen hat, habe ich gesehen, daß er sogar noch größer geworden war, seit er flußabwärts gewesen ist. Ich habe mir gedacht, er muß so schwer wie ein Tapir sein.*

*Am anderen Morgen hat Großer Bruder gesagt: »Komm, folge mir.« Als ich ihm aus dem Shapono heraus nachbin, ist Kenny dort gestanden. Großer Bruder hat gesagt: »Wir gehen zum Angeln an den Rahuawe-Fluß.« Er ist als erster gegangen. Ich bin ihm nach, und Kenny hinterdrein. Wir sind eine Weile gelaufen, und als wir am Fluß waren, hat uns Kenny Angelhaken und -schnur gegeben. Großer Bruder hat weiter oben am Fluß fischen wollen. Der Rahuawe ist seicht, und so sind wir am Ufer entlanggegangen und haben nach guten Angelplätzen gesucht. Ich habe Angst gehabt, ich würde auf einen Stachelrochen treten, deshalb hat Kenny mich auf seinen Rücken gehoben. Ich war gern dort oben. Es hat Spaß gemacht, mit Kenny und Großem Bruder am Fluß zu sein.*

*Danach sind wir noch oft weggegangen. Manchmal sind wir angeln gegangen, und manchmal haben wir Früchte und Beeren gesucht. Wenn Kenny sein Gewehr dabeigehabt hat, hat er »manashi«-Vögel geschossen. Das Gewehr hat einen großen Lärm gemacht, der mir so viel Angst eingejagt hat, daß ich mir die Ohren zuhalten mußte. Großer Bruder hat Kenny beigebracht, Tabak zu verwenden, und jeden Morgen hat meine Mutter mir dann aufgetragen, Kenny seinen Tabak zu machen. »Mach den Tabak für deinen* heorope*«, hat sie gesagt. Wenn ich ihn ihm gebracht habe, habe ich mich eine kleine Weile in seine Hängematte gesetzt. Seine große Baumwollmatte.*

Vier Monate später war ich immer noch nicht aufbruchbereit. Ich wußte nicht, ob ich je bereit sein würde. Yarima war mir sehr ans Herz gewachsen, fast wie eine Tochter, aber doch nicht ganz wie eine Tochter. Es war etwas, das ich nicht ganz verstand. Nichts in meinem Leben hatte mich darauf vorbereitet, es zu verstehen. Aber es war da, ein Gefühl, tiefer als alles, was ich bisher verspürt hatte, ein Gefühl, das sehr, sehr yanomamisch war.

Dennoch mußte ich aufbrechen. Ich hätte längst wieder im Max-Planck-Institut sein müssen. Als der Tag kam, begleitete mich das ganze Dorf zum Fluß und versammelte sich um mein Kanu, um mich zu verabschieden. Yarima stand am Ufer, als ich meine Sachen einlud und schließlich ins Boot stieg. Kurz bevor mein Einbaum abgestoßen wurde, nahm ich einen kleinen Aluminiumtopf aus einer der Taschen, beugte mich zum Ufer hin und reichte ihn ihr. Sie nahm ihn und lächelte. Dann drehte sie sich um und rannte heim.

Wieder in München, überarbeitete ich meine Notizen und Untersuchungen und bereitete sie für die Veröffentlichung vor. Ich hatte über hundert Reden von großen Männern in Hasupuweteri und anderen Dörfern, die ich besucht hatte, aufgenommen. Dann hatte ich alles aufgeschrieben und einiges mit Hilfe von Informanten übersetzt. Meinem Gefühl nach hatte ich die Themen der Redner, ihren charakteristischen Sprachgebrauch und die Funktion, die solche Reden im dörflichen Leben erfüllten, recht gut erfaßt. Ich hatte auch eine große Zahl von Beschimpfungs- und Beschwerdeausbrüchen mit ihren einfallsreichen und ungeheuer farbigen Ausdrücken sowie Dutzende der ritualisierten, in seltsamen Verschlüsselungen und symbolischen Redewendungen abgefaßten Handelsgesänge aufgenommen. Zu Anfang meiner Arbeit mit den Yanomami hatte ich ihre Sprache eigentlich nur als ein Werkzeug angesehen, das es mir ermöglichte, meine Feldforschungen durchzuführen. Mir wurde aber bald klar, daß meine Messungen nur vor dem gesamten kulturellen Hintergrund richtig verstanden werden konnten, und dazu mußte ich die Sprache wirklich beherrschen. Inzwischen faszinierte mich die Sprache an und für sich. Sie war ein Medium, dessen Muster, Variationen und Doppeldeutigkeiten auf die grundlegende Struktur des Denkens und Fühlens verwiesen. Ich machte mich auch an die ungeheure Aufgabe, meine Aufzeichnungen über die Jagdmuster, die Pflanzkultur, die Trecks und deren Bezug zum Wildbestand bei den Yanomami zu katalogisieren und zu ordnen. Ich freute mich darauf, daraus eine Doktorarbeit zu machen.

Es war in vieler Hinsicht eine interessante Zeit. Das Max-Planck-Institut war sehr angesehen, und die Deutschen waren auf die Yanomami sehr neugierig. Ich wurde im Fernsehen interviewt und ging mit Eibl-Eibesfeldt zu hochrangigen Konferenzen, wo ich Vorträge über meine Studien hielt. Diese öffentliche Aufmerksamkeit war mir neu. Auf der Penn State University war ich ein graduierter Student in einem Institut gewesen, wo die naturwissenschaftliche Anthropologie Vorrang hatte. Selbst gestandene Kulturanthropologen wurden dort geringschätzig als »weiche« Wissenschaftler bezeichnet.

Auch das Leben in Deutschland war nicht schlecht. Ich hatte Freunde dort, unter anderem meine Freundin Grete, die mittlerweile schon davon sprach, mit mir zusammenzuziehen. Ich reiste nach Frankreich und Italien, machte Radtouren in die Alpen und all das, was ein Amerikaner in Europa eben tut, aber trotz allem vermißte ich Yarima.

Ich fühlte mich an sie gebunden, als ob sich eine Kette um mein Herz gelegt hätte. In einem Album hatte ich Dias vom Dorf und von ihr. Auf einigen trug sie das rote Hemd, die Hose und die Turnschuhe, die ich ihr geschenkt hatte, die erste Kleidung, die sie in ihrem Leben getragen hatte, die erste Kleidung, die je ein Hasupuweteri-Mädchen angehabt hatte. Abends holte ich mir oft die Aufnahmen heraus und betrachtete sie. Ich wünschte mir nichts sehnlicher, als daß Eibl endlich eine weitere Urwaldexpedition ins Auge faßte.

Doch Eibl untersuchte eine Vielzahl von Kulturen, nicht bloß die Yanomami, und die Forschungen hatten derzeit zumindest noch keine konkreten Formen angenommen. Als die Monate vergingen und er sich immer noch nicht für den Urwald rüstete, sagte ich ihm, daß ich gerne dorthin zurückwollte. Ich hatte die Untersuchungen an meinen Texten abgeschlossen und im Grunde nichts zu tun, außer auf seine nächste Reise zu warten. Wenn er nicht vorhatte, eine neue Expedition zu organisieren, sah ich in meinem längeren Verbleib in Deutschland nicht mehr viel Sinn. Ich konnte genausogut an die Columbia University zurückgehen und ernsthaft mit der Arbeit an meiner Dissertation anfangen. Eibl-Eibesfeldt dachte kurz darüber nach, und ich war ziemlich sicher, daß er mich wieder hinschicken würde. Das tat er auch kurz darauf.

Als ich wieder in Venezuela ankam, war es April. Fast neun Monate waren seit meiner Abreise von dort vergangen. In Caracas lief mir Carlos Carvallo über den Weg, ein venezolanischer Freund, der mich schon seit einigen Jahren bedrängte, ihn ins Landesinnere mitzunehmen. Er wollte gerne Fotos für mich machen, wenn ich ihn mitkommen ließe, sagte er. Warum nicht? Es schadete nie, auf dem Orinoco Gesellschaft zu haben.

Ich kannte den Rhythmus der Hasupuweteri mittlerweile ziemlich gut. Ich ging davon aus, daß sie wahrscheinlich nicht am Fluß sein würden. Sicher befanden sie sich, wie so häufig, in der Nähe ihrer weiter im Wald liegenden Pflanzung. Demzufolge machte ich, als wir in die Gegend kamen, zuerst bei den Patahamateri halt. Doch der Shapono von Patahamateri war merkwürdig still, und als wir hineinspazierten, war es offensichtlich, daß die gesamte Gemeinschaft von einer

Malariaepidemie erwischt worden war. Viele von ihnen lagen schwerkrank in ihren Hängematten. Einige sangen vor sich hin, aber nur schwach. Alle waren sehr mager und von der Krankheit gezeichnet.

Als Carlos und ich unsere Hängematten in einem unbenutzten Bereich des Shapono aufhängten, kam ein junger Mann auf allen vieren über den Hof auf uns zugekrochen. Weinend folgte ihm eine ältere Frau, offenbar seine Mutter. Zehn Meter vor uns hielt er an. Als ich zu ihm hinüberging und mich niederhockte, brach er bäuchlings im Staub zusammen, unfähig, ein Wort herauszubringen. Seine Mutter sah mich mit flehenden Augen an. Von Schluchzen geschüttelt, brachte sie hervor: »Wedicina, koamini; wedicina, koamini.« Medizin, sie wollte die bittere Medizin für ihn. Ich gab ihm drei 500-mg-Tabletten Chlorchinin, legte sie ihm auf die Zunge und brachte ihm dann etwas Wasser zum Runterschlucken. Aber es war eindeutig zu spät. Er hatte seine letzten Kräfte bereits beim Kriechen über den Hof verbraucht. Seine Mutter sagte mir, daß die Schamanen schon viele Tage über ihm gesungen hatten.

Der Junge starb um sechs Uhr abends, zwei Stunden nach unserer Ankunft. Die ganze Nacht hindurch jammerten und weinten seine Familie und seine Freunde rund um den in seiner Hängematte liegenden Toten. Im Morgengrauen, als die Trauer noch voll im Gange war, bemalten sie ihn mit roter »onoto«-Farbe und schmückten seine Arme und Beine mit gold, schwarz, weiß, rot und blau gefleckten Papageienfedern. Dann trugen sie seinen Leichnam in den Wald, zusammen mit dem einer älteren Frau, die auch gerade der Krankheit erlegen war.

Für mich war das nichts Unbekanntes. Ich hatte es schon einmal gesehen, in Hiomisiteri, auf einer meiner Reisen ins Landesinnere. Wenn jemand an einer Krankheit starb, die die Yanomami für ansteckend hielten, verbrannten sie die Leiche nicht gleich. Sie glaubten, der Rauch könnte sie schädigen. Statt dessen wickelten sie die Körper in Matten, die aus langen Schößlingen gewebt waren, und banden ihn draußen im Dschungel an einen Baum. Erst wenn die Leiche einigermaßen verwest war, schnitten sie sie wieder ab. Man ging davon aus, daß die bösen Geister inzwischen geflohen waren und es unschädlich war, die Überreste einzuäschern.

Während sie den jungen Mann und die Frau in die Matten rollten und die Toten mit Laub bedeckten, hatte sich jeder, der noch laufen konnte, dort versammelt und klagte aus vollem Halse. So krank und siech sie auch waren, der Lärm erfüllte doch die Luft und hallte durch den Wald. Carlos und ich folgten der Menge ein kurzes Stück und sahen zu, wie einige Männer auf Bäume kletterten und dort die Leichen festbanden, damit keine wilden Tiere drankommen konnten. Ich hätte gern gewußt, wie lange sie dort oben blieben und ob ich es irgendwie schaffen könnte, zum Zeitpunkt der Abnahme da zu sein.

Unter den gesunden Patahamateri fand ich zwei Führer, um uns zum Inland-Shapono der Hasupuweteri zu bringen. Aber auch hier wurden wir von totaler Stille empfangen. Keine Antwort kam auf unsere Pfiffe, und als wir auf das Gebäude zugingen, war kein Ton zu hören. Ich fragte mich, wohin sie wohl gezogen sein mochten. Aber nein, sie waren schon da. Auch sie lagen mit Malaria in ihren Hängematten. Beinahe die ganze Siedlung hatte es erwischt, viel heftiger noch als die Patahamateri. Mein Herz sank, als ich sah, daß viele dem Tod nahe waren und daß ich die Dezimierung des Dorfes tatenlos mitansehen mußte.

Einer der am schlimmsten Erkrankten war mein »großer Bruder« Orawe. Als ich hereingekommen war und meine Hängematte am gewohnten Platz aufhängte, schleppte sich Orawes Frau zu mir herüber. Sie bat mich, ihn zu heilen und die bösen Geister aus ihm zu vertreiben, »wie es ein Schamane macht«, sagte sie. In meinen Augen war er schon an der Schwelle des Todes. Ich hatte keine Ahnung, ob ich noch etwas tun konnte, und es wäre mir sicher nie eingefallen, ihn wie ein Schamane zu behandeln. Aber da ich wußte, wie stark die Yanomami an Geister glauben, entschied ich, daß ich es immerhin versuchen könnte. Ich hatte ihnen weiß Gott lange genug bei ihren Teufelsaustreibungsritualen zugesehen, um es genauso machen zu können. Über Orawe gebeugt, fing ich in einem langsamen, aber kräftigen Rhythmus zu singen an. Dann fuhr ich mit den Händen über ihn und begann die Geister aus seinem Körper zu ziehen, sie körperlich auszutreiben und sie in die Luft zu verscheuchen. Orawes Augen waren trüb, aber er konnte noch sehen und beobachtete mich mit einem vertrauensvollen, ergebenen Starrblick. Dann, immer noch starrend, nahm er die drei 500-mg-Chlorchinintabletten, die ich ihm hinhielt, auf die Zunge und schluckte sie.

Als ich mit Orawe fertig war, machte ich die Runde bei den anderen Hängematten und verteilte den Rest meines Chlorchinins an diejenigen, die es in meinen Augen am schlimmsten erwischt hatte. Ich gab auch meinen Zuckervorrat an diejenigen aus, die noch genügend Kraft hatten, darum zu bitten. Zumindest würde sie das ein bißchen aufmuntern, dachte ich.

Während der nächsten paar Tage schien es vielen der Hasupuweteri besserzugehen, und ich erkannte, daß wir genau am tiefsten Punkt des Malariazyklus angekommen sein mußten. Zweifellos hatte auch das Chlorchinin geholfen. Am meisten verblüffte mich Orawe, der sich bemerkenswert schnell erholte und anscheinend dem Tod von der Schippe gesprungen war.

*Als Kenny fortging, bin ich sehr traurig gewesen. Großer Bruder ist auch sehr traurig gewesen. Wir haben ihm nachgesehen, bis sein Boot um die Flußbiegung verschwunden ist. Dann hat Großer Bruder gesagt: »Komm«, und wir sind heimgegangen. In der Morgen- und der Abenddämmerung habe ich an Kenny gedacht. Um die Zeit hatte ich ihm immer Sachen gebracht. Jetzt hatte ich niemand mehr, für den ich Tabak machen konnte. Ich hatte niemand, dem ich Essen bringen konnte.*

*Tagsüber habe ich mich um meine »Töchter« und »Söhne« gekümmert. Ich bin mit meinen Schwestern und Cousinen sammeln gegangen. Wenn wir durch den Bach gelaufen sind, hat es mich daran erinnert, wie Großer Bruder und ich mit Kenny angeln gegangen sind. Es hat mich daran erinnert, daß Kenny mich auf dem Rücken getragen hat. Ich habe die Stelle gesehen, wo wir gebadet haben, als wir vom »eteweshi«-Früchte-Sammeln heimgekommen sind. Ich habe nicht gewußt, ob ich noch Kennys Frau war. Ich habe nicht gewußt, ob er zurückkommen würde. Es heißt immer, die Nabuh gehen wieder in ihre Dörfer und bleiben dort. Ich habe gedacht, Kenny wäre in sein Dorf zurückgekehrt. Ich habe mich gefragt, wie die Nabuh-Frauen waren. Ich habe gedacht, sie müssen sehr hübsch sein. Sie müssen eine ganz weiße Haut und schönes schwarzes Haar haben.*

*Ich habe die Fußhüllen weggeworfen, die Kenny mir geschenkt hat. Meine*

*Angelhaken sind alle gewesen. Der Topf von seiner Mutter ist alt und verbeult gewesen. Ich bin sicher gewesen, daß Kenny nun wiederkommen würde, weil er wußte, daß wir neue Angelhaken und noch einen Topf brauchten. Ich bin sicher gewesen, er würde wiederkommen. Ich bin ganz sicher gewesen. Aber er ist nicht gekommen. Wir sind auf einen langen Wayumi gegangen, und als wir in den Wawatoi-Garten zurückgekommen sind, ist er immer noch nicht dagewesen. Viele Monde sind vergangen.*

*Als das »prisi-prisi« gekommen ist, sind viele Leute krank geworden. Großer Bruder ist sehr dünn geworden. Er ist heiß gewesen, und es hat ihn viele Tage geschüttelt. Meine Mutter, meine Schwestern und ich sind um seine Hängematte gesessen und haben geweint. Langbart ist gekommen, um zu singen und die bösen Geister zu vertreiben. So viele Leute sind krank geworden. Keiner hat mehr gejagt. Die Leute haben nichts mehr gegessen. Sie sind dünn geworden. Geierbauch, der große Schamane, hat ausgesehen, als würde er gleich sterben. Wir sind bei dem Gedanken daran, daß er sterben würde, traurig und furchtsam gewesen. Die Schamanen haben die ganze Zeit gesungen. Sie haben Tag und Nacht gesungen. Wir sind zu schwach gewesen, um vor den bösen Geistern zu fliehen.*

*Eines Morgens, als es geregnet hat, ist ein Patahamateri ins Shapono gekommen. Er hat gesagt, auch die Patahamateri seien krank. Zwei wären schon gestorben, und andere lägen im Sterben. Er hat gesagt, Kenny wäre auf dem Fluß mit noch einem Nabuh aus Caracasteri hergekommen. Kenny und der Caracasteri wären in der vorigen Nacht in Patahamateri geblieben und seien nun im Anmarsch.*

*Kenny und der andere sind gekommen, als die Sonne schon unterging. Die Leute sind in ihren Hängematten gelegen, als sie hereinkamen. Kenny ist zu Geierbauchs Hängematte gegangen und hat ihn sich angesehen. Die Frau von Geierbauch hatte den ganzen Tag geweint. Sie hat Kenny gebeten, über Geierbauch zu singen, um die Geister zu verjagen. Kenny hat laut gesungen. Dann hat er Medizin an die Kranken verteilt. Der Caracasteri hat mich Kenny-»yoma« genannt. Da habe ich lachen müssen.*

Yarima war nicht krank. Ihre Familie hatte es schon etwas früher erwischt, deshalb war sie schon fast vollständig genesen. Wir beide sahen uns in dem Augenblick, als ich in das Shapono kam, aber auf Yanomami-Weise begrüßten wir uns weder noch sprachen wir miteinander. Ich tat, was zu tun war, hängte meine Hängematte auf, packte meine Wäsche aus und behandelte den Anführer und andere Kranke. Erst am Abend konnte ich mich zu ihr und ihrer Familie setzen. Es war so yanomamisch – nach acht Monaten Abwesenheit aufzukreuzen und dann einfach da zu sein, als wäre nichts geschehen. Es gab keine Wiedersehensbekundungen und keine Wiedersehensfreude, nichts von all den sozialen Nettigkeiten. Ich hatte einfach das Gefühl, ich sei nach einer langen Reise angekommen und wäre nun wieder bei Freunden. Das tat mir gut.

In den nächsten Tagen kam Yarima wieder zu meiner Hängematte und baute Stück für Stück wieder unsere Beziehung von früher auf. Wir gingen auch wieder zusammen in den Dschungel – Yarima, ihr Bruder, ich und Carlos Carvallo. Carvallo verschoß einen Film nach dem anderen. Da er sich der Namenstabus der Yanomami bewußt war, nannte er Yarima Kenny-»yoma«, Frau Kenny.

Zwei Wochen später nahm ich Carlos mit zu den Stromschnellen. Wir hatten schon im voraus ausgemacht, uns dort mit zwei Yanomami von der Mission zu treffen, die ihn nach Platanal mitnehmen würden. Auf dem Weg flußabwärts fühlte ich mich müde, und als ich wieder zurückfuhr, kam es mir so vor, als bewegte ich mich in Zeitlupe. Jeder Handgriff kostete Mühe. Ich merkte, daß mein eigener Malariaanfall im Anmarsch war.

Als ich das Shapono erreichte, war ich so krank wie noch nie. Mit schmerzenden Gelenken und Muskeln fiel ich in meine Hängematte und schlief sofort ein. Meine letzten Gedanken dabei waren, daß ich mein ganzes Chlorchinin weggegeben hatte. Für mich war nichts mehr übrig.

Am nächsten Tag nahm ich meine Umgebung gar nicht mehr wahr. Ständig von Schlaf benebelt, wachte ich nur einmal so weit auf, um zu merken, daß ich unter meiner Hängematte am Boden lag. Ich konnte mich nicht erinnern, herausgefallen zu sein, aber da lag ich nun. Um mich herum war die Luft voller Lärm, Singen und Johlen. Ich spürte, wie mir jemand die Brust massierte und dann die Hände über Arme und Schultern zu beiden Seiten meines Kopfes hinaufgleiten ließ. Die Worte gellten in meine Ohren und explodierten in meinem Kopf: »Aaaah krashiii, aaaah krashiii, aaaah krashiii!«. Mit einer Riesenanstrengung öffnete ich die Augen und erkannte zwei Schamanen, die an mir arbeiteten – Orawe, mittlerweile völlig genesen, und ein jüngerer Schamane namens Hudowe. Sie tanzten und traten vor und zurück, während sie den bösartigen Griff der Geister um meine Kehle und Leber lockerten und sie aus meiner Brust in die Luft zogen. Daneben drangen auch leisere Worte an mein Ohr. Ich merkte, daß Roter sich über mich beugte und mir etwas zuflüsterte, das ich durch den Lärm gerade noch verstehen konnte. »Keine Sorge, großer Bruder. Du brauchst dich um gar nichts zu sorgen. Wir werden deine Asche trinken.«

Ich war zu schwach, um den Mund aufzumachen. Aber ich wollte sprechen. Ich wollte ihm sagen: »Laß es gut sein, es geht schon, alter Freund. Es geht schon, kleiner Bruder. Trinkt meine Asche nicht, legt mich nur in ein Boot und laßt mich zu dem Padre treiben.« Wenn ich bloß den Mund aufbekäme, dachte ich, während ich mich anstrengte, meine Kiefermuskeln wieder in die Gewalt zu bekommen. Ich gleite ins Koma, und sobald sie denken, ich sei tot, werden sie mich ganz schnell ins Feuer schmeißen. Also nein, Roter, bitte trinkt meine Asche nicht. Laßt mich einfach den Fluß hinabtreiben.

Zwei Tage später wußte ich, daß ich dieses Mal *plasmodium falciparum* hatte, die gefährlichste Tropenmalaria. Das konnte ich am Zyklus erkennen. Bei dieser Killermalaria fühlst du dich den einen Tag, als wärst du an der Schwelle des Todes, und am nächsten geht es dir schlagartig wieder besser. Du wachst auf und hast das Gefühl, alles funktioniere wieder. Der Körper fühlt sich besser, und der Kopf ist Gott sei Dank schmerzfrei. Doch dann kommt der nächste K.-o.-Schlag. Wieder schießt das Fieber hoch, und unter der Schädeldecke wüten geradezu unmenschliche Schmerzen. In lichten Momenten quält einen der Gedanke an das Schwarzwasserfieber, eine üble Komplikation von *plasmodium falciparum.* Es färbt den Urin erst rot, dann schwarz und läßt ihn schließlich ganz versiegen, kurz bevor es einen umbringt.

An den Vormittagen, an denen ich mich gut fühlte, begann ich mit dem Bau einer Hütte direkt beim Shapono, die ich als Speicher und für die Arbeit mit Informanten benutzen wollte. Ich stellte auch ein Richtmikrofon auf, damit ich Unterhaltungen aufnehmen und mit einem weiteren Abschnitt des Projekts anfangen konnte, das ich für Eibl-Eibesfeldt durchführte. Wenn ich mehr als ein paar Stunden durchhielt, arbeitete ich mit einem Informanten, bis meine Hände wieder zu zittern anfingen und die Schwäche mich übermannte. Nachts fiel ich dann wieder in den Abgrund. Ich war offensichtlich nicht in der Lage, die Malaria abzuschütteln.

*Tagebuch. 28. April, Wawatoi:* Morgen sollte ich mich nach Platanal aufmachen. Ich muß Roter sagen, daß er mich, wenn mir irgendwas passiert, in einer Hängematte raustragen und zum Padre in Platanal bringen soll. Ich mach mir Sorgen, daß die Hasupuweteri sich vielleicht nicht durch die Stromschnellen wagen, daß sie davor Angst haben. Aber bloß die Strömung hinabtreiben könnte zu langsam gehen, um mich rechtzeitig hinzubringen. 18 Uhr. Unerträgliche Schmerzen. Habe Schiß. Ich hab drei Fansidar genommen [ein neues Malariamittel, das gefährliche und schlimme Nebenwirkungen haben sollte]. Kein Chlorchinin mehr. Alles hergegeben.

*Tagebuch. 29. April, Wawatoi:* Nach der Einnahme von Fansidar ließ der Kopfschmerz nach. Aber ich schwitzte unmäßig. Fühlte mich zum Kotzen. Heidenangst. Hudowe, der junge Schamane, kam zu mir und nahm sein »epene« [Halluzinogen]. Dann begann er an mir zu arbeiten. Dann kam noch Orawe und sang eine lange Zeit. Als er aufhörte, waren Kopfschmerz und Fieber weg. Sie waren ganz begeistert, daß meine Stirn abgekühlt war. Letzte Nacht schlief ich durch bis morgens. Bin noch sehr schwach, aber viel besser. Beschloß, nicht nach Platanal zu fahren.

Ich war noch krank, als ein Bote aus Patahamateri kam und die Hasupuweteri zu einem Begräbnis einlud. Offenbar war genügend Zeit verstrichen, seit sie den toten Mann und die tote Frau an den Baum gebunden hatten. Wie es der Brauch war, baten sie ihre Verwandten aus Hasupuweteri, die Leichen abzunehmen und für die Einäscherung herzurichten.

Krank oder nicht, es führte kein Weg dran vorbei – das mußte ich sehen. Ich mußte es nicht nur anschauen, ich mußte es auch fotografieren. Mir war klar, daß der Sechsstundenmarsch nach Patahamateri mörderisch sein würde. Deshalb nahm ich nichts mit außer meinen Kameras, nicht mal mein Gewehr. Doch selbst unbelastet fiel mir das Gehen wirklich schwer. Der Dschungel schien zu schwanken und zu kreisen, und mein Mund und meine Kehle waren unerträglich trocken. Nach drei Vierteln des Weges brach ich auf dem Pfad zusammen und ächzte nach Wasser. Roter besorgte mir etwas in einer Kalebasse, indem er in einem trockenen Bachbett ein Loch grub. Dann kam ich wieder auf die Beine und stolperte weiter.

Als wir in Patahamateri eintrafen, kamen uns die Dorfbewohner zum Empfang entgegen. Unter Schreien und Klagen kletterten einige auf die Bäume und schnitten die Leichen ab. Am Boden wickelten mehrere Hasupuweteri die zusammengerollte Hülle aus Stecken und Palmblättern aus, die den jungen Mann umschloß. Ich konnte sehen, daß der blanke Schädel immer noch an dem anscheinend mumifizierten Körper festsaß, dem aber das Fleisch von den Knochen fiel. Der Gestank war überwältigend, so übel, daß viele der Trauernden sich zusammengerollte Blätter in die Nasen steckten. In rascher Arbeit sammelten die Hasupuweteri-Helfer die Knochen und das verfaulende Fleisch ein und wickelten alles wieder in neue Blätter ein. Sobald sie mit seiner Leiche fertig waren, kümmerten sie sich um die Frau. Doch als sie deren Umhüllung aufmachten, jagte ein Schauder des Entsetzens durch die Menge. Wie bei ihrem Gefährten im Tode war der Körper der Frau verwest, aber aus irgendeinem Grund war der Prozeß nicht so weit gediehen. Das Fleisch haftete noch an ihren Knochen, und ihr Gesicht war noch unversehrt. Dessen Augäpfel quollen wie bei einer Szene in einem Horrorfilm heraus. Einen Augenblick lang standen die Trauernden in entsetztem Schweigen da, dann gaben sich die Helfer einen Ruck und machten sich an die Arbeit. Sie nahmen den Kopf ab, dann Arme und Beine, und wickelten alles wieder in Blätter, wie bei dem jungen Mann. Laut klagend bewegte sich die ganze Gruppe dann auf das Dorf zu, um die Leichen dem Feuer zu übergeben, das bereits auf dem Hof prasselte. Ich folgte ihnen, unmäßig schwitzend, und fotografierte alles, so schnell ich konnte, mit beiden Kameras. In jener Nacht blieben wir in Patahamateri. Als wir schließlich am nächsten Tag wieder nach Hause kamen, fiel ich von dem Ausflug total erschöpft in meine Hängematte und machte mich auf den Rückfall gefaßt, den ich bereits herannahen fühlte.

Als mich die Malaria diesmal überfiel, wollte sie nicht mehr von mir ablassen. Eine Woche nach der anderen verging, während der ich vormittags halbherzig arbeitete und dann mit fiebrigem Schüttelfrost zusammenbrach. Es gab keine Besserung. Die Blutarmut war chronisch geworden, und jeden Tag litt ich unter einer neuen Form von Kopfschmerz. Ich hatte schon ungefähr dreißig Pfund abgenommen. Jeden Tag kam Yarima mit Wasser und etwas zu essen an meine Hängematte. Aber ich brachte nichts herunter. Am Abend saß sie bei mir, sah bekümmert aus und weinte oft. Es gab nichts, was sie oder jemand anderes für mich tun konnte.

Schließlich verlor ich jede Hoffnung, die Krankheit zu überwinden, und erkannte, daß ich besser hier raussollte. Ich war Anfang April angekommen. Jetzt war es bereits Juni: Ich war fast zwei volle Monate krank gewesen. In Deutschland würden mir Ruhe und die entsprechende ärztliche Versorgung wahrscheinlich wieder auf die Beine helfen. Aber wenn ich jetzt wegging, müßte ich wieder warten, bis Eibl-Eibesfeldt zu einer weiteren Reise bereit war, bevor ich zurückkommen konnte, und wer wußte, wann das sein würde. Dennoch gab es keine Alternative.

Die Hasupuweteri, von denen auch viele noch krank waren, brachten mich an ihre alte Lichtung am Fluß, wo ich mich eine Woche ausruhte und versuchte, genügend Kräfte für den Weg zu sammeln. Als ich mich halbwegs wohlauf fühlte, gingen sie mit mir zu meinem Kanu, das direkt unterhalb der Überreste meines ersten Hauses angebunden war. Gerade als wir das Ufer erreichten, hörten wir zu unserem Erstaunen das Geräusch eines Motors. Kurz darauf umrundete ein großer Einbaum die Biegung und kam auf den Anlegeplatz zu. Darin saßen Padre Bórteli, Padre Santos und zwei Nonnen von der Mission. Sie hatten von der Epidemie gehört und waren gekommen, um Medikamente auszuteilen. Als ich abgelegt hatte, blickte ich mich noch einmal um und sah die Missionare, wie sie unter den Hasupuweteri herumgingen und ihnen Malariapillen aushändigten.

Auf dem Weg nach Deutschland machte ich einen Abstecher zu meinen Eltern in Havertown, um mich etwas zu erholen. Dann, als ich mich fit genug fühlte, besuchte ich Marvin Harris, der mittlerweile von der Columbia an die Universität von Florida in Gainesville gewechselt hatte. Sobald ich in den Staaten war, besserte sich mein Zustand stetig. Als ich Anfang Juli in Deutschland eintraf, wußte ich, daß es nur eine Frage der Zeit war, bis ich wieder hundertprozentig hergestellt sein würde.

Meine seelische Verfassung war dagegen alles andere als gut. Die letzten drei Monate im Regenwald waren nicht glücklich gewesen, weder für mich noch für Yarima. Mir wurde schlagartig bewußt, wie kostbar jeder Augenblick dort für mich war. Durch meine lange Krankheit war es diesmal beinahe schlimmer, als wenn ich gar nicht dort gewesen wäre.

In Deutschland fühlte ich mich dann gereizt und niedergeschlagen und außerdem ein bißchen wirr im Kopf. Ich hatte inzwischen in so vielen Kulturen gelebt, daß ich mich nirgendwo mehr heimisch fühlte. Anstatt mir einen festen Platz in der jeweiligen Kultur, in der ich mich gerade befand, zu suchen, hatte ich eher den Eindruck, ich würde nur von einer zur anderen schlittern, ohne besonderen Halt zu finden. Wenn ich bei den Yanomami war, mußte ich mich in einer bestimmten Weise verhalten. Die Leute dort erwarteten ein bestimmtes Interaktions- und Reaktionsmuster, sehr schlicht und offen heraus. Wenn ich aus dem Dschungel nach Caracas kam, war es völlig anders. Ich mußte mein Auftreten und sogar meine Gefühle total umstellen. »Wären Sie so nett...« »Es würde mich außerordentlich freuen, wenn...« »Ich bin höchst beglückt, daß...« Lächeln, Dankeschön, Händeschütteln und Kratzfüße. Ich konnte mich nicht anders benehmen, ohne gleich als ungebärdiger Flegel angesehen zu werden. Ob ich jemand kannte oder nicht, ob ich ihn mochte oder nicht – es spielte keine Rolle. Ich mußte die gesellschaftlichen Gesetze einhalten.

Bei den Yanomami gab es das alles nicht. Sie hatten einfach nicht die geistige Verfassung, aus der solche Höflichkeiten entsprangen (oder die Scheinheiligkeit, die sie oft widerspiegelten). Es bedeutete einen Kraftakt, mich wieder in die venezolanischen Verhaltensregeln zu zwängen. Aber viel mehr machte mir zu schaffen, daß alle, die ich dort traf, anscheinend glaubten, die ganze Welt sei mehr oder weniger so wie sie. Und ich dachte mir, diese Leute reden von der Isolation und dem eingeschränkten Blickwinkel der Indios, aber sie selbst sind genauso ethnozentrisch und auf sich selbst bezogen wie die Yanomami. Sogar noch mehr, da sie weniger Recht dazu haben.

In den Vereinigten Staaten gab es natürlich eine noch ganz anders geartete Erwartungshaltung. Da mußte ich die lateinamerikanische Direktheit und Emotionalität zügeln. Doch im Vergleich zu Deutschland ging es in den Vereinigten Staaten so entspannt und formlos zu, daß es beinahe wie Anarchie erschien. Ich sah mich von einer Sprache in die andere vor- und zurückhüpfen und versuchen, mein Benehmen den verschiedenen Kulturen anzupassen, und damit kam ich nicht klar. In den USA ging ich etwa zu Professor Soundso, und irgendwie erwies ich ihm nicht den gebührenden Respekt, was er mir übelnahm. Ich setzte mich bloß hin und sagte »Wie geht's?« und erhielt manchmal einen sonderbaren Blick. (»Wer bist du denn, daß du herkommst und mich so ansprichst?«) Aber in Deutschland war es viel, viel schlimmer, so förmlich wie die Deutschen sind. Einem Herrn Professor Doktor dort auf gleicher Ebene entgegenzutreten war unerhört. Im großen und ganzen bemäkelten die Deutschen das Normalverhalten der Amerikaner. Erst recht waren sie geschockt, wenn ich mich wie ein Yanomami verhielt. Der Kontrast war so extrem, daß sie manchmal dachten, ich würde ihnen was vorspielen.

In der Forschungsstelle für Humanethologie versammelten sich jeden Vormittag um zehn Uhr die Forscher und Studenten zu Eibl-Eiblsfeldts Gesprächsrunde. Alle benahmen sich, als hätten sie soeben eine Kirche betreten. Mir machte diese Art von übermäßiger Feierlichkeit selbst unter gewöhnlichen Umständen schwer zu schaffen, doch in meinem gegenwärtigen Zustand konnte ich das überhaupt nicht ertragen. Da setzte sich Eibl-Eibesfeldt vorne hin und sprach in sehr förmlicher Weise, meistens über gar nichts oder über Kleinigkeiten. Es war schließlich nur eine kleine morgendliche Zusammenkunft. Aber wenn ich mir die Forscher und Studenten ansah, bekam ich das Gefühl, ihnen würde eine tiefe Erleuchtung zuteil. Sie schienen völlig in Ehrfurcht erstarrt. Zwangsläufig sagte Eibl-Eibesfeldt dann noch etwas über die Yanomami, das mir total unwichtig und selbstverständlich erschien – die Yanomami runzeln auf bestimmte Weise die Stirn, wenn sie zornig sind, oder sie lächeln auf bestimmte Weise, wenn sie einen Freund begrüßen –, und ich konnte mich dann nicht mehr zurückhalten.

»So«, sagte ich, »ist das eine Überraschung?« Eine entsetzte Stille breitete sich aus. So etwas sagt »man« einfach nicht, wenn der Herr Professor Doktor etwas verkündet. Doch dann, nach kurzer Verwirrung, brach die ganze Gruppe in Lachen aus, auch Eibl-Eibesfeldt – wenn auch mit einer Spur von Unbehagen. Ich hatte ihn nicht direkt verärgern wollen, aber das war so eine Situation, die schon jedem normalen Amerikaner etwas albern vorgekommen wäre. Aber für jemanden, der bei den freimütigen und ungeschliffenen Yanomami gelebt hat, erschien der deutsche Respekt vor Personen beinahe wie eine Farce. Oder war es so, wie ich manchmal dachte, daß ich irgendeinen exotischen Bazillus in mir trug, der meine Toleranzschwelle einfach auf Null gesetzt hatte?

Als Eibl-Eibesfeldt und ich wieder »ins Feld« zogen, war es Dezember 1980. Fast sechs Jahre waren seit meiner ersten Kontaktaufnahme mit den Yanomami vergangen. Ich hatte Yarima fast zwei Jahre nicht gesehen. Wieder flogen wir nach Platanal und fuhren dann flußaufwärts. Doch als wir nach Hasupuweteri kamen, mußte ich feststellen, daß die beiden Sippschaften des Dorfes sich ernsthaft zerstritten und beschlossen hatten, sich zu spalten, wenn sie auch noch nicht ganz getrennt lebten. Deshalb hatte Yarimas Sippe sich ein Stückchen weiter am Pfad ein eigenes Haus gebaut. Sie benutzten immer noch gemeinsam die Pflanzung und besuchten sich ständig, aber sie betrachteten sich nicht mehr als eine Gemeinschaft.

Wie üblich hängte ich meine Hängematte wieder neben Orawe auf. Dann, als Eibl-Eibesfeldt mit dem Filmen begann, veranlaßte ich, daß Yarima zu ihren Verwandten zog, die in Orawes Shapono wohnten, damit wir uns näher waren. Sie hatte immer noch nicht die Pubertät erreicht und war noch nicht soweit, daß sie ihre Hängematte an meiner Feuerstelle aufhängen konnte. Wir waren in sexueller Hinsicht noch nicht Mann und Frau, aber in jeder anderen, zumindest nach Ansicht der Yanomami. Als sie in meiner Nähe war, kam es mir vor, als sei ich endlich wieder zu Hause.

*Renki, der Alemaniateri, ist mit Kenny gekommen. Er hat ein grosses Gerät zum Bildermachen gehabt, das drei lange Beine hatte. Er hat sich hinter das Gerät gestellt, mitten im Dorf. Da ist er den ganzen Vormittag geblieben, bis die Sonne direkt über ihm stand. Dann ist er zum Essen und Schlafen zu seiner Hängematte gegangen. Danach hat er sich wieder den ganzen Nachmittag dahintergestellt. Kenny hat den Jungen ständig gesagt, sie sollten Renkis Sachen nicht anfassen. Sie haben nichts berühren dürfen, besonders nicht die Kleider, die er angezogen hat, wenn er sich schlafen legte.*

*Nachdem Renki einige Tage mitten im Dorf gestanden war, haben ihn die Leute nicht mehr dort haben wollen. Sie sind zu ihm hin und haben gesagt: »Genug, geh jetzt.« Aber er hat bloß gelächelt und ist mit seinem großen Gerät zum Bildermachen dageblieben. Dann haben ihm einige Männer gesagt: »Du mußt aufhören. Wir werden dich wegjagen.« Aber er hat immer noch gelächelt. Orawes Frau ist sehr unglücklich gewesen, weil er sein Gerät die ganze Zeit auf ihr Baby richtete. Sie hat geweint. Ich habe mich gewundert, daß Kenny ihn nicht davon abbrachte. Ich habe mich gewundert, daß er ihn nicht aus dem Shapono jagte.*

Während des letzten Aufenthalts in Deutschland hatte es Spannungen in meiner Beziehung zu Eibl-Eibesfeldt gegeben. Das ursprüngliche Verständnis zwischen uns war nicht mehr so gut wie früher. Mir war bewußt, daß das zum Teil an meinen persönlichen Problemen lag und an den Spannungen, die ich in meinem eigenen Leben spürte. Aus irgendeinem Grund schien bei dieser Reise die Gereiztheit überhandzunehmen. Ich wurde oft wütend auf ihn und merkte, daß auch er ziemlich kurz angebunden mit mir umging. Ich regte mich über Kleinigkeiten auf. Eines Tages ging die Ablenk-Linse, die Eibl-Eibesfeldt für die meisten Aufnahmen benutzte, kaputt. Diese Linse ermöglichte es ihm, die Kamera auf irgend etwas zu richten und dabei in Wahrheit alles zu filmen, was seitlich von ihm war. Dadurch konnte er mehr oder weniger verdeckt filmen. Doch ohne die Spiegellinse mußte er alles direkt anpeilen.

Normalerweise mögen die Yanomami es nicht, wenn Aufnahmen von ihnen gemacht werden. Wie auch in einigen anderen Eingeborenenkulturen ist ihr Begriff für »Bild« derselbe wie für »Seele« oder »Wesen«. In gewisser Weise entspricht das Aufnehmen von Bildern dem Einfangen der Seele eines Menschen, seiner »noreshi«. Selbstverständlich sind es zwei Paar Stiefel, ob jemand einen Schnappschuß oder auch eine Reihe von Aufnahmen macht oder stundenlang unentwegt dasteht und die Kamera auf sie richtet, was sie gar nicht mögen. Ich hatte mich deswegen schon vorher mit Eibl-Eibesfeldt gestritten und versucht, es ihm zu erklären. Durch die Spiegellinse war eine wirkliche Störung der Leute zu vermeiden gewesen. Nun aber war es anders. Seinem normalen Tagesablauf folgend, stellte Eibl-Eibesfeldt um acht Uhr früh die Kamera auf und filmte bis Mittag. Er machte zwei Stunden Mittagspause, dann filmte er wieder bis sechs Uhr – direkt mitten im Dorf.

Nach einer Weile wurden die Leute gereizt, besonders, weil er das Objektiv jetzt direkt auf sie richtete. Sie waren speziell wegen ihrer Babys aufgebracht, auf die sich Eibl-Eibesfeldt in seinem Bemühen konzentrierte, den Umgang von Müttern mit ihren Kindern aufzuzeichnen. Sie waren sicher, daß sein Tun nachteilig und schädlich war. Einige Frauen weinten deswegen, und schließlich kamen zwei Männer zu mir und baten mich, Eibl-Eibesfeldt aus dem Dorf zu jagen.

Ich hatte dies alles von meiner Hängematte aus kommen sehen und mich schon gefragt, wie er immer weitermachen konnte, wo er doch sah, wie nervös die Leute wurden. Als nun die Männer zu mir kamen, völlig aufgebracht und wütend, brannte bei mir eine Sicherung durch. »Renki«, rief ich, mitten in seine Aufnahmen hinein, »du kannst so nicht weitermachen. Hast du kein bißchen Achtung vor diesen Leuten? Du bringst sie zum Weinen. Sie bitten mich schon, dich aus dem Dorf zu jagen.«

Eibl-Eibesfeldt paßte das überhaupt nicht. Er erwiderte nichts. Aber er war es nicht gewohnt, auf diese Weise angefahren zu werden, und in diesem Augenblick waren seine Gefühle mir gegenüber alles andere als wohlwollend. Seiner Ansicht nach war ich einzig und allein dazu da, seine Arbeit zu erleichtern und ihm zu helfen, seinen Zeitplan einzuhalten. Nun unterbrach ich seine Arbeit. Eibl-Eibesfeldt hielt sich unabänderlich an einen strikten Ablauf, selbst im Dschungel. Er frühstückte, filmte, aß zu Mittag, machte eine kurze Siesta, filmte und aß dann zu Abend. Unterbrechungen wie diese paßten nicht in seinen Zeitplan.

Also war er nicht gerade glücklich darüber. Am meisten aber störte ihn die Tatsache, daß ich diese Unterbrechung verursacht hatte. Er mißbilligte meine Arbeitsweise vom Prinzip her, was auf Gegenseitigkeit beruhte. Ich erledigte meine Arbeit nie auf die formelle, regelmäßige Weise, die er gewohnt war und erwartete. Was ich tat, erschien ihm nicht als echte Arbeit. Seiner Ansicht nach bestand der größte Teil meiner täglichen Beschäftigung darin, in meiner Hängematte zu liegen oder bei jemand anderem herumzusitzen und mit den Indios zu schwatzen. Es nutzte nichts, als ich ihm erklärte, daß du nicht zu einem Yanomami hingehen und sagen kannst, hör mal, ich will etwas erfahren über eure Inzesttabus oder eure Begräbnisriten. Sie werden nichts erzählen. Auf die Art bringst du nichts aus ihnen heraus. Also gehst du her, setzt dich und redest und arbeitest dich langsam an das Thema heran, so daß sie gar nicht merken, daß du hinter etwas Bestimmtem her bist. Du flichtst es einfach in die Unterhaltung ein.

Aber mir mißfielen nicht nur die kleinen Mißhelligkeiten und Differenzen in punkto Stil, sondern Eibl-Eibesfeldts Arbeit mit den Yanomami überhaupt. Er war der Schüler und Schützling von Konrad Lorenz gewesen, und auf dem Gebiet der Ethologie – dem Studium des Tierverhaltens – war er gut, echt gut, ein toller Mann, ein erstklassiger Gelehrter. Doch dann hatte er die Humanethologie erfunden, die im Grunde aus der Anwendung von Techniken zum Studium der Tiere auf das menschliche Verhalten bestand. Ich lehnte die Humanethologie nicht völlig ab. Aber ich hatte schon das Gefühl, daß es eine ziemlich oberflächliche Angelegenheit war. Ich besah mir Eibl-Eibesfeldts Schlußfolgerungen zur menschlichen Ausdrucksweise von Zuneigung oder Feindseligkeit, und meine einzige Reaktion darauf war bloß: Okay, schön, und weiter? Eibl-Eibesfeldt erforschte allgemeingültige nicht-sprachliche Verhaltensmuster bei Menschen. Er fand zum Beispiel heraus, daß alle Menschen in gewissen Situationen die Augenbrauen hochziehen. Er schrieb Artikel darüber, über das Heben der Augenbrauen. Er nahm Mutter-Kind-Beziehungen unter die Lupe und schrieb Artikel über Tröstungs- und Ablehnungsverhalten. Dazu hatte er eine unglaubliche Ausrüstung für seine Studien: zwei große Schneidegeräte, eine erstklassige kommerzielle Studioausrüstung. Er sah sich ein Einzelbild an und sagte: »Das ist es! Siehst du die Frau? Ihr Kind stört sie, und sie schubst es so weg. Das ist überall so. Ich habe genau diese Geste bei den Buschmännern gesehen. Ich habe sie in Neuguinea gesehen, und jetzt auch hier.«

Meine Reaktion war nur: »Renki, also wirklich. Das Kind ist ihr lästig, also schubst sie es weg. Na und? Ist es das, was du zu beweisen versuchst? Das wissen wir doch schon längst.« Diese Ansicht ging nun wiederum ihm echt auf die Nerven.

Es lief darauf hinaus, daß unsere Arbeitsbeziehung rasch auf einen Zusammenbruch zusteuerte, obwohl wir uns in gewisser Weise gegenseitig weiter schätzten. Andererseits hatten die gespannten Beziehungen zu Eibl-Eibesfeldt keine Auswirkungen auf mein Leben mit den Hasupuweteri und Yarima. Wenn Yarima auch ihre Hängematte an der Feuerstelle ihrer Verwandten aufgehängt hatte, so waren wir doch die ganze Zeit zusammen. Wir gingen zusammen angeln oder sammeln, manchmal mit ihrem Bruder, manchmal nur zu zweit. Am Abend röstete sie Bananen für uns zum Essen und bereitete das Fleisch zu, das eben von den Jägern mitgebracht und verteilt worden war. Während des späteren Abends sah ich sie, wenn sie aufstand, ihr Feuer schürte und Holz auflegte, um die Schlafenden warm zu halten. Ich fühlte, daß ich jeden Tag völlig auskosten wollte, damit er sich nicht einfach davonstahl. Aber die Zeit verrann wie im Fluge, und sosehr ich mich auch bemühte, nicht an unsere Abreise zu denken, rückte sie doch immer bedrohlicher näher.

Zum ersten Mal brach ich mit angstvollen Gefühlen von hier auf. Zuvor hatte ich beim Abschied immer ein kleines Mädchen zurückgelassen. Wenn sich auch zwischen uns eine besondere Beziehung aufgebaut hatte, so wußte ich doch, daß Yarima zu gegebener Zeit erwachsen werden und das Leben einer Yanomami-Frau aufnehmen würde. Sie bedeutete für mich eine ungewöhnliche Erfahrung, eine einzigartige Erfahrung – wer war schon jemals so in diese vergessene Welt verstrickt gewesen wie ich? Selbst wenn ich aus irgendeinem Grund nicht mehr zurückkehren konnte, hätten Yarima und ich unsere Beziehung in Erinnerung behalten und die Trennung überlebt.

Doch diesmal war es anders. Yarima war herangewachsen, sie war jetzt etwa 13 Jahre alt. Sie war reifer und befand sich offensichtlich an der Schwelle der Pubertät, nach den Begriffen der Yanomami an der Schwelle zum Frausein. So wie sich die Situation zwischen Eibl-Eibesfeldt und mir entwickelt hatte, war es schon weitgehend sicher, daß ich nicht am Max-Planck-Institut bleiben würde. Doch wie sollte ich sonst wieder herkommen? Eine Reise in den Regenwald zusammenzustellen ist eine ungeheuer teure Angelegenheit. Selbst wenn ich irgendwie bei Eibl-Eibesfeldt blieb, würden wir trotzdem erst in sechs oder acht Monaten, vielleicht auch noch später, wieder herkommen. Demnach war die Wahrscheinlichkeit, daß Yarima ihre erste Blutung haben würde, wenn ich weg war, ziemlich groß. Und das tauchte die Dinge in ein völlig anderes Licht.

Am Tag vor meiner Abreise besprach ich die Lage bis tief in die Nacht mit Roter. Was konnte ich tun? Ich mußte gehen. Ich konnte Yarima nicht mitnehmen. Aber ich wollte wiederkommen, und ich würde wiederkommen – zu ihr. Das wollte ich den Hasupuweteri verkünden, daß ich wiederkäme. Ich würde wiederkommen und mit meiner Frau zusammenleben. Ich wollte, daß sie es wußten – und, daß sie es respektierten. Ich hatte die Pata – die großen Männer – tausendmal reden hören. Wenn du den Leuten etwas verkünden wolltest, hieltest du vor der Gemeinde eine Ansprache. Das würde ich auch tun müssen. Denn wenn ich einfach tschüs sagte und ging, konnte ich die Angelegenheit vergessen.

Die ganze Nacht über paukte mir Roter die Rede ein. Er sagte mir, was und wie ich es sagen sollte, welche Argumente am wirksamsten waren und welche Wortwahl am besten einschlug. Am nächsten Morgen um sieben brachte ich Yarima in den neuen Shapono ihrer Sippe am Rande der Pflanzung. Ich hatte genau im Kopf, was ich sagen wollte. Ich war mir meiner Gefühle bewußt. Roter hatte mich gut vorbereitet. Als alle noch in den Hängematten lagen, trat ich vor und stellte mich in den Bereich des Anführers. Mir schoß dabei durch den Kopf, daß dies genau dem Verhalten der Yanomami entsprach – sie drückten aus, was sie fühlten, unmittelbar, ohne unbedingt alle Konsequenzen zu erwägen. Sie waren ein leidenschaftliches, unmittelbares Volk. Und genau so fühlte ich mich, leidenschaftlich und unmittelbar.

Während ich in dem Innenhof auf und ab schritt, begann ich meine Rede: »Heute gehe ich weg«, sagte ich. Ich konnte sehen, daß sie zuhörten. Meistens gingen die Leute während einer Ansprache einfach ihren Beschäftigungen nach, aber das hier war ein Ereignis. Alle sahen her. »Aber ich komme wieder. Ich komme wieder. Ich komme wieder. Keiner von euch soll mir in die Vorratskammer einbrechen. Wenn es einer macht, werde ich böse sein, sehr böse, wenn ich zurückkomme.« Pause. »Und sie . . .« Ich zeigte auf Yarima. »Keiner soll sie anrühren. Keiner soll sie anrühren. Keiner!« Ich konnte spüren, wie die Wut in mir hochstieg. Auf und ab stolzierend, fuchtelte ich mit den Armen, schlug mir mit dem offenen Handteller fest in die Seiten und den Rücken und unterstrich meine Worte. »Sie ist mir gegeben worden! Sie ist meine Frau!« Patsch! »Ich habe nie eine eurer Frauen angerührt.« Patsch! »Ihr rührt meine Frau nicht an! Ihr rührt meine Frau nicht an! Ihr rührt meine Frau nicht an!« Patsch! »Wenn ich wiederkomme und feststelle, daß sie jemand angerührt hat, werde ich das herauskriegen!« Patsch! »Ich selbst habe sie nie angerührt! Und es wird auch sonst keiner! Keiner!« Ich drehte mich um und versetzte dem Hauspfosten aus »kanekanini«-Holz einen gewaltigen Schwinger, hieb mit meiner Faust so fest darauf ein, daß das Dach wackelte. Wumm! Ich schaute herum zu all den Leuten in ihren Hängematten und starrte ihnen in die Augen. Sie starrten alle zurück. Sie waren offensichtlich ganz schön beeindruckt.

# Liebe zwischen zwei Welten

# Sehnsucht nach Yarima

In Caracas trennten sich dann offiziell Eibl-Eibesfeldts und meine Wege. Ich denke, er hatte von mir eine Entschuldigung für die grobe Art, mit der ich im Shapono mit ihm umgesprungen war, erwartet. Als die nicht kam, wurde er abweisend und verärgert. Irgendwie konnte ich das sogar verstehen. Doch ich wußte auch, daß unsere Beziehung so und so in die Brüche gegangen wäre. Vielleicht hat er unsere Trennung ein bißchen bedauert. Mir tat es auf jeden Fall leid. Egal, wie kritisch ich Eibl-Eibesfeldt und seinen Methoden auch gegenüberstand, der Mann war kein Napoleon Chagnon, und selbst wenn unsere Arbeitsbeziehung einen Punkt erreicht hatte, wo es kein Zurück mehr gab, war ich doch nicht allzu glücklich über den Bruch.

Es lag auf der Hand, nun nach Gainesville zu gehen und dort meinen Doktor zu machen. Aber schon nach meinem zweiten Jahr in Deutschland und nun auch noch dem Zerwürfnis mit Eibl-Eibesfeldt hatte ich die Nase gestrichen voll von der akademischen Welt, von Instituten und Universitäten. Ich konnte nichts mehr davon sehen. Erst recht hatte ich überhaupt keine Lust, noch mehr Zeit mit dem Studieren zu vergeuden. Als ich über meine Erfahrungen mit Chagnon und Eibl-Eibesfeldt und einigen anderen, mit denen ich im Laufe der Jahre zu tun gehabt hatte, nachdachte, machte sich in mir eine tiefe Enttäuschung in bezug auf die Anthropologie breit. Ich war nur wegen Leuten wie Bill Sanders und Marvin Harris so lange dabeigeblieben, die das geistige Format und die persönliche Integrität besaßen, ihre Ideen zu verfolgen, ohne sich und ihre Arbeit an die große Glocke zu hängen. Aber solche Leute waren selten. Ich hatte die Anthropologie schon einmal fast aufgegeben, als ich vor sieben Jahren meinen Lehrberuf in Venezuela an den Nagel hängte. Nun war es vielleicht wirklich an der Zeit, einen Schlußstrich zu ziehen. Ich wollte auch nicht lehren, zumindest nicht jetzt. Aber was sollte ich dann machen?

Du bist 36 Jahre alt, sagte ich mir. Du bist kein Kind mehr. Ein sechsunddreißigjähriger graduierter Student, das ist lächerlich. Es stimmte, ich liebte die Feldforschung. Doch was hatte ich in diesem Alter noch zu erwarten? Sollte ich den Abschluß machen und mir eine Assistentenstelle suchen, wo ich ohne Geldmittel an einen Schreibtisch gefesselt wäre und kaum Aussichten auf ein Stipendium hätte, das mich wieder an den Orinoco bringen konnte? Wenn ich mich wirklich für einen leidenschaftlichen Anthropologen gehalten hätte, wäre das vielleicht gegangen. Gute Anthropologen gehen in ihrer Arbeit auf. Sie haben ein Feld, worauf sie sich konzentrieren, und das entschädigt sie für die kargen Gehälter und die unschönen Zänkereien in ihrem Beruf. Aber leider war ich nicht so. Ich sah mich nicht als geborenen Lehrer. Ich fühlte mich nicht zum Wissenschaftsbetrieb hingezogen. Ich hatte die Kleinlichkeitskrämerei eines Großteils der akademischen Welt nie wirklich ertragen können.

Tief in meinem Inneren wollte ich eigentlich nur einen Weg finden, meinen Lebensunterhalt verdienen zu können und wieder in den Dschungel zurückkehren. Nicht nur, um die Indios zu studieren – ich hatte wirklich schon genug Daten für drei Bücher –, sondern um mit ihnen zu leben, genauer, um mit Yarima zu leben. Soweit war ich gekommen, nach all den Jahren der Mühsal, mich in die Welt der Yanomami einzufügen, ihre Sprache fließend zu sprechen, ihre Lebensweise von innen heraus zu begreifen. Meine ursprüngliche Absicht, dieses Volk als anthropologischer Forscher zu beobachten und zu analysieren, hatte sich langsam mit etwas weit Persönlicherem verwoben.

Merkwürdigerweise zeichnete sich schon bald ein Weg ab, der die Idee, bei den Yanomami zu leben, nicht mehr als vollkommen unmöglich erscheinen ließ. Vor fünf Jahren, während meines ersten Jahres draußen im Feld, hatte ich in Puerto Ayacucho einen Deutschen namens Martin Stummer kennengelernt. Ich war dort, um mich mit neuen Waren einzudecken. Da ich ziemlich blank war, hatte ich versucht, auf einem Boot eine Mitfahrgelegenheit zur Mission zu bekommen. Stummer wollte in diese Richtung und bot mir an, mich mitzunehmen. Er erzählte mir, er sei im Abenteuerreisegeschäft. Er brachte reiche Touristen zu einigen der interessantesten und unwirklichsten Orte der Welt: nach Neuguinea, in den Dschungel von Ecuador und Kolumbien, zur Kalahari-Steppe und in den philippinischen Regenwald. Nun war er hier und erkundete die Möglichkeit, eine Route entlang des Orinoco festzulegen, sprach mit Beamten und sondierte die Verfügbarkeit von Unterkünften und Nachschub. Stummer war eine interessante Persönlichkeit, energiegeladen und umtriebig, und wir hatten Adressen getauscht. Seine Reisegesellschaft hatte ihren Sitz in München.

Als ich drei Jahre später am Max-Planck-Institut ankam, hatte ich ihn aufgesucht. Er lud mich gleich zum Essen ein und zeigte mir die Stadt. Seine Geschäfte gingen gut. Er hatte sogar einen Laden in der Innenstadt eröffnet, wo er exotisches Kunsthandwerk verkaufte, Eingeborenenkunst aus den Gebieten, die er bereiste: fein gearbeitete Zeremonienmasken, Muschelschmuck, Halsbänder aus Zähnen, sogar Schrumpfköpfe – und zwar echte. Fünf oder sechs dieser Köpfe stammten von ecuadorianischen Kopfjägern, den Jívaro.

Martin Stummer gehörte nicht zum gehobenen Jet-set, aber er war ein echter Weltbürger. Er war viel herumgekommen und hatte seine Reisen ungeheuer genossen. Er war ein Abenteurer, Erkunder und Fremdenführer. Er hatte Expeditionen geleitet und wilde Tiere für Zoos gefangen. Den deutschen Anthropologenkreisen war er bekannt, wurde aber herablassend behandelt. Er war ihnen nicht ganz geheuer. Der Gedanke, daß Touristen Eingeborenenstämme besichtigten, wurde von den Anthropologen nicht sehr geschätzt. Die reichen Deutschen, die er mitbrachte, machten Aufnahmen und versuchten, mit den Stammesangehörigen zu reden. Aus anthropologischer Sicht war das geradezu ein Vergehen. Allein den Anthropologen stand es zu, zu den Eingeborenen zu reisen, Aufnahmen zu machen und mit ihnen zu reden. Nur Profis hatten das Recht, mit ihnen in Kontakt zu treten.

Das war das herkömmliche anthropologische Denken, aber es war nicht unbedingt meines. Als ich wieder in München war, nahmen Stummer und ich Gespräche auf über die Möglichkeit, ein amerikanisches Büro für die Abenteuerreisen zu eröffnen. Stummer argumentierte – und ich stimmte ihm zu –, daß ich die phantastische Gelegenheit gehabt hatte, die Yanomami kennenzulernen. Warum aber sollte sich das auf mich und andere »Profis« beschränken? Warum sollten nicht interessierte und zahlungskräftige Laien das Recht haben, es mir gleichzutun? Selbstverständlich geschah das bereits. Reiche Venezolaner flogen zur Mission und gingen einfach hin. Wäre es nicht besser, wenn sie von jemand begleitet würden, der sich auskannte und Erklärungen geben konnte, damit sie alles besser verstehen konnten und eine gewisse Kontrolle gewährleistet war?

Der Grundgedanke war der, daß ich ein Teilhaber von Stummer werden und eine Geschäftsstelle in Amerika aufbauen sollte. Ich würde auch der »Dschungelexperte« sein und Expeditionen nach Venezuela, Kolumbien, Ecuador und anderen Ländern leiten. Zwischen Organisation und Leitung der Touren könnte ich wieder zu den Yanomami gehen. Ich betrachtete das Ganze ziemlich zuversichtlich.

Nach der Rückkehr in die Vereinigten Staaten wohnte ich bei meinem Bruder in Havertown. Von dort aus begann ich Erkundigungen darüber einzuziehen, wie ich am besten ein Büro für Abenteuerreisen gründen könnte – was die Werbung kosten würde, welche Genehmigungen und Versicherungen nötig wären. Als ich mich hineinstürzte, spürte ich allmählich, daß die Sache vielleicht genau das Richtige für mich war. Ich würde meine Fähigkeiten zur Geltung bringen können und zum ersten Mal in meinem Leben normal mein Geld verdienen. Ich würde im Yanomami-Land ein und aus gehen können, ohne auf den Wink eines anderen zur Verfügung stehen zu müssen. Ich wußte, wie schwer es sein würde, mit meinem Erfahrungs- und Wissensschatz auf einen grünen Zweig zu kommen, besonders außerhalb der akademischen Welt. Das war eine seltene Chance, eine unwiederbringliche Gelegenheit, und das Wichtigste war: Ich konnte auch mit Yarima zusammensein. Ich war bereit, bis zum Umfallen zu arbeiten, um die Idee zu verwirklichen.

Im Januar 1981 brach das Ganze in sich zusammen. Am Telefon teilte Stummer mir die schlechte Nachricht mit: Trotz seiner Zusicherungen könne er nicht die nötigen Geldmittel aufbringen, um eine

Zweigstelle in den Vereinigten Staaten auf die Beine zu stellen. Es wäre jammerschade, daß es so gekommen sei, aber so wären eben die Geschäftsrisiken. Es täte ihm leid, echt leid. Er wisse, wieviel es mir bedeutet hätte.

Seine Absage machte mir mit einem Schlag bewußt, daß ich in einer Sackgasse steckte. Ich hatte Yarima dort unten verlassen, und plötzlich bestand keine Hoffnung mehr, daß ich wieder hinkäme. Ich konnte es nicht fassen, wie die Dinge gelaufen waren. Erst Chagnon, dann Eibl-Eibesfeldt und jetzt das. Mir war, als stünde die Welt still. Ich saß im Haus meines Bruders und vegetierte vor mich hin, während meine Stimmung jeden Tag trüber und pessimistischer wurde. Zu allem Übel erwischte mich die Malaria, die monatelang geruht hatte, wieder mit aller Wucht. Wieder tobten sich die Krankheitserreger in meinem Blutkreislauf aus. Erschöpfung und Teilnahmslosigkeit verschlimmerten noch die Probleme, die ohnehin schon kaum mehr erträglich schienen. Ich saß inmitten eines persönlichen Scherbenhaufens.

Der Januar verging, dann der Februar, und meine Depressionen nahmen zu. Anfang März rief Marvin Harris aus Florida an. Er hatte gehört, daß ich krank war und in der Luft hing, deshalb schlug er vor: »Warum kommst du nicht her?« Er sagte, ich müßte nicht nach Florida kommen, ich wäre immer noch offiziell an der Columbia University eingeschrieben. Wenn mir danach war, das Studium wieder aufzunehmen, könnte ich ja immer noch dorthingehen. Aber ich könnte auch zu ihm an die Universität von Florida kommen, wenn ich mich irgendwann dazu entschloß, wieder ins Lehrfach zu gehen. Er wolle mich keinesfalls unter Druck setzen. Er wolle mich nur wissen lassen, daß diese Möglichkeit noch bestand.

Unter den gegebenen Umständen kam mir Harris' Stimme wie die eines Engels vor. Ich selbst wäre wohl nicht mehr auf die Idee gekommen, wieder an die Universität zu gehen. Aber irgendwie war mir die Tatsache, daß ich diesem Mann soviel bedeutete, daß er anrief und seine Hilfe anbot, ungeheuer wichtig, besonders in meiner derzeitigen Verfassung. Die Vorstellung, an die Universität zurückzugehen, reizte mich nicht besonders. Aber ich besaß noch genügend Einsicht, um zu erkennen, daß ich mit meinem Latein am Ende war. Ich könnte zumindest nach Florida gehen und mich mal umschauen. Ich hätte wenigstens etwas anderes zu tun, als nur herumzusitzen und vor mich hinzubrüten.

Am 18. März 1981 ging ich nach Gainesville. Dort belegte ich ein Seminar in anthropologischer Theorie mit Harris, das sich als gute, intellektuell anspornende Erfahrung herausstellte. Trotz meiner generell kritischen Einstellung Professoren gegenüber merkte ich bald, daß mir das Studium bei ihm Freude machte. Schon nach wenigen Wochen bat mich Harris, einige Vorlesungen über die Yanomami zu halten, und übergab mir den Kurs mehr oder weniger. Zu meiner Überraschung stellte ich fest, daß es mir an dieser Universität tatsächlich gefiel. Zwar kostete es mich große Mühe, in den mitgebrachten Kisten voller Bandaufnahmen und Feldaufzeichnungen herumzugraben, und ich konnte auch noch nicht absehen, ob ich genügend Entschlußkraft aufbringen würde, um mit der Doktorarbeit anzufangen. Aber wer weiß, vielleicht kam das auch noch. Das Wichtigste war, daß ich allmählich wieder aus dem schwarzen Loch auftauchte, das mich verschluckt hatte.

Bis zum Juni hatte ich meine Gefühle soweit im Griff, daß ich den Dingen wieder etwas vernünftiger ins Auge blicken konnte. Es war nun sechs Monate her, seit ich den Regenwald verlassen hatte, sechs Monate, seit ich Yarima zuletzt gesehen hatte. Ich versuchte, nicht an sie zu denken, weil ich wußte, daß es mir nicht besonders gut bekam. Aber meine Gedanken trugen mich trotzdem immer wieder dorthin zurück. Ich erinnerte mich an jedes Wort der Rede, die ich vor den Hasupuweteri gehalten hatte. Doch welche Wirkung mochte diese Ansprache gehabt haben? Ich war mir sicher, daß sie eingeschlagen hatte, aber wie lange mochte sie nachgewirkt haben? Eine Woche? Einen Monat? Zwei Monate? Ich wußte ja, wie die Dinge im Dschungel liefen, und mittlerweile war Yarima 14 Jahre alt, eine ausgereifte Yanomami-Frau also. Ich wollte mir gar nicht vorstellen, was mit ihr geschah. Lieber dachte ich an etwas anderes – meine Aufzeichnungen über die Proteinaufnahme zum Beispiel. Vielleicht konnte ich ja doch mit meiner Doktorarbeit beginnen.

Ich hatte gerade damit angefangen, als mich ein weiterer Malariaanfall niederwarf. Sobald er vorbei war, machte ich mich wieder an die Arbeit, katalogisierte meine Aufzeichnungen und nahm mir die Aufgabe vor, meine Daten zu sortieren und zu analysieren. Im Herbst hielt ich einen weiteren Kurs mit Harris und einen mit Charles Wagley, einem der großen Experten für Indio-Kulturen im Amazonas-Gebiet.

Gleich im neuen Jahr wurde ich jedoch wieder krank. Als der Schüttelfrost und das Fieber abklangen, blieb ein häßlicher Husten zurück, der bald sehr heftig wurde. Von schweren Hustenkrämpfen geschüttelt, konnte ich weder schreiben noch denken. Schlafen war fast unmöglich, genauso wie Essen. Die Röntgenbilder zeigten etwas in meiner linken Lunge, irgendeinen Schatten, von dem niemand wußte, was es war. Möglicherweise ein Parasit, sagten die Ärzte, möglicherweise Krebs, vielleicht auch etwas anderes. Was es auch war, sie würden mich unters Messer nehmen und behandeln müssen.

Die Operation wurde am Shands-Krankenhaus in Gainesville durchgeführt. Die Ärzte entfernten eine gutartige Geschwulst aus meiner linken Lunge. Als ich wieder auf den Beinen war, lud mich ein venezolanischer Freund, der Mauricio Eggenschwiller hieß, in sein Haus in Colorado zur Erholung ein. Die reine Luft und die Stille, die mich dort umgaben, waren genau das Richtige. Ich joggte, schwamm, ruhte mich aus und dachte über meine Zukunft nach.

Eines Tages erhielt ich dort einen Brief von der venezolanischen Regierung, der mir von der Universität von Florida aus nachgeschickt worden war. Er kam aus dem Büro des Präsidenten. »Lieber Professor Good«, fing er an. »Im Rahmen unseres Volkszählungsprojekts laden wir Sie ein, an der Durchführung der Indio-Zählung im Sektor sechs des Yanomami-Gebietes teilzunehmen.« Auf den dem Brief beigefügten Karten fand ich den Sektor sechs. Er umfaßte das Gebiet zwischen Orinoco und Siapa. Es war genau dort, wo ich so viel Zeit damit verbracht hatte, die abgelegenen Dörfer der Shamatari-Yanomami zu erforschen und auszukundschaften.

Das Projekt sollte per Hubschrauber durchgeführt werden. Ich sollte mit einer Luftwaffencrew einfliegen, die Dörfer orten und die Einwohner zählen sowie Statistiken über Geschlecht und Alter anlegen. Auch andere ausländische Anthropologen waren angesprochen worden, um in diesem Gebiet die Volkszählung durchzuführen. Es waren Leute, die in den verschiedenen Regionen des venezolanischen Regenwaldes gelebt und gearbeitet hatten: die Franzosen Lizot und Chiappino und Colchester aus England. Die Bezahlung würde 10 000 Dollar betragen plus sämtlicher Spesen.

Zuerst wollte ich nicht mitmachen. Ich hatte mich sozusagen gerade erst vom Dschungel erholt und wollte meine Beziehung zu Yarima nicht wieder aufwärmen. Ich wußte, daß ich sie zerstört hatte, daß es aus und vorbei war. Ich war viel zu lange von ihr weg gewesen. Nun mußte ich versuchen, die Realität zu akzeptieren. Wie hätte das überhaupt gutgehen können? fragte ich mich. Was hättest du denn getan, dein ganzes Leben mit einem Indio-Mädchen im Dschungel verbracht? Von was hättest du gelebt? Was für ein Leben hättest du geführt? Was für ein Leben hätte sie gehabt, verheiratet mit einem Nabuh?

Der Haken war nur, daß ich nun ohne jeden Zweifel wußte, daß ich dort unten am glücklichsten gewesen war. Wäre ich bei Eibl-Eibesfeldt geblieben, hätte ich die Beziehung vielleicht aufrechterhalten können. Aber das war vorbei, und ich hatte mich der Möglichkeit beraubt, zum Amazonas und wieder zurück zu kommen. Vom Standpunkt der Vernunft aus war die Auflösung dieser Beziehung, die sich zu einer wirklichen Ehe hätte entwickeln können, sicherlich das Beste, sowohl für Yarima wie für mich. Warum sollte ich uns den ungeheuren Problemen aussetzen, die sich uns unweigerlich in den Weg stellen würden, wenn wir Mann und Frau wären? Nein. Ich wollte diese Beziehung nicht wiederaufnehmen, egal, wie sehr mir Yarima noch im Kopf herumspukte. Und wenn ich dorthinging, würde nicht genau das wieder passieren?

Aber die venezolanische Volkszählungsbehörde blieb hartnäckig. Tatsache war, daß ich bisher als einziger in das Gebiet des Sektors sechs vorgedrungen war und die Dörfer und Leute kannte – und selbst ich kannte nicht alle. Sie erforderte, daß ich nicht nur die Shamatari-Dörfer finden, sondern auch mit den Leuten reden mußte, ohne sie zu verschrecken oder Konfrontationen heraufzubeschwören. Also schrieben und telefonierten sie trotz meiner anfänglichen Weigerung weiter, sandten mir Karten des Gebiets und erläuterten mir die Bezahlung und die Mittel, die mir zur Verfügung stehen würden. Als mir so hart zugesetzt wurde, gab ich schließlich nach. Okay, dachte ich, das wird leicht sein – ich fliege einfach mit dem Hubschrauber hin, erledige es und komme dann wieder – mit genügend Geld für den Studienabschluß. Ich teilte der venezolanischen Behörde mit, daß ich mit ihren Bedingungen einverstanden sei. Dann strengte ich mich wie verrückt an, um wieder fit zu werden. Ich joggte, schwamm und machte täglich Radtouren, und rasch erlangte ich wieder die volle Funktionsfähigkeit meiner geschädigten Lunge.

Doch bei den Reisevorbereitungen stellte ich fest, daß meine Gedanken immer wieder zu Yarima wanderten. Sicherlich hat sie jetzt schon ihre erste Menstruation gehabt, und als junges, ungebundenes Mädchen ist sie höchstwahrscheinlich nicht allein geblieben, nicht im Urwald. Es gibt nur zwei Möglichkeiten. Entweder wird sie die ganze Zeit von jedem Mann im Dschungel als Freiwild betrachtet. Sie hätte dann keine andere Wahl, sie würde ständig verfolgt werden. Eher noch hat sie aber geheiratet. Yanomami-Mädchen sind mit 14 Jahren Frauen, die voll und ganz dafür gerüstet sind, die Verantwortung des Erwachsenenlebens zu übernehmen. Sicher hat sie einer zur Frau genommen. Mittlerweile mag sie sogar schon ein Kind haben. Was sich auch abspielen mag, sagte ich mir, du hältst dich da raus. Es ist vorbei.

Als ich in Caracas ankam und mich bei der Volkszählungsbehörde vorstellte, händigten sie mir die Papiere für den Sektor sechs aus. Aber sie wollten noch mehr von mir. Nun wollte die Regierung meinen Vertrag erweitern und Sektor sieben auch noch einschließen, vom Siapa die ganze Strecke bis zur brasilianischen Grenze. Ich war an einer Erweiterung meiner Aufgabe nicht interessiert. Ich sollte auf einer Anthropologentagung im Dezember in Washington einen Vortrag halten, und dazu hätte ich dann nicht mehr die Zeit. Die Volkszählungsleiter blieben aber hartnäckig und boten mir an, den Hin- und Rückflug nach Washington zu bezahlen. Sie wollten, daß ich den Vertrag für beide Sektoren auf der Stelle unterschrieb, da sie die Sache endlich abwickeln müßten. Ich unterschrieb.

Während der nächsten paar Tage holte ich mir meine Vorräte und meine Ausrüstung zusammen. Dann flog ich zur Platanal-Mission und erwischte ein Boot flußaufwärts mit einem Oberst der Nationalgarde, der für die Hubschrauberangelegenheiten im Rahmen der Volkszählung verantwortlich war. Er erzählte mir von seinem Vorhaben, die Insel bei den Guajaribo-Stromschnellen, auf der ich gestrandet war, zu roden. Das wäre der beste Platz für eine Landestelle und ein Nachschublager, wo die für die Erkundung und die Kontaktaufnahme benutzten Hubschrauber aufgetankt und wieder mit den nötigen Vorräten versehen werden konnten.

Von Caracas über Puerto Ayacucho und Platanal bis zu der Fahrt mit dem Oberst hielt ich Selbstgespräche über Yarima. Es ist aus, sagte meine innere Stimme, laß dich nicht wieder darauf ein. Vergiß es. Während ich von den Stromschnellen aus allein weitertuckerte, verstärkte sich dieser innere Monolog. Wag es nicht, dich da wieder hineinziehen zu lassen. Du hast genug durchgemacht. Du mußt dich jetzt am Riemen reißen. Du wirst deine Doktorarbeit fertig machen und unabhängiger sein. Sie hat sich jetzt schon ein anderes Leben eingerichtet. Also vergiß es einfach.

*Kenny hielt seine laute Rede vor Langbarts Platz. Er sagte den Männern, sie sollten mich nicht anrühren. Er war sehr böse und schlug auf den Hauspfeiler ein. Später schauten wir nach, und da waren Spuren am Holz, wo er zugeschlagen hatte. Es war ein sehr hartes Holz. Meine Mutter sagte ihm, sie würde nicht zulassen, daß jemand mich anrührt. Aber sie wußte, daß der Mann meiner großen Schwester mich schon lange als zweite Frau nehmen wollte. Er mochte es nicht, als Langbart Kenny sagte, er soll mich zur Frau nehmen. Ich wollte nicht die zweite Frau von Abamis Mann werden. Er war ein alter Mann und oft böse.*

*Als Kenny fortging, weinten meine Mutter und ich. Großer Bruder sagte, daß Kenny wiederkommen würde, aber erst nach vielen Monden. Wir machten wieder einen Wayumi, und nach unserer Rückkehr kamen die Patanoweteri zu unserem Shapono auf Besuch. Sie sagten uns, daß Kenny nicht wiederkommen würde. Großer Bruder sagte, daß die Patanoweteri bei den Padres wohnten, also müßten sie es wissen. Die Pfirsichpalmsaison war gekommen und schon wieder gegangen. Manchmal hängte ich meine Hängematte im Haus der großen Schwester auf. Ihr Mann hatte es mir aufgetragen. Ich war gern beim Baby und der großen Schwester. Ich kümmerte mich gern um sie.*

*Eines Tages, als ich das Baby meiner Schwester trug, bemerkte ich, daß ich Blut am Schenkel hatte. Ich wußte, daß mein* yiipimu *gekommen war. Als ich es meiner Mutter sagte, schickte sie mich hinten ins Haus, während sie und die große Schwester in den Wald gingen, um Blätter vom »yiipi«-Baum zu holen. Dann machten sie aus den Blättern ein Häuschen für mich. Ich saß dann viele Tage drin. Ich aß und trank nur, was sie mir brachten. Wenn mich ein Moskito biß, mußte ich mich mit einem Stöckchen kratzen. Als ich herausdurfte, nahmen sie mich mit in den Wald und schmückten mich mit Armbändern aus Baumwolle. Sie legten mir einen Rock um die Hüften und flochten schöne weiße Daunen in mein Haar. Als ich das Shapono betrat, schritt ich mit meinen Armbändern und meinem Rock über den Hof. Alle schauten auf mich, als ich langsam zur Feuerstelle meiner Mutter rüberging.*

Ich traf zuerst auf die Patahamateri. Sie waren der erste Stamm am Fluß in meinem Sektor, und ich verbrachte dort zwei Tage mit den Erhebungen. Als ich fertig war, machte ich mich mit drei Patahamateri-Führern landeinwärts zu den Hasupuweteri auf. Doch als ich dort ankam, war Yarimas gesamte Sippe verschwunden. Die einzigen Leute, die da waren, war Orawes und Roters Sippe. Aber sie erschienen mir wachsam, zurückhaltend und verängstigt. Sie betrachteten mich genau, als ich hereinkam und meine Hängematte am üblichen Platz neben Orawes Feuerstelle aufknüpfte.

Ich erwartete keinen begeisterten Empfang – das war nicht die Art der Yanomami. Aber dies entsprach auch nicht meinen Erwartungen. Spürbare Spannung lag in der Luft. Selbst Orawe und Roter, meine engsten Freunde, sahen mich merkwürdig an. Freilich war ich anderthalb Jahre nicht dagewesen, aber warum dieses sonderbare Verhalten? Hatte ich etwas angestellt? War in meiner Abwesenheit etwas Schreckliches geschehen?

Am Abend war die Atmosphäre schon etwas gelöster. Ich merkte, wie die Besorgnis schwand, obwohl die Leute mich immer noch im Auge behielten und eher Distanz wahrten. Doch als ich mich häuslich einrichtete, schienen die Dinge sich wieder zu normalisieren. Am nächsten Abend setzte sich Roter zu mir und erzählte, warum alle so auf der Hut gewesen waren. Am Tag vor meinem Eintreffen sei einer der Patahamateri mit der Nachricht angerannt gekommen, daß ich in ihrem

Dorf sei. Ich sei erzürnt, sagte er. Diesem Patahamateri zufolge hätte ich gelobt, die Hasupuweteri zu überfallen. Ich hätte geschworen, meiner Frau den Kopf abzuschneiden und alle Leute ihrer Sippe umzubringen. Deshalb hatten sie Angst bekommen und waren davongerannt.

Als ich das hörte, war ich verärgert, aber nicht sonderlich überrascht. Ich wußte zur Genüge, daß das Lügen unter den Yanomami weit verbreitet ist. Gerüchte und Geschichten sind das Lebensblut der Region. Keiner wußte, was das Motiv dieses Patahamateri gewesen sein konnte oder ob er überhaupt ein Motiv gehabt hatte. Lügen ist oft eine politische Strategie, aber es kann genausogut nur zur Unterhaltung oder einfach nur so vorkommen. Was mich enttäuschte, war aber, daß Yarimas Sippe die Geschichte geglaubt hatte. Andererseits dachte ich mir: Welcher Mensch, der einigermaßen bei Trost ist, würde ausharren, um herauszufinden, ob so eine Geschichte wahr ist? Aus der Sicht der Yanomami bedeutete das, sie mußten abhauen, bevor ich kam. Selbstverständlich würde Shori uns nicht umbringen – aber wer wird dableiben, um das herauszufinden? Was die Volkszählung betraf, so war es egal, ob sie da waren oder nicht. Ich wußte sowieso, wie viele Hasupuweteri es gab, und Roter konnte mich über Geburten und Sterbefälle während meiner Abwesenheit unterrichten. Dennoch würde mein Bericht seltsam ausfallen: Ich war schließlich angestellt worden, um in diesem Gebiet die Volkszählung durchzuführen, weil ich den Dschungel und die Leute so gut kannte. Und das erste, was bei meiner Ankunft passierte, war, daß sie in den Wald verschwanden.

Ich war traurig und enttäuscht darüber, Yarima nicht zu sehen, aber nicht sehr – das redete ich mir zumindest ein. Schließlich waren anderthalb Jahre vergangen, seit ich sie das letzte Mal gesehen hatte. Sie gehörte nicht mehr zu meinem Leben, Punkt.

Ich machte mich an die Arbeit, aber ohne große Eile. Ich hatte keinen bindenden Abgabetermin, und als ich mich wieder häuslich einrichtete, fühlte ich mich immer behaglicher, immer mehr zu Hause. Meine alten Freunde kamen auf einen Schwatz herüber. Einige von ihnen hatten inzwischen Babys bekommen. Sie erzählten mir von ihrem Leben, seit ich sie verlassen hatte. Sie waren offensichtlich froh, mich wiederzusehen, so wie ich glücklich war, bei ihnen zu sein.

Die ganze Zeit über bemühte ich mich, unbeteiligt und entspannt zu wirken, doch unter dieser Maske war ich sehr angespannt und wütend darüber, daß Yarimas Leute weggelaufen waren. Hätten sie es nach der ganzen Zeit nicht besser wissen sollen? Wir hatten zusammen schon so viel durchgemacht – die Trecks, die Jagden, Freundschaften, Mühsale, das Lachen und das Scherzen. Warum hatten sie zusammengepackt und waren abgehauen? Und warum waren sie jetzt immer noch nicht zurück?

Am dritten Tag hatte ich die Zählung von Orawes Sippe beendet und holte mir von Roter neue Informationen ein. Ich hatte ihm gegenüber nichts von Yarima erwähnt, wünschte aber doch, daß er meine Gedanken lesen konnte. Wenn mich jemand verstehen konnte, dann er. Aber ich wollte nicht darüber reden. Ich wollte immer noch, daß diese Gefühle vorbei waren, und daß sie nicht wieder in mir hochkochen würden.

Roter setzte sich in die zusätzliche Hängematte, die ich neben meine geschlungen hatte, und sprach mit mir. Sicher spürte er, daß etwas nicht stimmte. Ich war mit diesem Mann in frühen Tagen stunden-, ja tagelang zusammengewesen und hatte mit ihm über Yarima und die Heiratsbräuche der Yanomami gesprochen. Er war derjenige gewesen, der mir gesagt hatte, was zu tun war. Er hatte mir gesagt, wie ich vor meiner Abreise zu den Leuten sprechen sollte. Er war mein engster Gefährte und Freund gewesen. Jetzt war ich nach so langer Zeit wieder hier und hatte Yarima noch nicht erwähnt, genausowenig wie er. Ich hatte nicht gefragt, ob sie verheiratet war und ob es ihr gutging. Ich hatte sie überhaupt nicht erwähnt. Aber er wußte dennoch ganz sicher, was in mir vorging.

Am anderen Morgen berichtet mir Roter, daß einige der Männer am vergangenen Abend Pekari-Spuren gesehen hätten. »Ich denke, sie sind noch in der Nähe«, sagte er. »Wir haben ganz schön Hunger auf Fleisch. Wir werden versuchen, einige abzuschießen. Ich bin später wieder da.« Dann nahm er Pfeil und Bogen und verschwand.

Es irritierte mich, daß er wegging. Er kannte mich doch, dieser Roter, dieser Oporawe. Ich sage zwar nichts darüber, dachte ich, und er sagt auch nichts, aber er kennt mein Gefühl zu Yarima. Er weiß, was ich durchmache, auch wenn keiner von uns ein Wort gesagt hat. Wie kann er einfach weggehen und Pekaris jagen?

Später am Nachmittag lag ich in meiner Hängematte mit Tanashinas Baby auf dem Schoß, während die Frauen um mich herum am Boden saßen und redeten. Das Gespräch plätscherte so dahin, Klatsch und Tratsch über dieses und jenes. Ich sah auf die Uhr; es war fünf. Ein kühler, sonniger Nachmittag, zum Glück ohne Insekten.

Auf einmal wurde es still. Die Frauen erstarrten. Dann standen sie auf und verteilten sich auf ihre Hängematten. Ich sprang auch auf und übergab das Baby seiner Mutter. Was war los? Waren Besucher gekommen? Wurden wir überfallen? Ich wirbelte herum zum Shapono-Eingang und sah durch die Öffnung Roter und Langbart ins Dorf marschieren. Hinter ihnen kam Yarima. Sie umklammerte ein Bündel Wurzeln in ihrer Hand und schluchzte.

# Die Volkszählung

*Es war früh am Morgen, als der Patahamateri mit dem Namen Shidowe in unser Haus gerannt kam. Er war sehr aufgeregt. Er erzählte Langbart, daß Yarimas Mann zurückgekommen sei. Er sagte Langbart auch, daß Yarimas Mann in Patahamateri sei und sehr böse wäre. Er sagte, Yarimas Mann werde in unser Shapono kommen und alle Leute umbringen. Er sagte, er werde mir den Kopf abschneiden. Als wir das hörten, sprangen wir alle auf und fingen an, unsere Sachen zu packen. Wir hatten große Angst und wollten uns tief in den Dschungel zurückziehen. Nun lebte ich die ganze Zeit mit der großen Schwester und ihrem Mann zusammen. Zuerst hatte meine Mutter mir gesagt, ich sollte nicht bei ihnen bleiben. Aber dann hat sie damit aufgehört. Niemand dachte mehr, daß Kenny je zurückkommen würde. Alle Nabuh verschwinden und kommen nie wieder, auch Kenny nicht. Aber nun war er gekommen, und der Patahamateri sagte, er habe geschworen, uns umzubringen.*

*Ich trug das Baby der großen Schwester, und Große Schwester trug die Bananen in ihrem großen Korb. Die Männer liefen voraus und wir hinterdrein. Wir gingen einen Tag, dann schlugen wir unser Lager auf. Wir gingen auch am nächsten und übernächsten Tag. Wir waren bereits weit weg vom Shapono, als Geierbauch und sein jüngerer Bruder uns einholten. Sie sagten, daß sie mich holen gekommen seien. Sie sagten, Kenny wolle, daß ich zurückkehrte. Er sei nicht böse und würde niemandem was antun. Langbart sagte mir, ich sollte meine Hängematte packen. Der Mann meiner großen Schwester sagte mir auch, ich solle gehen.*

*Langbart ging mit uns, und wir liefen den ganzen Tag sehr schnell. Vor Einbruch der Dunkelheit trafen wir wieder im Wawatoi-Garten ein. Als wir in das Shapono traten, bekam ich Angst. Ich zitterte. Was wäre, wenn der Patahamateri doch recht gehabt hätte? Er sagte, alle Nabuh werden sehr wild, wenn sie böse sind. Ich konnte sehen, daß um Kennys Hängematte viele Frauen saßen. Doch als sie uns erblickten, rannten sie weg. Kenny sprang von seiner Hängematte auf und schaute uns an. Ich mußte weinen. Langbart hockte sich vor Kenny hin und hörte zu, als Kenny ihm sagte, daß er sehr böse auf ihn sei. Aber Kenny sah nicht böse aus und sprach auch nicht laut. Er sagte ihm, er sei enttäuscht, daß Langbart vor ihm davongelaufen sei. Er sei enttäuscht, daß Langbart die Lügen über ihn geglaubt habe. Warum habe er die Lügen des Patahamateri geglaubt? Als Kenny mich ansah, wußte ich, daß er nicht böse war. Er lächelte mich an, und ich war glücklich. Ich hörte zu weinen auf. Dann hängte ich meine Hängematte neben seiner auf und legte mich hinein, um auszuruhen. Meine Beine waren sehr müde vom schnellen Laufen.*

Langbart kam herein und hockte sich vor mich hin. Er war überaus nervös. Die vor meiner Abreise gehaltene Ansprache hatte offenbar nachhaltig gewirkt. Roter kam her und sagte: »Ich wußte, daß du sie sehen wolltest und hatte vor, sie herzuholen. Aber ich wußte nicht, ob ich sie finden und herbekommen würde. Deswegen wollte ich vorher nichts verraten.«

Mich traf fast der Schlag, als ich Yarima sah. Einen Moment lang war ich sprachlos. Sie sah so verändert aus. Dann riß ich meine Augen von ihr los und sah Langbart an. »Wie konntest du solche Lügen glauben?« fragte ich. »Nach all der Zeit, die wir zusammengelebt haben?« Während ich sprach, rollte Yarima ihre Hängematte auseinander und knüpfte sie neben meiner auf.

Da waren wir also wieder. Es war schon überraschend, sie zu sehen. Aber noch mehr erstaunte mich die enorme äußerliche Veränderung, die sie seit meiner Abreise durchgemacht hatte. Anderthalb Jahre waren vergangen, die entscheidendste Phase ihres Lebens. Sie hatte sich dramatisch verändert, ganz auffallend. Sie war zu einer atemberaubend schönen jungen Frau erblüht. Ihre kindlichen Züge waren verschwunden. Nun hatte sie fraulich gerundete Brüste und Hüften. Ihr hübsches Gesicht war voller, dunkler, und ihre Augen stachen schwarz aus dem tiefen Bronzeton ihrer Haut hervor. Ich hatte Roter nicht gebeten, sie zurückzuholen. Ich hatte es nicht erwartet. Aber auf einmal war es geschehen: Yarima war da, und ihre Hängematte hing neben meiner.

Am nächsten Tag traf ihr Bruder ein. Es hatte sich herumgesprochen, daß ich nicht wütend war und daß ich keinem was zuleide tat. Er berichtete, alle seien auf dem Heimweg. Als die Gruppe ankam, richtete sie sich wieder häuslich ein, als wäre nie etwas gewesen. Nach Yanomami-Art brauchten sie etwa fünf Minuten, um sich in ihrem Shapono auf der anderen Seite des Gartens wieder einzurichten, wohin sie nach der Abspaltung von Orawes Sippe vor fast zwei Jahren gezogen waren. Ich besuchte sie dort, erneuerte meine Freundschaft zu Langbart, Yarimas Mutter und ihrem älteren Bruder sowie zu den anderen Mitgliedern der Gruppe, denen ich in der Vergangenheit schon nahegestanden hatte. Niemand sprach mehr über den Vorfall oder warum sie weggelaufen waren. Das Ganze löste sich in Wohlgefallen auf. Es war, als wäre nie etwas vorgefallen.

Während der nächsten Tage zählte ich die Neuankömmlinge. Dann rief ich die jungen Männer von beiden Hasupuweteri-Sippen zusammen, um einen Landeplatz für die Luftwaffenhubschrauber freizulegen, die meiner Erwartung nach bald auftauchen würden, um mich ins Landesinnere zu befördern. Sie würden von Platanal kommen, wo ein Lager zum Auftanken eingerichtet worden war, auf der Guajaribo-Insel landen und von dort dann nach Hasupuweteri gelangen. Wir würden zusammen zum Siapa und zur brasilianischen Grenze fliegen. Alle Helikopterrouten waren sorgfältig festgelegt. Nun würden wir sehen, ob sie wirklich der Aufgabe gewachsen waren, die kleinen Dörfer, die im endlos grünen Meer des Dschungels versteckt waren, zu finden.

Im Verlauf der nächsten Tage kamen Yarima und ich uns allmählich wieder näher. Es war ohnehin eine heikle Situation. Sie wurde aber noch dadurch kompliziert, daß ich so lange weggewesen war und daß sich meine Rückkehr so traumatisch gestaltet hatte. Ich bemerkte an ihr eine Zurückhaltung, die vorher nie dagewesen war, eine Unsicherheit in ihren Augen, sogar eine Andeutung von Furcht. Vorher war sie ein junges, heranwachsendes Mädchen im Schoß ihrer Familie, und die Bindung zwischen uns beiden war eine andere, leicht auflösbare gewesen. Jetzt, mit etwa 15 Jahren, war sie nach Yanomami-Maßstäben eine erwachsene Frau.

Yarima verstand, daß dies eine neue Situation war. Wir waren nun wirklich Mann und Frau. Ihre Hängematte hing neben meiner, an meiner Feuerstelle. Für jede junge Frau war dies eine ungewisse Zeit sowohl voller Befürchtungen wie auch Glücksgefühlen. So ging es auch Yarima, nur war es für sie noch anstrengender. Sie mußte mich erst wieder kennenlernen, und sie mußte die Gerüchte und Drohungen innerlich bewältigen, die ihr eine Todesangst eingejagt hatten.

Für mich bedeutete das auch eine Zeit der Anpassung. Ich war zu einem mir schon bekannten Leben zurückgekehrt, das in vieler Hinsicht gleichgeblieben war, und sich jedoch in mancher Hinsicht auch tiefgreifender gewandelt hatte. Dieses schöne Mädchen Yarima – das ich schon so lange kannte und bei deren Erziehung ich mitgeholfen hatte – war zur Frau geworden, zur Ehefrau, die sie werden sollte. Doch nun, als es soweit war, war ich nicht darauf vorbereitet. Trotz der Verlobung, der Beispiele anderer um mich herum und der kulturbedingten Erwartungshaltung der Yanomami, die mir so vertraut geworden war, mußte ich mich erst an diese Idee gewöhnen. Ich mußte sie anprobieren und mich darin wohl fühlen.

Ich wollte nichts überstürzen. Ich wollte Yarima nicht drängen, genausowenig wie mich. Ich hatte ja schon so lange Zeit im Dschungel ohne eine sexuelle Beziehung gelebt. Also konnte das bestimmt noch warten. Das Glück, wieder in Hasupuweteri zu sein, genügt mir im Augenblick vollkommen; der Rest konnte warten. Ich hatte mir eingeredet, es wäre alles vorbei – und nun war es mir wie durch Zauber wiedergeschenkt worden. Nun hatte alles Zeit.

Kurz nachdem wir zusammengezogen waren, hatte Yarima ihre Periode, also wußte ich, daß sie zumindest nicht schwanger war. Aber ich war immer noch nicht sicher, was sich in meiner Abwesenheit zugetragen hatte. Ich kannte ja die Yanomami-Männer. Sie packten sich einfach eine Frau, die draußen beim Sammeln war, und fielen über sie her. Für sie war das kein Verbrechen oder eine asoziale Abscheulichkeit. Es geschah einfach. Es gehörte zum Normalverhalten. In einer so kleinen, abgeschlossenen Gemeinschaft war dies, abgesehen von den Seitensprüngen, der einzige Weg für unverheiratete Männer, ein sexuelles Erlebnis zu haben. Aber vielleicht ist auch nichts gewesen, dachte ich. Vielleicht hat ihr das Zusammenleben mit ihrer Schwester und ihrem Schwager einigen Schutz geboten.

Ich dachte auch viel über *nohi harupo* nach, wörtlich »Eifersucht« oder »Argwohn«, obwohl der Begriff bei den Yanomami eine Macht hat, die unsere Sprache nicht vermittelt. Eines Abends, als Orawe mir einen Besuch abstattete, brachte er das Gespräch auf Ehefrauen. Er saß in meiner Hängematte. Sein intelligentes Gesicht wurde vom Feuer angestrahlt, und er sagte: »Kleiner Bruder, weißt du, was Nohi harupo ist? Wenn du es nicht schon weißt, dann wirst du es jetzt erfahren. Du wirst es echt erfahren. Du wirst nie mehr in Frieden leben. Du wirst immer auf sie aufpassen müssen.« Er nickte zu Yarima hinüber, die ein paar Meter entfernt mit seiner Frau an deren Feuer schwatzte. »Wenn sie zum Sammeln geht, wirst du aufpassen müssen. Wenn sie Brennholz machen geht, wirst du aufpassen müssen. Du wirst vor lauter Aufpassen keine Ruhe mehr haben. Noch nicht einmal, wenn sie schwanger wird, wirst du das Aufpassen seinlassen können. Erst, wenn sie dir das erste Kind schenkt.«

Ich wußte bereits, was er da ansprach. Es führte kein Weg daran vorbei. Yarima war überaus attraktiv, in der herrlichsten Blüte ihrer Schönheit. In all den Jahren bei den Yanomami hatte ich nur eine andere Frau gesehen, deren Schönheit mit ihrer vergleichbar war. Das war auf meiner allerersten Reise hierher mit Chagnon, Carneiro, Bill Sanders und meinen Kommilitonen Eric und Ray gewesen. Als wir bei Jacques Lizots Dorf landeten, hatten sich alle Indios am Ufer versammelt. Unter ihnen war auch eine junge Frau, die so umwerfend aussah, daß wir uns alle einen Augenblick in ihren Anblick vertieften. Eine derartige Schönheit ist selten im Dschungel, wo die Indio-Frauen im großen und ganzen nicht dem westlichen Schönheitsideal entsprechen. Aber die Schönheit jener Frau war so außergewöhnlich, daß sie uns alle verwirrt hatte. Als dies der Mann neben ihr – ihr Gatte, vermutete ich – sah, fing er mit den Armen zu wedeln an und rief uns zu: »Iba, iba, iba«, was, wie ich später herausfand, »Mein, mein, mein« heißt. Dieser Mann muß wegen Nohi harupo tausend Tode gestorben sein.

Yarima war für alle Yanomami-Männer sicherlich in ihrem begehrenswertesten Lebensabschnitt, in ihrer vollen Blüte. Ich wollte sie wahrhaftig nicht allein Brennholz holen oder sammeln gehen lassen. Ich konnte die sexuelle Spannung in der Luft spüren, das verzehrende

Verlangen, zumindest unter den jungen Männern, die als mögliche »Ehemänner« für sie in Frage kamen, also nicht zu ihren »Brüdern« gehörten, die durch das Inzesttabu gehemmt waren. Wie Orawe sagte, hatte ein Mann mit einer jungen Frau nie Ruhe. Nohi harupo hörte bei ihm nie auf. Selbst wenn sie schwanger war, hielten die Yanomami es für angebracht, eine junge Frau zu beobachten, weil sie glaubten, daß Sex während der Schwangerschaft das Wachstum des Fötus beeinträchtige.

Ich spürte die Spannung und versuchte, damit umzugehen. Ich wollte daran glauben, daß Yarima mir treu wäre, aber ich wußte, daß die Treue jeder Frau hier ihre Grenzen hatte. Treue wurde im Yanomami-Land nicht als Maßstab angesehen, geschweige denn als moralisches Prinzip. Hier hieß es: jeder für sich. Entführen, Vergewaltigen, sogar Umbringen – all dies wurde nicht nach moralischen Maßstäben gemessen. Es wurde nicht in Begriffen von richtigem oder unrichtigem sozialen Verhalten beurteilt. Hier tat jeder, was er konnte, und jeder verteidigte seine eigenen Rechte. Ein Mann stand auf, brüllte und geiferte einen anderen an, weil dieser Bananen aus seiner Gartenparzelle gestohlen hatte, und dann ging er hin und machte genau das gleiche. Ich schütze mich, du schützt dich. Du versuchst etwas, und wenn ich dich erwische, bist du dran. Generell verlief das Leben hier in geordneten Bahnen, teilweise wegen der Abneigung der Leute, sich auf Kämpfe einzulassen, aber auch wegen der unausgesprochenen Bedeutung des Gemeinschaftsinteresses. Im großen und ganzen begingen sie keine unsozialen Handlungen, weil sie die grundlegende Harmonie der Gruppe aufrechterhalten wollten. Also würde einer meistens die Pflanzung oder den Besitz eines anderen respektieren.

Doch Sex war ein anderes Kapitel. Der Geschlechtstrieb brauchte ein Ventil, besonders bei den jungen Männern. Er ließ sich nicht unterdrücken. Deshalb hatten die persönlichen und sozialen Einschränkungen weniger Macht und wurden radikaler mißachtet. Demzufolge hatte eine Frau oft gar keine Wahl. Und wenn eine Frau vergewaltigt worden war, sagte sie es nicht ihrem Mann, weil sie wußte, daß der sie schlagen oder ihr Schlimmeres antun würde. In den meisten Fällen wurde der Mann äußerst wütend sowohl auf seine Frau wie auf den

Mann, der sie vergewaltigt hatte. Aber seine Wut hatte so gut wie nie die Intensität und Dauer, um einen das Dorf erschütternden Konflikt heraufzubeschwören, außer vielleicht, wenn die Frau sehr jung war und noch kein Kind geboren hatte. In diesem Fall mochte der Ehemann schon zu dem Entschluß kommen, daß er es nicht tolerieren konnte. Manch einer verlor völlig die Beherrschung und ließ sich zu Gewalttätigkeiten hinreißen. Er wünschte sich sehnlichst, seine Familie wenigstens selbst zu gründen und nicht, daß ein anderer seine Frau schwängert. Da kann dann Nohi harupo in vollem Ernst ausbrechen.

Zu diesem Zeitpunkt wollte ich nichts anderes als nur mit Yarima zusammensein. Inzwischen war ihr Bruder zu uns gezogen, und hatte seine Hängematte auf die andere Seite der Feuerstelle gehängt. Früh am Morgen gingen wir beide dann zusammen auf die Jagd, während Yarima mit den anderen Frauen zur Pflanzung ging, um Bananen zu ernten. Doch sowohl Yarima als auch ich blieben stets in der Nähe. Täglich erwartete ich, die Luftwaffenhubschrauber anfliegen zu hören. Deshalb gab es keine geruhsamen tagelangen Sammelgänge in den Wald. Selbst zwei Stunden lange Märsche machten mich nervös. Ich durfte die Hubschrauber nicht verpassen. Demzufolge lebten wir nicht ganz das normale Yanomami-Leben. Wir verbrachten die meiste Zeit im Shapono. Ich schrieb dann – selbst jetzt hörte ich nie auf, Beobachtungen und Ernährungsdaten aufzuzeichnen – und hörte Musik, während ich zusah, wie Yarima Perlen, die ich ihr geschenkt hatte, auf eine Kette aufreihte. Sie betreute die Kinder ihrer Schwester, wenn diese im Wald oder in den Gärten war oder ihrer Mutter beim Brennholzsammeln half. Ich staunte über Yarimas Fröhlichkeit und ihre goldglänzende Schönheit, die mit jedem Tag noch strahlender zu werden schien.

Ich fragte mich oft, ob die Yanomami Schönheit genauso beurteilten wie ich. Einige Beobachtungen ließen mich daran zweifeln. Hudowe war ein Beispiel. Er war ein starker junger Jäger, der seit Jahren Yarakawes Frau nachgestellt hatte. Er beschimpfte Yarakawe und kämpfte mit Knüppeln gegen ihn. Er schlug Yarakawe k.o., bis er Blut spuckte. Er schlug ihm den Schädel auf. Er mißhandelte ihn in jeder

Weise, außer, daß er ihn erschoß. Aber Yarakawe hielt alledem stand und weigerte sich, nachzugeben oder seine Frau aufzugeben. Das ging jahrelang so. Es war eine ständige Beunruhigung für das ganze Dorf und das alles wegen einer Frau, die erheblich älter war als Hudowe, außerdem dick und ungewöhnlich häßlich, jedenfalls in meinen Augen. Zu allem Überfluß roch sie nicht gut – eine der wenigen Frauen, die nicht gerne badeten.

Eine Woche lang wartete ich auf die Hubschrauber. Dann wartete ich noch eine zweite Woche. Eines Tages hörte ich sie in der Ferne kreisen und suchen. Schließlich wurde das Dröhnen der Motoren schwächer und verschwand. Sie hatten mich nicht finden können. Deshalb entschloß ich mich, auf eigene Faust anzufangen, zu Fuß. Ich wollte auf dem Landweg in den Urwald vorstoßen.

Ich packte das Notwendigste zusammen, suchte mir ein paar Führer aus und brach mit Yarima und ihrem Bruder nach Mokaritateri auf, dem nächsten der Dörfer im Landesinnern. Es war die Gemeinschaft, mit der ich vor sechs Jahren zuerst in Berührung gekommen war. Zwei Stunden nach Aufbruch hörten wir das Geräusch von Hubschraubern aus der Richtung des Dorfes. Wir hörten, wie sie immer wieder darüber kreisten, aber wir waren schon zu weit weg, um umzukehren. Wir hätten sie nur wieder verpaßt, und wer weiß, wann sie wiederkommen würden. Also zogen wir weiter und kamen am späten Nachmittag in Mokaritateri an. Am nächsten Tag führte ich die Volkszählung durch, und am darauffolgenden Tag kehrten wir zurück. Es war ein vergnüglicher Ausflug – durch die Kontakte erleichtert, die ich in früheren Jahren geknüpft hatte.

Als wir zurück waren, stellte ich fest, daß die Helikopter tatsächlich beim zweiten Anflug unsere Landefläche ausgemacht und, obwohl ich nicht dort war, einige Vorräte für mich dagelassen hatten. In meinem Häuschen befand sich eine ganze Kistenladung Buschmesser, Geschenke für die verschiedenen Häuptlinge. Sie hatten sie eines nach dem anderen durch das hohe, schmale Fenster meiner Hütte geschoben und dazu das Gitter herausgenommen. Sie hatten Orawe auch Kisten voller Aluminiumtöpfe für mich in Verwahrung gegeben. Zu meiner großen Überraschung und Enttäuschung hatte Orawe auch eine Nachricht für mich von Roberto Lizarralde, dem prominenten venezolanischen Anthropologen, der die Volkszählung bei den Yanomami betreute. Überraschenderweise hatte er das Helikopter-Team hierherbegleitet und mich besuchen wollen. Lizarralde war ein alter Bekannter noch aus venezolanischen Unizeiten, und es war schade, daß wir uns verpaßt hatten.

Mit neuen Vorräten an Geschenken ausgestattet, brach ich nach ein paar Tagen wieder auf, diesmal nach Hawaroweteri, ein Viertagemarsch nach Südwesten. Im Shapono der Hawaroweteri hingen Yarima und ich wie in Mokaritateri unsere Hängematten nebeneinander auf. Und wie in Mokaritateri akzeptierten die Hawaroweteri sie völlig als meine Frau. Die ganze Situation war mir immer noch fremd, und ich hielt Ausschau nach einer Geste oder Bemerkung, die mir gezeigt hätte, daß es ihnen doch merkwürdig vorkam. Da kommt ein Weißer im Dschungel mit einer Yanomami-Frau daher. Das war das erste Mal in der Geschichte dieses Stammes. Es war wahrscheinlich das erste Mal in der Geschichte ähnlicher Stämme überhaupt. Ich fragte mich manchmal selbst: Ist es wahr? Werden sie es tatsächlich annehmen? Doch im weiteren Verlauf bemerkte ich Anzeichen, daß unsere Beziehung ernst genommen wurde. Alle sprachen Yarima als meine Frau an, kein Schmunzeln, sondern eine schlichte, normale Anrede – meine Frau.

Einige Wochen waren vergangen, seit Roter Yarima in das Shapono zurückgeholt hatte. Obwohl wir zusammenlebten, zusammen wanderten und uns wieder aneinander gewöhnten, war das Sexuelle noch nicht von Belang gewesen. Ich wollte, daß die Dinge ihren natürlichen Verlauf nahmen. Wenn Yarima sich völlig eingewöhnt hatte, würde es passieren. Außerdem mußte die erste Landefläche freigeschlagen werden – eine Heidenarbeit. Dann kamen der Ausflug nach Mokaritateri und die lange Reise nach Hawaroweteri, und die Yanomami verkehrten unterwegs nicht sexuell miteinander. Geschlechtsverkehr unter Ehepaaren fand fast immer tagsüber statt, im Wald oder in der Umgebung der Pflanzungen. Ein Paar mochte vielleicht ein bevorzugtes lauschiges Plätzchen oder auch mehrere haben. Wenn sie dann allein waren, weg von der Siedlung, dann war die Zeit dafür da. Wenn Frauen sich über sexuelle Vernachlässigung beklagten, sagten sie: »Er nimmt mich nicht mehr zum Sammeln mit.« Oder: »Er geht nicht mehr mit mir zusammen angeln.« Alle wußten dann, was das bedeutete.

Mehrere Wochen waren verstrichen, und es hatte sich noch keine Gelegenheit für mich und Yarima ergeben, allein zu sein. Ich hatte mich allerdings auch nicht allzusehr darum bemüht. Roter brachte schließlich die Rede darauf, indem er mir sagte, es wäre Zeit, daß ich mit Yarima sexuelle Beziehungen aufnähme. Er erledigte das mit gewissem Feingefühl. Ich denke, er hatte Verständnis dafür, daß ich einerseits Yarima nicht drängen wollte und daß es mir andererseits auch selbst noch schwerfiel, die Situation zu akzeptieren. Ich steckte noch in der Gewöhnungsphase an das nun Wirklichkeit gewordene Eheleben mit Yarima. Wir waren nicht mehr verlobt. Sie war kein Mädchen mehr. Es war Zeit.

»Sie ist deine Frau«, sagte er eines Tages, während wir beim Angeln waren, »du mußt dich mit ihr vereinigen. Wenn ihr baden geht«, sagte er, »ist die beste Zeit dafür.« Und er fing an, mir Instruktionen zu geben, wie alles vorzubereiten sei. »Mitten im Dschungel gibt es herrliche Bäche, reines klares Wasser unter einem dichten Baumbaldachin. Das Wasser ist trinkbar. Die Sonne dringt hier und da durch und erhellt das Dunkel unter dem Blätterdach mit Lichtstrahlen. Da kannst du ganz unbesorgt sein. Niemand wohnt in der Nähe, und niemand wird dich stören. Macht es am Bach«, riet mir Roter, »aber räum erst einen kleinen Fleck von Unterholz frei, damit der Boden schön weich ist. Dann geh mit ihr dahin.«

Ich folgte seinem Rat und räumte einen Platz frei. Also gut, dachte ich, morgen wird der große Tag sein.

Am nächsten Tag bat ich Yarima, mit mir einen Spaziergang an den Bach zu machen. Es hatte die ganze Nacht geregnet, und als wir weggingen, lag immer noch ein leichter Dunst in der Luft. Ich war sicher, daß sie wußte, was ich vorhatte. Auf dem Hinweg sprachen wir nicht miteinander. Ich konnte geradezu die Hitze ihres Körpers fühlen, als sie dicht hinter mir auf dem schmalen Pfad ging. Doch als wir an die Stelle kamen, war die so sorgfältig von mir geschaffene Lichtung vollkommen überschwemmt. Der Bach war über die Ufer getreten und hatte die Ecken und Winkel entlang seines Laufs überflutet. Es sah nun ganz anders aus, feucht, schlammig und beinahe nicht wiederzuerkennen. Verdammt, dachte ich, und fragte mich, was Yarima wohl dachte.

Doch das brach das Eis. Nun wußten wir beide, daß wir bereit waren, und spät in der Nacht vollzogen wir in meiner großen Hängematte unsere Ehe, wobei wir versuchten, so leise wie möglich zu sein, damit wir die neben uns Schlafenden nicht weckten.

Yarima und ich gewöhnten uns bald daran, gemeinsam in einer Hängematte zu schlafen, eine Erfahrung, die den Yanomami fehlte. Die traditionelle Hängematte der Yanomami war klein. Sie bot kaum genug Platz für eine Person, und die Füße des Liegenden mußten auf der Halteschnur ruhen. Erst dachte ich, es sei merkwürdig, daß sie ihre Hängematten so kurz machen, und in der ersten Zeit meines Aufenthalts schlug ich ihnen sogar vor, daß sie es bequemer hätten, wenn sie sie um 30 Zentimeter verlängerten. »Warum machst du sie nicht länger?« fragte ich einen der Männer, während er eine neue Hängematte anfertigte. »Entspannt euch etwas, macht es euch bequem. Ihr braucht dann eure Füße nicht mehr auf die Schnur legen.« Der Mann starrte mich verständnislos an. Er wußte nicht, warum sie so kurz gemacht wurden, aber was war der Sinn einer solchen Frage oder Anregung? Hängematten wurden schon immer so gemacht und würden immer so gemacht werden. Später, nachdem ich in das Shapono gezogen war, bildete ich mir eine eigene Theorie. Alle in der Familie schliefen nackt um dieselbe Feuerstelle herum, wobei die Hängematten in einem Dreieck in mehr oder weniger gleichem Abstand zum Feuer aufgeknüpft wurden, und zwar so nah wie möglich. Längere Hängematten würden sie zwingen, etwa einen halben Meter auseinanderzurücken, wo sie keine Wärme mehr mitbekämen. So etwa dachte ich es mir. Aber was auch der Grund war, die Ehepaare bei den Yanomami schliefen nie zusammen, deshalb war die große kolumbianische »Ehematte«, die Yarima und ich belegten, eine fremdartige und ziemlich schockierende Neuerung.

Doch Yarima legte die Hemmungen ab. Sie mochte es sehr. Sie mochte es, mit Armen und Beinen um mich geschlungen zu schlafen, wobei die Wärme unserer Körper die kühlen Nächte behaglich machte. Es verblüffte mich, wie bereitwillig sie sich anglich, wie sie ein solches Verhalten vorher noch nie gesehen oder sich vorgestellt hatte. Ich hatte es auch sehr gern, so zusammen mit ihr zu schlafen, wobei ihr Körper sich meinen zum Nest machte. Das gab mir das Gefühl, daß wir nun wirklich ein Paar waren, wirklich verheiratet.

Ich war im Oktober 1982 eingetroffen. Im Januar 1983 mußte ich weg, um den Vortrag zu halten, den ich für den jährlichen Kongreß der Anthropologischen Gesellschaft in Washington versprochen hatte. Während ich weg war, würde Yarima bei ihrer Familie leben, bei ihrer Mutter und ihrem Bruder.

»Laß sie nicht allein sammeln gehen«, sagte ich Shori. »Und sieh zu, daß niemand sie belästigt. Kannst du das machen?«

»Ja«, sagte er. »Selbstverständlich.« Doch das genügte kaum, meine Befürchtungen zu zerstreuen.

Ich hatte vorgehabt, ab Caracas im Flugzeug dem Vortrag den letzten Schliff zu geben, doch statt dessen ertappte ich mich dabei, wie ich meine Tagebucheintragungen der vergangenen Monate durchlas und neue hinzufügte.

*Tagebuch. 13:00. Über der Karibik:* Seit ich aus dem Dschungel bin, kreisen meine Gedanken um Yarima. Meine Liebe zu ihr ist wahnsinnig groß. Ich kannte sie als kleines Mädchen. Dann flog ich weg, und sie wurde zur Frau. Also war ich nicht der erste. Ich bin fast sicher, es war Shatakewe [der Mann von Yarimas Schwester], aber nicht hundertprozentig. Jetzt, wo ich mich wirklich entschlossen habe, dortzubleiben, sorge ich mich, daß sie ein anderer schwängert. Ich muß irgendwie zu Geld kommen. Zumindest hab ich mit der Volkszählung genug für sechs Monate verdient.

*15:30.* Denke dran, daß ich ihr wichtigstes Jahr dort verpaßt hab. Aber da waren so viele Dinge. Die Trennung von Eibl, die Martin-Stummer-Geschichte, die Doktorarbeit, Krankheit, Geld, Depression. So viele Dinge. Als ich zur Volkszählung runter bin, hatte ich sie mir wirklich aus dem Kopf geschlagen. Dachte ich wenigstens. Doch sobald ich unten war, hat alles wieder von vorn angefangen. Ich konnte nicht loslassen, konnte es nicht. Und dann, als ich sie sah, das war das Aus. Wie ein Blitz. Roter brachte sie zurück, und ich purzelte kopfüber wieder in die alte Geschichte. Sie war müde, dreckig vom Weg. Ich sagte ihr, sie soll sich in der Hängematte ausruhen. Das war's dann. Sie hatte eine Heidenangst und klammerte sich an eine »kapiromi«-Wurzel in ihrer Hand.

Langbart hockte sich vor mich, und ich warf ihm vor, daß er sich hatte täuschen lassen. Ich schätze, ich krieg die ganze Geschichte schon noch mal zu hören, obwohl sie bis jetzt noch nichts gesagt haben. Aber schließlich kommt immer alles raus. Der Typ von den Patahamateri wird natürlich behaupten, er habe nie sowas gesagt. Er wird sagen, Langbart lügt.

Also da bin ich nun und hoffe, der erste zu sein, der sie schwängert. Nicht der erste, der mit ihr geschlafen hat, aber der erste, der sie schwängert. Unglaublich. Ich hab sie aufgezogen. Ich bin sicher, der Scheißkerl Shatakewe war's. Doch zumindest hab ich Yarima jetzt wieder. Zugegeben, voller Befürchtungen. Aber das Wichtigste ist, daß wir wieder zusammen sind.

Auf dem ganzen Flug dachte ich nur an sie. Sie war nun meine Frau, doch wenn ich nicht in entsprechender Zeit zurückkehrte, würde ich sie wieder verlieren. Und wie sah es in der Zukunft aus, wenn ich die Volkszählung abgeschlossen hätte? Ich hatte keinen Beruf, um meinen Lebensunterhalt zu verdienen. Aber ich mußte es. Ich mußte einen Weg finden, einen Weg, bei ihr zu bleiben.

*Tagebuch. 11:05. Washington, D.C., Sheraton:* Zeit, rüberzugehen und meinen Vortrag zu halten, aber ich kann bloß an Yarima denken. Ich glaube, ich bin besessen von ihr. Ich mach meine Aktentasche auf und riech den Rauch an meinem Kameragurt. Was mich an sie erinnert. Ich schau mich im Spiegel an und frag mich, was sie von meiner beginnenden Glatze hält. Ich wach um drei in der Früh auf und frag mich, wie's ihr geht. Tagsüber denk ich dran, was sie wohl gerade macht. Ist sie zum Garten gegangen? Geht sie heute sammeln? Belästigen sie sie? Und wenn? Unablässige Sorgen.

Von dem Verlangen verzehrt, wieder zurückzufliegen, hielt ich den

Vortrag – über Jagd und Fleischverzehr als einschränkenden Faktor im Leben der Yanomami. »Sie müssen Nachsicht üben«, sagte ich den Zuhörern, »aber ich komme gerade aus dem Dschungel, und meine Stimme ist noch etwas wacklig von einem Malariaanfall.« Danach kamen Fragen, nicht so sehr nach Details meiner Darlegungen, sondern ganz allgemein über das Leben der Yanomami. Ein Anthropologe aber fragte doch nach der Verteilung des Wildes, bohrte scharf nach, in welchem Maße die Frauen am Sammeln beteiligt seien, und wollte etwas über ihren Anteil an der verteilten Beute wissen. Ich antwortete, daß die Frauen bei der Anregung von Jagden ausschlaggebend wären und Frauen und Kinder Anteile bekämen, wenn auch die Verteilung durch die männlichen Familienoberhäupter erfolgte. Einige Augenblicke sah es so aus, als ob die Frage der Männer- und Frauenrolle bei den Indios hitzig diskutiert werden würde. Ich war froh darüber, daß das Thema schließlich verebbte. Mit den Gedanken war ich überhaupt nicht im Vortragssaal, sondern bei Yarima, bei ihrer Feuerstelle in Hasupuweteri.

Eine Woche später war ich wieder in Wawatoi. Als ich in das Shapono kam, saß Yarima in ihrer Hängematte an der Feuerstelle ihrer Mutter. Als sie mich sah, sprang sie auf und kam zu mir gerannt, lachte ihr herrliches Lachen und schlang ihre Arme um mich. Es war ein erstaunliches Benehmen, überraschend und wunderbar. Nie hatte sie sich ähnlich verhalten, geschweige denn irgendein anderer Yanomami. Ich umarmte sie und drückte sie an mich, ohne mich darum zu kümmern, daß alle Augen im Dorf uns verwundert anstarrten.

Mit der Volkszählung ging es voran, allerdings ziemlich langsam. Selbst mit Hilfe der Hubschrauber war es eine mühsame und unsichere Angelegenheit, die Dörfer zu erreichen und häufig kam es zu Verspätungen und Mißgeschicken. Mit dem Hubschrauber konnte ich jeweils nur eine Gemeinschaft zählen. Dann mußten wir erst wieder zu unserer Basis in Platanal oder Guajaribo zurückfliegen, um aufzutanken und neue Vorräte aufzunehmen. Die Helikopter-Besatzungen waren immer nur für zwei Wochen von der Luftwaffe ausgeliehen. Die Piloten waren zaghaft und unsicher und hatten einen ziemlichen Respekt vor dem Dschungel.

Außerdem war das Auffinden der Yanomami-Dörfer aus der Luft eine schier unlösbare Aufgabe. Der einzige Weg, sie aufzuspüren, bestand in einer Art Rasterfahndung. Es war äußerst schwierig, sie zu entdecken. Unter uns erstreckte sich diese riesige grüne Welt, und ein Shapono war nur ein winziges Loch im Blätterdach. Wenn wir nicht direkt darüber hinwegflogen, konnten wir die Siedlung unmöglich ausmachen. Ein kleines Stückchen daran vorbei oder der falsche Anflugswinkel, und wir verpaßten sie mit Sicherheit. Selbst wenn wir das Dorf entdeckten, konnten wir von Glück reden, wenn wir einen Landeplatz fanden.

Bei meinem ersten Inlandsflug hatten wir Glück. Wir kreisten über einem Gebiet, wo meines Wissens eines der Dörfer lag. Zuerst sahen wir aber nichts als endlosen Wald. Doch plötzlich entdeckten wir eine Rauchfahne, und als wir auf sie zuflogen, konnten wir sehen, wie die Dorfbewohner das Unterholz für eine neue Pflanzung abbrannten. Da tauchte direkt unter uns das Shapono selbst auf. Die Bewohner flüchteten erschreckt in den Dschungel. Als wir tiefer schwebten, sahen wir einen freigeräumten Fleck in der Nähe der Pflanzung, der wie eine mögliche Landefläche aussah. Als wir uns nur noch ein paar Meter über dem Boden befanden, entdeckten wir einen Stamm, der quer über dem Boden lag. Der Pilot brüllte los: »Nein, wir können hier nicht landen, wir müssen wieder weg. Wir werden die Kiste ruinieren!«

Was ist mit diesen Kerlen los? dachte ich. Weiß Gott, was ihnen wirklich durch den Kopf ging. Vielleicht hatten sie Angst, die Indios würden sie kochen oder sowas. Sie gingen kein Risiko ein, obwohl über uns immer ein Reservehubschrauber schwebte, für den Fall, daß etwas schiefging. Zum Glück fanden wir, als wir wieder in der Luft kreisten, einen anderen Landeplatz. Es war ein zweites, verlassenes Shapono, das nicht mehr als einen halben Kilometer entfernt lag. Wir landeten direkt in der Mitte des Dorfplatzes. Die Leute von Prararaiteri hatten noch nie einen Nicht-Yanomami gesehen, geschweige denn einen Hubschrauber. Sie wußten nicht, was ein Motorboot war, und hatten von der Außenwelt nie etwas gesehen, außer ein paar Handelswaren. Das waren wirklich Bewohner des tiefsten Dschungels. Sobald diese fliegenden Ungeheuer ihr Dorf umkreisten, einschwenkten, wieder aufstiegen und über ihnen herumschwebten, um dann wieder herabzustoßen mit dem Lärm der Motoren und dem Flap-flap-flap der Rotorblätter, sausten sie in den Dschungel, wie es jeder getan hätte, der einigermaßen bei Verstand war.

Unser erster Helikopter landete mit blinkenden Lichtern, während der andere dahinter niederging. Den Indios muß das wie ein Besuch aus dem Weltall vorgekommen sein, wahrhaftig wie eine unheimliche Szene aus einem Science-fiction-Film. Die Türen gingen auf, und aus jedem Hubschrauber sprangen drei Luftwaffensoldaten, alle in Dschungeluniformen mit weißen Handschuhen und Moskitonetzen über dem Kopf. Und dann ich, mit Bart und Brille. Spätestens bei diesem Anblick mußte auch der letzte mutige Ureinwohner die Beine unter den Arm genommen und sich in den hintersten Schlupfwinkel verkrochen haben.

»No hay nadie aquí.« Der Leiter der Hubschrauberbesatzung brüllte gegen den Lärm an. »Donde están?« (»Niemand ist da. Wo sind sie?«)

»Wo glauben Sie, daß sie sind?« schrie ich zurück. »Sie sind im Dschungel. Sie sind alle weg. Schaut euch doch an, ihr Burschen – ich hätte auch Angst vor euch.«

Ich wartete etwa zwanzig Minuten neben dem Hubschrauber. Dann entdeckte ich einen jungen Mann, der sich drüben im Gebüsch versteckt hielt und uns beobachtete. Trotz der außerirdischen Gefahr hatte ihn wohl die Neugier überwältigt. Ich fing seinen Blick auf: »Shori, eou, shori. Komm hierher. Ich möchte mit dir reden. Wir sind Freunde, komm herüber.«

»Nein, nein, nein«, wehrte er ab.

»Doch, komm her, komm heraus. Wir haben Geschenke und alles. Komm schon heraus. Bring alle her.«

»Nein, ich bleibe hier. Du wirst mich hereinlegen.« Er kam langsam näher. »Ich glaube, du legst mich herein. Du bist ein Schwindler. Nein, nein, nein.«

»Nein, shori, kein Schwindel. Ich werde dich nicht über's Ohr hauen. Komm her, sei nicht stur. Komm her. Wir sind auf Besuch gekommen. Wir wollen dein Haus sehen. Wir wollen euch Angelhaken geben. Komm her, zeig uns den Weg.«

Schließlich kam er dann heraus, aber nicht zu nahe, wobei er die ganze Zeit redete: »Eou, du wirst mich nicht hereinlegen, oder? Du wirst mir doch wirklich nichts tun?«

»Nein, selbstverständlich nicht. Komm her.« Ich fing mit ihm zu scherzen an, so beiläufig und entspannt wie möglich, bis sich endlich seine Ängste einigermaßen gelegt hatten. Ein paar Minuten später waren wir in ihrem Shapono, das einfach wunderschön war. Es war ein äußerst prächtig angelegter Bau, groß und kreisrund, sehr sauber und brandneu. Es war allerdings leer, da alle Bewohner sich noch immer im Dschungel versteckt hielten. In den Wohnbereichen waren die schönsten Körbe aufgereiht, die ich je gesehen hatte.

Bevor ich mich aber in Ruhe umsehen konnte, trudelten schon die anderen Männer des Dorfes allmählich ein. Sie hockten sich etwa zehn Meter von meinem Standort entfernt hin. »Bist du ein Freund? Freund?«

»Ja, ich bin ein Freund.«

Ich konnte den Anführer ausmachen, der ganz weit hinten stand und die Jungen vordrängte. »Geht voraus, freundet euch mit ihm an.« Da rückten sie schrittweise immer näher, etwa eine halbe Stunde lang. »Nohi? Nohi? Nohi? Nohi?«

Schließlich streckte ein junger Mann voller Wagemut seine Hand aus und berührte meinen Arm. Dann zog er die Hand zurück und sagte: »Er ist warm.« Ich konnte mir nicht vorstellen, was er dachte. Aber sie hatten noch nie so jemanden gesehen: weiße Haut, haarige Arme, ein großer dichter Bart, die Brille und meine hünenhafte Größe.

Die Frauen und Kinder kamen natürlich näher. Ich mußte die Hängematten und Feuerstellen zählen, um die Bevölkerung zu schätzen. Ich sammelte auch so viele Informationen wie möglich über nahe gelegene Dörfer – wie weit, wie viele Leute? Wie lange dauert es zu Fuß dorthin? Wie viele Nächte muß einer unterwegs schlafen? Wo ist die Sonne am Himmel, wenn ich dort hinkomme? Mehr Leute als in diesem Dorf? Weniger Leute? Ich holte hastig Auskünfte ein, denn der Himmel bezog sich nun mit Unwetterwolken. Der Pilot wurde nervös, stieß mich in die Seite und drängte zum Aufbruch. »Gehen wir, wir müssen gehen. Es bewölkt sich, wir könnten hier ein Gewitter kriegen.«

»Wartet«, sagte ich, »einen Augenblick, ich brauche da noch ein paar Informationen.« Und ich redete weiter. Schließlich stand die ganze Mannschaft einfach auf und ging zu den Hubschraubern im verlassenen Dorf zurück, während ich noch darauf drängte, alles, was nur ging, zu erfahren. Dann hörte ich eine der Maschinen aufheulen und zuckte zusammen. Ich hatte diesen Leuten noch gar keine Geschenke gegeben. Wenn mich die Piloten im Stich ließen, würde ich zwei Wochen brauchen, um allein rauszukommen. Ich rannte zu den Hubschraubern zurück, gefolgt von den jungen Männern. Einer war bereits in der Luft. Der andere hatte die Motoren laufen und wartete auf mich. Die Tür ging auf, und ich sprang hinein, fast auf einen schön gewebten Korb, den sich einer von der Besatzung genommen hatte. Vor meinen Augen beugte sich der Pilot aus dem Fenster zu dem Mann, von dem er den Korb hatte, und übergab ihm eine Packung Kokosnußplätzchen und einen Bleistift. Der arme Kerl stand bloß da und starrte auf diese Sachen. Er hatte noch nie Plätzchen gesehen, wußte nicht einmal, ob es was zu essen war, und wußte mit Sicherheit nicht, was ein Bleistift war.

Ich brüllte: »Keine Sorge, ich bezahle das.« Der Hubschrauber hob ab, während ich Spulen von Angelschnur und Schachteln mit Haken aus der Tür schubste. Als wir in den Himmel stiegen, dachte ich bei mir: Ist das zu fassen – Kokosnußplätzchen und ein Bleistift.

Während der nächsten drei Monate zählte ich die Dörfer im Sektor sechs und sieben. Die meisten erreichte ich zu Fuß, einige aber auch aus der Luft. Bei einer Exkursion landeten zwei Hubschrauber in Hasupuweteri, um mich abzuholen, Führungs- und Reservemaschine, wie üblich. Als sich der Staub an der Fläche vor dem Shapono gelegt hatte, stellte sich heraus, daß der Reservehubschrauber ein kleines Treibstoffleck hatte. Die Piloten entschieden, erst nach Platanal zur Reparatur zurückzufliegen und dann von dort aus zu starten.

Bei der Platanal-Mission schwebte der Hubschrauber direkt vor der Haustür ein, und dort stand niemand anders als Irenäus Eibl-Eibesfeldt mit dem an meine Stelle gerückten Kollegen Harald Herzog, von dem ich schon gehört hatte. Er war ein Sprachwissenschaftler ohne Felderfahrung. Eibl bekam ganz große Augen. Da kommen diese zwei Luftwaffen-Helikopter und landen direkt vor ihm, und ausgerechnet ich muß da heraushüpfen. Ich hüpfte eigentlich nicht heraus, sondern rannte geduckt herüber, wie eben einer von einem Hubschrauber wegläuft, auch wenn die Rotorblätter mehr als fünf Meter über ihm sind. Es muß wie eine Invasion ausgesehen haben.

Doch Eibl hatte sich gleich wieder gefangen, lächelte und streckte mir die Hand entgegen. »Hallo Ken. Wie geht es dir, mit deiner großen Nase?« Ein Insiderwitz, da ich immer zu ihm gesagt hatte: »Renki, was machst du denn, du mit deiner großen Nase?« Was sich von meiner Seite aus ganz schön komisch anhörte, da ich derjenige mit der großen Nase war. »Ja, Ken«, sagte Eibl-Eibesfeldt, »ich wußte, daß du hier unten bist. Na, gehen wir ein kleines Stück?« Er nahm mich beim Arm und führte mich zu dem Landeplatz. Harald ließ er einfach vor der Mission stehen. »Ich habe erst vor ein paar Tagen über dich mit Elka gesprochen [der Tochter von Inga Goetz]«, sagte Eibl. »Sie meint, wir könnten vielleicht wieder zusammenkommen. Mir ist eingefallen, daß ich Harald vielleicht woanders brauchen kann, und du und ich könnten wieder zusammenarbeiten. Was meinst du?«

Einen Augenblick leuchteten meine Augen auf. Ich wollte wirklich unbedingt bei Yarima bleiben, und auf einmal kam da dieses Geschenk des Himmels – von keinem Geringeren als Eibl-Eibesfeldt. Doch gleichzeitig war da der arme Harald Herzog, der drüben am Eingang der Mission stand. Ich konnte mir vorstellen, was er durchmachte, als er Eibl und mich zusammen herumspazieren sah. Anstatt Eibl augenblicklich beim Wort zu nehmen, sagte ich: »Das wäre keine schlechte Idee. Ich hätte große Lust dazu. Aber ich bin sicher, daß Harald sich das ganze letzte Jahr darauf vorbereitet hat. Vielleicht könnten er und ich zusammenarbeiten – er ist Sprachforscher, ich bin Anthropologe. Es muß einen Weg geben, wie wir zusammenarbeiten könnten. Was meinst du?«

Eibl-Eibesfeldt hielt das auch für eine gute Idee. Er würde mal darüber nachdenken, wie das genau aussehen könnte. In der Zwischenzeit würde er Herzog in ein Dorf beim Río Bocon mitnehmen und dort ein bißchen filmen. Dann wollte er wieder herkommen. Ich sollte mich dann auf der Mission mit ihm treffen. Nachdem wir dies vereinbart hatten, flog ich wieder davon zu einer weiteren Volkszählungsetappe. Ich träumte nur noch davon, mit Eibl-Eibesfeldt irgend etwas zu arrangieren, womit ich mein Leben fristen konnte.

Ich kam von den Volkszählungsflügen gerade noch rechtzeitig zurück, um mit den Hasupuweteri auf Treck gehen zu können. Trotz der Nahrungsknappheit wäre ich wahrscheinlich besser in der Wawatoi-Pflanzung geblieben, hätte das Volkszählungsmaterial bearbeitet und mich auf meine nächste Expedition vorbereitet. Aber Yarima wollte unbedingt mit der Gruppe gehen, und ich hatte kein Interesse daran, länger von ihr getrennt zu sein als absolut notwendig. Also gingen wir.

Eine Woche später machten Yarima und ich uns mit ihrem Bruder vom Trecklager aus auf den Weg zum Fluß, damit ich zu dem Treffen mit Eibl-Eibesfeldt gelangen konnte, der etwa genau um die Zeit selbst herkommen würde. Am Ufer eines kleinen Bachs, ein kurzes Stück vom Orinoco entfernt, hielten wir an, um etwas Obst zu essen und auszuruhen. Es war ein ungewöhnlicher Platz. Gerade unterhalb unseres Standorts weitete sich der Bach, und zu beiden Seiten erstreckten sich auf dreißig Metern offene Sandbänke. Während Shori sich zum Essen hinsetzte, gingen Yarima und ich auf Erkundung. An der breiteren Stelle floß das Wasser über ein sandiges, seichtes Bett, das sehr sanft zu einer Art Strand anstieg. Das ganze Gelände war fast flach, eine Gegebenheit, die im zerklüfteten und hügeligen Dschungel selten anzutreffen ist. Ohne ein Wort zu wechseln, liefen Yarima und ich auf einmal los, und rasch entwickelte sich aus dem Rennen eine Jagd. Wir verfolgten uns, wichen einander aus, lachten und flogen durch das knöcheltiefe Wasser, dann über den Strand und wieder durch den Bach.

*Ich kannte den Bach. Er hatte eine schöne tiefe Biegung. Wenn das Wasser tief genug ist, läßt es sich dort schwimmen. Du kannst dich von Lianen schwingen und hineinspringen. Es ist auch ein guter Badeplatz. Wenn das Wasser seicht ist, macht es großen Spaß, den Strand auf und ab zu rennen. Das taten Kenny und ich, bis er sich den Knöchel verletzte. Kenny spielte nicht so wie wir. Wenn die Huya mit*

*Mädchen spielen, ringen sie mit ihnen und tauchen sie unter. Die Mädchen wehren sich dagegen und versuchen zu fliehen. Manchmal tut sich ein Mädchen weh und fängt an zu weinen. Manchmal bekommen wir bei der Rangelei Angst, weil wir nicht wissen, ob der Junge noch spielt oder uns wirklich wehtun will. Aber Kenny spielte nicht so grob. Am Bach jagte er mich, und ich schrie und lachte. Niemand konnte so schnell wie er rennen. Im Dschungel kam er nicht so rasch vorwärts, aber am Strand war er so schnell wie ein Jaguar.*

Als ich in vollem Tempo dicht hinter Yarima herrannte, übersah ich die kleine Vertiefung im Sand. Ich trat im vollen Lauf hinein, und mein gesamtes Gewicht lastete auf meinem rechten Fuß, der völlig umknickte. Ich konnte das Gelenk knacken hören, gerade bevor ich der Länge nach hinflog. Es fühlte sich nicht gebrochen an, aber auch nicht gut. Als ich aufstand, merkte ich, daß ich den Fuß nicht mehr belasten konnte. Der Knöchel begann schon anzuschwellen.

Glücklicherweise war der Fluß nicht weit, und als ich erstmal in meinem Kanu war, glaubte ich, es mit viel Glück gerade bis Platanal schaffen zu können. Aber unglücklicherweise war es gerade März, das Ende der Trockenzeit, in der das Kanu oft über Sandbänke gezogen werden mußte, die nur Zentimeter unter der Oberfläche lagen, selbst auf dem Orinoco.

Der Weg zum Fluß war schmerzhaft. Ich mußte mich auf einen Ast stützen, den Shori abgehauen hatte. Ich benutzte ihn als behelfsmäßige Krücke. Ein Blick auf den Fluß genügte: Er war so trocken, wie ich ihn noch nie gesehen hatte. Mein Knöchel war arg geschwollen. Doch als wir schließlich zum Einbaum kamen, tat er mir nicht mehr so weh wie anfangs, und ich dachte, daß ich es vielleicht doch schaffen könnte. Yarima und Shori standen am Ufer und schauten zu, wie ich das Kanu flußabwärts steuerte. Bevor ich ungefähr fünfzig Meter weit gekommen war, stieß ich aber bereits auf Sand, und nach weiteren fünfzig saß ich am Grund fest. Ich kletterte heraus und wollte das Boot schieben, doch beim ersten wirklichen Druck auf meinen Knöchel gab dieser nach. Ich schaffte es nicht, das Boot durch den Sand zu bekommen. Ich drehte mich um, winkte Shori und schrie: »Eou, wartet, ich komme zurück.«

So schmerzhaft es auch war, der Knöchel war doch nur ein Grund für meine Umkehr. Ich hatte mich auch früher schon mal verletzt und mich davon nicht beirren lassen. Der andere Grund lag darin, daß es mir einfach zu schwer fiel, Yarima zu verlassen. Wäre es um Leben und Tod gegangen, hätte ich einen Ausweg gefunden. Aber so wichtig war es auch wieder nicht, und deshalb versäumte ich das Treffen mit Eibl-Eibesfeldt.

Es dauerte etwa eine Woche, bis der Knöchel so weit geheilt war, daß ich wieder ohne Beschwerden gehen konnte. Sobald ich konnte, machte ich mich wieder an die Volkszählungsarbeit. Ich wanderte nun zu den Dörfern, weil es mit den Hubschraubern sowieso nicht richtig klappte. Das war im übrigen nicht weiter tragisch, jedenfalls was mich betraf. Im Gegenteil, Yarima ging überallhin mit. Und ich liebte es, mit ihr und den Yanomami allein zu sein und völlig in ihrer Lebenswelt aufzugehen.

*Tagebuch. 4. April 1982, Irokai:* Wenn ich meine Aufzeichnungen nicht auf englisch machen würde, wäre ich vermutlich völlig abgekoppelt. Anthropologen reden davon, daß sie Sachen vermissen. Aber ich vermisse nichts. Ich vermisse keine Dusche am Morgen, Zigaretten oder Hamburger. Mir fällt nichts ein, was ich echt vermisse. Vielleicht ist das der Hauptgrund, daß ich noch hier bin. Andere Leute können sich nicht vorstellen, wie sie ohne frische Wäsche, gutes Essen oder Trinken und ein feines Bett auskommen können. Vor sieben Jahren hab ich das auch gedacht. Wie werde ich schlafen? Ich schlafe sonst auf dem Bauch, aber in der Hängematte geht das nicht. Aber ich hab mich an die Hängematten gewöhnt. Jetzt hätte ich Schwierigkeiten in einem Bett.

Aber da ist noch viel mehr. Ich bin verliebt. Unglaubliche, tiefe Gefühle, fast die ganze Zeit. Früh, wenn sie aufsteht, um den Tag zu beginnen, wenn ich sie vom Garten mit einem Korb voller Bananen zurückkommen seh, und besonders, wenn wir miteinander schlafen. Klar ist das überall auf der Welt so, außer daß Verliebtsein in der Yanomami-Kultur mit einem Yanomami-Mädchen anders ist, ein anderes Spiel mit anderen Regeln. Nur die Gefühle sind allgemeingültig.

Ich hätte sicher andere Probleme, wenn ich mich in ein Mädchen aus Deutschland, Italien oder Venezuela verliebt hätte, mit Eifersucht usw., und ich hätte damit in diesen Kulturen umgehen müssen.

Die Sache ist die, daß ich oft denke, meine Persönlichkeit ist mit den Yanomami besser vereinbar. Vielleicht kann ich hier am besten ganz ich selber sein oder mir erlauben, ich selber zu sein, ohne all die Schranken unserer Kultur. Hier unten fällt es mir nie ein, daß ich besser so reden oder so handeln sollte. Selbstverständlich hat es Gelegenheiten gegeben, wo ich mir dachte: Jetzt muß ich aufstehen und mich durchsetzen, meine Unzufriedenheit und meine Wut zeigen. Sonst wird, was es auch ist, einfach so weitergehen und schlimmer werden. Aber die meiste Zeit denk ich einfach nicht so viel hier, reagiere hauptsächlich, laß die totale Emotion raus, genau so, wie es die Yanomami machen. Keine Kulturschranken, die besagen, wenn du dich in dieser Situation aufregst, wirst du einen sehr schlechten Eindruck hinterlassen, wird dein Image leiden, wirst du alle Brücken hinter dir abbrechen. Bei den Yanomami denkst du einfach nicht so. In diesem Sinn bin ich vielleicht anpassungsfähiger an diese Situation. Vielleicht wär' ein anderer nicht so.

Mein Verhalten hier – in vieler Hinsicht ist es typisches Yanomami-Verhalten. Genau, was ein Yanomami auch tun würde. Manche Leute, auch einige Anthropologen, verstehen nicht, daß es wirklich was ganz anderes ist, unter Leuten zu leben, deren Moralvorstellungen, Gesetze, Einschränkungen und Regeln sich so radikal von unseren unterscheiden. Wenn du dich nicht schützt, dich nicht verteidigst, nicht Respekt verlangst – überlebst du nicht. So einfach ist das. Wenn du dich hier unten so wie daheim verhieltest, wärst du so eingeschüchtert, so überlastet, daß du abhauen müßtest. Das haben auch eine Menge Typen getan.

Aber diese Dinge kümmern mich nicht, und da ist noch so viel mehr, mit dem ich vertraut bin. Ich mag das Fehlen von Eitelkeit, mag es echt. Auch die Frage nach Schicht, Status oder Rang. Wer bist du? Ich bin dies oder das. Nichts davon. Das gibt's nicht. Ich bin ein besserer Jäger als du, oder ich hab mehr Pfeilspitzen als du. Oder ich komm von einer sehr guten Familie von Sammlern. Das gibt's nicht.

Es ist im großen und ganzen eine sehr harmonische Gesellschaft, das liegt auf der Hand. Sie könnten sonst nicht zusammenleben. Das ganze Problem bei der Beschreibung der Yanomami kommt daher. In Chagnons erstem Buch waren keine ausgesprochenen Lügen. Nur die Verhältnisse waren verzerrt, die Art der Darstellung, der Kontext und die Perspektive waren falsch. Ich könnte auch so ein Buch über die Gesellschaft der Yanomami schreiben: Alle Frauen gehen fremd, die Männer vergewaltigen die Frauen, alle stehlen Bananen. Ich könnte sie so darstellen wie die Ik, jene fürchterlichen, abscheulichen Wesen aus dem ugandischen Hochland, die angeblich fähig sind, ihre nächsten Verwandten verhungern zu lassen. Doch dann würde jemand hierherkommen und sagen: »Warte mal, ich seh das überhaupt nicht so. Sie sind nett, sie lächeln, sie lieben ihre Kinder zärtlich, und sie sorgen füreinander. Ich sehe keine Kämpfe.« Es gibt hier eine Vielfalt von Emotionen und Verhaltensweisen, die ganze Skala.

Es liegt eben daran, was einer sehen will. Das soll dann Anthropologie sein. Chagnon stellte die Yanomami als streitbares, kämpferisches und kriegerisches Volk dar. Für ihn standen die Auseinandersetzungen, Duelle, Frauenraub und Vergewaltigungen sowie das Ohrabschneiden im Vordergrund. Vielleicht ist das tatsächlich sein Bild von den Yanomami. Meins ist es gewiß nicht.

Da ist zum Beispiel noch ihr Schönheitsbegriff. Die Yanomami lieben Haare am Körper und im Gesicht. Sie haben selber keins. Die Männer greifen mir immer noch gern in den Bart, wünschen, sie hätten selber einen. Schamhaare bei Frauen würden sie verrückt machen. Selbst der Gedanke daran macht sie verrückt. Ich hörte einige der Huya über unseren letzten Besuch reden: »Junge, hast du die Schamhaare bei den Mädchen dort gesehen?« Was können sie schon gesehen haben, ein bißchen Flaum? Sie mögen helle Haut lieber als dunkle. Eine dunkelhäutige Person nennen sie »ete« – Haut des Ameisenbärs. Sie wissen, daß die Nabuh-Frauen Schamhaare haben, und das erregt sie. Sie bitten mich, ihnen vom Schamhaar meiner Freundinnen zu erzählen. Es zu beschreiben. Je ausführlicher, desto besser. Und was ist mit Sex? Mögen ihn die Nabuh-Frauen, bewegen sie sich? Viele Yanomami-Frauen machen bloß die Beine breit, vermute ich. Also fasziniert sie die Vorstellung, daß eine Frau Sexualität genießt, daß sie »waikou« – sich krümmt –, das reizt sie ungeheuer. Wenn ich ihnen erzähle, ja, sicher mögen sie es, sicher rühren sie sich, flippen sie richtig aus. Die Yanomami glauben, daß die Geschlechtsorgane schmutzig sind, Penis und Vagina – »shami, shami«. Die Vorstellung von oralem Sex wäre unvorstellbar für sie. Doch obwohl die Huya wirklich an Sex interessiert sind, sehe ich nie die Art von Zwanghaftigkeit, die es unter den Heranwachsenden in den Staaten gibt, wo so viel im Leben in einem bestimmten Alter sich ausschließlich um Sex zu drehen, ja geradezu darauf zu konzentrieren scheint.

Auf dem Rückweg von der Volkszählung bei den Hawaroweteri schlossen wir uns wieder den Hasupuweteri an, die inzwischen auf einem neuen Treck waren. Als wir zu ihrem Wayumi-Lager kamen, gab es Neuigkeiten: Die Patahamateri hatten uns zu den Boriana-Gärten, wo sie ihr Shapono hatten, eingeladen. Es war die Pfirsichpalmfruchtsaison, und sie erwarteten eine reiche Ernte. Vom Wayumi-Lager brauchten wir fast eine Woche, um nach Boriana zu gelangen, doch der Marsch wurde leichter durch die Vorfreude auf das Pfirsichpalmfest, das wir dort feiern würden, und durch die Aussicht, Verwandte zu besuchen und mit ihnen Handel zu treiben.

Als wir schließlich bei den Boriana-Gärten ankamen, machten wir Halt, um uns zu schmücken, bevor wir das Shapono betraten. Alle Hasupuweteri bemalten sich und die anderen mit roten und schwarzen Farben in Kreis- und Linienmustern und putzten ihr Haar mit dem Flaum schneeweißer Daunen heraus. Als Roter mir etwas Farbe ins Gesicht schmieren wollte, lehnte ich nicht, wie sonst immer, ab. Er zog dicke Linien mit der Paste aus »onoto«-Samen. Während die Frauen Blumen suchten, um sie sich in die Ohren zu stecken, ging einer der Männer ins Shapono zum rituellen Tausch. Die Gastgeber schenkten ihm einen Korb mit Fleisch und Bananen. Das bedeutete, daß das Fest im Gange war, und daß wir willkommen geheißen wurden. Außerdem war es ein Zeichen dafür, daß es tatsächlich was zu essen gab.

Doch trotz des Korbs mit Fleisch und Bananen war das Fest der Patahamateri eine Enttäuschung. Es gab eigentlich gar nicht so viele

Pfirsichpalmfrüchte. Langbart war ziemlich verärgert darüber. Wir hatten eine Woche gebraucht, um nach Boriana zu gehen, und nun gab es nicht nur kein Fest, sondern es war auch kaum etwas zu essen da. Die Menschen können wegen solcher Dinge in handfesten Streit geraten. Wir waren unterwegs gewesen. Wir waren müde und hungrig. Wir hatten den ganzen Weg über nicht viel zu essen gehabt. Die Leute ertrugen es, weil ein großes Fest auf sie wartete, und dann gab es auf einmal gar keins. Unter gewissen Umständen wäre das Grund genug für einen Totschlag. Die Hasupuweteri waren wütend. Diesen Abend aßen wir, was da war. Am nächsten Tag machten wir kehrt und gingen heim. Feindseligkeiten waren nicht ausgebrochen, aber es war auch niemand besonders guter Laune.

Mittlerweile war es Ende April. Da ich meine Volkszählungsdaten alle beisammen hatte, mußte ich nun nach Caracas gehen, um sie aufzulisten und einzureichen. Während die Hasupuweteri stetig weiter nach Nordosten zogen, auf den Orinoco zu, stellte ich mich gefühlsmäßig auf den Abschied ein. Ich sprach mit Yarima darüber. Sie zeigte sich äußerlich nicht besorgt; das tat sie nie. Doch ich spürte, daß sie nicht glücklich darüber war. Danach bauten sie und ich unterwegs ein abgesondertes kleines Lager nur für uns, um etwas Privatsphäre zu haben, zumindest für ein paar Tage. Bis wir am Fluß waren, hatte ich mich innerlich gewappnet und die Befürchtungen unterdrückt, die immer unter der Oberfläche lauerten. Ich haßte es, meine Frau zu verlassen; ich machte mir sowieso schon Sorgen. Und die letzten paar Wochen hatten die Dinge in ein neues Licht getaucht: Yarima hatte keine Periode gehabt. Ich war mir ziemlich sicher, daß sie schwanger war.

*Wir waren auf dem Rückweg vom Fest bei den Boriana-Gärten, als Kenny mir sagte, er müsse den Fluß hinunterfahren. Obwohl er ja immer wieder den Fluß hinunterfährt, war ich traurig. Ich war sicher, daß ich schwanger war. Ich hatte ihm nichts davon gesagt, aber ich war mir sicher, daß er es wußte. Er wußte es immer, wann meine Hockzeit [Menstruation] kommen mußte. Er sagte mir, daß er das voraussagen konnte, weil er es auf seine Papierblätter schrieb. Er erklärte mir, selbst wenn er etwas vergißt, würden es die Zeichen, die er auf die Blätter macht, nie vergessen. Er konnte auf die Blätter sehen und sich an die Namen aller Menschen in allen Dörfern erinnern, die wir besucht hatten. Wenn er manchmal ein Wort nicht wußte, dann schaute er auf die Blätter, und die Zeichen sagten es ihm.*

*Ich sagte, er sollte schnell hinunterfahren und in ein paar Tagen wiederkommen. Er sagte, er müsse den Fluß weit hinunter nach Caracasteri. Er sagte, es sei so weit, daß er das »avión« nehmen mußte und das »avión« nicht gleich dann kam, wenn er es brauchte. Doch er mußte auf jeden Fall auf das »avión« warten, weil es ihn nach Caracasteri bringen würde. Wenn er nach Caracasteri zu Fuß ginge, sagte er, würde es viele Monde dauern. Das »avión« würde ihn in einem halben Tag hinbringen. Ich fragte mich, ob das »avión« wirklich so schnell sein konnte. Ich fragte mich auch, ob Caracasteri wirklich so weit weg sein konnte. Wenn du sehr schnell läufst, kannst du in fünf Tagen die ganze Strecke zum Fluß der Sittiche schaffen.*

# In den Fängen der Bürokratie

In Caracas reichte ich mein ganzes Volkszählungsmaterial ein und fing mit der Arbeit an einem Artikel an. Das Geld für die Volkszählung würde nicht allzulange reichen. Es war am besten, direkt mit dem Schreiben anzufangen. Ich brauchte eine Geldquelle, einige Magazine oder Fachzeitschriften, die daran interessiert waren, was von mir zu veröffentlichen. Ich schrieb auch an Eibl-Eibesfeldt. Wir hatten uns zwar verpaßt, aber vielleicht war ja noch irgendeine Art von Vereinbarung möglich. Noch besorgniserregender stand es um meine Aufenthaltsgenehmigung. Während der Volkszählung hatte ich mit einer besonderen Genehmigung des Präsidialamts gearbeitet, die nun abgelaufen war. Ich mußte bei dem Büro der Indio-Schutzbehörde in Caracas eine neue beantragen und sie dann vom Gouverneur in Puerto Ayacucho gegenzeichnen lassen. Ich kannte mich hier gut genug aus, um zu wissen, daß so etwas sich zu einem Problem auswachsen konnte.

*Tagebuch. Caracas, 16. Mai 1983:* Ich habe immerzu nachgedacht und vermisse Yarima sehr. Ich weiß jetzt schon, daß ich mich in der nächsten Woche schrecklich nach ihr sehnen werde. Schon die ersten Stiche der Sehnsucht. Hoffentlich vergißt sie mich nicht. Schwer zu sagen, wie das Gemüt der Yanomami funktioniert, ob es irgendwie anders ist als unseres. Selbst nach all den Jahren. In den meisten Fällen neigen Anthropologen dazu, zu verallgemeinern. Sie glauben, daß alle Yanomami mehr oder weniger gleich denken, daß ihr Denken ein Produkt ihrer Kultur ist und somit keine nennenswerten persönlichen Merkmale aufweist. Nur durch wirklich langfristige, enge Beziehungen werd' ich's rausfinden. Ich neige dazu, nach individuellen Unterschieden zu suchen. Doch meine ganze Ausbildung war darauf ausgerichtet, mich eher auf allgemeine Kennzeichen als auf individuelle Charakterzüge zu konzentrieren.

Während ich in Caracas war, telefonierte ich mit Madeline Harris, Marvins Frau. Sie berichtete mir, daß die Zeitschrift »Science« einen Artikel von mir, der ursprünglich abgelehnt worden war, nun vielleicht doch veröffentlichen wollte. Es handelte sich um den Vortrag, den ich auf dem Anthropologenkongreß gehalten hatte. Ich sollte einen der Redakteure anrufen. Als ich schließlich durchkam, sagte mir die Redakteurin, sie glaube nicht, daß der Artikel nochmals in Betracht gezogen worden sei. Doch als ich nachbohrte, sah sie in den Akten nach. Schließlich war sie wieder dran und teilte mir mit, daß er tatsächlich noch einmal durchgesehen worden war. Einer der Hauptlektoren habe die Veröffentlichung empfohlen, aber einige Leute aus der Redaktion hätten sich seinem Urteil nicht angeschlossen. Deshalb werde der Artikel höchstwahrscheinlich nicht veröffentlicht.

Es war ein übles Telefongespräch und eine unerfreuliche Diskussion. Meine Hoffnungen waren einen Augenblick hochgeschossen und dann genauso rasch wieder in sich zusammengebrochen. Ich wollte wirklich unbedingt etwas bei »Science« unterbringen, besonders nach meinen letzten Erfahrungen mit diesen Leuten. Vor einigen Jahren hatten Jacques Lizot und ich einen gemeinsamen Brief an »Science« geschrieben, in dem wir einen von Chagnon und Ray Hames gemeinsam verfaßten Artikel verurteilten.

Daß Lizot und ich bei einem solchen Brief zusammengearbeitet hatten, war ein Phänomen für sich. Lizot war ein Schüler von Claude Lévi-Strauss, und ich von Marvin Harris. Nun lehnte Harris kategorisch die von Lévi-Strauss vertretene Richtung der Anthropologie ab und griff sie bei jeder Gelegenheit an. Levi-Strauss, einer der Gründerväter des französischen Strukturalismus, war, wie Harris gerne ausführte, ein Idealist, in dessen Denken die Mythen und andere geistige Phänomene eine stark übertriebene Rolle im Verständnis der menschlichen Kultur spielten. Das tatsächliche menschliche Verhalten, das beobachtet und aufgezeichnet werden konnte, wurde von Lévi-Strauss und seinen Anhängern als grundsätzlich unbedeutend erachtet. Natürlich blickten umgekehrt die französischen Strukturalisten mit der gleichen Geringschätzung auf Harris herab, der für sie, wenn sie gönnerhafter Laune waren, »ein Vulgärmaterialist« war.

Lizot und ich kamen also aus entgegengesetzten anthropologischen Richtungen. Dennoch waren wir beide erstaunt und schockiert von diesem »Science«-Artikel über »Proteinmangel und Stammesfehden im tropischen Regenwald«, in dem bewiesen werden sollte, daß die Ernährung der Yanomami sehr viel Protein enthielt. Chagnon und Hames versuchten Harris' Theorie über die Auswirkung von Proteinmangel auf kriegerische Auseinandersetzungen zu widerlegen, die besagte, daß es dort mehr Gewaltakte gäbe, wo die Proteinaufnahme niedriger war, und weniger, wo sie höher war. Ihnen zufolge waren solche Auseinandersetzungen aber auch dort an der Tagesordnung, wo die Proteinaufnahme hoch war; deshalb sei Harris widerlegt.

Es war eine grob vereinfachende Schlußfolgerung, die von einer erstaunlichen Unkenntnis in bezug auf Harris' Leitthese zeugte. Nach Harris dienten die kriegerischen Auseinandersetzungen dazu, die Gruppen verstreut zu halten, eben damit die Jagdgründe nicht dem Wettstreit unterlagen und demzufolge in der Tat ausreichend Protein lieferten. Doch es war nicht nur diese Unwissenheit, die Lizot und mich schockierte. Mehr noch ereiferten wir uns darüber, daß die Daten von Chagnon und Hames überhaupt nicht von einem normalen Yanomami-Dorf stammten, sondern von einer kleinen Gruppe von Yanomami-Flüchtlingen, die sich einer Gemeinschaft von Ye'kwana-Indios angeschlossen hatten. Die Ye'kwana, eine völlig andere Kultur, waren technisch sehr viel weiter entwickelt und weitaus stärker von der Zivilisation beeinflußt als die Yanomami. Das Ye'kwana-Dorf, wo diese kleine Gruppe von Yanomami lebte und arbeitete, war besonders fortschrittlich. Die Flußfischersiedlung besaß vier oder fünf Außenbordmotoren und einige Anlegestellen für Einbäume. Sie hatten einen kleinen Laden, wo sie Büchsenfleisch und andere Dosennahrung kaufen konnten, und besaßen ein großes Boot, mit dem sie ihre Gartenerzeugnisse nach Puerto Ayacucho transportierten und verkauften.

Von dort brachten sie dann die Dinge mit, die sie brauchten: Benzin, Patronen usw. Sie hatten sogar eine politische Genossenschaft, die die örtliche politische Partei eingesetzt hatte. Tatsächlich bildeten die Ye'kwana, bei denen diese Yanomami lebten, so etwas wie eine kleine bäuerliche Gemeinde.

Doch diese Dinge hatten Chagnon und Hames in ihrem Artikel natürlich nicht erwähnt. Sie hatten im Gegenteil vielmehr den Eindruck vermittelt, daß es sich bei den Yanomami, von denen ihre Daten stammten, um eine einheitliche Gruppe handelte, die ein traditionelles Yanomami-Leben führte. Lizot und ich hatten darauf hingewiesen, daß dies nicht der Fall war. Unserer Meinung nach wären Chagnon und Hames verpflichtet gewesen, den Lesern die Herkunft ihrer Daten zu erläutern. Ich konnte es gar nicht glauben, als »Science« unseren Brief ablehnte. Ich hatte mich sogar noch ans Telefon gehängt und mich persönlich dafür eingesetzt, ihn zu veröffentlichen. Zum Wohl der Anthropologie, hatte ich gesagt, müsse die Leserschaft das erfahren. Das hatte ich gesagt. Der Herausgeber faßte sich kurz: Der Fall sei abgeschlossen; der Brief werde nicht veröffentlicht. – Dieses unerfreuliche Telefongespräch brachte mich wieder einmal zum Nachdenken über die akademische Welt, über ihre Eifersüchteleien und unlauteren Machenschaften, die ich so haßte.

*Tagebuch. Caracas, 17. Mai:* Ich hab es so verdammt satt. Die Yanomami kämen nie darauf, sich so zu verhalten. Dieser Scheißkampf um Anerkennung, diese Streitereien und Verleumdungen! Will ich wirklich den Dschungel verlassen für ein Leben bei diesen Leuten? Ich hasse sie. Madeline hat mir gesagt, daß ein Anthropologe aus Florida eine Kollegin einen »weiblichen Ken Good« genannt hat. Ist es denn zu fassen! Ich werde hier unten bei den Yanomami bleiben. Sie sind so herrlich unzivilisiert – genau das macht sie erträglich. Keine schlaflosen Nächte, keine bösen Träume, keine Sorgen, kein Gefühl, daß die Leute von Neid und Haß getrieben werden. Ich seh schon kommen, daß ich eines Tages wegen Vorratsmangels oder schlechter Gesundheit hier weg muß. Aber im Moment hab ich eine anbetungswürdige Yanomami-Frau. Sie schläft jede Nacht bei mir in der Hängematte. Wir halten einander warm. Wir umarmen uns und spielen und lachen. Ich halte sie fest im Arm. Ich rieche noch die »onoto«-Farbe an ihrer Haut. Sie macht Flecken auf meine Hängematte, aber das juckt mich nicht. Ihre bronzene Haut ist so warm, obwohl ich schon beinahe zittere wegen der kühlen Urwaldnacht. Es ist ein so gutes Gefühl. Wir schüren das Feuer nach, dann legen wir uns wieder schlafen. Sie macht es sich gemütlich, in meine Beine und Arme verschlungen. Wenn die Morgendämmerung kommt, fangen die Frösche das Quaken an, und langsam erwacht das Dorf zum Leben. Yarima steigt aus der Hängematte und beginnt, Bananen zu schälen und die ersterbende Glut anzufachen. Ihre Finger sind klebrig vom Harz der grünen Schalen. Wenn sie gekocht sind, gibt sie mir drei oder vier und sagt, »Pei« (»Hier, für dich«). Später wird sie dann sagen, »Ya naiki« (»Ich hab Hunger auf Fleisch«). »Gehen wir unten am Bach jagen, dann wirst du einen ›manashi‹-Vogel schießen.«

Sie geht auf dem Pfad hinter mir, wenn wir das Dorf verlassen. Ich kann sie dort spüren. Manchmal spüre ich mein Glück so überwältigend stark, daß mir einmal sogar Tränen in die Augen traten. Sie sprach leise, daß keiner es hören konnte. »Weine nicht«, sagte sie. »Wenn du weinst, fallen böse Geister über dich her.« Ich füll meine Notizbücher mit Beschreibungen und Daten – bis jetzt 65 an der Zahl. Sie wundert sich, warum ich ständig das Bedürfnis habe, Zeichen auf Papier zu machen – »Blätter« sagen sie dazu. Es erscheint ihr seltsam, aber sie akzeptiert es, wie so viele seltsame Seiten ihres Gatten. Ich frage sie so oft, ob sie mich wirklich mag, ob sie meine Frau sein will. »Ja«, antwortet sie immer. »Wenn nicht, wäre ich schon längst nachts in das Dorf der Schwestern meiner Mutter abgehauen. Ich hab keine Angst. Sorge dich nicht«, sagt sie. »Wir werden ein Kind haben, und du wirst mit ihm in deiner Hängematte spielen. Du und nur du wirst unser Kind zeugen. Jetzt hab' ich's dir gesagt«, sagt sie. »Also hör auf mit Nohi harupo.«

Ich bete zu Gott, daß ihr nichts zustößt, während ich weg bin, und daß ich nicht krank werde. Malaria und Hepatitis machen einen fertig hier. Warum sollte ich heimwollen? Zurück zu Ehrgeiz, Habgier, Eifersucht und harten Konkurrenzkämpfen? Zu Rassenhaß, Angst und Gefahr auf den Straßen, zu endlosen Debatten über den Sinn des Lebens? Wozu brauch ich das? Das hier wird eines Tages zu Ende sein, ich weiß. Doch mein einziges Ziel jetzt ist, es so lange hinauszuzögern, wie ich kann. Wenn ich ein erfolgreiches völkerkundliches Buch schriebe, weiß ich jetzt schon, wie es in Anthropologenkreisen aufgenommen würde. Ich brauch diese windige Aufmerksamkeit nicht. Ich will nur Yarimas warmes Lächeln. Ihre schwarzen, funkelnden Augen, ihre glatte Haut.

*Tagebuch. Caracas, 25. Mai:* Ich hab zwei Wochen für die Abwicklung der Volkszählung gebraucht. Hab jetzt die meisten Einkäufe für meine Vorräte erledigt. Vermisse Yarima schrecklich. Ich frag mich, ob sie wirklich schwanger ist. Mein Herz hüpft jedesmal, wenn ich dran denke, daß es stimmt. Ich hab auch Sorgen, ob ich diese Genehmigung kriege, ob ich Geld beschaffen kann und wie alles ausgehen wird. Zeitschriftenartikel wären ein guter Job für mich, wenn es auch nicht soviel einbrächte, daß ich bei ihr bleiben kann. Aber ich bin mit den Gedanken woanders. Ich weiß es. Ich bin besessen. Ich hab mein ganzes Leben wegen meiner Liebe zu Yarima geändert. Ich kann nicht glauben, daß ich, wenn ich ein Kind hätte, es nicht sehen dürfte. Daß ich meinem Kind, wenn es Zuwendung brauchte, sie ihm nicht geben dürfte. Ich darf nicht so denken. Muß optimistisch sein. Sie können sagen: »Nein, du kannst keine zweite Aufenthaltsgenehmigung haben.« Was soll ich darauf sagen? Ich hab eine Frau und ein Kind oben am Fluß? »Wie bitte? Du bist ein ausländischer Forscher, der in dieses Land kommt. Wir haben dir eine Genehmigung erteilt, um in einem Sperrgebiet zu forschen; nicht, um dir eine Frau oder ein Kind anzuschaffen.« Ich spiele die Julio-Iglesias-Kassette ab, italienisch, und Yarima fehlt mir. Ich muß es wissen. Ist sie schwanger? Grad kurz vor meiner Abreise ist ihre Periode ausgeblieben. Wenn sie es ist, sollte ich ihr Vitamine und Proteine geben.

*Tagebuch. Caracas, 13. Juni, 6.05 Uhr:* Jetzt sind es schon sechs Wochen. Ich verzweifle allmählich. Meine Genehmigung zieht sich zäh wie Honig hin. Sie sagen andauernd, sie ist fast fertig, aber wenn ich wiederkomme, ist es immer noch nicht so weit. Ich bin seit 3.30 Uhr wach. Gestern hab ich nur zweieinhalb Stunden geschlafen. Es ist so lang her, seit ich im Dorf war und die Volkszählungsbögen ausgefüllt hab, während Yarima auf einem Faß neben mir saß und an einem Stück Zuckerrohr lutschte. Es scheint mir eine Ewigkeit her zu sein, daß ich zurückkam, und sie völlig verängstigt war. Ich empfand es damals als die größte Herausforderung meines Lebens, ihr wieder ein Geborgenheitsgefühl zu geben, wieder ihre Zuneigung zu gewinnen. Ich frag mich, wie ich genügend Geld auftreiben kann, um dortbleiben zu können. Zumindest hab ich jetzt alle meine Vorräte zusammen. Ich sprach heute mit Eibl. Er ist sehr zuversichtlich, sagt, er will mit mir zusammenarbeiten, ist aber dieses Jahr in den roten Zahlen. Wird es für nächstes Jahr versuchen. Ist sicher, er wird es hinbiegen können.

Am 8. Juli verständigte mich die Indio-Schutzbehörde, daß meine Genehmigung vorläge. Ich hatte zweieinhalb Monate darauf gewartet. Selbst unter normalen Umständen konnte einen die Bürokratie hier zur Weißglut treiben, aber meine Umstände waren nicht normal. Jeder einzelne Tag der letzten paar Wochen war eine Qual gewesen. Am 9. Juli flog ich nach Puerto Ayacucho, in der Hoffnung, daß ich nun ohne Schwierigkeiten die Gegenzeichnung des Gouverneurs bekommen könnte.

Als ich die Genehmigung dem Sekretär des Gouverneurs übergab, meinte er, es dürfte wohl keine Schwierigkeiten geben. Die Abwicklung würde allerdings schon einen oder zwei Tage in Anspruch nehmen. Ob ich morgen oder übermorgen wieder vorbeischauen könnte? Es war nicht leicht, meine Hoffnungen im Zaum zu halten, obwohl ich nur zu gut wußte, daß selbst der freundlichste Empfang leicht das Vorspiel zu einer hirnlosen bürokratischen Ungeheuerlichkeit sein konnte. Wie oft hatte ich das schon erlebt!

Als ich die Hauptstraße entlangging, begegnete ich Yorusiwe, dem Mann, den ich den Zöllner nannte. Ich war keineswegs erfreut, ihn zu sehen. Ich mochte ihn nicht und kannte keinen, dem es anders ging. Yorusiwe lebte in dem Yanomami-Dorf außerhalb der Platanal-Mission und verstand sich bestens darauf, Reisende, die flußaufwärts wollten, einzuschüchtern. Normalerweise schaffte er es, ihnen durch Drohungen oder Schmeicheleien Tauschwaren zu entlocken. Manchmal kam er auch nach Puerto Ayacucho, wo selten ein Yanomami zu sehen war, und bettelte, wobei er sich als armer, hungernder Indio ausgab. Unsere Beziehung war nicht gerade die beste, seit er festgestellt hatte, daß er mit seinen üblichen Schlichen bei mir nicht ankam. Doch zumindest waren wir höflich geblieben. Er sagte mir, ich sei schmal geworden. Er meinte, das letzte Mal, als ich von Caracas gekommen sei, wäre ich wirklich gut beieinandergewesen. Ich sei wohl jetzt so dünn, weil meine Frau schwanger sei. Eine schwangere Frau läßt den Mann dünn werden.

*Tagebuch. Puerto Ayacucho, 15. Juli, Gran Hotel Amazonas:* Das Schlimmste, was mir passieren konnte! Der Gouverneur will mir keine Genehmigung geben! Er sagte mir, daß zu viele Ausländer in dieses Gebiet gegangen seien. Ich bin völlig geschockt. Wenn es sich der Gouverneur nicht noch anders überlegt, werd ich bis zum Präsidenten gehen, um es hinzubiegen. Ich muß an Lizot denken und was er alles durchgemacht hat. Zuerst wurde ihm nicht erlaubt, in den Dschungel zurückzugehen, aber er hat durchgehalten und seine Verbündeten um sich geschart. Mir steht wohl das Gleiche bevor. Daß ich aus den USA gekommen bin, um für das Präsidialamt bei der Volkszählung mitzumachen, juckt diese Leute nicht. Nein, sagt er, es ist ein Sperrgebiet. Um Himmels willen, ich weiß, daß es ein Sperrgebiet ist. Ich war ja seit 1975 dort drin.

Das Warten auf die Entscheidung des Gouverneurs in Puerto Ayacucho war wie eine Zeit in der Hölle. Ich wurde von Sorgen geplagt. Nicht, daß es etwas Ungewöhnliches war, Probleme mit der Genehmigung zu haben. Das kam vor, wenn es normalerweise auch nichts weiter war als eine lästige Angelegenheit. Du mußtest wieder nach Caracas und den ganzen Vorgang von neuem in Gang setzen, statt flußaufwärts zu gehen und deine Arbeit zu tun. Es dauerte nochmal ein oder zwei Monate, bis die Sache endlich erledigt war. Oder, wenn es ganz schlimm kam und sie die Genehmigung nicht rausrückten, blieb nichts anderes mehr übrig, als zurück in die Staaten zu fliegen, einen Aufsatz zu schreiben oder ein Buch. Sechs Monate oder ein Jahr später, wenn ein neuer Gouverneur da war, könnte ich dann wiederkommen.

Aber diesen Luxus konnte ich mir nicht leisten. Ich mußte zurück in den Dschungel. Ich mußte unbedingt zu Yarima. Ich konnte keine sechs Monate oder ein Jahr warten. Ich war eh schon viel zu lange weg.

*Tagebuch. Puerto Ayacucho, 16. Juli:* Unglaublich, einfach unglaublich. Einige meiner Freunde haben mit dem Gouverneur gesprochen, darunter auch Gonzalez Herrera, der frühere Gouverneur und ehemalige Gesundheitsminister. Und auf einmal ist meine Genehmigung bewilligt. So plötzlich die Schocks einen hier überfallen, so rasch verschwinden sie auch wieder. Es geht, dann wieder nicht, dann geht's wieder. Das Leben im Regenwald ist manchmal sehr anstrengend, aber trotzdem kannst du danach süchtig werden. Hoffentlich ist dieser Gouverneur weg, wenn ich wieder mit seiner Behörde zu tun habe.

*Tagebuch. Wawatoi-Garten, 20. Juli:* Die Guajaribo-Stromschnellen zum Flußlager rauf. Stoppte flußaufwärts in Shuimuiteri, sagte ihnen, ich würde nach Wawatoi gehen, bat sie, Roter zu suchen und ihm zu sagen, ich sei in Wawatoi. Fürchterlicher Wolkenbruch. Shapono völlig verschlammt. Keiner da. Sie sind nicht zu Hause. Kein einziger da. Kein Orawe, kein Langbart. Fühl mich etwas verzweifelt, aber kann mich beherrschen. Keine Chance, zu Yarima zu kommen, bis Roter auftaucht.

*15.00:* Immer noch kein Roter.

*Mitternacht:* Roter ist nicht aufgetaucht. Muß Yarima sehen. zugegeben auch deswegen, weil ich Nohi harupo bin. Meine Gedanken spielen in dieser Hinsicht wirklich manchmal verrückt. Nicht, daß mir das neu wäre. Dauernd fallen mir neue Gründe ein, warum ich diesmal in der Patsche sitze. Vielleicht haben sie wieder Angst vor mir. Vielleicht haben sie mir Sachen gestohlen und wollen sich nicht zeigen. Hörte im Militärsender eine Baseball-Übertragung. Eine völlig andere Welt. Ich kann keinen Tag länger warten. Wenn Roter morgen kommt, werde ich Dampf machen, um die Gruppe zu erreichen.

*Tagebuch. Wawatoi, 23. Juli:* Immer noch allein. »Nohi-iyopo«. Ich vermisse sie. »Nohi-iyopo«. Ich muß bei ihr sein. Mein Zeug ist immer noch am Fluß. Zwei Shuimuiteri kamen vorbei. Sie sagen, die Hasupuweteri sind in Irokai, ein Tagesmarsch. Gut. Sie sagen auch, daß Lizot mich sucht. Sie erzählen, er wolle mich umbringen und sei in das Dorf meines Vaters gegangen, um mich zu suchen. Diese Leute verblüffen einen. Die reden alles daher, glauben alles. Gerüchte, Lügen – das Lebensblut des Urwalds. Natürlich klingt das für Yanomami-Verhältnisse völlig logisch. Wenn Lizot wirklich böse auf mich wäre, wo würde er denn sonst hingehen, um mich zu erwischen, als ins Dorf meines Vaters? Sie denken, Pennsylvania ist ein Shapono. Ich frage mich, was sie Lizot von meiner Haltung ihm gegenüber erzählt haben.

*Tagebuch. Wawatoi, 25. Juli:* Roter kam endlich. Nahm mich mit nach Irokai. Kaum zu glauben; sie sind wieder auf Treck. Wir waren vier Monate auf Treck, bevor ich nach Caracas flog. Da komm ich zurück, und sie sind wieder unterwegs. Sie machen bloß Trecks. Absolute Jäger und Sammler – Nomaden. Wer hat sie je als eine Pflanzerkultur bezeichnet?

Als ich in Irokai ankam, war die ganze Gruppe dort. Ich stellte mein Gepäck ab und ging hinüber zu Yarima. Sie war aufgestanden und wartete darauf, daß ich zu ihr kam. Inmitten des ganzen Lärms im Shapono stand sie ruhig da und sah strahlender aus denn je. Am erstaunlichsten und wunderbarsten war aber die Tatsache, daß ihr Bauch runder aussah, leicht gewölbt. Da gab es keinen Zweifel.

Sie sei schwanger, verriet sie mir. Zwei Monde und zwei Monde. Meine Berechnungen waren die gleichen; es mußte vier Monate her sein. Das hieß, daß das Baby im Januar geboren werden würde. Sie schien sehr glücklich darüber zu sein. Ich konnte meine eigenen Gefühle kaum ausdrücken, ihr gegenüber nicht und selbst mir gegenüber nicht. Ich war außer mir vor Glück.

Als die Hasupuweteri Irokai verließen, um ihren Treck fortzusetzen, wäre ich am liebsten dageblieben. Yarima wollte das aber nicht. Sie bestand darauf, mitzugehen. Sie war entschlossen, bei ihrer Familie zu bleiben, besonders bei ihrer Schwester und deren Kindern, die sie auch ihre Kinder nennt. Mir war danach, an einem Ort zu bleiben und zu schreiben, was auf einem Treck nicht gehen würde. Aber was noch wichtiger war, ich machte mir Sorgen über ihren Zustand. Mit dem Baby im Bauch wollte sie einen harten Treck mitmachen. Ich wußte aber, daß sie und die anderen Frauen das als völlig normal und meine Furcht als unsinnig betrachten würden. Andererseits hätte es auch Probleme gegeben, wenn ich dageblieben wäre. Yarima weinte schon, als ich das Thema nur ansprach. Ihr Bruder war sichtlich niedergeschlagen, ebenso wie ihre Mutter und auch einige andere, als sie hörten, daß wir vielleicht nicht mitkämen. Es ist bemerkenswert, wieviel Liebe und Zuneigung sie füreinander empfanden. Außerdem, was hätte sie gegessen und womit hätte sie sich beschäftigt, während ich herumgesessen und zu schreiben versucht hätte?

»Dieser Treck wird zum Siapa gehen – dorthin«, sagte Roter und deutete in südliche Richtung. Zumindest sein Arm wies grob nach Süden, der ausgestreckte Zeigefinger stand aber nach rechts ab. Als das Tageslicht schwand, benutzte ich meine Taschenlampe, um weiterschreiben zu können. Yarima krabbelte in die Hängematte und kuschelte sich an mich, von der Wärme des Feuers schon schläfrig. Während des Schreibens sprach ich noch mit Rukuwes kleinem Sohn, der zu mir in die Hängematte geklettert war und in meiner Armbeuge kauerte. Er war ungefähr 6 Jahre alt, offen, neugierig und aufgeschlossen; ein glückliches Kind. Es kam mir schon fast wie eine Familienszene vor. Ein Bild aus der Zukunft? Ich fragte mich oft und sorgte mich (typisch für mich), wo das alles hinführen würde, mit Yarima und einem Baby. Ich fühlte mich doch so wohl hier, und so unbehaglich in der Zivilisation. Aber andererseits: Waren die Hasupuweteri jetzt nicht hungrig? Gab es nicht Kriege, Kämpfe, Mord und Haß? Versuchten sie nicht ständig, jemand anderem etwas abzuluchsen, bettelten und jammerten? Wurden sie nicht krank und starben auch? Stahlen und betrogen sie nicht und lebten in der Angst vor bösen Geistern? Überfielen sie nicht die Gärten der anderen, stritten und verhöhnten sich in der Öffentlichkeit und wurden fuchsteufelswild? Wo paßte ich da hinein? »Wa maharishi?« sagte Yarima, die Lider bleischwer vom Schlaf. (»Bist du nicht müde? Du malst soviel.«) Sie sah mich eine Weile an, dann döste sie zufrieden wieder ein. Ich betrachtete sie, während sie schlief, die geschlossenen Augen, die Spur eines Lächelns auf ihren Lippen und ihre Brüste, die sich sacht hoben und senkten, fast unmerklich. Was kann ich noch mehr verlangen? dachte ich.

Nach beinahe einem Monat auf Wanderschaft steuerten die Hasupuweteri endlich wieder auf Wawatoi zu. Als wir uns den Pflanzungen näherten, beschlossen Yarima und ich vorauszugehen. Wir wollten beide nach Hause und wurden ungeduldig wegen des gemächlichen Tempos auf dem Treck. Dauernd wurde gerastet und jeden Nachmittag ein Lager gebaut. Es war ein ständiges Warten. Der Wayumi konnte uns nachkommen.

Zusammen mit Shori und drei Huya, die unser Gepäck trugen, brachen wir auf. Yarima war nun im fünften Monat. Ihr Bauch war runder, und jeder, der hinsah, konnte eindeutig feststellen, daß sie schwanger war. Doch trotz der Schwangerschaft bestand sie darauf, ihren Korb mit Kalebassen, Töpfen und Hängematte, unserem gesamten Haushalt, zu tragen. Ich selbst versuchte meine Gedanken zu sortieren, um endlich wieder etwas arbeiten zu können. Ich wollte einige Artikel zusammenstellen und ein oder zwei Niederschriften von Tonbandaufnahmen an Eibl-Eibesfeldt schicken. In meinem Kopf, freilich nicht in Yarimas, war ständig der Gedanke, daß ich mit dem Schreiben anfangen müßte. Wenn ich nicht bald etwas zu Papier brächte, wäre ich in Kürze pleite. Ich hätte mich treten können, daß ich diese zwei Frauen, die im letzten Lager in Streit geraten waren, nicht auf Band aufgenommen hatte. Das war wirklich ein ungewöhnliches Ereignis gewesen. Sie hatten sogar mit Stöcken aufeinander eingeschlagen. Ich hatte sowas noch nie gesehen. Eine Niederschrift und Untersuchung dieser Schimpfreden wäre wohl zu veröffentlichen gewesen.

An diesem Morgen machten wir am Rahuawe-Fluß halt, um zu fischen, aber wir hatten kein Glück dabei, also gingen wir weiter. Ich folgte Yarima und sah, wie der Korb auf ihrem Rücken beim Gehen leicht hin- und herschwankte. Am frühen Nachmittag trafen wir auf die Leute von Mokaritateri, die zu einem Fest in Yehiopateri unterwegs waren. Sie hatten diesen Morgen erst ihr Haus verlassen, wo wir die Nacht verbringen wollten. Wir hockten uns auf den Pfad, sprachen etwa eine Stunde mit ihnen und zogen dann wieder weiter. Mittlerweile hatte es leicht zu regnen angefangen, und als wir durch das hügelige Gelände marschierten, wurden meine Beine immer schwerer. Kurz nachdem mir das durch den Kopf gegangen war, drehte sich Yarima zu mir um und sagte: »Ich bin müde, ich mag nicht mehr weitergehen.«

»Ich auch nicht«, antwortete ich, »aber wir sind schon so nah an der Siedlung. Wir sollten versuchen, das Shapono zu erreichen, ehe es dunkel wird.«

Shori und die anderen waren uns ohnehin ein kurzes Stück voraus, und Yarima und ich wurden immer langsamer. Als wir einen kleinen Bach am Fuß eines Hügels überquerten, winkte Yarima mir, ich solle weitergehen, während sie sich nach rechts in die Büsche schlug, um sich zu erleichtern. »Ich hol dich wieder ein«, sagte sie und verschwand im Unterholz. Einen Augenblick später jedoch rief sie nach mir. Als ich durchs Gebüsch brach, kauerte sie auf einem Sandstreifen neben dem Bach. »Eou, eou«, sagte sie, »ich hab Bauchweh« – und sie zeigte zwischen ihre Beine. Dort war etwas Weißes. Als ich näherkam, sah ich eine Schlinge der Nabelschnur fast bis auf den Boden hängen.

Oh, Scheiße, dachte ich, verdammt! Verdammt! Ich drosch in den Sand. Ich wußte nicht, was ich machen sollte. Ich versuchte, sie zu beruhigen, aber sie hatte Angst und zitterte. »Ist schon gut«, sagte ich, obwohl ich wußte, daß überhaupt nichts gut war. »Ist schon gut, ist schon gut, das Baby will nur rauskommen.«

Zitternd gestand sie mir, daß sie die ganze vergangene Nacht Bauchschmerzen gehabt, aber nichts gesagt hatte. Dann weinte sie nach ihrer Mutter. Ich hockte mich neben sie und nahm sie in den Arm. Ich wollte sie warm halten und zur Ruhe bringen, und nicht zuletzt mich selbst beruhigen.

»Weinst du, weil du das Baby verlierst?« fragte ich.

»Nein«, sagte sie, indem sie ihre Tränen unterdrückte, »das nicht. Sag den Jungen, sie sollen weitergehen. Laß sie nicht hierherkommen.«

Gerade da ertönte Shoris Stimme aus einiger Entfernung durch den Dschungel. »Wo seid ihr, Schwager, kleine Schwester? Wo seid ihr? Ihr könnt nicht dort unten bleiben. Böse Schamanen können an diesen Ort kommen. Was ist los? Kommt rauf, kommt rauf!«

»Sag ihm nicht, was los ist«, flüsterte Yarima, die sich wieder ein bißchen gefangen hatte. »Er wird sich sonst furchtbar erschrecken.«

Ich ging den Bach entlang, Shoris Stimme nach, und rief ihn. Aber er wollte nicht weiter runterkommen. Durch den Dschungel brüllte ich ihm nach, er solle mit den anderen zum Shapono von Mokaritateri vorgehen.

Es war so schrecklich. Yarima hatte in der vorigen Nacht schlimme Schmerzen gehabt. Hätte ich das gewußt, wäre ich nie vorausgelaufen oder hätte es zugelassen, daß sie weiterging. Besonders nicht in unserem Marschtempo, die Berge rauf und runter wie Männer auf dem Weg zu einem anderen Dorf. Wir hatten uns noch besonders beeilt, weil ihr Bruder und die anderen Jungen das Shapono von Mokaritateri noch im Hellen erreichen wollten. Dies war angeblich ein Gebiet mit bösen Schamanen, und es lag ihnen daran, so schnell wie möglich da durchzukommen. Und ich war so verdammt blöde, daß ich ihnen nicht sagte, sie sollten langsamer gehen.

Shoris Stimme drang durch die Bäume, rief nach mir wie nach einem körperlosen Geist. Was war uns passiert? War etwas geschehen? Waren wir in Ordnung? War da noch jemand bei uns da unten?

»Geh weiter zum Haus«, brüllte ich. »Nimm einfach die anderen und geh weiter zum Haus. Mach dir keine Sorgen. Wir sind gleich da.« Hinter mir hörte ich Yarima weinen. Ich lief zwischen ihr und ihrem Bruder hin und her, versuchte sie zu trösten und rief ihm immer wieder durch die Bäume zu, er solle weitergehen, weitergehen zum Shapono. Endlich – mir kam es wie Stunden vor – schrie er: »Shori, wir gehen jetzt zum Haus.« Ich ging zu Yarima zurück, die immer noch auf der Sandbank kauerte und leise weinte.

Um halb sechs sagte ich Yarima, daß wir hier nicht länger bleiben könnten. Es würde bald dunkel werden. Sie müßte versuchen, bis zum Haus zu gehen. Nach einigem Ringen mit dem Stirnband brachte ich den Korb schließlich auf den Rücken und führte sie den Hügel hinauf.

Meine Angst wuchs, weil sie nicht aufhörte zu weinen. Das Shapono war nur etwa einen halben Kilometer entfernt, aber als wir dort ankamen, wollte Yarima nicht hinein, nicht, solange die Männer da waren. Ich trug den Korb ins Haus. Shori und die anderen drei starrten mich an. Es herrschte Totenstille. Normalerweise hätte der Anblick eines Mannes, der den Korb einer Frau trägt, bei ihnen Heiterkeitsstürme ausgelöst. Doch nun blickten sie mich nur düster an. Sie wußten, daß etwas Schreckliches geschehen war.

So schnell ich konnte, sammelte ich etwas Holz, zündete ein Feuer an und hängte dann unsere Hängematten auf. Als ich hinausging, sah ich Yarima erst gar nicht. Dann fand ich sie im dichten Gestrüpp versteckt, gerade neben dem Pfad, voller Angst vor bösen Geistern. Sie bat mich, die Huya wegzuschicken, um Wasser zu holen, aber sie wollte nicht, daß sie auf dem Pfad an ihr vorbeigingen. Deswegen war sie ins Gestrüpp gegangen. Als ich wieder im Shapono war, bat ich die anderen, etwas Wasser zu holen. Obwohl sie sich innerlich dagegen sträubten rauszugehen, taten sie es schließlich doch. Aber Yarima wollte nicht ins Haus gehen, während sie die Fehlgeburt hatte. Eine Frau machte so etwas nicht vor anderen Leuten durch. Sie erwartete keinen Trost und keine Hilfe, zumindest nicht von Männern. Ein Mann war in einer solchen Situation nie bei einer Frau. Ein Mann sah nie eine Geburt. Es war nicht unbedingt so, daß er es nicht konnte. Ein Mann wollte das nicht sehen, und eine Frau verlangte es nicht von ihm.

Als es dunkel war, sah Yarima auf und sagte: »Gehen wir heim.« In das Shapono, meinte sie. Da es Nacht war, würden die Huya sie nicht sehen können. Sie nahm ihre Hängematte ab, die ich neben meiner aufgehängt hatte, und band sie dann hinten im Haus an. Ich hockte mich neben sie und stoppte die Abstände zwischen den Wehen, die nun allmählich regelmäßig kamen. Als sie schließlich alle drei Minuten kamen, sagte Yarima: »Ich glaube, es kommt.« Drei oder vier starke Wehen folgten, dann hockte sie sich hin und hielt sich an den niederen Dachstreben über ihrem Kopf fest. Genau um 20 Uhr sagte sie: »Jetzt ist es vorbei.« Ich knipste die Taschenlampe an. Das Licht fiel auf einen knapp zwanzig Zentimeter langen Fötus. Yarima holte ein großes Blatt vom Dach, hob ihn auf, wickelte ihn ein und ging dann zum Eingang hinüber, um ihn ins Gebüsch zu legen. Ich spürte, daß mir Tränen in die Augen schossen und die Backen herabliefen. »Shami«, sagte sie, als sie sich neben der Hängematte auf den Boden setzte, »shami.« Als ich ihr ein sauberes Hemd um die Schultern legte, sah ich, wie das Blut den Boden unter ihr dunkel färbte.

# »Nohi harupo« – Eifersucht

Am nächsten Morgen machte ich Suppe und Kaffee und packte unsere Sachen. Yarima hatte gut geschlafen. Nach der Fehlgeburt war sie wie ein Stein weggesackt, völlig erschöpft. Ich packte ihren Korb, während sie noch an der Rückwand des Shapono sitzen blieb. Sie blutete immer noch ein bißchen und schämte sich, vor den jungen Männern aufzustehen. Gott sei Dank hat sie keinen Blutsturz, dachte ich, als ich alle schweren Stücke aus ihrem Korb nahm; die würde ich nun tragen. Wir hatten einen achtstündigen Heimmarsch vor uns, von Mokaritateri aus über die Berge.

Wir brachen um acht Uhr auf, zwölf Stunden nach der Fehlgeburt. Während der Wanderung drang mir allmählich der Schmerz über den Verlust des Kindes ins Bewußtsein. Ich war über die Schwangerschaft so glücklich gewesen, und der Verlust machte mir sehr zu schaffen. Außerdem bereitete mir Yarimas Zustand Sorgen. Wir folgten den Huya in einigem Abstand. Immer wieder warnte ich Yarima davor, nicht zu schnell zu gehen. Aber sie hörte nicht auf mich und marschierte im üblichen Tempo. Dann, nach etwa einem Drittel des Weges, bat sie mich auf spielerische, scherzhafte Weise, ihren Korb zu tragen. Es war genauso wie vor drei oder vier Tagen, als sie mir erzählt hatte, sie habe Bauchweh, weil sie Kaimanfleisch gegessen hätte. Ich hielt das für einen Scherz oder für den üblichen Aberglauben: »Wenn du Kaimanfleisch ißt, kriegst du Bauchweh.« War dies nun ein Zeichen, daß wieder etwas nicht in Ordnung war? Wenn ich es beim ersten Mal ernst genommen hätte, hätte das Kind vielleicht gerettet werden können.

Als ich Yarima den Korb abnahm, lachte sie; Männer tragen keine Körbe. Dann nahm sie mir das Gewehr ab, und ich lachte; Frauen tragen keine Waffen. Obwohl der Korb nicht mehr als zehn oder fünfzehn Pfund wog, verursachte der Tragriemen eine ungewohnte Anspannung in meinem Nacken. Ich wunderte mich, wie die Frauen es schafften, den ganzen Tag lang Ladungen vom vier- oder fünffachen Gewicht zu tragen. Etwa anderthalb Stunden vor der Heimkehr machten wir noch einmal halt. Ich spannte die Plastikplane auf, um uns vor dem leichten Regen zu schützen. Wir rasteten ein wenig und aßen ein paar »kareshi«-Früchte, bevor wir wieder aufbrachen.

Als wir uns dem Shapono näherten, beschleunigten Yarima und die anderen ihre Schritte, bis sie so schnell gingen, daß ich allmählich zurückfiel. »Du kommst nicht gut voran«, sagte sie mit einem Blick zurück. »Du hältst nicht mit. Gib mir den Korb, ich trag ihn.« Ihre Zähigkeit war unglaublich. Sobald sie ihn geschultert und das Band umgeschlungen hatte, beeilte sie sich, die anderen einzuholen. Sie lief mühelos und schnell, diese Frau, die letzte Nacht eine Fehlgeburt hatte. Selbst ohne den Korb konnte ich kaum mit ihr mithalten.

Den ganzen Tag über kümmerte sie sich in erster Linie darum, ihre Blutung zu verbergen. Obwohl sie immer noch Blut verlor, machte sie sich scheinbar keine Sorgen um ihren körperlichen Zustand. Ich war trotzdem sicher, daß sie Angst hatte, besonders, weil weder ihre Mutter noch eine andere Frau in der Nähe waren, nur diese vier jungen Männer und ich. Shori und die Huya hielten sich von ihr fern. Sie schauten sie nicht einmal an. Ein Yanomami-Mann – selbst der Gatte – wollte in so einer Lage nichts mit seiner Frau zu tun haben. Die Gefühle dieser Menschen waren völlig andere als meine. Fast jeder Mann aus dem westlichen Kulturkreis verhielt sich anders. Du hilfst, du hältst, du tröstest. Du tust, was du kannst. Nicht so die Yanomami. Mir war klar, daß es Yarima Mühe machte, mein Verhalten zu akzeptieren. Manchmal schien sie erleichtert, daß ich ihr zur Hand ging. Aber ganz bestimmt dachte sie nicht, wie wunderbar es war, daß ich mich um sie kümmerte, und wie schrecklich im Vergleich dazu die Yanomami-Männer waren. Im Gegenteil, manchmal wurde sie regelrecht böse, wenn sie fand, daß ich mich zu besorgt oder zu zärtlich verhielt. Das mochte sie überhaupt nicht.

*Nachdem mein Baby tot auf die Welt gekommen war, wollte ich so schnell wie möglich nach Hause. Kenny war so traurig, aber ich sagte ihm, er solle es nicht sein, weil wir ja wieder ein Baby bekommen würden. Ich wollte, daß er wieder so wie früher wäre, als wir zusammen gespielt und gelacht haben und ich ihn geneckt habe. Deswegen sagte ich ihm, er soll meinen Korb tragen; das wäre lustig, und ich dachte mir, daß er lachen und sich wieder besser fühlen würde. Ich dachte, wenn er mich lachen sah, würde er auch lachen. Die Huya lächelten, als sie Kenny den Korb tragen sahen, aber gelacht haben sie auch nicht. Kennys Stirn hatte keine Haare, um sie vor dem Riemen zu schützen, und so mußte er ihn seitlich mit beiden Händen halten.*

*Es war ein komisches Gefühl, Kennys Gewehr zu tragen. Ich hatte es noch nie zuvor getragen. Er zeigte mir das Ding, das ich nicht anfassen durfte. Er sagte, wenn ich es täte, könnte aus Versehen ein Schuß losgehen. Kenny konnte mit dem Korb nicht so gut gehen, obwohl er gar nicht schwer war. Für mich war das ein lustiger Anblick. Er mühte sich die Berge hinauf wie eine alte Frau. Es war besonders lustig, da er ja so groß und stark ist und dabei aber doch nicht die Berge raufkam. Aber ich wußte, er machte es, weil ich ihm leid tat. Kein anderer Mann würde einer Frau den Korb tragen.*

Ich verbrachte den nächsten Tag hauptsächlich mit dem Auspacken der Sachen, dem Trocknen und Wäschewaschen. Außerdem mußte ich mit einer großen Invasion von »shukumi«-Ameisen fertig werden. Die Milch tropfte aus Yarimas Brüsten, was mir einen Stich gab. »Reg dich nicht auf«, sagte sie, »wir werden noch ein Baby bekommen.« Ihre Seelenstärke war erstaunlich. Es ist die Jugend, dachte ich, die Jugend verwindet alles. Als ich in der Hängematte lag und versuchte, ein bißchen zu schlafen, kam sie zu mir und spritzte mir lachend ihre Milch ins Gesicht. Ihre Brüste waren groß geworden. Sie sah aus, als könnte sie drei Babys ernähren.

In dieser Nacht hörten wir meine Kassetten. Wir beide mögen Julio Iglesias' italienischen Song »Dove Sará«. Die anderen allerdings auch; sie baten mich, die Lautstärke aufzudrehen. Die Huya mögen auch die venezolanische Sängerin Soledad Bravo, und Al Jarreau – sie mögen tatsächlich Al Jarreau.

Am nächsten Tag kam der Rest des Dorfes an. Wir hatten für den

Heimweg zwei Tage gebraucht, die anderen im normalen Wayumi-Schritt vier Tage. Ich ärgerte mich über mich selbst, daß ich mich damals auf diesen langen, strapaziösen Marsch eingelassen hatte, und das nur, weil Yarimas Mutter und Shori sonst traurig gewesen wären. Außerdem hatte Yarima darauf bestanden, mitzugehen. Sie hat schon eine störrische Ader. Das macht einen Teil ihrer Stärke aus. Trotzdem hätte ich mich treten können, daß ich nachgegeben hatte.

Ich fragte mich, wie lange die Hasupuweteri diesmal hierbleiben würden. Mir kam es so vor, als seien sie dauernd unterwegs. Ich jedenfalls würde sobald nicht wieder mit ihnen auf Wayumi gehen, das stand fest. Die Arbeit wartete: Ich mußte mindestens zwei oder drei Artikel schreiben, bevor ich wieder wegen der nächsten Genehmigung nach Caracas ging. Wenn ich das nicht schaffte, hatte ich keine Möglichkeit mehr, hierzubleiben, und vor allem kein Geld, um zu kaufen, was ich dafür brauchte. Ich wollte mich eine Weile nur mit Yarima im Haus einigeln. Ich spürte, daß ich etwas Zeit für mich brauchte. Ich wußte, daß sich auch Lizot von seinen Leuten zurückzog, wenn ihm danach war. Und ich war sicher, daß Harald Herzog das genauso machte. Manchmal schien alles über mir zusammenzuschlagen. Ich weiß nicht, was los ist, dachte ich, vielleicht leide ich noch unter den Nachwirkungen der Totgeburt. Für Yarima, für alle Yanomami war eine Fehlgeburt ein normales Ereignis. Es war ein Glücksfall, wenn die Frau nicht starb. Es ging gleich wieder ans Tagwerk. Niemand konnte es sich leisten, zu murren und zu jammern oder in Kummer zu baden. Es gab niemanden, der einen tröstete. Nicht hier. Ich mußte mir selbst einreden, daß meine Gefühle normal waren.

Den ganzen Tag über redete ich Yarima zu, in der Hängematte zu bleiben und auszuruhen. Aber sie sagte mir, sie könne nicht, sie würde ganz wund davon werden. Eine Yanomami-Lebensregel besagt, daß eine menstruierende Frau sich wundscheuert, wenn sie tagsüber in der Hängematte liegen bleibt. Das galt auch für Frauen, die nach einer Fehlgeburt bluten. Als Yarima schließlich eingeschlafen war, hörte ich Kurzwelle und erfuhr von der Verwicklung der USA in den Libanon-Syrien-Konflikt. Reagan verlangte vom Kongreß eine Verlängerung der Präsenz der Marine um achtzehn Monate. Das ist amerikanische

Logik, dachte ich. Die Russen hatten ein südkoreanisches Verkehrsflugzeug abgeschossen. Russische Logik. Aufstände in Manila, Vorbereitung auf die Olympischen Spiele nächsten Sommer in Los Angeles. Die Olympiade! Es war ein ganz anderes Universum.

Am nächsten Morgen hatten die Blutungen bei Yarima fast aufgehört. Wir gingen an den Fluß hinunter zu einer kristallklaren Stelle, die wir sehr mochten, und ich schrubbte sie mit Seife ab. Sie war verdreckt vom Blut, der Milch und dem Schmutz des Trecks. Als ich ihr die Haare wusch, sagte sie plötzlich, sie fühle sich schwach, und erbrach sich. Sie hat sicher zuviel Blut verloren, dachte ich, obwohl ich ihr mittlerweile Eisentabletten, Vitamin/Mineral-Ersatz und Vitamin-C-Tabletten gab. In bezug auf Vitamine und Mineralien war sie wahrscheinlich besser versorgt als je ein Yanomami vor ihr.

*Tagebuch. Wawatoi, 23. September:* Abends. Ich hör Bach auf Kurzwelle mit Makawe, einem von Yarimas klassifikatorischen Brüdern. Unglaublich! Sie spielen die 30. Kantate, mein Lieblingsstück. »Gelobet sei Gott, ge-elo-o-obet sein Name – Nahahahahahahahahahame.« Es ist kaum zu glauben: Ich sitz hier, esse Pekarifleisch und Bananen und hör Bach. Es gibt nichts Besseres als den guten alten Johann Sebastian zu einer Mahlzeit aus Pekarifleisch und Bananen. Der Verlust des Babys war ein fürchterlicher Schlag für mich. Für Yarima nicht so sehr. Sie ist jung und hat keine Eile mit dem Kinderkriegen. Aber für mich? Was passiert, wenn ich wegen der nächsten Genehmigung nach Caracas komme? Was passiert, wenn dort ein neuer Gouverneur sitzt? Trotz all der Probleme hat Sanchez [der damalige Gouverneur] mich schließlich doch reingelassen. Anfälle von Verzweiflung und Niedergeschlagenheit. Ihren dicken Bauch sehen und wissen, daß er leer ist. Ihre geschwollenen Brüste sehen, aus denen noch die Milch tropft. Ich könnte selbstverständlich hierbleiben, wenn meine Genehmigung abgelaufen ist. Niemand wird sich so weit hereinwagen, um mich rauszuholen. Aber wenn ich das mache, dann steck ich bis zum Hals in Schwierigkeiten, wenn ich rauskomme. Dann komm ich nie wieder rein.

*Tagebuch. Wawatoi, 1. Oktober:* Spätabends erzählten sie mir, ein »bore«, ein Geist, sei draußen vorm Dorf. Immer sagen sie, sie hören da draußen einen »bore«. Sie haben Schiß, weil ein böser »bore« ins Dorf gehen und sehr aggressiv werden kann und ihnen vielleicht eins über die Rübe zieht. Die Geister der Yanomami bleiben auf den Pfaden, genauso wie in ihrem früheren Leben. Nachts versperren die Dorfbewohner alle Pfade rund um das Shapono mit Gestrüpp und Geäst, um sie draußenzuhalten. Nach ihrer Überzeugung traute sich kein Geist, durch den Wald zu laufen, um die Barrikaden zu umgehen. Sie waren sicher, daß heute nacht da draußen ein Geist war. Sie beteuern, daß sie ihn gehört haben. Bitte feuer dein Gewehr ab, sagten sie, bitte verscheuch den Geist. Weiß nicht, warum sie heute nacht so gereizt waren. Schließlich, als Yarima mich darum bat, gab ich nach. Bei mir hatten sie kein Glück, also gingen sie zu ihr. Sie wissen, daß ich alles tue, worum sie mich bittet. Ging vor das Shapono und feuerte das Gewehr ab. Ein dröhnender Knall. Das reichte. Ich schätze, ich hab den »bore« verscheucht.

*Tagebuch. Wawatoi, 6. Oktober:* Die Hasupuweteri sind gestern weg. Sie wollten nach Irokai, zu ihrem neuen Garten. Ich konnte nicht mitgehen, weil ich arbeiten mußte, und ich bat Yarima, bei mir zu bleiben. Ich weiß nicht, vielleicht kommt es von der Fehlgeburt, aber ich fühl mich ihr näher denn je. Meine Eifersucht wächst auch. Letzte Nacht kam es raus. Ich wußte, sie hat mit anderen Kerlen geschlafen. Da war ich mir so gut wie sicher. Aber immer, wenn ich das Thema anschnitt, lehnte sie es ab, mit mir darüber zu sprechen. Dabei wollte ich es unbedingt wissen. Ich mußte es wissen. Ich fragte sie, ob sie es mir erzählen würde, wenn sie es getan hätte. Sie sagte ja, das würde sie. Das stimmte natürlich nicht. Keine Yanomami-Frau spricht über diese Dinge. Am Abend, als sie zu mir in die Hängematte stieg, bin ich raus. Ich war böse auf sie, weil sie nicht mit mir drüber redete. Ich ließ sie allein, legte mich in die blaue Nylonhängematte und hörte mit den Kopfhörern Radio. Ich war total sauer. Ich bin sicher, sie hat etwas zu sagen und macht den Mund nicht auf.

Am nächsten Morgen war Yarima in schrecklicher Stimmung. Sie spürte mein Mißtrauen und wurde nun selbst ärgerlich. Sie wollte sich den anderen anschließen. »Fein«, sagte ich, »geh nur, ich bleib allein hier.« Ob unvernünftig oder nicht, ich wollte das Thema nun vom Tisch haben. »Also gut, hör zu«, begann ich schließlich, »das Baby ist weg, wir haben kein Baby mehr. Jetzt kannst du mir ja sagen, ob es meins war. Ich muß es wissen. Jetzt kannst du mir sagen, ob du noch mit jemand anderem geschlafen hast. Jetzt spielt das keine Rolle mehr.«

Aus irgendeinem Grund wirkte das. Plötzlich kam alles in einem Schwall raus. »Ja«, sagte sie, »ja. Es ist passiert, als du flußabwärts warst, als du nach Caracasteri gegangen bist. Aber ich bin schon mit deinem Baby schwanger gegangen. Es war dein Baby.«

Ich stand da, wie vom Blitz getroffen, obwohl ich so etwas doch schon halb erwartet hatte. »Wer?« fragte ich. »Wer war es?« Mir stieg die Galle hoch. »Sag mir, wer es war.«

»Ja.« sagte sie. »Er, der Mann meiner Schwester.«

Shatakewe! Ich wußte doch, daß der Scheißkerl nur darauf gelauert und gewartet hatte, daß ich wegging, damit er seine Chance bekam. Yarima war vor meinen Augen als meine mir versprochene Frau aufgewachsen. Ich war so sehr Teil ihres Lebens geworden und hatte so viel von mir in sie investiert. Als ihr Mann hatte ich mit ihr so viel durchgemacht – Freud und Leid. Der Besitzanspruch überrollte mich wie eine Welle, und ich brauchte eine Minute, um wieder Luft zu bekommen. Dann legte ich los: »Du hast es mir nicht gesagt. Warum hast du es mir nicht gesagt? Warum hast du mich angelogen?« Ich konnte nicht mehr stillsitzen. Ich stand auf, schritt hin und her, wobei ich spürte, wie mir die Wut hochkam. Bevor ich wußte, was geschah, stampfte und stürmte ich durch den Hof, schimpfte und schrie sie an. Ich schrie aus Leibeskräften und wedelte mit den Armen herum. »Ich bin wütend, weil du mich hintergangen hast, noch mehr als darüber, daß du einen anderen gehabt hast. Du hast mich hintergangen! Warum hast du mich hintergangen?«

»Ta diha«, sagte sie. »Sei nicht so wütend. Sei nicht böse auf mich – bitte.« Sie rollte sich in der Hängematte zusammen und schluchzte mit angstvollem Blick in den Augen.

Diesen Blick kannte ich schon. Ich hatte ihn in den Augen anderer Yanomami-Frauen gesehen, deren Männer kurz vor einem Gewaltausbruch standen. Er ließ mich einen Augenblick erstarren, obwohl mein Magen immer noch Saltos schlug. Ich trat einen Schritt zurück und spürte, wie diese Brechreiz erzeugende blinde Wut wieder in mir aufstieg. Ich ging rüber in den Schatten und versuchte, mich unter Kontrolle zu bekommen und abzuregen. Jetzt komm, Ken, sagte ich zu mir, mal langsam, beruhig dich, nimm's nicht so tragisch. Was zum Teufel tust du da? Yarima weinte nun ganz leise und beobachtete mich wachsam. Ihre Blicke verfolgten jede meiner Bewegungen. »Also gut«, sagte ich schließlich, »ist schon in Ordnung, *bushika.* Keine Sorge, ist schon wieder gut. Mach dir keine Sorgen.« Ich hatte das Bedürfnis, sie in die Arme zu nehmen und an mich zu drücken. Sie war so verletzlich, so schön.

»Komm«, sagte ich, »machen wir einen Spaziergang um das Shapono.«

Yarima kam aus ihrer Hängematte zu mir hinüber. Wir gingen sehr langsam. »Bushika, magst du mich noch?« fragte ich. »Bist du immer noch gern mit mir verheiratet?«

Sie gab keine Antwort, aber ich merkte, daß sie etwas ruhiger wurde. Sie weinte nicht mehr und hatte nicht mehr diesen furchtbar verängstigten Blick. Ich stellte mir vor, was sie für eine Angst gehabt haben mußte. Wenn sie mit einem Yanomami-Gatten allein gewesen wäre und ihm gesagt hätte, was sie mir gerade gestanden hatte, konnte sie mit allem rechnen. Ein Yanomami-Mann hätte einen Stock genommen, sie geschlagen und fortgejagt. Oder er hätte sie mit einem glühenden Scheit verbrannt. Schon oft waren Frauen mit Verletzungen und Verbrennungen zu mir gekommen und hatten mich gebeten, sie mit Salbe oder Jod zu behandeln.

»Schau her, was er getan hat, mein Mann«, sagten sie und kicherten dabei nervös.

»Mein Gott«, murmelte ich vor mich hin, während ich auf eine Verbrennung dritten Grades starrte. »Warum hat er das getan?«

»Ich weiß nicht, er ist eifersüchtig, nohi harupo.«

Aber anstelle eines Yanomami-Mannes hatte Yarima mich. Ich ging zwar in die Luft und brüllte sie an, aber ich tat ihr nichts. Ich könnte ihr nie aus Wut was antun. Ich fragte sie, ob sie mich noch mochte, und ob sie mit mir eine Runde um das Shapono drehen wollte. Niemals würde ein Yanomami-Mann seine Frau bitten, mit ihm einen Spaziergang zu machen, damit sie sich aussprechen konnten! Vielleicht noch mit Händchenhalten. So sah das Ritual drüben in den Staaten aus. Da wird auf eine Tasse Kaffee weggegangen und es ausdiskutiert. Die Gefühle werden offengelegt, die Probleme geklärt. Dann vertragen sie sich wieder. Was mag ihr durch den Kopf gehen?

»Magst du mich?« fragte ich sie. »Willst du noch mit mir verheiratet sein?« Das waren keine Fragen, die die Yanomami einander stellten. Verheiratet war verheiratet. Niemand fragte, ob der oder die andere einen mag oder verheiratet sein wollte. Diese Fragen waren einfach lächerlich.

Ich versuchte ein belangloses Gespräch zu führen, aber es fiel mir schwer. Mein Herz war gefühllos. Aber was sie durchmachte, mußte schlimmer sein. Ihr war so viel zugestoßen – die Fehlgeburt, die Familie ohne sie weg zur neuen Pflanzung, und wir beide hier allein, was in ihrer Kultur selten vorkam. Dazu ist sie nicht einmal mit einem Yanomami zusammen, dachte ich; sie ist bei mir, dem Fremden. Und jetzt lasse ich auch noch dermaßen meine Wut an ihr aus.

Wir gingen um das Shapono, während ich gedankenlos von damals, als ich ihr die Last getragen hatte, und von unseren gemeinsamen Jagd- und Sammelausflügen schwatzte. Small talk, Scherze, Versuche, witzig zu sein. »Also gut«, sagte sie, blieb plötzlich stehen und sah mir direkt in die Augen, »jetzt gehst du heim. Jetzt ist es Zeit für dich, wieder in dein Dorf zu gehen. Geh wieder nach Pensilvaniateri.«

Mein Herzschlag setzte eine Sekunde aus, als hätte ich einen elektrischen Schlag bekommen. Doch als ich sie ansah, lächelte sie, und als sie meinen Gesichtsausdruck sah, fing sie an zu kichern. Nur ein Scherz. Ein Yanomami-Scherz. Sie hob ein paar Stöckchen auf, steckte sie sich in Nase und Lippen und wandte sich zu mir: »Seh ich gut aus?« fragte sie.

»Ja«, sagte ich, »du siehst gut aus.«

»Dann gehen wir doch zu meinen Leuten. Ich werde meiner Mutter sagen, daß wir gekommen sind, weil wir sie vermißt haben. Wir werden ihr nicht erzählen, daß du böse warst.«

Ich bat sie, mich nie wieder zu betrügen. Nein, sagte sie, das würde sie nie wieder tun.

Wir brauchten nur einen Tag, um die Hasupuweteri bei ihrem gemächlichen Marschtempo auf dem Weg nach Irokai einzuholen. Die erste Person, die wir sahen, war Horeima, die die Nachhut der Frauengruppe bildete. »Shoabemi«, rief sie, als sie mich sah; ich war ihr klassifikatorischer Schwiegervater.

Ein älterer Patahamateri-Mann, der mit ihnen ging, brüllte: »Shori!« und strahlte dabei übers ganze Gesicht. Die Begrüßung munterte mich etwas auf und milderte auch die Spannung zwischen Yarima und mir ein bißchen. Kleine Andeutungen, daß sie mich gut leiden konnten, daß ich einer von ihnen war. Irgendwie fühlte ich, daß ich das brauchte, noch immer.

Als wir am Wayumi-Lager ankamen, kam Yarimas klassifikatorischer Bruder Kubewe auf einen Schwatz zu mir herüber und sagte, er hätte mich echt vermißt. Wir redeten eine Weile, lachten und scherzten in der üblichen Art. »Meinst du das wirklich?« fragte ich. »Wahrscheinlich hast du mich überhaupt nicht vermißt. Du hast wahrscheinlich gesagt, ›Ach, bin ich froh, daß mein Schwager zu Hause geblieben ist.‹« Yarima und Kubewe lachten, ebenso alle Umstehenden. Sogar Orawe, der in seiner Hängematte lag, brach in Gelächter aus.

Während ich mit Kubewe sprach, ging Yarima hinüber zu ihrer Mutter und legte sich in ihre Hängematte. Doch nach einer Weile stand sie wieder auf und kam zu mir zurück. »Häng deine Hängematte hier drüben auf«, sagte sie. »Laß uns ein paar Bananen rösten.« Ich glaube, sie merkte, daß ich immer noch gekränkt war, und das war ihre Art, mich zu versöhnen, Zärtlichkeit zu zeigen. Sie hatte noch nie so etwas gesagt: »Häng deine Hängematte hier auf.« Es war nicht üblich, daß eine Frau sowas zu einem Mann sagte.

An jenem Abend überfiel mich wieder die Depression. Ich blieb die meiste Zeit in der Hängematte und sprach mit Kubewe. Ich erzählte ihm, daß ich traurig sei, und er sagte: »Ja, ich weiß, daß du traurig bist,

Shori. Das sehe ich deinem Gesicht an.« Es war mir wichtig, das zu hören. Ich versuchte ständig, herauszufinden, wie die Yanomami empfinden und was sie denken. Blieben sie gleichgültig, wenn ihre Frauen Fehlgeburten hatten, wenn sie ein Kind verloren? Bereitete ihnen so etwas Kummer? Waren sie mitfühlend, einfühlend? Gingen sie auf Yarimas oder meine Gefühle ein? Wir neigen, wenn Leute sich nicht so ausdrücken wie wir, zu der Auffassung, daß sie vielleicht nicht die gleichen Gefühle erleben. Deshalb war es gut, Kubewe sagen zu hören: »Ja, ich weiß«, und zu wissen, daß er mich zu trösten und zu bemitleiden versuchte.

Es war nicht nur der Verlust unseres Babys, der mich fertigmachte. Ich fühlte auch, wie langsam, aber sicher die Wut auf Shatakewe in mir aufstieg wie ein langsam schwelendes Feuer. Die Auseinandersetzung mit Yarima in Wawatoi hatte das Problem nicht gelöst. Dadurch waren nur mein Ausbruch abgewürgt und meine Gefühle im Zaum gehalten worden. Als ich mich in jener Nacht schlafen legte, regte sich Yarima neben mir, anstatt wie üblich rasch einzuschlafen. Sie konnte meine Aufregung spüren. Mit ihren Fingern zwirbelte sie mein Brusthaar, und ihre Fingernägel streichelten mich sanft. »Sei nicht böse auf mich«, flüsterte sie.

Ich lag wortlos da. Ich wußte, daß sie mir nie was verraten hatte, weil Shatakewe der Mann ihrer Schwester war. Er versorgte ihren Neffen, ihren »Sohn«, den sie so liebte. Ich rollte mich in der Hängematte ein wenig zur Seite, so daß ich sie ansehen konnte. Unsere Gesichter berührten sich fast. Ich konnte ihren warmen, süßen Atem an meiner Wange spüren. Im Dunkeln konnte ich kaum das Weiße in ihren Augen ausmachen. »Mein Gesicht mag lachen«, sagte ich, »aber in meinem Bauch brennt es.«

Als wir eng umschlungen im Dunkeln dalagen, erzählte sie mir, wie es damals abgelaufen war. Sie war mit ihrer Mutter im Wald sammeln gewesen. Shatakewe muß ihnen gefolgt sein, weil er, als sie und ihre Mutter sich getrennt hatten, um verschiedene Stellen abzusuchen, ganz plötzlich aufgetaucht war. Er packte sie am Arm, aber sie machte sich los und rannte davon. Nach ein paar Schritten fing er sie wieder ein und warf sie zu Boden. Als er sich auf sie legte, rang sie mit ihm und fauchte ihn an, daß ich ihn, wenn ich zurückkäme, verprügeln würde. »Nein«, sagte er, »der Nabuh wird mich nicht verprügeln. Der Nabuh wird niemanden verprügeln.« Dann packte er ihre Hände und vergewaltigte sie, während sie ihn anschrie. Als er fertig war und aufstand, kam ihre Mutter herbeigerannt; sie hatte das Schreien gehört. Unter wüsten Beschimpfungen erreichte ihre Mutter, daß er Yarima losließ, bevor noch mehr geschah. In jener Nacht beschwerte sie sich im Dorf über ihn. Doch damit hatte es sich. Niemand schloß sich der Klage an, und niemand unternahm etwas.

Und wo war ich – ihr Ehemann, der sie beschützen sollte –, während dies geschah? Draußen in Caracas, wo ich mich mit den Volkszählungsunterlagen herumschlug und durch den Behördendschungel irrte, um eine verdammte Aufenthaltsgenehmigung zu bekommen.

Nach einer schlaflosen Nacht stand ich am nächsten Morgen auf, innerlich kochend – kochend und schwer enttäuscht nicht nur von Shatakewe, sondern von allen Männern im Dorf. Es war ja nicht nur so, daß keiner sich für sie eingesetzt hatte – das war an sich nicht zu erwarten. Aber niemand hatte mir ein Sterbenswörtchen davon gesagt, nicht Roter, nicht Orawe, nicht Shori, keiner von ihnen. Ich war froh, daß wir am nächsten Tag in Irokai sein würden, wo Shatakewe schon einige Tage früher hingegangen war. Ich wußte bereits, was ich diesem Hurensohn antun würde. Ich würde es ihm schon zeigen, ihm eins über den Schädel ziehen, seine Pfeile zerbrechen, irgend etwas Hundsgemeines.

Nachmittags ging ich mit Shiroi und Buusiwe am Pfad jagen. Ich erwischte zwei »manashi«-Vögel. Die Jagd lockerte die Spannung ein bißchen, aber nicht sehr. Ich war immer noch stinkwütend und hoffte, daß es keiner merkte. Ich legte mir genau zurecht, was ich tun würde. Ich fragte Shiroi, ob er Shatakewe mochte. »Nein«, sagte er, »nein, ich nicht.« Ich fragte, ob er wüßte, daß Shatakewe Yarima vergewaltigt hatte, als ich weiter unten am Fluß war. Herrgott, wenn ich in Englisch daran dachte – »he raped her« –, dann gaben mir die Worte wirklich den Rest. Auf Yanomami war es nicht ganz so schlimm, da hielt es sich im Rahmen. Aber in meiner Sprache? Er hat sie vergewaltigt, meine arme, schöne Frau vergewaltigt.

*Tagebuch. Trecklager, 8. Oktober:* »Was soll ich nun tatsächlich mit diesem Shatakewe machen? Es ist schwierig, wenn alle an einem Ort zusammenleben, wirklich. Jemand vergreift sich an deiner Frau, vergewaltigt sie, tut einem anderen Mitglied deiner Familie etwas Schlimmes an oder stiehlt Bananen oder sonstwas, und der Kerl wohnt vielleicht nur zwei Feuerstellen weiter. Du mußt ihm zusehen, wie er in seiner Hängematte liegt, sein Essen kocht, ißt, lacht und scherzt – du mußt ihm einfach zusehen. Das ist hart. Das ist nicht wie zu Hause, wo du, wenn du mit jemand Schwierigkeiten hast, zumindest nicht gezwungen bist, noch mit ihm zusammenzuleben.

Aber der Kerl kriegt noch sein Fett. Ich weiß, es gibt keine einzige Yanomami-Frau, die noch nicht geschändet worden ist. Da gibt's keine, die nicht zwei oder drei Affären gehabt hat. Aber ich werd das nicht dulden. Ich akzeptiere eine Menge Sachen hier, aber das nicht. Da hört's bei mir auf. Ich bin nicht so veranlagt, daß ich mit sowas zurechtkomme. Und es ist ja nicht so, daß ich so ein schräger Vogel wäre, der sich nicht anpassen kann. Die Yanomami mögen es ja auch nicht. Sie ziehen sich dafür eins über die Rübe und schlagen sich deswegen die Schädel auf.

In Irokai stellt sich heraus, daß die Kunde uns vorausgeeilt war. Shatakewe hatte gehört, daß ich im Anmarsch war. Er wußte nicht genau, was ihn erwartete – jedenfalls war es für ihn nichts Angenehmes. Demzufolge hatte er sich von der Hauptgruppe abgesondert und war mit einigen seiner Verwandten in ein provisorisches Lager im Wald hinter der Pflanzung gezogen, etwa eine Viertelstunde entfernt.

Als wir im Dorf eintrafen, war ich wirklich zu allem bereit. Ich wußte immer noch nicht, wie ich ihn angehen sollte – ein Boxkampf, Stockschläge, mir war alles egal. Ich war kurz davor zu explodieren, und er sollte sich besser vorsehen. Shiroi zuckelte hinter mir her, als ich den Weg zu Shatakewes Lager hinübermarschierte. Vielleicht aus Neugier oder weil er dachte, einer müßte mich ja zurückschleifen, wenn ich angeschossen würde oder sowas. Nicht, daß ich damit rechnete, daß Shatakewe auf mich schießen würde. Ich sah mittlerweile nur noch rot und dürstete danach, ihn in die Finger zu kriegen. Doch auf dem Pfad liefen wir Shatakewes Neffen in die Arme. Er warf einen Blick auf mich und rannte los, um ihn zu warnen. Wie zu erwarten, war Shatakewe verschwunden, als ich die vier oder fünf provisorischen Unterstände erreichte. Er war in den Wald abgehauen.

»Wo ist Shatakewes Feuerstelle?« fragte ich eine der Frauen.

»Dort drüben«, antwortete sie und sah dann zu, wie ich hinüberging, Shatakewes Hängematte abschnitt, mir seine Pfeilspitzen nahm und seine Köcher zertrat. Dann schnitt ich sein einziges Hemd auf – ein Hemd, das ich ihm geschenkt hatte. In gewisser Weise war ich froh, daß er nicht da war. Ich war derartig ergrimmt, daß ich nicht wußte, was passiert wäre, wenn ich ihn direkt vor mir gehabt hätte.

Auf dem Rückweg winkte ich Shiroi, der am Pfad außerhalb des Lagers saß. Als er mich fragend ansah, sagte ich: »Ich hab ihn überfallen. Heute abend werde ich's ihm zeigen, vor dem ganzen Dorf!«

An diesem Abend, als die Hasupuweteri in ihren Hängematten lagen, machte ich Shatakewe zum Gegenstand einer öffentlichen Beschimpfung. »Hört alle her«, begann ich, während ich vor meiner Feuerstelle auf und ab schritt. »Wenn ich den Mann noch einmal sehe, werde ich ihn zu Boden werfen. Wenn ich diese Schlangenaugen wiedersehe, werde ich ihn verprügeln. Ich werde ihn verprügeln. Ich werde ihn verprügeln. Ich hab's euch gesagt. Ich hab's euch gesagt. Er hat die Augen einer Schlange. Er blinzelt wie eine Schlange. Er blinzelt wie ein Blinder. Ich mache ihn vor allen lächerlich. Ich zeige ihm meine Verachtung. Ich habe keine Angst, meine Wut zu zeigen. Ich werde warten, bis ich ihn wiedersehe. Er ist ein Feigling. Er hat Angst, mir zu begegnen. Er ist ein verdammter, vermaledeiter Feigling. Ich werde ihn verprügeln. Ja, genau ihn.«

*Tagebuch. Irokai, 10. Oktober:* Als ich von Shatakewe zurückkam, schien Yarimas Wut auf meine Wut völlig verraucht zu sein. Sie hatte sich wohl auch Sorgen gemacht, daß mir etwas zustoßen könnte, wenn ich zu ihm ging. Als ich ihr aber sagte, ich hätte ihn nicht angetroffen, wollte sie mit mir gleich nochmal zu seinem Lager gehen. Sie war jetzt selber richtig wütend. Ich denke, daß meine Reaktion ihr Gelegenheit bot, ihre eigenen Gefühle rauszulassen. Sie hatte es wie eine Yanomami-Frau hingenommen. Was konnte sie schon tun, wenn sie mißbraucht worden war? Wegziehen? Nicht mit denjenigen sprechen, mit denen sie doch zusammenleben mußte, um zu überleben? Die Frau mußte es einfach einstecken, sie konnte gar nichts dagegen tun. Genauso wie der Mann im Dorf dasitzen und sich den Kerl anschauen mußte, der seine Frau vergewaltigt hatte.

Yarima war es ernst damit, Shatakewe dranzukriegen. Auch am nächsten Tag bestand sie darauf, daß wir zusammen zu ihm gingen. Ich glaube, sie wollte einfach sehen, daß ich ihn bestrafte, es ihm heimzahlte. Dazu bedurfte es keiner besonderen Überredung. Ich wollte die Sache auch nicht unter den Teppich kehren. Es kochte immer noch in mir. Mir war klar, daß mir bald neuer Ärger ins Haus stünde, wenn ich hier nichts Ernsthaftes unternahm. Wenn sie dachten, sie könnten sich ungestraft an Yarima vergehen, sobald ich nicht da war, würde sie dem jedesmal, wenn ich irgendwohin ging, wieder ausgesetzt sein. Es war ja nicht nur Shatakewe. Ich war auch auf alle anderen böse, weil sie nicht eingeschritten waren und nicht einmal etwas gesagt hatten, als ich zurückkam, damit ich etwas unternehmen konnte. Sie hatten es scheinbar hingenommen. Und wenn das stimmte, dann sollten sie sich von mir aus alle zum Teufel scheren.

Gemeinsam gingen Yarima und ich über den Pfad zu Shatakewes Lager. Wir bewegten uns ganz vorsichtig. Kurz bevor die Hütten aus Laub und Ranken in Sicht kamen, hörten wir seine Stimme. »Ei«, sagte Yarima leise, »das ist er.«

Doch gerade in diesem Augenblick schaute Shatakewes Schwester zufällig den Pfad entlang. Als sie uns sah, fing sie an zu kreischen: »Er ist wieder da! Er ist wieder da!« Als wir dort ankamen, waren alle weg.

»Shatakewe«, brüllte ich, »Haimo, haimo! Shatakewe, haimo.« »Komm her, komm her, Shatakewe, komm her.« Aber es blieb still.

Auf dem Rückweg zu unserem Shapono war ich mißtrauisch und fühlte mich beobachtet. Wenn Shatakewe den Mumm dazu hatte, konnte er mich jeden Augenblick umbringen. Ihre Pfeile waren kein Spielzeug. Sie waren leicht, aber zwei Meter lang, und die Bogen hatten einen Zug von sechzig Pfund. Sie konnten ein Pekari oder einen 500

Pfund schweren Tapir im Lauf stoppen. Obwohl ich wußte, daß die Yanomami nicht so sehr auf persönliche Konfrontation aus sind – es war nicht ihre Art –, ging ich vorsichtig den Pfad entlang zurück. Ich spähte ununterbrochen in den Dschungel zu beiden Seiten des Weges und wirbelte alle paar Meter herum, um den Hinterhalt ja zu entdekken. Yarima war auch sehr auf der Hut, doch sie muß gedacht haben, ich sei übergeschnappt.

Als wir zurückkamen, hockte sich Yarima ans Feuer und röstete ein paar Bananen. Ich konnte ihre Anspannung spüren. Am anderen Morgen lag die Spannung immer noch in der Luft. Deshalb beschlossen wir, den ganzen Tag lang auf die Jagd zu gehen, in der Hoffnung, danach wieder etwas ruhiger durchatmen zu können. Shori entschied sich, mit uns zu gehen, und erwischte gleich einen »yapi«-Vogel. Als der Tag zu Ende ging, hatte ich noch vier »manashi« – zusammen also fünf Vögel. Nach der Heimkehr hatten wir in guter Stimmung ein feines Abendessen.

*Tagebuch. Irokai, 12. Oktober:* Mein Blutdruck ist immer noch auf 180. Mich kotzen immer noch all die Leute an, die mich Schwager nennen, mir aber nicht gesagt haben, was passiert ist. Ihr Bruder genauso. Vielleicht ihr Bruder sogar besonders. Er versteht nicht, warum ich mich aufrege. Es ist doch bloß eine »naka«, eine Vagina. Was ist schon groß dabei? Es ist nicht so, daß er nichts für Yarima und mich empfindet. Das tut er schon. Aber er hat auch zu Shatakewe eine Beziehung. Er schützt lieber seinen Schwager und versucht, die ganze Sache unter den Tisch fallen zu lassen, als sich auf meine Seite zu stellen. Auf ihre Mutter bin ich aus demselben Grund sauer. Sie haben mir nichts gesagt. Das bedeutet, daß sie wieder nur zusehen, wenn es das nächste Mal passiert und ich nicht da bin.

Yarima schläft tagsüber viel, krank, womöglich Malaria. Ich gab ihr zwei Chlorchinin. Sie hat auch die ganze Zeit Kopfschmerzen. Zuerst dachte ich, es käme vielleicht von der Spannung der letzten Woche, aber so hartnäckige Kopfschmerzen kommen eher von Parasiten. Das kann so schlimm werden, daß du meinst, dir zerspringt der Kopf. Gestern abend konnte sie bei den großen Tanzgesängen nicht mitmachen. Die Frauen beschworen die ganze Nacht lang den Erfolg der Jäger. Als ich einschlief, sangen sie immer noch.

Diese Nohi harupo – sexuelle Eifersucht – ist quälend, wirklich schlimm. Orawe setzte sich gestern zu mir. Warum, fragte er, sei ich so dumm gewesen und hätte Yarima auf diesen Treck gehen lassen? Ich hätte wissen sollen, daß ich nicht mit ihr auf die lange Wanderung gehen sollte. Seine Frau habe auch eine Fehlgeburt gehabt, sagte er. Es war ihre erste Schwangerschaft, und sie hatte auch auf dem Treck eine Fehlgeburt gehabt, genau wie Yarima. Er sei damals sehr dumm gewesen, wie ich. Er sagte auch, er verstünde meine Gefühle Shatakewe gegenüber. Er wäre an meiner Stelle auch wütend. Er kenne das, sagte er, früher hätte er sogar etliche Knüppelkämpfe durchgestanden.

In jener Nacht wachte ich auf und merkte, daß etwas nicht in Ordnung war. Während ich nach der Taschenlampe suchte, bemerkte ich eine feuchte Stelle in der Hängematte. Noch im Halbschlaf fragte ich mich verwundert, was das sein konnte: Hatte Yarima vielleicht im Schlaf gepinkelt? Hatte es irgendwie auf uns geregnet? Als ich endlich die Taschenlampe fand und sie anknipste, war der untere Teil unserer weißen Hängematte dunkel. Es dauerte eine Weile, bis ich erkannte, daß die Hängematte blutgetränkt war. Oh nein, dachte ich, Yarima blutet wieder, sie hat einen Blutsturz. Auf dem Boden unter uns fand ich einige kleine Blutlachen, die zum Teil schon geronnen waren. Rasch leuchtete ich Yarima an und weckte sie. Aber obwohl an ihren Beinen etwas Blut war, sah ich, daß es nicht von ihr kam, sondern von mir. Aus meinen beiden großen Zehen waren Stücke herausgebissen worden, und das Blut tropfte aus den Wunden. Ich war so schockiert, daß ich aufsprang und laut zu schreien anfing, womit ich die ganze Siedlung weckte. Inzwischen war mir klar, daß die Vampire mich erwischt hatten, eine äußerst unerfreuliche Überraschung, und das erste Mal wieder seit 1975. Unterdrückt fluchend, schickte ich Yarima los, um unsere Wasserkalebasse zu suchen, damit wir uns abwaschen konnten. Dann mußten wir die große Hängematte abnehmen und zwei kleine aufhängen, während ich die ganze Zeit schimpfte. »Gottverdammter lausiger Vampir, das Mistvieh geht mir echt auf die Nerven.«

*Tagebuch. Irokai, 13. Oktober:* Bin gerade vom Baden zurückgekommen. Meine Zehen schmerzen. Das Biest hat mir echte Stücke rausgebissen. Yarima scheint es heute gutzugehen, keine Kopfschmerzen, keine Müdigkeit. Was es auch war, sie scheint über den Berg zu sein. Sie wollte Kassetten hören. Mal wieder Julio Iglesias' »Dove Sará«. Ich fand es unheimlich schön, ihn singen zu hören. Ein Hauch Zivilisation. Mein Volk. Kann sich einer das vorstellen, Julio Iglesias, ein Spanier, singt auf italienisch, und ich sage, »Mein Volk«? Ich verstehe nicht den ganzen Text, aber die Musik ist westlich, die Melodie, das Orchester. Ich merke, daß einer nie seine Wurzeln ausreißen kann, seine ursprüngliche Kultur. Ich dachte daran, wie es wäre, wieder in der Zivilisation zu leben und all die Sachen zu genießen, die ich früher genossen hab. Wie gut wär es, dieses Leben, das ich hier geführt hab, zu dokumentieren, nicht nur den typischen völkerkundlichen Bericht eines Anthropologen zu schreiben, sondern einen persönlichen Erfahrungsbericht. Aber wie kann ich das hier machen? Die Hasupuweteri sind dauernd auf Wayumi, und ich muß ständig raus und rein wegen der Genehmigungen. Außerdem mach ich mir ununterbrochen Sorgen um Yarima. Was bringt mich dazu, so zu lieben? Was läßt mich lieben?

*Tagebuch. Irokai, 14. Oktober:* Ich hab mich entschieden. Tagelang hab ich es in mir herumgewälzt. Ich bin einfach zu wütend auf diese Leute, und es läßt nicht nach. Ich bin entschlossen, wegzugehen. Sie haben mir gezeigt, daß ihnen nicht sonderlich viel an Yarima liegt. Keiner hat es ausgesprochen, daß Shatakewe sie vergewaltigt hat, keiner hat sie beschützt und keiner hat mir was gesagt.

Ich bin dabei, einen Plan auszuarbeiten. Ich möchte weg von hier, zumindest für eine Weile. Ich bau mir ein Haus am Orinoco, in der Nähe der Patahamateri. Dann müßte ich Shatakewe und seine Familie nicht mehr sehen, und das wär ein großes Plus. Ich könnte Sachen mit den Malariateams oder irgendwem, der vorbeikommt, den Fluß rauf- und runterschaffen. Ich könnte meinen Arbeitstisch und die Schreibmaschine aufstellen und zur Abwechslung mal arbeiten.

Die Patahamateri gehen nicht so viel auf Treck, und sie sähen es sicher gern, wenn wir dort lebten – sei es auch nur wegen der Handelswaren. Wichtiger noch, sie sind mit Yarima väterlicherseits verwandt – ihr Vater lebt dort. Eigentlich hat sie nicht viel mit ihm zu tun, da er niemals mit ihrer Mutter zusammengewohnt hat, zumindest nicht, seit ich hier unten bin. Die meisten Patahamateri sind klassifikatorische Brüder für sie. Nach den herrschenden Inzesttabus stehen die Chancen gut, daß sie sehr viel sicherer sein wird. Ich müßte mich zwar in eine neue Gruppe einarbeiten, aber das wäre nicht so schlimm. Vielleicht kommt ja noch was Gutes dabei raus.

Wir werden die Patahamateri in der Boriana-Pflanzung treffen, wenn alle zur Maniokernte zusammenkommen. In Boriana gibt es eine Tonne Maniok, und das wird eine riesige Versammlung geben: mehr als 200 Leute im selben Shapono. Ich werde Gelegenheit haben, mit dem Oberhaupt der Patahamateri darüber zu sprechen. Danach werde ich eine endgültige Entscheidung treffen.

# Die Patahamateri

Die Versammlung in Boriana war etwas völlig Neues für mich. Als wir mit den Hasupuweteri eintrafen, hatte Roters Gruppe und die Patahamateri bereits ihre Lager aufgeschlagen und füllten beinahe zwei Drittel des riesigen Shapono. Es summte wie in einem Bienenstock. Kinder rannten überall herum, Jagd- und Erntegruppen gingen ein und aus, an den Feuerstellen saßen Frauen und kochten, und Babys weinten. Es war wie immer, außer daß die dreifache Menge an Leuten dem üblichen ruhigen Fluß des Lebens eine quirlige Note gab.

Ich ging zu den Patahamateri und fand dort Yarimas Vater. Er lud mich ein, mich in die Hängematte neben ihm zu setzen. Im Gespräch war er zurückhaltend und höflich, sogar etwas ehrerbietig. Die Patahamateri, sagte er, hatten von meinem Zusammenstoß mit Shatakewe und auch von meiner »waiteri«, meinem Groll, gehört. Sie hatten gehört, daß ich auf die Hasupuweteri wütend war. Sein Ton beruhigte mich. Ich kannte den Mann nicht, und Schwiegerväter nehmen oft eine dominante Haltung gegenüber den Männern ihrer Töchter ein. Da wir eventuell bei ihm wohnen würden, war ich einfach froh darüber, daß er sich mir gegenüber respektvoll und etwas distanziert verhielt.

Während wir über meinen geplanten Umzug sprachen, entging uns beiden nicht die Ironie der Situation. Yarimas Vater war selbst drei oder vier Jahre vor meiner Ankunft nach Patahamateri gezogen, weil er mit den Hasupuweteri in Streit geraten war. Sein Widersacher hatte ihn mit einem Pfeil in die Schulter geschossen. Eingeschüchtert und wütend war er damals ausgezogen und nie mehr zurückgekehrt. Seitdem lebte er bei den Patahamateri. Als ich im Geiste die Stammeslinien der Patahamateri durchging, fiel mir auf, daß sechs oder sieben weitere Leute aus demselben Grund in dieser Gruppe lebten. Umgekehrt gab es aber auch in Hasupuweteri einige Leute, die Patahamateri wegen unlösbarer Streitigkeiten verlassen hatten. Es war also nichts Besonderes, daß Yarima und ich umziehen wollten. Im Gegenteil, das gehörte zum typischen Yanomami-Verhalten. Und nun kannte ich auch den Grund.

An jenem Abend hielt ich eine öffentliche Beschwerdeansprache. Während alle drei Gruppen zuhörten, wandte ich mich an die Hasupuweteri. Im Widerschein der Herdfeuer sah ich, daß alle in ihren Hängematten saßen und zuhörten. »Ich werde nicht bei euch bleiben«, sagte ich zu ihnen. »Ich werde nicht mehr bei euch leben. Kein einziger von euch hat sich gerührt, als meine Frau geschändet wurde. Keiner hat sich gerührt, als meine junge Frau geschändet wurde. Warum war das so? Warum? Ihr beschwert euch groß, wenn einer eure Bananen stiehlt. Eure Klagen hallen vom Himmel wider, wenn jemand euer Zuckerrohr nimmt. Aber wenn meiner Frau Gewalt angetan wird, tut ihr nichts. Ihr sagt nichts. Nein, ich werde nicht mehr bei euch wohnen. Ich werde woandershin gehen und mit anderen Leuten zusammenleben.‹

Am nächsten Tag, nachdem ich kurz mit Touwe, dem jungen Anführer der Patahamateri gesprochen hatte, knüpften Yarima und ich unsere Hängematten im Patahamateri-Bereich neben Yarimas Vater auf. In dieser Nacht schliefen wir gut in unserer großen Ehehängematte, die Arme und Beine eng umeinandergeschlungen, obwohl Yarima sagte, es wär »kiri«, peinlich. Die Hasupuweteri waren daran gewöhnt, daß wir zusammen in einer Hängematte schliefen. Aber für die Patahamateri war das etwas völlig Neues. Mir kam es so vor, als hätte ich seit ewigen Zeiten zum erstenmal wieder eine Nacht gut durchgeschlafen. Vielleicht war das ein gutes Vorzeichen. Am nächsten Morgen kam mein alter Freund Roter, brachte mir einige »kapiromi«-Wurzeln als Geschenk und bat im Austausch um etwas Baumwolle.

»Wenn ihr hier an den Fluß runterzieht«, sagte er, »komme ich euch oft besuchen.«

Yarima war glücklich, bei ihrem Vater und ihrer jüngeren Halbschwester zu sein. Ich sah schon, daß sie hier zumindest eine gute Freundin haben würde. Aber sie verstand sich auch gut mit den anderen jungen Patahamateri-Frauen. Sie fügte sich gleich in ihren Kreis ein, und lachte und redete mit ihnen, als wären sie alte Freundinnen. Während der nächsten Tage sprach sie indessen kaum ein Wort mit einem der Hasupuweteri, auch nicht mit ihrer Mutter. Ihr Zorn war offensichtlich noch nicht im mindesten verraucht. Mir konnte das nur recht sein. Ich wollte Boriana so schnell wie möglich verlassen und anfangen, mein neues Haus neben dem Haupt-Shapono von Patahamateri unten am Orinoco zu bauen.

Am 7. November bat ich einige Huya, mit mir nach Wawatoi zu gehen und meine Sachen von dort zum Fluß zu tragen. Wir brauchten für den Hinweg einen Tag, dann einen zum Zusammenpacken und einen weiteren für den Transport. Als wir am Fluß ankamen, hatten die Patahamateri schon einen provisorischen Unterstand für Yarima und mich errichtet.

*Tagebuch. Patahamateri, 24. November:* Es hat fast einen Monat gedauert, bis das neue Haus fertig war, aber ich bin sehr glücklich damit. Wir haben endlich den Lehm aufgetragen, die Netze und die Tür eingesetzt, meine Papiere ausgepackt und meine Schreibmaschine aufgestellt – jetzt kann's mit der Arbeit losgehen.

Das Haus liegt direkt neben dem Shapono. Hier kann ich mich endlich absondern und konzentrieren und dennoch an allem teilnehmen. Von hier aus kann ich auch immer ein Auge auf Yarima werfen. Der Fluß ist nur einen halben Kilometer entfernt. Ich werde also niemand überhören, der da heraufkommt. Zur Abwechslung werd ich Kontakt mit der Außenwelt haben. Das ist einer der Hauptgründe, warum ich hierhergezogen bin.

Es tut so gut, allein zu sein, den Rest der Welt ausschließen zu können und einfach nur zu denken. Es ist schon seltsam. Ich bin hier am Fluß, wo alles angefangen hat, an fast derselben Stelle, wo ich vor neun Jahren gewohnt hab, nur daß ich jetzt mit einer Yanomami-Ehefrau hier bin.

Das Ungeziefer ist allerdings eine Plage hier am Fluß – blutsaugende Stechmücken. Sie kommen in Wolken, manchmal hängt richtig ein schwarzer Schleier über dem Fluß. Ich frag mich, wie es in neun

Jahren sein wird. Kann ich hier durchhalten? Ich hab seit einem Dreivierteljahr keinen Kontakt mit draußen gehabt. Ich lechze danach, das Malariateam zu sehen, etwas Post nach draußen zu bringen und mich meinen Pflichten zu widmen, meinem Schreiben.

*Kenny arbeitete die ganze Zeit in seinem Haus. Er war tagsüber nicht so viel mit mir zusammen. Er verbrachte den ganzen Tag damit, Zeichnungen zu machen und seine »maquina« zu benützen. Am Abend sprachen einige Patahamateri mit mir. Sie fragten mich, warum ich mit dem Nabuh verheiratet sei. Er ist alt, sagten sie. Er macht bloß Zeichnungen. Warum bist du mit ihm verheiratet? Sie sagten, Shiriwe hätte mich gern. Shiriwe war sehr nett zu mir. Jedesmal, wenn er vorbeikam, lächelte er mich an.*

*Tagebuch. Patahamateri, 25. Dezember:* Ich bin heute morgen etwa um fünf aufgewacht. Roter ist zu Besuch hier, und wir schaffen eine Menge, hauptsächlich meine Niederschriften und Übersetzungen von öffentlichen Beschwerdeansprachen. Das Leben in Patahamateri ist so anders. Es zeigt, wie unterschiedlich es sogar hier bei den Yanomami sein kann. Die Hasupuweteri sind nomadisch, lange auf Wayumi. Bei ihnen führst du ein Nomadenleben. Diese Leute hier sind etwas seßhafter, und es gibt mehr Nahrung. Es ist leichter, was anderes zu tun – arbeiten zum Beispiel. Ich komme gut voran mit meinen Untersuchungen zum Sprachverhalten und arbeite an meiner Doktorarbeit. Komisch, erst als Yarima und ich unsere Bananen gefrühstückt hatten, fiel mir ein, daß Weihnachten ist.

*Tagebuch. Patahamateri, 31. Dezember:* Während Roter zu Besuch war und wir drei Wochen lang jeden Tag zusammenarbeiteten, habe ich den Volkszählungsartikel und die Beschwerdeansprachen fertiggeschrieben. So endet 1983. Wo ist das Jahr geblieben? Ich hab die meiste Zeit mit den Hasupuweteri auf Treck verbracht. Jetzt lieg ich bloß in meiner Hängematte und warte das Jahresende ab. Im Yanomami-Land ist Neujahr freilich nur ein Tag wie jeder andere. Ich frag mich, wie es im kommenden Jahr aussehen wird. Ich merke, wie sehr ich mich in diesem Jahr verändert habe: durch Liebe und durch Sorgen. Capitani, der kleine Junge des Anführers, ist gerade heimgekommen. Er war mehrere Stunden weg gewesen, und sein Vater hat sich schon Sorgen gemacht. Ich freu' mich, daß er zurück ist. Im Radio spielten sie die großen Hits des vergangenen Jahres. Lionel Ritchies's »All Night Long« war Nummer eins. Michael Jackson's »Say, Say, Say«.

Im Frühjahr 1984 lagen mehrere Monate harter Arbeit hinter mir. Ich hatte einen Großteil jedes Tages an meinem Arbeitstisch mit meinen Aufzeichnungen und der Schreibmaschine verbracht. Ich machte mir immer noch Sorgen, was die Zukunft bringen würde. Alles erschien mir problematisch: Yarima, das liebe Geld, die Aufenthaltsgenehmigung, meine Freunde in Caracas und nicht zuletzt meine Familie zu Hause, mit der ich schon so lange keinen Kontakt mehr gehabt hatte. Außerdem mußte ich im Moment mit einem Überfall rechnen. Es hatte sich herumgesprochen, daß die Konoporepiweteri glaubten, sie wären von den Patahamateri bei einem Handel benachteiligt worden. Angeblich hätten sie Rache geschworen. Von da an nahm ich mein Gewehr überallhin mit, sogar wenn ich in den Wald ging, um mich zu erleichtern.

*Das Leben am Fluß war anders. Kenny arbeitete die ganze Zeit in seinem Haus. Er baute es direkt hinter den Bereich meines Vaters im Shapono, so daß wir uns immer nahe waren, sogar wenn ich am Feuer meines Vaters war. Viele Tage verbrachte ich mit Kenny im Haus. Ich war gern drinnen, weil es da keine Insekten gab und ich ungestört ein Nickerchen machen konnte. Den ganzen Tag lang machte Kenny seine Zeichnungen, und jetzt benutzte er auch seinen »maquina«. Er sagt, es sei eine »maquina«, die »libros« [Bücher] macht, aber das verstand ich nicht. Er hatte viele »libros« bei sich, aber sie sahen nicht wie die Blätter aus, die er machte. Oft saß ich am Boden und fädelte Perlen auf. Kenny zeigte mir auch, wie ich seinen »grabador« benutzen konnte, die »maquina«, die die Stimmen macht. Ich steckte mir die Stücke in die Ohren und lauschte dem Singsang der Schamanen und der Frauen. Ich war gern dort. Ich war gern seine Frau – die einzige Frau mit einem Nabuh-Ehemann.*

Das Radio war mein Draht nach draußen; es hielt die Verbindung aufrecht. Die Unvereinbarkeit zwischen dem, was ich hörte, und dem, wie ich lebte, brachte mich oft zum Lachen. Eine neue medizinische Studie, so verkündete das Radio, hatte ergeben, daß homogenisierte Milch krebsfördernd sein kann. Ich sollte auf alle Fälle meinen Eierverbrauch auf zwei Stück pro Woche einschränken, erzählte mir dieselbe Stimme. Meine größte Sorge war die Genehmigung, die ich Ende des Jahres wieder brauchen würde; dies und das Geld. Ich brauchte die Genehmigung, um wieder herzukommen. Das Kapital benötigte ich für die notwendigen Sachen wie zum Beispiel Benzin. Wie konnte ich diese Dinge bloß auf die Reihe kriegen? Ich dachte über einen Job in der Anthropologie nach. Ich konnte ja zurückgehen, die Doktorarbeit abschließen und einen Lehrauftrag annehmen. Andererseits, wie hätte ich Yarima aus dem Dschungel bringen sollen? Und wie konnte ich ohne sie weggehen?

Meine sorgenvollsten, aber auch schöpferischsten Momente hatte ich morgens, während ich noch fast schlief, gerade an der Schwelle zum Wachwerden. Manchmal stellte ich mir in diesem Dämmerzustand vor, ich hätte das Amazonas-Gebiet verlassen und Yarima täte mir sehr leid. Ich war sicher, daß sie mich innig liebte, und daß mein Weggehen sie sehr treffen würde. Dann wieder dachte ich, daß sie nach der ersten Phase der Trennung ganz gut ohne mich zurechtkäme. Sie würde wahrscheinlich keinen großen Schock erleiden, aber dafür ich. So gut wie immer stellten sich diese Wachträume und Gedankenflüge gleichzeitig mit den melodischen Wellen von Touwes Gesängen ein. Im Gegensatz zu den anderen Schamanen, die ich kannte, wachte der Parahamateri-Häuptling regelmäßig in den frühen Morgenstunden auf und begann zu singen. Sein Gesang hatte die Eigenschaft, mit dem Schlaf und den Träumen der Menschen um ihn herum zu verschmelzen.

Es verblüffte mich, daß sich die Erinnerungsfetzen meiner Träume selbst im hellsten Wachzustand nicht verflüchtigten. Wenn der Traum auch vorbei war, die geistigen Nachwirkungen blieben. In diesen Momenten empfand ich einen ungewohnten Seelenfrieden. Alles erschien mir so klar, daß ich glaubte, selbst die schwierigsten Probleme aus dem Handgelenk lösen zu können.

Eine halbe Stunde später aber war mein seliger Zustand wie weggeblasen. Die Arbeiten und Anforderungen des Tages hatten das Regiment übernommen, und ich spürte, wie mein Puls schneller wurde. Wie durch Zauber nistete sich die Sorge wieder in meinem Kopf ein, die ständig unter der dünnen Haut meines Bewußtseins zu lauern schien. So viele meiner Probleme waren durch mein Übermaß an nervöser Energie ausgelöst worden, oder vielleicht war es nur meine Nervosität. Ich wußte, daß sich manche Leute gerade wegen dieser nervösen Energie zu mir hingezogen gefühlt hatten – ich stand ständig unter Strom. Aber so vieles war deswegen auch schiefgegangen. Ich mußte mich auf die guten Dinge konzentrieren, die ich erlebt hatte und auf die, die mich noch erwarteten, sonst würden mich meine Zukunftsängste noch umbringen. Manchmal dachte ich, wenn ich drei Leben hätte, würde ich wohl eines bei den Yanomami verbringen wollen, aber ich hatte nur eins . . . Dann sah ich mir Yarima an. Ihre Schönheit überwältigte mich jedesmal. Ihre Haut hatte einen tiefen Bronzeton, der die wechselnden Muster von Sonne und Schatten auffing. Ihr Mund faszinierte mich mit seinen unmerklichen, aber ausdrucksstarken Veränderungen in Form und Gestalt. Wenn sie dann auch noch »Buhi« (»Ich mag dich«) zu mir sagte, löste sich mein ganzer Kummer in Wohlgefallen auf.

*Tagebuch. Patahamateri, 3. Mai:* Eine sehr unangenehme Begebenheit heute. Um halb neun in der Frühe kam das Malariateam vorbei, aber sie hielten nicht an, obwohl sie das eigentlich sollten. Außerdem sahen sie mein Kanu am Ufer. Um halb vier kamen sie zurück, hielten aber wieder nicht an. Ich hörte sie, schnappte mir den Packen Post, den ich fertig hatte, und rannte mit Yarima und Shiriwe zum Fluß. Wir sprangen in mein Kanu und fuhren ihnen nach. Wir wollten wissen, was los war. Bei der scharfen Biegung flußabwärts holten wir sie ein. Wir erreichten sie so plötzlich, daß wir fast an ihnen vorbeigerast wären. Sie saßen einfach da draußen am Ufer und angelten. Es waren vier Malarialeute und ein Yanomami: Yorusiwe, der Zöllner.

Als wir bei ihnen ankamen, sagte ich auf yanomami: »Was ist los mit euch Burschen? Ihr seid einfach vorbeigefahren!«

Ich kannte einen von ihnen. Es war einer der Männer, die mich damals aus den Guajaribo-Stromschnellen rausgeholt hatte. Aber keiner sagte einen Ton, außer Yorusiwe. Er sah mir direkt in die Augen und sagte: »Warum nimmst du dir eine Yanomami-Frau, wo es doch so viele Frauen bei dir zu Hause in deinem Dorf gibt?« Er würde mich von der »policía« einsperren lassen. Während er das sagte, sahen mich die anderen Malarialeute nicht an. Ich kann weder ihr Verhalten noch seines verstehen, obwohl ich zugeben muß, daß wir beide uns noch nie grün waren.

Daß das Malariateam nicht gehalten hatte, war übel. Erstens sollten sie eigentlich, wenn auch unregelmäßig, alle Dörfer besuchen. Zweitens war dies ein Gebiet, in das sich nie jemand verirrte, und diese Leute waren für jeden Nicht-Indio, der hier draußen lebte, lebensnotwendig. Aber sie hatten nicht gehalten. Und das war seltsam, seltsam und unheilvoll. Ich hatte seit Monaten keine Verbindung zur Außenwelt mehr gehabt und wollte unbedingt meine Post loswerden. Aber es war nicht nur das. Ich hatte das Gefühl, daß etwas Merkwürdiges im Gange war. Ich mochte die Art nicht, wie die vier Malarialeute vermieden hatten, mich anzusehen oder mit mir zu sprechen. Und ich verstand Yorusiwes Drohung nicht. Was hatte er damit zu schaffen, daß ich eine Yanomami-Frau geheiratet hatte? Und warum sollte ihn das was angehen, überhaupt?

Als ich über diesen Vorfall nachgrübelte, stieg in mir der Verdacht auf, daß Yorusiwe das Malariateam irgendwie daran gehindert hatte, bei uns anzuhalten. Entweder hatte er sie eingeschüchtert oder ihnen eine faustdicke Lüge über mich oder über die Patahamateri aufgetischt.

Wenn ich auch nicht viel mit ihm zu tun gehabt hatte, so wußte ich doch, daß Yorusiwe ein übler Kerl war. Während all der Jahre hatte ich ihn regelmäßig in Platanal gesehen. Ich hatte ihn auch als »comisario« der Yanomami auftreten und Geschenke »für sein Volk« verlangen sehen. Wenn er einmal den Fluß heraufkam, spielte er sich vor den unzivilisierten Indios gern als gebildeter Mann auf, der bei den Nabuh großen Einfluß hatte, als erfahrene, weitgereiste Persönlichkeit. Es machte ihm einen Riesenspaß, sie zu beeindrucken und einzuschüchtern.

Jedesmal, wenn ich im ersten Jahr durch sein Dorf kam, trat er mir in den Weg und forderte mich auf, ihm etwas zu geben, genau so, wie er dies bei allen anderen machte. Aber ich hatte ihn abblitzen lassen. Schon aus Prinzip würde ich nie jemandem etwas geben, der mich einzuschüchtern versuchte. Demzufolge war er seit Jahren böse auf mich. Als er am Fluß vor den Malarialeuten seinen gehässigen Angriff auf mich losließ, hatte ich ihn einfach ignoriert. Ich würde ihm und den anderen doch nicht den Eindruck geben, daß ich etwas darauf gab, was jemand wie er sagen oder denken mochte.

Im Lauf des Jahres 1984 erreichten mich einige Neuigkeiten, die mir wieder etwas Mut machten. Ein Malariateam hatte Post mitgebracht. Eibl-Eibesfeldt hatte geschrieben, daß er 20 000 Bolivars für die Niederschriften von Sprachaufnahmen zahlen würde, an denen ich arbeitete. Einer meiner Anthropologenfreunde aus den Staaten schrieb mir, ich hätte Aussichten auf ein Stipendium. Ich kam mit der Arbeit gut voran. Die Artikel über Dorfbewegungen und über den Einfluß der Zivilisation waren schon ziemlich weit gediehen. Ich hatte alle Ideen beisammen. Das Problem war nur, sie in die endgültige Form zu bringen. Hier im Dschungel konnte ich keine Zitate überprüfen oder eine Bibliographie erstellen.

*Fast jeden Tag blieb Kenny in seinem Haus. Er kam nur vormittags und nachmittags heraus, um Fragen zu stellen. Er fragte, welche Tiere sie erlegt hatten, wohin sie gegangen waren und andere Dinge. Da die Moskitos gekommen waren, schlief er sogar in seinem Haus. Ich sagte ihm, ich schliefe nicht gern in seinem Haus. Ich wollte am Feuer schlafen, aber im Haus war kein Feuer und von der Feuchtigkeit bekam ich Kopfweh. Also schlief ich an der Feuerstelle meines Vaters.*

*Den ganzen Tag lang konnten wir Kennys »maquina« Lärm machen hören. An vielen Tagen fragte ich ihn, ob er mit uns zum Sammeln in den Wald oder zum Fischen gehen mochte. Doch er sagte jedesmal, ich sollte mit den Frauen gehen oder mit meinem Vater und seiner Frau. Er sagte, er müßte arbeiten. Er sagte, die Nabuh unten am Fluß mochten die Zeichnungen, die er auf Blätter machte, und daß er für seine Zeichnungen Geld erhandeln konnte. Dann konnte er das Geld für Äxte, Töpfe und Perlen eintauschen und uns bringen. Kenny sagte mir, daß Shaki [Chagnon] ein »libro« und Lizot ein »libro« und Renki [Eibl-Eibesfeldt] ein »libro« gemacht hatten. Doch er hätte noch kein »libro« gemacht, weil wir während unseres Zusammenlebens mit den Hasupuweteri so lange auf Treck gewesen waren und er nicht arbeiten konnte. Jetzt wollte er bloß noch seine Zeichnungen machen.*

*Wenn ich nicht Obst sammelte oder Krabben fing, blieb ich bei ihm im Haus. Aber es war nicht mehr wie früher. Ich vermißte seine Gesellschaft. Ich dachte daran, wie Kenny, Großer Bruder und ich Fische und Krabben gefangen hatten. Dann badeten wir auf dem Heimweg immer noch im Bach. Ich trauerte der Zeit nach, als wir noch in Hasupuweteri gewohnt hatten.*

Mittlerweile ging ich nicht mehr so oft ins Shapono. Ich blieb stattdessen hauptsächlich in meinem Haus und schrieb. Aber ich behielt alle Vorgänge im Auge, pflegte meine Beziehungen und beobachtete. Yarima gegenüber fühlte ich immer noch einen ausgeprägten Beschützerinstinkt. Aber sie schien sich sehr gut hier eingelebt zu haben. Ich merkte, daß ich einen jungen Mann besonders im Auge behalten mußte. Sein Name war Shiriwe. Er war bei jeder Gelegenheit in ihrer Nähe. Einmal, als Yarima mit ihrer Halbschwester draußen sammelte, war er aufgetaucht und hatte gesagt: »Komm.«

»Nein«, antwortete sie, »ich habe Ohrenschmerzen.«

Bevor noch etwas anderes geschehen konnte, tauchte die Mutter der Freundin auf und herrschte Shiriwe an, er solle sich verziehen. »Der Nabuh wird dich erwischen«, drohte sie.

In jener Nacht wurde Yarima sehr krank. Sie glaubte, Shiriwe hätte sie mit Zaubermitteln vergiftet. Dieser Aberglaube war eine gängige Form der Vergeltung und natürlich ein weiteres Mittel, eine Frau durch Angst gefügig zu machen.

Am 5. November gaben sie auf Kurzwelle ununterbrochen die Vorwahlergebnisse aus den Vereinigten Staaten durch. Es sah danach aus, daß Ronald Reagan seine zweite Amtszeit nach einem erdrutschartigen Sieg antreten würde. Ich erinnerte mich an die Wahlen von 1976 – ich war anderthalb Jahre ohne Unterbrechung im Dschungel gewesen und hatte keine Ahnung, was da draußen los war. Als ich einmal kurz nach Platanal gefahren war, hatte mich Padre Bórteli mit den Worten begrüßt: »Meinen Glückwunsch, Sie haben einen neuen Präsidenten.«

»Ach, wirklich?« hatte ich gesagt. »Wer ist es?«

»Jimmy Carter.«

»Wer?« Ich hatte noch nie von dem ehemaligen Gouverneur von Georgia gehört.

*Tagebuch. Erntedankfest:* Ich könnte echt eine gute amerikanische Mahlzeit gebrauchen, aber trotzdem esse ich lieber hier mit Yarima Bohnen als in den Staaten Torte und Truthahn. Ich hörte im Radio, daß heute für die Indianer ein Trauertag ist. Offenbar beschuldigen die Indianer aus dem Westen die aus dem Nordosten, daß sie damals die englischen Pilgerväter am Plymouthfelsen hätten landen lassen, was der Untergang ihres Volkes gewesen wäre. Es kam auch ein Bericht über den Hunger in Äthiopien. Zehntausende Menschen sterben dort vor Hunger. Hier gibt es Aguti und Pekari am Erntedankfest. Weltweit gesehen schneiden die Yanomami gar nicht so schlecht ab.

*Tagebuch. Patahamateri, 28. November:* Yorusiwe ist wieder dagewesen, eine äußerst unerfreuliche Überraschung. Diesmal kam er in seinem eigenen Boot mit ein paar jungen Männern aus seinem Dorf. Sie waren oben in Shuimuiteri gewesen und hatten auf dem Rückweg bei uns haltgemacht. Keine Ankündigung; sie kamen einfach rein – überhaupt nicht die feine Yanomami-Art. Sehr aggressiv. Yorusiwe trug Kaufhauskleidung, irgendeine alte Chinesenhose, zerfetzte Turnschuhe und ein T-Shirt. Alles nur, um Eindruck zu schinden. Schaut mich an, sagte er ihnen damit, ich trage diese Nabuh-Kleidung – ich brauche eure Penisstricke und Lendenschurze nicht. Noch eindrucksvoller war, daß er ein Gewehr geschultert und vier Patronen in der Hand hatte, mit denen er ständig klimperte, während er mit dem Anführer sprach. Touwe hockte sehr eingeschüchtert vor ihm. Er hatte noch nie einen Yanomami mit einem Gewehr gesehen. Sie fürchten sich nicht vor meiner Waffe, aber dieser Yorusiwe stammte schließlich aus einem Dorf mit traditionellen Feinden der Hasupuweteri, von denen sich die Patahamateri abgespalten hatten. Yorusiwe forderte Pfeilspitzen und Federn. Überhaupt keine typische Yanomami-Szene. Egal wie heftig auch gefeilscht wurde, niemals kam es dabei zu Einschüchterungsversuchen.

Ich saß in meiner Hängematte und beobachtete das Geschehen aus nächster Entfernung. Touwe sah wirklich verängstigt aus: Von Yorusiwes Arroganz und unverhohlenen Drohungen eingeschüchtert, starrte er auf die Gewehrkugeln, die beständig in Yorusiwes hohler Hand klimperten. Ich sagte zu Touwe: »Hör mal, bloß weil er ein Gewehr und Patronen hat, brauchst du dir keine Sorgen zu machen. Du mußt ihm nichts geben. Wenn du möchtest, gerne. Aber glaube nicht, daß du es mußt, bloß wegen des Gewehrs. Er wird dir nichts tun.«

Yorusiwe wurde blaß. Hier stand er, zog vor seinen Freunden und vor dem Dorf eine große Schau ab und schüchterte den Anführer ein. Und auf einmal teilte ausgerechnet ich allen Leuten mit, daß sie keine Angst haben brauchten. Er war wütend und wurde tatsächlich abwechselnd blaß und rot. Dennoch bemühte er sich die ganze Zeit, mich anzulächeln. Touwes kleiner Sohn Capitani flüsterte mir zu: »Geh und hol dein Gewehr, Schwiegervater.«

»Nein«, flüsterte ich zurück. »Keine Sorge.« Mein Gewehr war in meinem Haus. »Dieser Kerl wird auf niemand schießen.«

Doch nun hatte Yorusiwe seine Aufmerksamkeit mir zugewandt. Gefolgt von seinen beiden Begleitern, schritt er langsam auf meine Hängematte zu. Er lächelte und bemühte sich mächtig, ganz unschuldig zu tun. Aber in seinen Augen war ein hinterlistiges Flackern, dem einfach nicht zu trauen war. »Hola«, sagte er und baute sich vor mir auf, wobei mir sein fehlender Schneidezahn und sein kaputtes Gebiß auffielen (fast alle Yanomami haben ausgezeichnete Zähne). »Gehen wir zu dir ins Haus, dann kannst du mir ein paar Patronenkugeln geben.«

»Nein«, antwortete ich, »ich hab keine übrig.«

»Schön, dann gibst du mir eben leere.« Er wurde unverschämt, während die Leute ihn weiter beobachteten. Er sprach in fürchterlich gebrochenem Spanisch mit mir statt auf yanomami, um seine Macht und sein Wissen zu unterstreichen.

Als ich auch das ablehnte, ging er davon, ziemlich lässig zwar, aber sichtlich wütend. Er und seine Freunde gingen zum Fluß hinunter, gefolgt von zahlreichen jungen Leuten aus dem Dorf.

An diesem Abend kam Pakewe an unsere Feuerstelle. Ich lud ihn ein, sich in meine Hängematte zu setzen. Er war einer von Yarimas klassifikatorischen Brüdern. Seit wir bei den Patahamateri lebten, war er immer sehr freundlich zu uns gewesen. »Shori«, sagte er, »heute nachmittag bin ich mit Yorusiwe und den anderen Huya zum Fluß gegangen. Yorusiwe war sehr böse und gab so einiges von sich.«

»Oh, was hat er denn gesagt?«

»Er hat gesagt, daß er keine Angst vor dir hätte. Er hat gesagt, keiner sollte davor Angst haben, deine Sachen zu stehlen. Er hat gesagt, daß keiner davor Angst haben sollte, dich zu erschießen. Er hat gesagt, wir sollten einfach alles, was wir wollten, nehmen, weil du uns nichts tun kannst. Er hat gesagt, er weiß das, weil er in Ayacuchoteri gewesen ist. Er hat gesagt, er kennt die Nabuh. Er kennt die großen Leute weiter unten am Fluß. Er hat mit dem Gouverneur in Ayacuchoteri gesprochen. Er hat gesagt, wenn du jemand verletzt, und sei es aus Notwehr, wird die ›policía‹ kommen und dich mitnehmen. Sie werden dich ins Gefängnis stecken, und du wirst nie wieder rauskommen. Er hat gesagt, daß dann jeder, der will, deine Frau haben kann. Er hat gesagt, wenn wir dich erschießen wollen, sollten wir es mit einem Affenknochenpfeil mit Widerhaken tun, der steckenbleibt und nicht mehr herausgeht.«

Während Pakewe sprach, wurde es mir langsam mulmig. Weil Yorusiwe völlig recht hatte. Jahrelang hatte ich im Land der Yanomami gelebt und sie geblufft. Ich hatte nicht zugelassen, daß irgend jemand mich einschüchterte. Wenn es die Situation erforderte, hatte ich versucht, mich aggressiv zu behaupten. Dieses Verhalten hatte seinen Zweck erfüllt – es hatte mir erlaubt, hier zu leben. Die Indios wußten nicht, was ihnen geschehen würde, wenn sie mir etwas stahlen oder mich beleidigten. Also ließen sie es lieber bleiben. Und das war die Basis, auf der wir miteinander auskamen. Es war ja auch genau die Art, wie sie miteinander umgingen. Keiner machte es sich zur Gewohnheit, andere Leute zu beleidigen, zum einen, weil der Familien- und Dorfzusammenhalt dem entgegenstanden. Wichtiger aber war der Gesichtspunkt, daß keiner bei Auseinandersetzungen den Kürzeren ziehen wollte. Und jetzt erzählte ihnen dieser Zöllner, dieser Angstmacher, ich sei völlig harmlos.

Eines wußte Yorusiwe genau, obwohl er es nicht erklären konnte: Wenn ich je einen der Indios verletzte und es draußen bekannt würde, wäre das ein für allemal das Ende meiner Aufenthaltsgenehmigung, Yarima hin oder her. Andererseits konnte mich jeder Indio erschießen, ohne daß er irgend etwas zu befürchten hätte. Es würde keine Wellen schlagen. Weißer Mann stirbt im Dschungel; das wäre alles. Es stimmte also, was Yorusiwe ihnen erzählte – sie konnten tatsächlich alles mit mir machen, was sie wollten, während es für mich ziemlich schwierig wäre, Vergeltung zu üben. Und die Vorstellung, die »policía« nähme mich mit und steckte mich ins Gefängnis, genügte, um diese Leute zum Staunen zu bringen. Eingeborene Indios wie die Patahamateri wußten gar nichts über die Polizei. Sie glaubten, die Polizei wäre ein Dorf mit besonders wilden Leuten, die weiter flußabwärts wohnten. Immer wenn ich fortging, sagten sie mir, ich solle aufpassen, daß ich nicht in die Nähe des Polizeidorfs käme. Viele glaubten sogar, die Polizei würde Yanomami verspeisen. Gefängnis ist nur ein Wort – sie wissen nicht, was es bedeutet, aber es beschwört ein so schreckliches Entsetzen herauf, daß es nicht mehr in Worte zu fassen ist.

Kurz nach Yorusiwes besorgniserregendem Besuch begann ich mich geistig auf eine weitere Fahrt den Fluß hinab vorzubereiten. Ich hatte diesmal eine langfristige Genehmigung gehabt, aber sie war wieder abgelaufen, und ich würde sie erneuern müssen. Das hieß, daß ich Yarima mindestens für einige Wochen allein zurücklassen mußte. Wie immer war ich besorgt, daß während meiner Abwesenheit etwas geschehen könnte, obwohl ich sicher war, daß sie hier bei ihrem Vater besser aufgehoben war als in Hasupuweteri. Die Genehmigung selbst war ein weiteres Problem. In dieser Hinsicht konnte ich mich auf nichts verlassen. Ich dachte immer noch mit Schrecken an das letzte Mal, als ich fast drei Monate darauf gewartet hatte. Der Gedanke, so eine Erfahrung noch einmal durchmachen zu müssen, erfüllte mich mit Besorgnis. Ich war von diesem Gefühl derart in Beschlag genommen, daß ich sonderbarerweise nicht so aufgeregt und traurig war wie sonst, wenn ich Yarima verlassen mußte. Erst im letzten Moment, als ich sah, wie sie am Flußufer stand und weinte, übermannten mich meine Gefühle, und ich merkte, daß ich selbst Tränen in den Augen hatte.

# Verirrt im Behördendschungel

*Kenny sagte, er würde nicht lange weg sein. Nicht so wie das letzte Mal. Er sagte, er würde vor dem neuen Mond da sein, aber ich wußte, daß er immer länger fortblieb, als er vorhatte. Ich machte mir jedesmal, wenn er ging, Sorgen um ihn, weil die Yanomami weiter flußabwärts dann immer sagten, er wäre tot oder die »policía« hätte ihn geschnappt. Mein Vater sagte zu ihm, er solle nicht so lange dort unten bleiben. Er warnte ihn auch davor, dem Polizeidorf zu nahe zu kommen.*

*Die Huya trugen seine Taschen zum Kanu der Leute vom Malariateam. Als wir dort waren, rief mich Kenny zu sich her und umarmte mich, so wie er es oft machte. Ich umarmte ihn auch. Ich hatte ihn sehr gern.*

*Es war traurig, das Kanu auf die Flußbiegung zutreiben zu sehen. Als der Mann vom Malariateam den Motor anwarf, blickte Kenny zu mir zurück und winkte. Da begann ich dann zu weinen.*

Das Malariateam brachte mich nach Platanal. Dann bekam ich eine Mitfahrgelegenheit mit einer anderen Besatzung, die zur Mavaca-Mission unterwegs war. In Mavaca kam Padre Bórteli wie üblich mit einer Zigarette in der ausgestreckten Hand zur Begrüßung heraus. Im Urwald rauchte ich nie, aber sobald ich draußen war, packte mich die Sucht. Da Bórteli selbst Raucher war, verstand er das und begrüßte mich immer mit einer Zigarette. Er sagte nicht einmal Hallo, bis ich meinen ersten langen Zug getan hatte. Als wir hineingingen, um miteinander zu reden, sah er besorgt aus.

»Ken«, sagte er, »ich möchte, daß Sie vorbereitet sind. Letzte Woche waren Leute aus Puerto Ayacucho hier. Der neue Leiter der Indio-Behörde des Gouverneurs hat sich mit Vertretern einiger Missions-Indios getroffen. Yorusiwe war auch dabei. Sie hatten ihn nicht dazu aufgefordert, aber er hat sich trotzdem eingemischt und Dinge über

Lizot und Sie, Ken, erzählt; sehr schlimme Dinge, »malas noticias«, »muy malas noticias«. Sie müssen sich auf Schwierigkeiten gefaßt machen, wenn Sie nach Puerto Ayacucho kommen. Bereiten Sie sich darauf vor.«

Am nächsten Tag, dem 6. Dezember, fuhr ich mit denselben Malarialeuten weiter nach Ocamo und dann nach La Esmeralda, die ganze Reihe der Missionen entlang auf meinem Weg in die Zivilisation. Und je näher ich kam, desto mehr hörte ich davon, was mich erwartete. In La Esmeralda hatte ich ein langes Gespräch mit zwei Ye'kwana-Indios, die ich kannte und die in Toki lebten, dem Dorf, wo Ray Hames gewesen war. Sie hatten auch die Geschichten gehört. Yorusiwe war in La Esmeralda gewesen. Er hatte den Leuten erzählt, daß ich die Yanomami weiter oben am Fluß terrorisierte, daß ich ihnen eine Frau gestohlen hätte und sie ohne Bezahlung für mich arbeiten ließe. Ich hätte mehrere Kinder, hatte er gesagt, aber er, Yorusiwe, habe der Nationalgarde alles über mich erzählt, und nun hätten sie vor, herzukommen und mich festzunehmen.

Auf dem Flug nach Puerto Ayacucho hatte ich Zeit zum Nachdenken. Die Vorstellung, daß Yorusiwe das geringste Interesse an dem Wohlergehen der Hasupuweteri oder Patahamateri oder irgendeines Yanomami außerhalb seines eigenen Dorfes haben könnte, war lächerlich. Aber das konnten die Menschen weiter draußen nicht richtig einschätzen. Die Geschichten, die er erzählte, erweckten den Eindruck, daß er versuchte, die Yanomami im Landesinnern vor ausländischen Ausbeutern zu schützen. Allein der Gedanke, daß ein Weißer diese Eingeborenenkultur aufsuchen und die Leute für seine eigenen Zwecke mißbrauchen könnte, brachte die Leute auf. Wozu waren die venezolanischen Behörden der Provinz schließlich da, wenn nicht, um die einheimischen Stämme gegen die Ausbeutung durch Fremde zu schützen?

Es war wirklich geschickt eingefädelt. Dieser Mann konnte sich zumindest zu einem gewissen Grad in die Mentalität der Nabuh in Puerto Ayacucho hineinversetzen. Er kannte die Werte der Nabuh. Er wußte, was ein Nabuh guthieß und was er verurteilte. Er wußte zum Beispiel, daß ein Wort darüber, daß ich eine sexuelle Beziehung mit einer

Yanomami-Frau hatte, mir Schwierigkeiten bei den Behörden einbringen würde. Es war die pure Ironie: Kein Yanomami würde je auf die Idee kommen, es wäre etwas schlimm an der geschlechtlichen Vereinigung. Es würde ihm nie einfallen, daß jemand dafür verurteilt werden konnte. Aber Yorusiwe wußte es. Er war gewitzt genug, um zu kapieren, daß das ein heikler Punkt war. Ein Weißer, der sich eine Indio-Frau nahm (insbesondere, wenn er sie stahl) und ein Weißer, der Indio-Kinder zeugt – das waren Dinge, die die Nabuh-Beamten, der »gobernador«, die »policía« und die »Guardia Nacional« überhaupt nicht gern hörten. Yorusiwe konnte sich zwar wahrscheinlich nicht erklären, warum sich die Politiker und andere Leute, besonders diejenigen, die von vornherein etwas gegen Amerikaner hatten, für solche Geschichten interessierten. Aber er hatte schon lange gemerkt, daß es tatsächlich ein Publikum dafür gab. Ich kannte die Fähigkeiten dieses Mannes und wußte, daß er überzeugend lügen konnte. In Puerto Ayacucho fiel ihm das besonders leicht, weil dort niemand je erfuhr, was oben am Fluß wirklich los war. Selbst wer nicht ganz so tief im Dschungel lebte, wußte kaum von einem Tag auf den anderen, was den Tatsachen entsprach und was nicht. Mit der Zeit stellte sich aber fast immer heraus, was Realität war und was Gerücht. Ich hatte keine Angst vor seinen Anschuldigungen. Auf die eine oder andere Art würde die Wahrheit schon ans Licht kommen; darüber machte ich mir keine Gedanken. Aber das konnte weiß Gott wie lange dauern. Und jede längere Verzögerung in meinem Genehmigungsverfahren würde unweigerlich schreckliche Probleme nach sich ziehen.

Als ich in Puerto Ayacucho ankam, feierten sie dort gerade mit einem Fest den 50. Geburtstag der Grenzstadt. Es gab eine Parade auf der Hauptstraße. Kolonnen mit Jeeps voller junger Leute, die jubelten und venezolanische Flaggen schwenkten, rollten vorbei. Fast augenblicklich stieß ich auf meinen alten Bekannten Gonzales Herrera, den früheren Gesundheitsminister, der auch eine Zeitlang Gouverneur dieser Provinz gewesen war. Vor der Stadthalle, in der die offiziellen Jubiläumsreden gehalten wurden, stellte er mich dem neuen Gouverneur, General Muller-Rojas, vor. Ich war sehr froh darüber, ihn kennenzulernen, besonders, weil der Kontakt durch jemanden wie Gonzalez Herrera zustande kam. Das würde sicher eine Rolle spielen, wenn der Gouverneur später meine neue Genehmigung gegenzeichnen mußte. Muller-Rojas machte einen freundlichen und interessierten Eindruck. »Es freut mich, Sie kennenzulernen«, sagte er, »kommen Sie doch morgen mal in mein Büro, damit wir ein bißchen reden können.«

Am nächsten Tag suchte ich Muller-Rojas in seinem Büro im »Governación« auf, dem großen schimmelfleckigen Regierungsgebäude, das in der Hauptstraße aufragte. Er war äußerst höflich, kam ins Vorzimmer, um mich hereinzubitten, und ließ dann am Teetisch in seinem großen Amtszimmer einen Espresso servieren. Ich erzählte ihm zunächst auf spanisch etwas über mich und meine Arbeit. Aber schon nach ein paar Sätzen unterbrach er mich und sagte, er könne sich, wenn es mir lieber wäre, genausogut auf englisch unterhalten. Wie sich herausstellte, beherrschte er die Sprache fast perfekt. Außerdem war es ein freundliches Entgegenkommen, ein weiteres Zeichen der Höflichkeit. Doch als ich gerade mitten in der Beschreibung meiner Situation bei den Patahamateri war, unterbrach er mich plötzlich. »Sie wissen«, sagte er, »daß es einige Leute dort draußen gibt, die Sie aus der Gegend weghaben wollen.«

»Ich weiß«, sagte ich, »und ich weiß auch, wer es ist.«

Ich versuchte, ihm die Sache zu erklären. Ich berichtete ihm von Yorusiwe und von seinem Auftritt in unserem Shapono, wo er die Leute mit dem Gewehr bedroht hatte. Ich erzählte ihm von den Schwierigkeiten, die dieser Mann seit Jahren allen Besuchern bereitete, und von den wilden Geschichten über die Behörden, die er den Indios erzählte. Ich beschrieb meine früheren Erfahrungen mit Yorusiwe und was in letzter Zeit geschehen war. Und ich erzählte ihm, ich wüßte von einigen Gerüchten, die er über mich verbreitete.

»Ich hoffe, Sie können mir helfen, die Angelegenheit zu klären«, sagte ich. »Es sind selbstverständlich alles Lügen, nichts als gemeine Lügen.«

Aber als ich fertig war, zeigte das lächelnde Gesicht des Gouverneurs mir gegenüber keine Reaktion. Es war auch nicht so, daß ich das unbedingt erwartet hatte. Eine Reaktion wäre ein Bekenntnis gewesen.

Dadurch hätte er Verständnis gezeigt oder zumindest seinen Standpunkt ausgedrückt. Deshalb durfte Muller-Rojas als guter Politiker eigentlich gar keine Reaktion zeigen. Statt dessen bekam ich lediglich ein Lächeln und einen Händedruck. »Es war gut, daß Sie vorbeigekommen sind, Señor Good. Vielleicht sollten Sie die Angelegenheit Señor Chavero vortragen. Ich bin sicher, daß er ihnen weiterhelfen kann.«

Manuel Chavero war der Leiter der Zweigstelle der venezolanischen Indio-Schutzbehörde in Puerto Ayacucho. Die entsprechende Behörde in Caracas mußte meine Genehmigung ausstellen, bevor ich Gouverneur Muller-Rojas um seine Gegenzeichnung bitten konnte. Als ich in sein Büro geführt wurde, unterschrieb Chavero gerade Schecks.

»Einen Augenblick«, sagte er, als ich eintrat. Ich blieb stehen und sah ihm zu, wie er mit seiner Beschäftigung fortfuhr, wobei er sich Zeit ließ. Als er fertig war, blickte er auf. Dieser Mann zeigte kein Lächeln. Er sagte: »Ich habe gewisse Dinge über Sie gehört. Ich habe gehört, daß Sie den Yanomami angst machen. Ich habe gehört, daß Sie jemandem die Frau gestohlen haben. Es ist mir berichtet worden, daß Sie die Frau entführt haben und daß der Mann sie sich wieder zurückholen mußte. Es ist mir auch zu Ohren gekommen, daß Sie viele Yanomami-Frauen haben. Ich habe gehört, daß Sie mit eingeborenen Frauen Kinder haben.«

»Sehen Sie«, antwortete ich, »das ist sehr lästig, sehr ärgerlich. Das sind böswillige Lügen. Absolut böswillig. Davon stimmt nichts. Sie können doch nicht wirklich glauben, daß da irgend etwas Wahres dran ist.«

Als ich später darüber nachdachte, erkannte ich, daß meine Reaktion Chavero gegenüber ein schwerer Fehler gewesen war. Ich hätte niemals meine Betroffenheit zeigen dürfen. Das letzte, was ich in so einer Situation hätte tun sollen, war, irgendein Zeichen von Schwäche zu zeigen. Im nachhinein wußte ich genau, was ich hätte tun sollen. Ich hätte wütend werden und sofort schwer beleidigt tun sollen. Ich hätte besser kalt und schroff geantwortet, daß die Geschichten, die er eben erwähnt hatte, ausgemachte, verleumderische Lügen wären und daß ich auf der Stelle gegen jeden gerichtlich vorgehen würde, der versuchen sollte, das Thema weiterzuverfolgen – gegen jeden. Der richtige Weg wäre gewesen, ihn einzuschüchtern, weil weder Chavero noch sonst jemand Schwierigkeiten bekommen wollte. Ein guter, aalglatter Rechtsanwalt, der Einsicht in die Arbeit des Amtes nahm, konnte ihm genau die Art von Schwierigkeiten bereiten, die er am wenigsten brauchte.

Aber leider war ich nicht so schlau. Statt dessen ließ ich erkennen, wie verärgert und besorgt ich wirklich war.

»Schön«, sagte Chavero und schaute mich an, »wie dem auch sei, ich habe dazu einen Bericht für den Gouverneur aufgesetzt, den ich in Kürze abschicken werde.«

»Könnte ich ihn sehen?« fragte ich.

Er fing an, in seinem über den ganzen Schreibtisch verteilten Wust von Papieren herumzukramen. »Nein«, sagte er, »ich finde ihn hier nicht, er ist wahrscheinlich in meinem Ordner.« Während dieses Herumkramens fiel mir plötzlich ein, daß dieser Mann sicher darauf wartete, daß ich die Initiative ergriff, meine Hand in die Tasche steckte und etwas Angemessenes diskret auf seinen Tisch legte. Aber ich tat auch das nicht. Ich war unsicher und zögerte. Außerdem hatte ich so wenig Geld übrig, daß ich jeden Bolivar hütete.

»Schauen Sie«, sagte ich, als die Papierkramerei weiterging, »Sie müssen das aufklären. Wenn Sie schon einen Bericht schreiben, meinen Sie nicht, Sie sollten die Sache vorher untersuchen? Wenn Sie den Fluß hinauffahren und mit den Leuten im Dorf reden, werden Sie selbst feststellen, daß alles erlogen ist.«

»Ja«, kam die Antwort. »Ich denke, genau das werden wir in diesem Fall tun müssen. Eigentlich hatte ich das auch schon vor. Gegen Sie werden äußerst schwerwiegende Vorwürfe erhoben, die untersucht werden müssen. Ich werde mich bald darum kümmern. Wenn es tatsächlich Lügen sind, wie Sie behaupten, dann werden Sie anschließend völlig entlastet.«

Ich erklärte Chavero den Weg nach Patahamateri. Er mußte flußaufwärts fahren, an Guajaribo und mehreren Inseln vorbei, bis zu einer Ansammlung großer Felsen an einer Biegung. Dort würde er auch mein Aluminiumboot angetäut finden. Trotzdem kam mir die Sache etwas merkwürdig vor. In all den Jahren hier hatte ich dort noch nie einen Regierungsbeamten gesehen. Doch offensichtlich hatte er das wirklich vor. »Das ist der einzige Weg, die Situation zu klären«, meinte er. »In der Zwischenzeit sollten Sie nach Caracas gehen und warten. Bis Ende des Monats werden wir diese Sache geklärt haben. Wir werden Sie informieren, wann Sie wieder herkommen sollen.«

Bevor ich nach Caracas aufbrach, schaute ich bei Cuto Magnilia vorbei. Cuto war in den Fünfzigern, ein Mann, dessen Familie ursprünglich von Italien nach Venezuela gezogen war und es in den Tropen zu etwas gebracht hatte. Er kannte jeden in Puerto Ayacucho, und er und ich waren inzwischen ziemlich vertraut miteinander. Ich erzählte Cuto, was geschehen war. »Ich gehe nach Caracas«, sagte ich. »Könnten Sie für mich die Dinge im Auge behalten und mich wissen lassen, wann sie von der Untersuchung zurückkommen? Ich muß so bald wie möglich zurück.«

Am 15. Dezember war ich in Caracas und stieg bei Manuel De Pedro, einem befreundeten Filmemacher, ab, der mitten in einer längeren Dokumentation über die venezolanische Volksmusik steckte. Gleich nach meiner Ankunft leierte ich das Genehmigungsverfahren an. Es war nicht abzusehen, wieviel Zeit schon dieser erste Schritt in Anspruch nehmen würde. Wenn Chavero seine Vorgesetzten in Caracas informiert hatte, daß eine Untersuchung im Gange sei, würde ich wahrscheinlich ziemliche Schwierigkeiten bekommen. Schon anderthalb Wochen waren seit meiner Abreise von Patahamateri verstrichen.

Als die Antragsprozedur sich im üblichen Schneckentempo von einem Verwaltungsbüro zum nächsten schleppte, wurde mein Gemütszustand immer düsterer und nervöser. Nachdem ich mir ein paar Wochen lang in einer Reihe von Amtsstuben den Hintern plattgesessen hatte, rief ich Cuto Magnilia an, um zu erfahren, welche Fortschritte es in Puerto Ayacucho gab. Doch er konnte mir wenig sagen. Er war nicht einmal sicher, ob schon irgend jemand flußaufwärts aufgebrochen war.

Als der Januar in den Februar überging, versuchte ich, mich mit Schreiben zu beschäftigen. Ich hatte einen Artikel über die Treckmuster der Yanomami-Siedlungen angefangen und ging noch einmal den Text über Protein als einschränkenden Faktor durch, der ursprünglich von »Science« abgelehnt worden war. »The American Anthropologist« hatte nun den Artikel angenommen, doch der Redakteur bat noch um einige Verbesserungen und eine statistische Analyse der Daten. Ich arbeitete auch an dem Text für einen Foto-Essay über den Regenwald, der von einem Fotografen aus Caracas gemacht wurde, und stellte einen Text für das »Geomundo«-Magazin zusammen, dessen Herausgeber ich in meiner ersten Woche in der Hauptstadt kennengelernt hatte. Es fehlte nicht an Arbeit, mit der ich mich beschäftigen konnte, doch als die Wochen vergingen, fiel es mir immer schwerer, mich zu konzentrieren.

Erst Ende Februar erhielt ich endlich eine Benachrichtigung von der Indio-Schutzbehörde in Caracas: Sie hatten mir eine Aufenthaltsgenehmigung für ein Jahr bewilligt. Aber aus Puerto Ayacucho kam immer noch kein Wort. Mittlerweile hatte ich mit dem Schreiben aufgehört; ich konnte mich nicht mehr so lange konzentrieren, um einen Satz an den anderen zu fügen. Ich dachte an nichts anderes als Chavero und seine vermaledeite Untersuchung. Ich bemühte mich, meine schrecklichen Tagträume beiseite zu schieben. Ich durfte nicht darüber nachdenken, was mit Yarima vielleicht gerade geschah, um nicht völlig durchzudrehen. Echte Alpträume quälten mich allerdings nicht; das Schlafen hatte ich offensichtlich drangegeben.

Schließlich konnte ich nicht mehr länger warten. Am 5. März kaufte ich ein Flugticket nach Puerto Ayacucho. Im Büro des Gouverneurs wurde mir von seiner Sekretärin kurz und bündig erklärt, daß die Indio-Kommission des Gouverneurs nun, da ich wieder in der Stadt sei, eine Entscheidung über meine Genehmigung fällen werde. Sie würden am nächsten Morgen um 10 Uhr eine Sitzung einberufen.

Die Kommission war neu. Muller-Rojas hatte sie eingesetzt, damit sie ihm die Entscheidung über Dinge wie Genehmigungen abnahm. Der Leiter war ein vom Gouverneur berufener Bürokrat aus Caracas, und sie umfaßte fünf »comisionados«, vom Gouverneur ernannte Vertreter eines jeden Stammes der Provinz. Der Yanomami-Vertreter in Puerto Ayacucho war ein halber Ye'kwana, und ein zweiter Vertreter der Stämme weiter oben am Fluß, der in Ocamo lebte, war ein Vollblut-Yanomami. Ich hatte keine Ahnung, was mich da erwartete.

Am nächsten Tag kamen wir im Büro der Indio-Kommission zusammen, einem einzigen heruntergekommenen Zimmer in einem der ältesten Gebäude von Puerto Ayacucho. Der Raum sah aus, als wäre er irgendwann einmal in ferner Vorzeit in einem verwaschenen Grün gestrichen worden. Inzwischen war die Farbe allerdings undefinierbar und die letzten Reste des Anstrichs blätterten wie Schuppen von der Wand. Einige kaputte Stühle, ein morscher Holztisch und ein rostzerfressener Aktenschrank bildeten das Mobiliar, zusammen mit einer uralten Schreibmaschine und einer Sekretärin dahinter. Die ratternde Klimaanlage war auch nicht in der Lage, die Atmosphäre wenigstens psychisch angenehmer zu gestalten, weil sie die heiße, stickige Luft nur herumwälzte. In dem Zimmer roch es so modrig, als sei dort nie geputzt und gelüftet worden.

Hinter dem Tisch saßen nun die fünf »comisionados«, aber leider nicht der Delegierte des Gouverneurs, der doch angeblich den Vorsitz hatte. Und auf einem Stuhl etwas beiseite saß Yorusiwe leibhaftig. Er hatte eine saubere Hose, ein buntes Sporthemd und ein Paar nagelneue Turnschuhe an, kein Vergleich mehr mit dem, was er getragen hatte, als wir uns zuletzt in Patahamateri begegnet waren. Doch seine Knopfaugen hatten den gleichen verschlagenen Ausdruck, und seine schmalen Lippen hatten sich in einer Weise verzerrt, die wohl ein einnehmendes Lächeln darstellen sollte. Einen Augenblick lang konnte ich kaum glauben, daß er den Mumm gehabt hatte, sich mit mir im selben Zimmer aufzuhalten. Ich starrte ihn etwas verstört an, aber er blickte rasch zu den »comisionados« hinüber und wich meinem Blick aus.

Nachdem ich auf einem der wackligen Stühle Platz genommen und mich einen Augenblick gesammelt hatte, fragte ich den Ye'kwana-Yanomami-Vertreter, der hier anscheinend das Sagen hatte, nach Chavero. »Wie ist der Stand der Untersuchung? Ich möchte die Angelegenheit bereinigt haben.«

Er blickte mich mit seinen dunklen Augen nichtssagend an und antwortete so unpersönlich, als würde er mir etwas völlig Belangloses mitteilen: »Es hat keine Untersuchung gegeben.« Ich saß wie vor den Kopf geschlagen da. »Dies hier ist die Untersuchung«, fuhr er fort. »Yorusiwe hat Sie beschuldigt, seine Frau entführt zu haben.«

Mir blieb die Luft weg. Ich hatte drei seelenmarternde Monate in Caracas darauf gewartet, daß diese gottverdammte Untersuchungskommission zurückkam, und auf einmal hatte es nie eine Untersuchung gegeben? Ich brachte kein Wort heraus. Einen Augenblick lang fühlte ich mich, als würde mir der Boden unter den Füßen weggezogen.

»Señor, hören Sie mich? Sie werden beschuldigt, die Frau dieses Mannes entführt zu haben. Was haben Sie dazu zu sagen?«

Ich blickte auf Yorusiwe, dann wieder auf den Stammesvertreter. »Was? Sind Sie verrückt? Was sollte ich mit seiner Frau zu schaffen haben? Yorusiwe ist überhaupt nicht aus meinem Dorf. Er wohnt nicht einmal in derselben Gegend.«

»Nein«, fragte der Halb-Yanomami überrascht, »nicht?«

»Nein, er wohnt nicht bei uns. In den zehn Jahren, die ich hier gelebt habe, hat er unser Dorf nie besucht, bis vor ein paar Monaten. Das war das erste Mal. Die Leute dort kennen ihn gar nicht.«

»Ich verstehe«, sagte der Halb-Yanomami. »Ich denke, damit ist dieser Punkt erledigt. Er beschuldigt Sie aber auch, einem anderen Mann in Hasupuweteri die Frau weggenommen zu haben.«

»Nein, ich habe niemandem irgendwen weggenommen. Die Frau wurde mir von ihrem älteren Bruder, dem Anführer des Dorfes, als Gattin angeboten. Die Behauptung, daß ich sie entführt hätte, ist eine weitere himmelschreiende Lüge. Außerdem, wie könnte ich überhaupt einem Yanomami die Frau wegnehmen?«

»Aber er sagt, Sie hätten Kinder dort draußen.«

»Nein, ich habe keine Kinder, das wird ja immer lächerlicher.«

»Und Sie haben andere Frauen im Dorf?«

»Nein, ich habe keine anderen Frauen. Merken Sie nicht, daß das alles völlig frei erfunden ist?«

Als die Anhörung vorbei war, war ich mir sicher, daß kein einziger Stammesvertreter Yorusiwe glaubte. Seine Antworten waren so abwegig, seine Geschichten so hahnebüchen, daß eigentlich niemand seine

Beschuldigungen ernst nehmen konnte. Doch obwohl der Halb-Yanomami gesagt hatte, sie würden bald eine Entscheidung über meine Genehmigung treffen, war aus ihnen nichts herauszubekommen, weder am nächsten noch am übernächsten Tag. Und auch nicht an den folgenden Tagen. Eine geschlagene Woche (die zwölfte, seit ich Yarima verlassen hatte) ging ich immer wieder zu diesem stickigen Büro, um mit jedem zu reden, der da war. Ich versuchte, sie für mich einzunehmen und sie auf meine Seite zu ziehen, aber ich bekam keine Antwort. Ich suchte den Gouverneur auf, wurde aber nicht vorgelassen. »Tut mir leid«, sagte die Sekretärin, »er möchte Sie nicht empfangen.« Am nächsten Tag ging ich wieder hin, aber er wollte mich immer noch nicht sehen. Ich saß in seinem Vorzimmer und wartete. Irgendwann mußte er doch einmal herauskommen, und ich könnte ihn dann abpassen. Aber er kam auch nicht.

Als ich beim Gouverneur nicht vorgelassen wurde, ging ich wieder zu dem Halb-Yanomami, um nochmals darauf hinzuweisen, wie offenkundig falsch Yorusiwes Geschichten waren, und ihn zu einer Entscheidung zu drängen. Mittlerweile hatte ich erfahren, daß dieser Mann nicht nur der »comisionado« des Gouverneurs war, sondern auch ein evangelischer Pfarrer – bekehrt und geweiht von der amerikanischen Eingeborenenmission, die schon viele Jahre lang mit der katholischen Indio-Mission konkurrierte.

Als ich ihm auf den Pelz rückte, gab er zu, daß Yorusiwe offensichtlich log. »Aber dennoch«, sagte er, »ist da etwas nicht in Ordnung.«

»Und das wäre?« fragte ich, und überlegte gleichzeitig, welcher neue elende Pfuhl der Bürokratie sich nun vor mir auftun würde.

»Es ist nicht richtig«, verkündete der Halb-Yanomami-Pfarrer, »daß ein Weißer und eine Indio-Frau heiraten. Sie sollten ihr Blut nicht mischen.« Das war seine feste Überzeugung. »Es ist nicht recht, und es sollte nicht vorkommen.«

»Mein Glaube lehrt«, gab ich empört zurück, »daß wir alle gleich, daß wir alle Gottes Kinder sind.« Darauf kam keine Antwort, nur dieses leere, ausdruckslose Starren.

Ich war immer noch schockiert, daß Chavero nicht einmal ansatzweise versucht hatte, jemand nach Patahamateri oder Hasupuweteri zu schicken. Er hatte nicht einmal einen Bericht geschrieben. Ich hatte drei Monate in Caracas wie ein Schluck Wasser herumgehangen, und er hatte sich nicht die geringste Mühe gemacht. Ich wußte damals noch nicht, daß Yorusiwe, während ich in Caracas war, bei den Patahamateri gewesen war und ihnen erzählt hatte, ich sei im Gefängnis und würde nie wieder zurückkommen.

Wie sich später herausstellte, hatte Chavero dem Gouverneur mitgeteilt, er habe mit Luis Urdeneta, dem weiter oben am Fluß wohnenden Yanomami-»comisionado«, gesprochen. Urdeneta wolle mich dort nicht haben und würde mich eigenhändig abknallen, wenn ich je wieder auftauchte. Das war eine ungeheure Überraschung, da Luis und ich seit Jahren in freundschaftlicher Beziehung zueinander standen. Ich glaubte nicht, daß er so etwas gesagt hatte. Andererseits hatten sich die Lügen und Hinterlistigkeiten schon zu einer schwarzen Wolke blutsaugender Stechmücken ausgewachsen, die über dem Fluß schwebte und den Himmel verdüsterte. Da gab es kein Entrinnen, keinen Weg, sie abzuschütteln. Auf Schritt und Tritt begegneten mir nur unmögliche, grundlose, böswillig niederschmetternde bürokratische Nachlässigkeit und betäubende Teilnahmslosigkeit. Selbst unter normalen Umständen reichte das, um einen zum Heulen zu bringen oder in den Wahnsinn zu treiben. Unter gewöhnlichen Umständen hätte ich zumindest fragen können, ob das nötig sei. Unter gewöhnlichen Umständen hätte ich sie alle zur Hölle schicken und mich aus dem Staub machen können, damit sie sich in ihrem eigenen Sumpf aus Umständlichkeit und Launenhaftigkeit suhlen konnten.

Am Ende dieser gräßlichen Woche war ich gerade auf dem Weg zum Büro der Indio-Kommission, um wieder einen Tag mit Hin- und Hergerede zu vergeuden, als ich Luis Urdeneta persönlich in die Arme lief. Er begrüßte mich freundlich wie immer, als wäre gar nichts Ungewöhnliches im Gange. Wir setzten uns in ein Café. Bei einem Saft erzählte ich ihm, was Chavero dem Gouverneur berichtet hatte: nämlich, daß er, Luis, mich so unausstehlich fände, daß er mich abknallen würde, wenn ich mich je wieder in seiner Gegend blicken ließe.

»Was?« rief er aus. »Er hat was gesagt?«

»Daß du mich abknallen würdest.«

»Das ist das Lächerlichste, was ich je gehört habe. Er hat überhaupt nicht mit mir gesprochen. Ich habe sowas nie gesagt. Wie kann er sowas erzählen? Mach dir keine Sorgen, Shori«, meinte er tröstend und trank sein Soda aus. »Ich werde dem Gouverneur erklären, daß die ganze Sache völliger Schwachsinn ist.«

Das tat er auch, was mir zwar ein bißchen half (wie ich später erfuhr), aber die Lage immer noch nicht klärte. Mir kam es so vor, als wäre eine politische Entscheidung getroffen worden. Ich bildete einen Stein des Anstoßes, und die einfachste Art, das Problem zu beseitigen, war, mich abzuschieben. Ich war ohnehin im Amazonas-Gebiet nur geduldet, aufgrund einer Genehmigung für wissenschaftliche Forschungen. Wenn ich mit den Yanomami Schwierigkeiten hatte, war es nicht wichtig, wer recht und wer unrecht hatte. Es gab auch ein vages, doch verbreitetes Vorurteil gegen Anthropologen, besonders amerikanische Anthropologen. Das Beste war, den »gringo« einfach von hier wegzuschaffen. Falsche Beschuldigungen hin oder her, was macht das schon? So müssen sie wohl denken, sagte ich mir. Wie sich herausstellte, lag ich nicht ganz falsch.

Meine Eingaben an den Gouverneur, die ich durch seine Sekretärin vorbrachte (ich durfte ihn immer noch nicht sehen), schienen gar nichts zu fruchten, obwohl ich zu bedenken gab, daß mein Boot, mein Motor, mein Benzin – mein ganzer Besitz – da oben am Fluß waren, ein ganzer Haushalt voller Vorräte und Ausrüstung. Das war doch ein triftiger Grund, mich wieder zurückgehen zu lassen. Außerdem hatte ich zehn Jahre dort gearbeitet. Ich hoffte im stillen, wenn ich die wissenschaftliche Seite betonte und die persönliche herunterspielte, würden sie ein Einsehen haben. Doch erst als mein alter Bekannter Gonzalez Herrera, der frühere Minister und Gouverneur, dieselben Argumente zu meinen Gunsten vorbrachte, ließ sich Muller-Rojas erweichen.

»Ja, Señor«, sagte seine Sekretärin, als ich ankam, um eine weitere Eingabe zu machen. »Der Gouverneur hat eine Entscheidung getroffen. Er wird Ihnen erlauben, flußaufwärts zu fahren, doch nur, um Ihre Habseligkeiten zu holen und wieder zurückzukommen. Nicht mehr. Ihnen ist eine Genehmigung für zwölf Tage erteilt worden.«

In meiner Verzweiflung ging ich wieder zu Gonzalez Herrera. Ich würde nicht zurück in den Dschungel gehen, nur um mich von Yarima zu verabschieden, sagte ich zu ihm. Niemand könne das von mir verlangen. Stellten die sich etwa vor, ich würde einfach still und heimlich verduften, während sie dortblieb? Herrgott!

Schließlich sprach Gonzalez Herrera noch einmal mit dem Gouverneur und versuchte ihn zu erweichen. »Schauen Sie, zwölf Tage, das reicht kaum, daß er dorthinkommt. Geben Sie ihm einen vernünftigen Spielraum, zumindest ein paar Monate.« Am nächsten Tag ging ich die Hauptstraße entlang, wobei es mir vor Anspannung den Magen umdrehte, als ich aufblickte und den Gouverneur persönlich sehr eilig auf der Gegenseite entlanglaufen sah, sein Gefolge dicht hinter ihm. Puerto Ayacucho ist eben so. Wer ein paar Tage da ist, trifft unweigerlich alle Leute auf der Hauptstraße. Während der vergangenen vier Wochen hatte ich tagtäglich erfolglos versucht, beim Gouverneur vorgelassen zu werden. Vielleicht hätte ich eher auf der Straße nach ihm Ausschau halten sollen.

Ich überquerte die Straße und beschleunigte meine Schritte, um ihn einzuholen. »Señor gobernador, ich freue mich, Sie zu treffen«, sagte ich und paßte mich seinem Tempo an. »Ich möchte mit Ihnen über meinen Fall sprechen.«

»Nein, Señor, das ist nicht nötig«, sagte er, ohne seinen Schritt zu verlangsamen. »Der Fall ist zu Ihren Gunsten entschieden worden. Wir haben beschlossen, Ihnen eine Genehmigung für drei Monate statt für zwölf Tage zu geben.« Ich fühlte mich wie ein Verurteilter, dessen Exekution bloß aufgeschoben worden ist.

Immer noch völlig durcheinander, klaubte ich meine Sachen zusammen und charterte mit meinem vorletzten Bolivar ein Flugzeug nach La Esmeralda. In der Mission fragte ich überall nach einer Fahrgelegenheit flußaufwärts, aber vergeblich. Ich konnte keinen der Bootsführer überreden, mich hinzubringen. Der eine hatte einen kaputten Motor, ein anderer konnte jetzt nicht weg, ein dritter sagte mir, er hätte Schwierigkeiten mit den Yanomami und fürchte sich, so weit raufzufahren.

Währenddessen wohnte ich in dem Einzimmerhäuschen von Juan

Eduardo Noguera, den ich auf meiner ersten Reise kennengelernt hatte. Juan Eduardo war nun ein alter Mann und gehörte zum festen Inventar des venezolanischen Regenwaldes. Als Vollblut-Indio war er von der Regierung zum »comisario« für das gesamte Gebiet von La Esmeralda bis zum Oberlauf des Orinoco ernannt worden. Früher war er der Bootsführer und Expeditionsorganisator von Inga Goetz gewesen. Er war es auch, der Helena Valero gefunden hatte, die Weiße, die von den Yanomami gekidnappt worden war und zwanzig Jahre bei ihnen verbracht hatte. Es war eine schreckliche Ironie des Schicksals, daß ein Jahr später einer von Juan Eduardos Söhnen angeklagt wurde, einen von Helena Valeros Söhnen in einem Streit im Suff umgebracht zu haben. Als sich herausstellte, daß mich tatsächlich niemand in der Mission den Fluß hinaufbringen wollte, boten mir schließlich Juan Eduardo und sein Sohn Carlos, der bei ihm wohnte, an, mich zu fahren. Ich hatte sie nicht gefragt, weil ich dachte, er wäre für so eine Reise zu alt. Aber er hatte wahrscheinlich gemerkt, wie verzweifelt ich war. »Pack deine Sachen«, sagte er eines Abends, »wir legen im Morgengrauen ab.«

Juan Eduardos Kanu glitt durch die olivgrünen Wasser des Orinoco. Es war Ende März 1985, und wie letztes Jahr um diese Zeit hatte der Fluß Niedrigwasser – manchmal nicht mehr als knietief, und das oft nur in einer schmalen Rinne am äußersten Rand. Es war eine Zeit, in der selbst die besten Bootsführer fürchterliche Probleme bekamen. Doch trotz der Schwierigkeiten gab es nicht viel für mich zu tun. Juan Eduardo war ein meisterhafter Bootsmann, vielleicht der beste auf dem Fluß, und sein Sohn war ein ausgezeichneter Navigator.

Von der Morgendämmerung bis zum Einbruch der Nacht fuhren wir den Fluß hinauf. So konnte ich mich eine ganze Weile meinen Tagträumen hingeben. Ich sah Yarima so deutlich vor mir, daß ich manchmal aus meiner Versunkenheit hochschreckte und glaubte, ich wäre tatsächlich bei ihr gewesen. Ihr Lächeln schien immer vor mir zu schweben. Ich sah uns zusammen im Wasser planschen. Ich konnte spüren, wie sie sich in unserer großen Hängematte an mich schmiegte, und fühlte ihre heiße Haut, die ihre Wärme durch meinen Körper sandte. Als ein Tag nach dem anderen verging und wir wieder ein Stück dieses schier endlosen Flusses hinter uns gelassen hatten, überschlugen sich meine Gefühle. Die quälende Verzweiflung, die ich in Caracas und dann in Puerto Ayacucho verspürt hatte, nahm immer lebhaftere, greifbarere Formen an. Die Pfirsichpalmfruchtsaison war gekommen, als ich schon weg war. Zweifellos hatten die Patahamateri mindestens einen oder zwei Trecks gemacht, um Verwandte zum Feiern und Handeln zu besuchen. Gerade in solchen Zeiten konnten Frauen leicht entführt und von jungen Männern der Gastgebersiedlung überwältigt werden. Wenn sie die Hasupuweteri besucht hatten, hätte sich sogar Shatakewe einreden können, daß dies wieder eine gute Gelegenheit war. Vielleicht hatte er aber auch beschlossen, sich dadurch zu rächen, daß er sie tötete. Nach vier Monaten würden selbst die Patahamateri allmählich annehmen, daß ich nicht mehr zurückkäme. Und was war mit Shiriwe und den anderen, von denen ich wußte, daß sie ein Auge auf Yarima geworfen hatten? Sie waren nicht die einzigen Plagegeister, die auf dem Sprung waren – sie konnte auch von einer Schlange gebissen worden sein. Vielleicht hatte es einen Überfall gegeben oder eine Krankheit. An jeder Flußbiegung spürte ich, wie ich immer ungeduldiger und besorgter wurde. Ich beobachtete die Felsen und Bäume mit einem Gefühl, als würde ich jeden einzelnen kennen.

Nachdem wir durch die Guajaribo-Stromschnellen geschossen waren, hielt ich ständig Ausschau, hoffte und betete, einen Yanomami zu sehen, der fischte oder am Ufer stand, um nach dem »motoro« zu sehen, das solchen Lärm machte. Wenn sie in der Gegend waren, würden sie herkommen. Doch es konnte auch gut sein, daß sie weg waren – im anderen Garten, auf einem Treck, wer weiß. Wenn sie bei ihrem anderen Garten waren, wäre es ein Tagesmarsch bis zu ihnen. Wenn nicht, dann müßte ich mir jemanden suchen, der mir dabei half, sie aufzuspüren. Doch wen würde ich finden? Tausend Hoffnungen und Ängste jagten mir durch den Kopf.

Als das Kanu die letzte Biegung nahm, konnte ich meine Anlegestelle am Ufer ausmachen. Niemand war da, keine Indios, die sicher dort gewesen wären, wenn sie zu Hause waren, und kein Aluminiumboot, das war auch weg. Als wir anlegten, sah ich, daß der Baum, an den ich mein Boot gekettet und angeschlossen hatte, gefällt worden war. »Warte hier«, rief ich Juan Eduardo zu, während ich aus dem Kanu sprang. »Ich geh zum Shapono rauf. Ich möchte feststellen, wie lang es her ist, seit dort Feuer gemacht worden ist.«

Carlos folgte mir, als ich rasch mit klopfendem Herzen den Pfad entlanglief. Es war offensichtlich, daß hier schon eine Weile niemand mehr gewesen war. Der Pfad war ganz überwuchert. Sie sind auf Treck, dachte ich und fragte mich, was mit meinem Boot geschehen war. Dem Bewuchs auf dem Pfad nach zu urteilen, waren die Patahamateri etwa seit einem Monat nicht mehr hiergewesen.

Daran war auch nichts besonders Ungewöhnliches. Realistisch gesehen hatte ich gewußt, daß die Chance, hier jemanden vorzufinden, ziemlich gering war. Dennoch überkam mich eine Welle von Befürchtungen. Was sollte ich nach all der aufreibenden Plackerei in Puerto Ayacucho, nach diesen ganzen Erwartungen, Ängsten und Hoffnungen tun, wenn sie weg war, wenn ich sie nicht finden konnte? Ich stolperte im Gehen und hielt an, um Atem zu holen. Hinter mir redete Carlos und stellte mir Fragen über die Yanomami. Doch die Worte drangen nicht zu mir durch. Oh Gott, bitte nicht noch mehr, dachte ich. Ich habe schon genug. Was hing da bloß für eine verhängnisvolle Wolke über mir? Ich war zehn Jahre durch diesen Dschungel gestreift, stark und zuversichtlich, auch aggressiv, wenn es nötig war. Die Indios hatten mich »waiteri«, wild, genannt. Doch jetzt zersprang mir fast das Herz. 50 Meter weiter vorn am Pfad konnte ich schon die Öffnung im Blätterdach sehen, die zum Shapono und meinem Haus führte. Ich hatte eine schreckliche Vorahnung.

Schon stehe ich am Rande der Lichtung und starre auf das Shapono oder besser auf das, was davon übriggeblieben war. Geschwärzte, verkohlte Überreste mit halb verbrannten Balken und Stützpfeilern sind über die vom Feuer verheerte Lichtung verstreut. Sofort schweifen meine Augen zu meinem Haus, nur ein paar Meter rechts vom Shapono. Der Schock wirft mich fast um. Wo das Haus gestanden hat, befindet sich nichts mehr, nur Asche. Nicht einmal die Lehmwände stehen noch. Der Boden ist schwarz von Ruß und Asche. Da und dort sind noch die Überreste meiner Notizbücher zu sehen. Ihre kastanienbraunen Einbände lenken inmitten des Trümmerhaufens die Aufmerksamkeit auf sich. Es waren mehr als hundert gewesen, aufs sorgfältigste registriert und beschriftet. Essensdosen sind auch noch da, zerplatzte, versengte Blechdosen und meine Kameras und Recorder, schwarzsilberne Klumpen aus geschmolzenem Plastik. Etwas abseits liegt das verbogene Skelett meiner Schreibmaschine. Die zerbrochenen Aluminiumkisten haben ihre Fülle an Aufzeichnungen und Kassetten in kleinen Lavaströmen von Holzkohle ausgespieen. Medizin, Werkzeuge, Kleidung, Nahrung – meine gesamte Habe auf dieser Welt: vernichtet.

# Die Suche nach Yarima

In einem Schockzustand ging ich den Pfad hinunter zum Fluß zurück. Carlos folgte mir, diesmal wortlos. »Ich bin ausgelöscht«, sagte ich zu Juan Eduardo, als ich zum Kanu kam. »Alles ist verbrannt, das Shapono, mein Haus, alles. Es ist alles hin. Bitte komm mit rauf«, sagte ich. »Ich möchte, daß du Zeuge bist.«

»Coño!« knirschte Juan Eduardo, als wir wieder bei der Siedlung ankamen. Wir konnten unschwer erkennen, was geschehen war: Das Shapono hatte irgendwie Feuer gefangen. Vielleicht war es ein Unfall an einer Feuerstelle. Wahrscheinlicher aber war die Vermutung, daß es sich um das Werk eines Überfallkommandos handelte, das in Abwesenheit der Patahamateri hier gehaust hatte. Dann war das Feuer die knapp zehn Meter zu meiner Hütte übergesprungen. Es war Trockenzeit, und der ganze Wald brannte wie Zunder. Es mußte eine ungeheure Feuersbrunst gegeben haben, ein Inferno, besonders als die Flammen die Kerosinkanister erreichten, die ich innen eingeschlossen hatte. Ich wußte, daß niemand die Hütte absichtlich abgebrannt hätte, zumindest nicht, ohne erst die Handelswaren und die Nahrungsmittel herauszuholen. Das war alles noch da: Dutzende geschwärzter Machetenklingen, die Holzgriffe weggebrannt, Kilos über Kilos Keramikperlen, die zu Klumpen verschmolzen waren, Angelhaken und Schnitzmesser, überall verstreut. Juan Eduardo bückte sich und hob eines meiner kastanienbraunen Notizbücher der »Papeleria Amazonas« auf – wasser- und hitzebeständig. »Guck mal«, sagte er, »ein paar sind noch ziemlich in Ordnung, nur an den Ecken versengt und ein bißchen in der Mitte.«

»Ist mir egal«, antwortete ich. »Das kümmert mich einen Dreck. Yarima ist weg.«

Wir standen eine Weile schweigend da. »Ken«, sagte er endlich, »laß uns zurück zum Boot gehen. Du kannst hier nichts mehr tun. Du hast nichts, keine Ausrüstung, keine Nahrungsmittel. Du hast weder Medizin noch Gegengift. Dein Boot ist weg. Dein Dorf ist weg. Die Indios kommen nicht wieder, auch deine Frau nicht. Vergiß sie. Du mußt mit mir wieder raus. Du hast hier nichts mehr verloren.«

»Nein«, gab ich entschlossen zurück, »ich werde meine Frau suchen!«

Juan Eduardo sah mich an, als sei ich von Sinnen. »Du wirst was tun?« fragte er mit aufgerissenen Augen. »Ken, wie zum Teufel willst du deine Frau finden? Sie sind schon mindestens einen Monat weg, vielleicht auch zwei. Du wirst sie nicht finden. Sie ist wahrscheinlich sowieso mit einem anderen Mann zusammen. Entweder verirrst du dich, oder du kriegst einen Pfeil ab, vielleicht auch beides. Sie ist es nicht wert. Sei nicht dumm, es geht nicht anders. Du mußt mit mir rauskommen.«

Aber das war mir unmöglich. Warum nach Puerto Ayacucho, dachte ich? Caracas? Daheim? Wenn das einzige, was ich nach den vergangenen zehn Jahren im Leben noch hatte, hier war, irgendwo im Dschungel? Das einzige, was mir wirklich noch etwas bedeutete. »Nein«, sagte ich, »ich werde sie suchen. Bitte, tut mir den Gefallen und bringt mich rauf zu den nächsten Stromschnellen, zu den Shuimuiteri. Sie werden wissen, wo die Patahamateri sind.«

Doch Juan Eduardo war von diesem Vorschlag gar nicht angetan. »Der Fluß ist trocken«, sagte er kopfschüttelnd. »Ich habe die Schraube schon abgenützt, indem ich so weit gefahren bin. Weiter oben kommen nur noch Felsen und Sand.«

»Verdammt, Juan Eduardo, sie ist meine Frau! Ich will sie nicht verlieren. Wenn wir steckenbleiben, zieh ich das verdammte Kanu durch. Bring mich nur rauf, ja?«

»Ken, ich bitte dich, wie willst du je wieder rauskommen? Carlos und ich können nicht auf dich warten, während du sie suchst. Die Malarialeute kommen kaum mehr hier rauf, weil sie die Indios nie antreffen. Sie sind nie da.«

»Darum werde ich mich später kümmern. Ich will jetzt nur, daß ihr mich raufbringt. Ich bitte euch nicht, auf mich zu warten und so. Jetzt mach schon, okay?«

Während dieser Diskussion lud ich die Sachen aus, die ich mitgebracht hatte. Die ganze Zeit über beschäftigte mich der Gedanke, daß einer der Shuimuiteri mich zu Yarima und dem Dorf führen würde. Ich brauchte mein Gewehr, und damit hatte es sich. Ich würde von dem leben müssen, was das Land bot. Aber was hatte ich in den letzten zehn Jahren hier draußen getan, wenn nicht gelernt, zu jagen, zu sammeln und all das zu essen, was eßbar war? Vielleicht konnte ich nicht so gut mit den kleinlichen Beamten und Bürokraten in Puerto Ayacucho umgehen, die mich abschieben wollten. Doch hier war es anders. Hier würde ich mich schon durchschlagen.

Immer noch kopfschüttelnd, warfen Juan Eduardo und Carlos den Motor wieder an und steuerten flußaufwärts. Auf dem seichten Fluß kamen wir nur sehr langsam und mühevoll voran. Sandbänke blokkierten die Fahrrinnen und teilten die einzelnen Wasserarme, die von dem mächtigen Orinoco übriggeblieben waren. Wir schrammten weiter, wobei Carlos und ich das Kanu über die Hindernisse zogen. An einer Stelle wurden wir eine halbe Stunde aufgehalten, als ich einen Baum durchhacken mußte, der die Fahrrinne versperrte. Juan Eduardos 40-PS-Motor war für diese Wasserverhältnisse viel zu groß, und die Schraube bohrte sich immer wieder in den Sand.

Als wir schließlich zu den Peñascal-Stromschnellen kamen, wo die Shuimuiteri lebten, war niemand am Ufer, um uns zu begrüßen. Als ich zu ihrem Shapono ging, fand ich es auch leer. Dieser Anblick löste Schmerz und Verzweiflung in mir aus. Wie konnte ich Yarima und die Patahamateri allein aufspüren? Selbst ein Yanomami hätte da Schwierigkeiten. Bei all meiner Vertrautheit mit dem Dschungel hatte ich bisher immer Führer und Träger mitgenommen. Nun mußte ich es eben allein schaffen.

Auf dem Rückweg zum Fluß überschlugen sich meine Gedanken. Juan Eduardo sollte mich in Patahamateri absetzen. Dort würde ich alles bergen, was von dem Brand noch übrig war, und es, zusammen mit den wenigen Vorräten, die ich jetzt mitgebracht hatte, in Plastik packen. Dann würde ich vielleicht nach Wawatoi gehen, der Pflanzung der Hasupuweteri. Oder woandershin. Irgendwie würde ich jemanden aufstöbern, dem ich mich anschließen konnte.

Keine zehn Minuten flußabwärts von Shuimuiteri befindet sich ein sumpfiges Gelände, wo der Nebenfluß Orinoquito in den Orinoco mündet. Als wir an dem Sumpf vorbeikamen, sah ich plötzlich zwei Yanomami im kurzen Gras kauern. Sie versuchten, sich zu verstecken, konnten sich aber nicht vollständig den Blicken entziehen. Ich starrte sie ungläubig an. Juan Eduardo stellte den Motor ab, und ich schrie zu ihnen hinüber, sie sollten herkommen, damit wir miteinander reden konnten. »Lauft nicht weg«, rief ich, »habt keine Angst! Niemand tut euch was. Ich möchte mit euch reden.«

Nach einiger Bedenkzeit standen die beiden jungen Männer auf und kamen vorsichtig zum Fluß herüber. »Wer seid ihr?« fragte ich. »Wo seid ihr her?«

Sie seien Tokonaweteri auf Treck, sagten sie. Ihr Lager wäre nur ein kleines Stück entfernt.

»Wißt ihr, wo die Shuimuiteri oder die Patahamateri sind?«

Nein, das wüßten sie nicht, aber wahrscheinlich wüßten es die älteren Leute aus ihrem Dorf. Ich könnte ja mit in ihr Lager kommen und sie fragen.

Juan Eduardo fuhr den Zufluß bis zu ihrem Lager hinauf. »Wartet auf mich«, sagte ich, »ich erkundige mich nur schnell bei diesen Leuten, dann bin ich gleich wieder da.«

»Beeil dich«, kam die Antwort. »Ich werde nicht ewig hier warten. Ich möchte wieder in der Mission sein, bevor es dunkel wird.«

Im Lager der Tokonaweteri waren ein paar Leute, die ich kannte, darunter einige, die Verwandte unter den Patahamateri hatten. Als ich sie nach den Patahamateri und nach Yarima fragte, sagte einer der Männer, daß sie auf einem langen Treck zum Siapa wären. Er hätte gehört, daß meine Frau nicht bei ihnen wäre, sondern daß sie wieder bei ihrer Mutter und den Hasupuweteri lebte. Ein anderer sagte, daß sie zwar vorübergehend bei ihrer Mutter gewesen wäre, nun aber wieder bei den Patahamateri, bei ihrem Vater, wohne. Ein weiterer ergänzte, daß die Patahamateri zum Siapa aufgebrochen wären, dann aber eingeladen worden seien, die Hawaroweteri zu besuchen. »Moment mal«, sagte ich ihnen, »jetzt mal langsam; schickt mich nicht in verschiedene Richtungen. Lügt mich nicht an. Ich vermisse meine Frau sehr und möchte zu ihr. Versteht ihr das?«

Darauf fingen zwei alte Frauen, die mitgehört hatten, zu weinen an. Die Männer sagten nichts mehr. Da kam ein alter Mann von seiner Hängematte hergehumpelt. »Ich weiß, wo die Patahamateri sind«, sagte er. »Mein Neffe hat sie vor ein paar Tagen in ihrem Lager besucht. Sie sind drüben bei Eshemowe. Deine Frau ist dort bei ihnen.«

»Ja«, bestätigte eine der Frauen, »sie ist dort. Geh schnell zu ihr und hol sie wieder.«

»Gut«, sagte ich, »das ist gut. Gibt es hier irgend jemand, der mich hinbringen kann?«

»Ich weiß, wo es ist«, rief einer der Männer von seiner Hängematte aus. »Ich bring dich hin.« Es war Pusiwe, ein Mann, den ich kannte. Er war ein Verwandter von Shiriwe, wenn ich mich recht erinnerte, und war einige Male in Patahamateri zu Besuch gewesen.

»In Ordnung«, sagte ich, »das ist prima. Laß uns gehen.«

»Hier«, sagte eine der alten Frauen und gab mir einige Maniok-Fladen, »nimm die mit. Die könnt ihr unterwegs essen.«

Am Boot verabschiedete ich mich von Juan Eduardo und bat ihn, über die Vorräte, die ich an meiner alten Anlegestelle am Flußufer gelassen hatte, eine Plastikplane zu breiten. »Macht euch keine Sorgen«, sagte ich, »ich werde zurückkommen und sie mir später holen, wenn ich Yarima gefunden habe.« Dann ging ich mit Pusiwe zu einem Pfad, der in den Dschungel führt. Endlich war ich auf dem Weg zu Yarima.

Nach ein paar Minuten im üblichen Tempo der Yanomami-Männer schnappte ich schon nach Luft. Ich konnte es gar nicht fassen, wie sehr ich in diesen letzten Monaten außer Form geraten war. Bei all dem Streß hatte ich zuviel geraucht und nur sehr wenig geschlafen. Über die Folgen hatte ich mir keine Gedanken gemacht.

Als es dunkel wurde, mußten wir haltmachen, weil ich keine Taschenlampe bei mir hatte. Während Pusiwe die Rinde von einigen »nari nati«-Bäumen schälte, um daraus behelfsmäßig Hängematten zu machen, schoß ich einen Klammeraffen und sah dann zu, wie Pusiwe ihn ausweidete, das Haar absengte und ihn über unserem Lagerfeuer briet. In dieser Nacht schliefen wir beim Zirpen der Vampire und dem unirdischen Froschgequake ein. In der Ferne hörten wir das tiefe, beunruhigende Grollen eines Jaguars.

Am nächsten Morgen aßen wir die Maniok-Fladen, die mir die alte Frau mitgegeben hatte, und zogen dann nach Süden weiter. Wir wanderten den ganzen Tag und hielten nur an, um zu trinken und einige Paranüsse zu essen, die wir gesammelt hatten. Bevor die Nacht des zweiten Tages anbrach, hielt Pusiwe noch einmal an. Doch mir schien es, daß die Patahamateri nicht mehr weit sein konnten, wenn der alte Mann recht gehabt hatte. »Ich möchte noch ein Stück weiter«, sagte ich. »Der alte Mann hat gesagt, ihr Lager ist auf einem hohen Berg, und ich denke, er muß den gleich da drüben gemeint haben. Gehen wir noch weiter.«

Pusiwe hörte das gar nicht gern. Die Dunkelheit kommt blitzschnell, und die Yanomami reisen nachts nicht. Sie hatten besonders vor den giftigen Nachtschlangen Angst. Ich fürchtete mich selbst schrecklich vor ihnen, doch der Gedanke, Yarima so nahe zu sein, bestärkte mich in dem Entschluß, weiterzugehen.

Im rasch schwindenden Licht des Tages stiegen wir nun vorsichtig den Berg hinauf. Ich war schon nahe daran, es selbst für die Nacht gut sein zu lassen, als Pusiwe »Hai« (»Pscht«) sagte. Ich blieb stehen und lauschte aufmerksam in die Dunkelheit. Angestrengt versuchte ich herauszufinden, was wohl seine Aufmerksamkeit geweckt hatte. Plötzlich hörte ich schwache Laute, die wie Kinderstimmen klangen.

»Da sind sie«, flüsterte ich. »Das müssen sie sein. Sonst ist niemand hier.«

Wir liefen rasch, rannten beinahe. Gegen den grauen Himmel vor uns sah ich den von den Lagerfeuern hochkräuselnden Rauch. Die Stimmen wurden lauter. Wir waren noch etwa 200 Meter entfernt, als Pusiwe auf einmal stehenblieb und sich zu mir umwandte: »Warte«, sagte er und nahm mich am Arm. »Warte, Shori, vielleicht sollten wir nicht gleich dort reinrennen. Da ist etwas, das du nicht weißt. Du warst lange flußabwärts, viele Monde. Während du dort warst, ist Yorusiwe in seinem Boot heraufgekommen und hat allen Patahamateri erzählt, du seist tot. Ich weiß das, weil ich bei ihnen zu Besuch war, als er kam. Er hat gesagt, die Polizei hat dich ins Gefängnis gesteckt und du seist dort gestorben. Er hat gesagt, daß nun jeder deine Sachen nehmen kann. Sie hatten schon einige deiner Buschmesser genommen, bevor das Feuer kam. Deine Frau hat viele Tage um dich geweint. Aber jetzt ist sie mit einem anderen zusammen. Sie hat um dich getrauert, aber jetzt ist sie mit einem anderen zusammen.«

»Na schön, dann werden wir das gleich jetzt klären«, sagte ich. Dieser Scheißkerl Yorusiwe, dachte ich. Ich kam nicht aus Puerto Ayacucho heraus, doch er konnte sich nach Belieben frei bewegen und das Blaue vom Himmel lügen.

»Nein«, sagte Pusiwe, »ich glaube nicht, daß du da reingehen solltest. Sie werden sich nur erschrecken und in den Wald rennen. Ich meine, sie werden Angst kriegen, daß du ein Geist bist, der gekommen ist, um sie zu töten. Sie haben deine Sachen genommen, und dein Haus ist abgebrannt. Dann hat sich jemand deine Frau genommen. Ich meine, sie werden arg erschrecken, wenn sie dich sehen. Ich denke, sie werden davonrennen und sich im Dunkeln verstecken. Bis morgen sind sie weit weg, und du wirst sie nie finden.«

Ich wußte, daß er recht hatte. Aber ich war mir nicht sicher, wieviel von dem, was er mir gesagt hatte, tatsächlich stimmte. Es gab keinen besonderen Grund dafür, ihm zu trauen. Aber er konnte recht haben. Und ich wußte sicher, daß die Patahamateri mich für einen Geist halten und in den Wald abhauen konnten, wenn ich sie überraschte, besonders in der Nacht, wenn die »bore« die Pfade unsicher machten und Leute angriffen. »Shori«, sagte Pusiwe, »ich denke, es wäre besser, wenn ich als erster ginge. Du bleibst hier, und ich gehe rein. Sie werden glauben, ich komme bloß auf Besuch. Ich habe Verwandte hier. Ich werde reingehen und ihnen sagen, daß du nicht tot und auf dem Weg hierher bist. Ich sage ihnen, daß du nicht böse bist. Ich sage ihnen, daß du keinen umbringen oder verletzen wirst. Ich werde deine Frau finden und ihr sagen, daß du nicht böse auf sie bist. Ich werde sie beruhigen, so daß sie nicht weglaufen wird. Dann, wenn ich das alles gesagt habe, kannst du reinkommen. Dann kannst du deine Frau haben.«

Der Plan klang halbwegs einleuchtend, also flüsterte ich: »Gut, geh du zuerst rein und beruhige sie. Ich komme dann nach.« Er ging voraus, und ich folgte ihm durch den Wald. Jedesmal, wenn ich durch die Bäume einen Blick auf die flackernden Lagerfeuer erhaschen konnte, hielt ich kurz an.

Dreißig Meter vor dem Lager im Gebüsch versteckt, sah ich zu, wie Pusiwes Schatten verschwand. Ich konnte nicht hören, ob er zu den Leuten drinnen sprach, aber ich dachte, ich gebe ihm circa fünf Minuten, dann gehe ich rein. Ich hörte Stimmen im Dunkeln. Sie klangen aufgeregt, aber sosehr ich mich auch bemühte, ich konnte nicht verstehen, was gesprochen wurde.

Nach ein paar Minuten verließ ich mein Versteck und ging das letzte Stück den Hügel hinauf. Urplötzlich hörte ich ein Geräusch wie von einer durch das Unterholz brechenden Herde Pekaris. Sofort rannte ich in Windeseile zum Lager. Aber als ich atemlos hineinstürmte, war es schon verlassen. Außer drei uralten Frauen, die entweder zu krank oder zu schwach waren, um davonzulaufen, befand sich niemand mehr im Lager.

Ich starrte rundum auf die verlassenen Feuerstellen und leeren Hängematten. »Wo sind sie hin?« fragte ich. »Warum sind sie weggelaufen?«

»Er ist reingekommen«, sagte eine der alte Frauen, die ich früher einmal von einer Hepatitis geheilt hatte. »Er ist reingekommen«, sagte sie, offensichtlich erschüttert und ängstlich. »Er hat gesagt, du würdest kommen. Er hat gesagt, du würdest alle umbringen. Er hat gesagt, wir sollten abhauen, oder du würdest alle umbringen.« Sie zitterte und versuchte freundlich zu sein, aber eben zitternd.

»Beruhige dich, Schwiegermutter«, sagte ich zu ihr, »hab keine Angst. Ich werde dir nichts tun. Ich werde niemandem was tun. Ich will bloß meine Frau. Wo ist sie? Weißt du, wo sie ist?«

»Oh«, sagte die alte Frau und tat ihr Bestes, mich anzulächeln, »ich bin sicher, sie muß ganz in der Nähe draußen im Wald sein. Mach dir keine Sorgen. Sie wird bald zurückkommen. Ich bin sicher, sie wird bald zurückkommen.«

Ich wartete und versuchte dabei langsam und regelmäßig zu atmen.

Mein Herzschlag schien außer Kontrolle zu geraten. Ich fragte mich, ob sie das Pochen da draußen hören konnten. Ich hatte keine Taschenlampe bei mir. Ich konnte nicht einfach da rausgehen und nach ihr suchen. Aber ich konnte auch unmöglich hier herumstehen und warten, daß was geschah.

»Bushika«, rief ich in die Dunkelheit und formte die Hände zu einem Trichter, »Bushika. Komm zurück, Bushika, komm zurück. Ich bin nicht böse auf dich. Ich würde dir nie wehtun. Ich vermisse dich. Ich möchte, daß du zu mir zurückkommst.« Ich lauschte, vernahm aber nichts als die Stille des unheimlichen Dschungels. Das und das Schluchzen der alten Frauen. Sie hatten viel in ihrem Leben gesehen, Männer, die Frauen verschleppten und vergewaltigten, sie entführten und sogar erschossen. Aber so etwas hatten sie noch nie gehört: einen Mann, der nach seiner Frau rief und sie bat, zu ihm zurückzukommen.

*In der Abenddämmerung röstete ich am Feuer meines Vaters Bananen, als Shiriwes Cousin ins Lager gerannt kam. Er sagte allen, der Nabuh käme. Er sagte, der Nabuh sei wütend und würde alle umbringen. Das ganze Dorf sprang sofort auf und rannte in den Wald. Ich rannte auch, war aber verwirrt. Bevor wir auf den Treck gingen, war Yorusiwe zum Handeln heraufgekommen. Er hat viele Perlen zum Tausch gegen Federn und Körbe hergegeben. Yorusiwe sagte, daß die »policía« Kenny gefangengenommen habe. Er sagte, daß sie Kenny behalten würden, bis er ein alter Mann wäre, und daß der Pata in Ayacuchoteri gesagt hat, die Patahamateri könnten alle Sachen von Kenny nehmen.*

*Ich hielt das erst für eine Lüge. Doch als Kenny viele Monde nicht kam, dachte ich, es könnte vielleicht doch stimmen. Oder Kenny war vielleicht in sein eigenes Dorf gegangen, um eine Nabuh-Frau zu heiraten. Yorusiwe kam ein zweites Mal zum Handeln. Diesmal sagte er, Kenny sei tot. Er sagte, die »policia« habe Kenny im Gefängnis getötet.*

*Ich rannte weg, weil ich Angst hatte. Ich wußte nicht, was ich denken sollte, also versteckte ich mich im Wald. Dann hörte ich Kenny nach mir rufen, »Bushika, bushika, komm zurück.« Ich hörte auf ihn. Es war Kenny, der nach mir rief, ich soll wieder zu ihm kommen, heimkommen. Ich stand auf, um zu ihm zu gehen, aber Shiriwes Cousin sah mich.*

*»Sei nicht dumm«, sagte er, »lauf weg. Er wird dich umbringen.« Als er das*

*sagte, wußte ich nicht mehr ein noch aus. Ich dachte, ich könnte vielleicht im Wald schlafen und dann zu meiner Mutter nach Hasupuweteri gehen. Aber da fing Shiriwe mich ab und sagte mir, ich solle mit ihm gehen. Ich sagte nein, aber er wurde sehr böse. Er sagte, wenn ich nicht mit ihm käme, würde er mich erschießen. Er packte mich am Arm, und wir gingen vom Lager weg. Ich hörte immer noch, wie Kenny nach mir rief.*

Alle zehn Minuten stand ich von der Hängematte auf, in der ich saß, und schrie in die Dunkelheit hinein. Nach einer Weile erschienen zwei Gestalten aus dem Wald, zwei junge Männer, Kayuriwe und Kasiwe. »Warum hast du dich gerade von diesem Mann herbringen lassen?« fragte Kasiwe und kam direkt auf mich zu. »Warum hast du dir jemand genommen, der uns so in Schwierigkeiten bringt? Wir sind wegen ihm dort draußen im Dunkeln gewesen. Er ist ein Unruhestifter. Ich habe ihn fast erschossen, als ich ihn reinkommen sah. Wenn ich ihn je wieder sehe, dann werde ich ihn erschießen. Warum hast du ihn mitgebracht?«

»Er ist der einzige gewesen, der mich herführen wollte«, sagte ich. »Alle am Fluß waren weg. Ihr ward weg, die Shuimuiteri waren weg. Alle waren weg. Ich habe schon gedacht, ich finde überhaupt niemanden. Er hat gesagt, er würde mich zu euch bringen. Wo ist meine Frau? Habt ihr sie draußen im Wald gesehen?«

»Sie ist mit uns allen davongerannt. Der, den du mitgebracht hast, hat uns erzählt, du würdest alle umbringen. Sie hat sich in seiner Nähe versteckt. Als du gerufen hast, sah es so aus, als würde sie wieder reingehen. Aber Shiriwe hat sie nicht gelassen. Er hat gesagt, er würde sie mit einem Pfeil erschießen, wenn sie ginge. Er hat einen Pfeil auf sie gerichtet, während sie auf dem Pfad kauerte. Dann ist sie mit ihm weg. Wer weiß, wo sie jetzt sind. Hast du nicht gewußt, daß der, der dich hergebracht hat, Shiriwes Cousin ist?«

Gegen Mitternacht fiel ich erschöpft in Schlaf. Inzwischen hatten sich einige weitere junge Männer wieder hereingetraut, und als ich am anderen Morgen aufwachte, sah es so aus, als ob die gesamte Gruppe zurückgekehrt sei, außer Shiriwe und Yarima.

An diesem Morgen stand ich mit dem Entschluß auf, sie zurückzuholen. Ich sehnte mich nach ihr. Ich hatte nicht die ganzen Qualen ausgestanden, nur um ihr so nahe zu kommen und dann doch zu scheitern. Die vergangene Nacht war voller Schmerz und Verzweiflung gewesen. Aber jetzt wußte ich, daß ich sie finden würde, und wenn es das letzte war, was ich tat.

Ich schickte eine Schar Huya zum Fluß zurück, um meine Sachen zu holen. Dann setzte ich mich mit den Leuten zusammen, die ich am besten kannte, und bat sie, mir bei der Suche nach Yarima zu helfen. Es war nicht schwierig, sie dazu zu bewegen. Fast alle Patahamateri hätten gerne gesehen, daß ich wieder bei ihnen wohnte. Schließlich stellte ich fünf Gruppen zusammen; jede sollte die Gegenden suchen, wo Shiriwe sich am ehesten verkriechen würde. Mit zwei Leuten brach ich nach Warokoaweteri hinter den Quellflüssen des Orinoco auf. Shiriwe hatte dort ein paar Verwandte und hoffte, vielleicht bei ihnen Aufnahme zu finden. Ich fühlte mich gefordert. Trotz meiner schlechten Kondition hielt ich mit den Jägern Schritt, trieb sie sogar zu noch schnellerem Lauf an. Wir hielten bis zur Dunkelheit durch, machten uns dann Hängematten und schliefen bis zum Morgen. Gegen Mittag des nächsten Tages erreichten wir das Shapono von Warokoaweteri. Es war leer, verlassen. »Sie sind auf Treck gegangen«, sagte Poawe, einer meiner Begleiter, als er den Boden untersuchte. »Die Spuren sind alt, die Feuerstellen sind schon lange aus.«

Enttäuscht kehrten wir zum Patahamateri-Lager zurück. Auf dem ganzen Weg betete ich, daß eine der anderen Gruppen die beiden ausfindig gemacht hatte, doch als wir zurückkamen, mußte ich feststellen, daß alle mit leeren Händen zurückgekehrt waren. Niemand hatte auch nur eine Spur von ihnen gefunden. »Es ist trocken«, sagte Poawe, »es ist nicht leicht, Spuren zu sehen. Außerdem bleibt er vermutlich von den Pfaden weg. Vielleicht trägt er sie sogar auf dem Rücken, um uns zu täuschen.«

Am nächsten Tag schickte ich Läufer zu allen Dörfern in der Umgebung, um nachzusehen, ob es ein Zeichen von ihnen gab. Vier Tage waren seit meiner Ankunft vergangen. Es gab nur sehr wenig zu essen im Wald. Ich wußte, Shiriwe würde bald Hunger bekommen. Sie mußten wegen der Nahrung in einem Dorf aufkreuzen, und wenn sie das taten, würde ich davon hören.

Die ganze nächste Woche über waren die Suchtrupps unterwegs, sogar als die Patahamateri ihren eigenen Wayumi wieder aufnahmen. Doch Yarima und Shiriwe waren wie vom Erdboden verschluckt. »Shori«, sagte Poawe eines Tages nach einer langen fruchtlosen Suche, »wir haben nach ihr gesucht und gesucht. Aber ich glaube nicht, daß wir sie finden werden. Der Wald ist sehr groß.«

Mittlerweile schlief ich kaum mehr. Der Gedanke an die beiden draußen im Dschungel zerrte an meinen Nerven. Aber ich wußte, daß sie nicht ewig draußenbleiben konnten. Shiriwe wollte wahrscheinlich so lange durchhalten, bis ich aufgab und wegging. Das gab mir einen Vorteil, weil er nämlich nicht damit rechnete, daß ich den Dschungel nicht verlassen würde, bis ich Yarima wieder hatte oder hinausgetragen wurde.

Am 3. April kehrte ich mit Poawe und zwei anderen von einer Suche zurück, die uns weit in den Süden geführt hatte. Wir waren drei Tage unterwegs gewesen und hatten keine Spur gefunden. Auch die beiden Treckgruppen, auf die wir gestoßen waren, konnten uns nicht weiterhelfen. Als wir etwa einen halben Tag von der Stelle entfernt waren, wo wir das derzeitige Trecklager der Patahamateri vermuteten, kamen uns auf einmal drei Patahamateri-Jäger auf dem Pfad entgegen. Sie hatten nach uns gesucht. Vor zwei Tagen hatte Shiriwes Bruder dem Anführer Touwe gesagt, er habe Angst, ich würde mich an ihm rächen, wenn ich Yarima nicht finden könnte. Shiriwe, sagte er, verstecke sich mit Yarima auf der anderen Seite einer großen Felsgruppe, einen Tagesmarsch weit in Richtung Süden. Yarimas Vater und einige seiner Angehörigen waren losgezogen, um sie zu finden. Diesen Morgen hatten sie sie ins Lager gebracht.

Ich war von Freude überwältigt. Ich wäre am liebsten sofort losgerannt, um Yarima endlich in die Arme zu schließen. Doch fast im selben Augenblick witterte ich Gefahr. Ich prüfte mein Gewehr, um mich zu vergewissern, daß es geladen war, und befühlte meine Tasche mit den Reservepatronen. Vielleicht stimmte es nicht, vielleicht hatten sie sich das nur wieder ausgedacht. Vielleicht hatte Shiriwe beschlossen, wenn er mich schon nicht »aussitzen« konnte, müßte er mich eben umbringen. Er hatte einen zähen und aggressiven Charakter, und so ein Plan wäre ihm jederzeit zuzutrauen. Er könnte Yarima als Köder benützen, um mich in einen Hinterhalt zu locken. Erzähl dem Nabuh irgendwas, damit er unvorsichtig wird, und knall ihn dann auf dem Pfad ab.

Auf dem Weg zum Lager war ich in höchster Alarmbereitschaft, aber ich konnte meine Aufregung und die Welle der Erleichterung und des Glücks, die mich erfaßt hatte, nicht beherrschen. Als wir in die Nähe des Lagers kamen, beschleunigte ich meine Schritte. Eine kichernde Kinderschar, die auf einem umgestürzten Baum spielte, wies auf einen der Treckunterstände, wo eine Gruppe von Frauen um eine Hängematte saß. Als sie mich sahen, stoben sie wie eine verschreckte Herde von Rehen auseinander. Und dort in der Hängematte saß Yarima. Ich ging langsam auf sie zu, und unsere Blicke trafen sich, das erste Mal nach vier Monaten. Ihre Augen glänzten und waren größer, als ich sie in Erinnerung hatte, tief gegen ihre stärker hervortretenden Backenknochen abgesetzt. Sie war abgemagert, besonders im Gesicht. Sie wirkte älter, härter. Es erschreckte mich, wie dünn und abgezehrt sie aussah, und wie verängstigt. Als ich mich näherte, verkroch sie sich in die Hängematte. Das Gesicht nach links gewandt, griff sie an ihr rechts Ohr und hielt es mir entgegen. Ihr Ohrläppchen war entzweigerissen, und die beiden Hälften baumelten unnatürlich herum. Ich kauerte mich neben sie und streichelte ihr Haar. Ich konnte sehen, daß jemand sich bemüht hatte, das zerrissene Ohr zu nähen. Ein Faden hing aus den groben Stichen. Ich nahm sie in die Arme und hielt sie ganz fest.

»Bushika, warum bist du von mir weggelaufen?« fragte ich leise. »Ich habe dich so vermißt. Ich habe so sehr versucht, wieder zu dir zu kommen. Warum bist du weggelaufen?«

»Er hat mich dazu gezwungen«, flüsterte sie. »Er hat gesagt, er würde mich erschießen, wenn ich nicht mitginge. Warum bist du nicht zurückgekommen? Du weißt ja nicht, was sie mir angetan haben, während du weg warst.«

# Yarimas erster Kontakt mit der Zivilisation

Yarima knüpfte zwar ihre Hängematte neben meiner auf, aber sie war abwesend und abweisend. Keiner von uns schlief viel in dieser Nacht, aber wir redeten auch nicht miteinander. Sie schien fast unfähig zu sprechen, als stünde sie immer noch unter einem starken seelischen Schock. In der Stille dachte ich an die letzten vier Monate, an das, was ich in Caracas und Puerto Ayacucho durchgemacht hatte. Ich sah das ausgebrannte Shapono und mein eigenes Haus vor mir, die verkohlten Reste von zehn Jahren Arbeit. Das alles war entsetzlich. Aber das, was sie mit Yarima gemacht hatten, war vermutlich weit, weit schlimmer gewesen.

Am nächsten Morgen gingen wir zu einem nahe gelegenen Bach, um zu baden. Sie hatte immer noch nicht viel gesprochen, und ich wollte sie so behutsam wie möglich dazu bringen. Als wir nebeneinander im kühlen, klaren Wasser hockten, dachte ich darüber nach, wie ich anfangen sollte. Doch bevor ich dazu Gelegenheit hatte, begann sie zu sprechen, mit ruhiger und ernster Stimme.

»Ich habe nachgedacht«, sagte sie, »vielleicht sollten wir nicht länger miteinander verheiratet sein.« Die Worte trafen mich wie ein Vorschlaghammer. »Du bist ein Nabuh. Es wäre besser, wenn du mit einer Nabuh verheiratet wärst. Ich bin eine Yanomami. Es wäre besser, wenn ich mit einem Yanomami verheiratet wäre.«

»Ich verstehe nicht«, sagte ich. »Warum kann ich nicht mit einer Yanomami verheiratet sein, wenn ich sie liebe? Warum kannst du nicht mit einem Nabuh verheiratet sein, wenn du ihn liebst? Warum sagst du sowas? Wir sind glücklich miteinander. Warum sollten wir nicht verheiratet sein nach all dem, was wir füreinander gelitten haben?« Ich fühlte mich plötzlich so ausgehöhlt und müde, daß ich mich kaum mehr bewegen konnte. Ich schleppte mich ans Ufer und starrte sie an, als sie sich neben mich setzte.

Das einzige Geräusch kam von dem Bach, der an uns vorbeirauschte. Ich wußte nicht, was ich sagen sollte. Nachdem ich die Verwüstung in Patahamateri gesehen hatte, war ich nur von dem einen Verlangen getrieben gewesen, sie zu finden. Irgendwie hatte die Tatsache, daß sie verschwunden war, bewirkt, daß ich mich von der Katastrophe nicht völlig aufreiben ließ. Ich war total besessen davon, sie zu finden. Das hatte mir die Kraft gegeben, die Suchtrupps zu organisieren und mich kreuz und quer durch den Dschungel zu hetzen. Nun hatte ich sie wieder – es war eine unglaubliche Leistung und eine wunderbare Fügung. Doch solche Worte hatte ich nicht erwartet. Plötzlich wurde mir bewußt, daß jeder Muskel meines Körpers vor Erschöpfung schmerzte.

Lange sprach keiner von uns. Wenn ich nur ausdrücken könnte, wie mir zumute ist, dachte ich. Wenn ich ihr nur erzählen könnte, was ich durchgemacht habe, bloß um neben ihr zu sitzen. Dann wandte sich Yarima zu mir und sagte nur ein einziges Wort: »Warum?« Ich sah sie an, und unsere Blicke versenkten sich ineinander. »Warum bist du so lange dort draußen geblieben?«

»Ich habe versucht herzukommen«, antwortete ich. »Ich habe versucht, so schnell wie möglich zu kommen.« Aber was sollte ich ihr erzählen? Von meiner Genehmigung? Für sie ein bedeutungsloser Begriff. Von der sogenannten Untersuchung? Davon, daß ich in Manuel De Pedros Wohnung beim Warten auf einen Anruf halb gestorben bin? Sie wußte ja nicht einmal, was ein Telefon ist. Von der Politik der Indio-Schutzbehörde und der Indio-Kommission des Gouverneurs?

»Ich habe versucht zurückzukommen«, wiederholte ich. »Ich habe alles getan, was ich konnte, um schnell zurückzukommen. Aber lange gab es keine Möglichkeit dazu. Es war kein Flugzeug da, um mich mitzunehmen. Es gab kein Boot.«

»Dann hättest du gehen sollen.« Ihre Stimme war leise, aber entschieden. »Du bist viele Monde weg gewesen. Du hättest hierhermarschieren sollen. Du hast Zeit gehabt.«

»Bushika, das konnte ich nicht. Es ist zu weit zum Laufen.«

Sie schien mich nicht zu hören. »Als du schon lange weg warst, hieß es, du seist im Gefängnis. Es hieß, du seist im Gefängnis gestorben. Der Yanomami von weiter unten am Fluß mit dem Gewehr ist hergekommen und hat gesagt, du seist tot. Er hat den Patahamateri gesagt, sie könnten alle deine Sachen nehmen. Danach haben sie dein Boot und dein Benzin genommen. Ich habe um dich geweint. Ich habe geweint, weil du tot warst.«

Yarimas Worte brannten wie Feuer; jedes schien mein Herz zu versengen. »Nachdem alle dachten, du seist tot, sind sie auf mich los.« Sie sprach jetzt langsam und bedächtig. »Wenn ich in den Wald zum Sammeln gegangen bin, sind sie auf mich los. Wenn ich gebadet habe, kamen sie. Sie haben mich nie in Ruhe gelassen. Mein Vater konnte mir nicht helfen. Er hat versucht, sie aufzuhalten, aber es waren zu viele. Manchmal hat mich einer genommen. Manchmal zwei auf einmal. Manchmal drei. Sie waren immer da. Shiriwe und Didikiwe, Hukokawe und Batawe, Dokunawe und Mamokawe. Sogar die Schmutzigen, Häßlichen. Einmal hat einer von ihnen sein Lendentuch abgenommen und mich damit gewürgt, bis ich keine Luft mehr bekam. Die Welt wurde schwarz, und ich dachte, ich sterbe.

Nachts haben sie mich aus der Hängematte gezerrt. Tagsüber haben sie mich in den Wald gezerrt. Sie haben mich nie in Ruhe gelassen. Eines Tages hat mich Shiriwe im Wald gefunden. Er hat gesagt, du wärst tot, und nun sei ich seine Frau. Er hat gesagt, er würde mich beschützen, wir sollten zusammen abhauen. Dann ist er wütend auf mich geworden und hat mir Angst eingejagt. Wir sind zusammen in den Wald gegangen. Ich habe mir gedacht, daß du tot sein mußt, wie der von weiter draußen uns erzählt hat. Ich wußte, du hättest nicht zugelassen, daß mir sowas passiert, wenn du noch am Leben gewesen wärst.

Als Shiriwe und ich weggelaufen sind, haben Touwe und seine Brüder uns aufgestöbert. Touwe wollte mich an seinen jüngeren Bruder verheiraten. Sie haben uns auf dem großen Hügel hinter Rahuawe U erwischt. Touwe wollte, daß ich in das Shapono zurückkehrte. Aber ich wollte nicht mehr hingehen. Ich wollte bei Shiriwe bleiben, weil er mich vor den anderen Männern beschützen konnte. Shiriwe und Touwe haben sich gestritten und einander bedroht. Sie haben mich an den Armen gezogen. Als Shiriwe losließ, haben Touwe und seine Brüder mich durch den Wald gezogen. Ich habe ihn angeschrien, ich wolle nicht mitgehen, sondern bei Shiriwe bleiben. Ich habe versucht, von Touwe wegzukommen. Da ist Touwe böse geworden. Er hat mir die Finger ins Ohr gesteckt und mein Ohrläppchen zerrissen.

Als ich heimkam, haben die Frauen versucht, mein Ohr zusammenzunähen. Aber der Faden ist wieder rausgegangen und hat nicht gehalten. Jetzt werde ich nie mehr Blumen ins Ohr stecken können. Ich werde wie eine alte Frau sein. Bald werde ich das abhängende Stück Haut abschneiden. Es ist häßlich.

Jetzt wirst du sagen, daß du nicht mehr weggehen wirst. Aber ich weiß, daß du eines Tages wieder den Fluß hinunterfahren wirst. Das tust du immer. Du wirst mich hierlassen, und niemand wird mich gegen die Männer schützen. Du solltest doch lieber eine Frau aus deinem Dorf heiraten.«

Während Yarima sprach, fühlte ich mich mehr und mehr benommen. Für einen schrecklichen Augenblick stand die Zeit still. Eine Welle von Zärtlichkeit für sie erfaßte mich – für diese herzliche, hübsche junge Frau, die ich in all ihrer schönen, lachenden Unschuld geliebt hatte. Doch zugleich bot sich meinem geistigen Auge ein anderes Bild. Das von Shiriwe, Didikiwe, Hukokawe und Batawe, Mamokawe und Dokunawe. Ich konnte jedes einzelne Gesicht über ihr ausmachen. Ich sah, wie einer von ihnen sein Lendentuch um ihren Hals schlang und zuzog, immer weiter zuzog. Auf einmal war nichts auf der Welt wichtiger für mich, als mich zu beherrschen, ruhig Blut zu bewahren, völlig still dazusitzen und ein- und auszuatmen, als wäre alles ganz normal.

Und als ich so atmete, verging der gefährliche Augenblick. Yarima hatte mich nicht angesehen. Sie hatte die Panik in meinem Gesicht nicht gesehen. Meinte sie auch, was sie sagte? In diesem Moment vielleicht. Aber ich wußte, daß ihre Wut so schnell verrauchte, wie sie kam. Sie mußte dieses Gefühl jetzt rauslassen, alles mußte raus. Doch später, war ich überzeugt, würde auch ihre Wärme und ihre Zuneigung – ihre Liebe wiederkommen. Was im übrigen Shiriwe und die anderen betrifft, laß sie in Ruhe, hörte ich meine innere Stimme sagen. Laß sie einfach in Ruhe!

*Als Kenny kam, fürchtete ich mich vor ihm. Ich war sicher, wenn er mein Ohr sah, würde er wütend werden. Ich erinnere mich noch, als Maniwes Frau ihm davonlief. Sie war mit Shatiwe in den Wald abgehauen, und sie hatten bei Irokai ihr Lager aufgeschlagen. Maniwe und sein Vater fanden sie dort. Und Maniwe sagte ihr, sie soll mit ihm heimgehen. Als sie sich weigerte, wurde er zornig und schlug sie mit einem brennenden Holzscheit auf den Bauch. Davon blieben ihr große Narben zurück. Maniwe hatte gesagt, sie wäre häßlich und er würde sich eine neue Frau suchen.*

*Ich hatte Angst, Kenny würde böse werden und mich schlagen. Aber ich war auch wütend. Ich haßte die Männer wegen dem, was sie mir angetan hatten. Selbst mein Vater wandte sich gegen mich und sagte mir, ich solle einen anderen Ehemann finden. Das kam alles davon, daß Kenny so lange fortblieb. Ich wollte nicht, daß dies noch einmal vorkam, doch ich wußte gleichzeitig, daß er wieder flußabwärts gehen würde und ich niemand hätte, der mich beschützte. Shiriwe sagte mir, wenn der Nabuh das nächste Mal geht, würde er sich mich wieder borgen. Also sagte ich Kenny, daß ich so nicht mehr weiterleben wollte. Er sollte eine Nabuh und ich einen Yanomami heiraten. Ich sagte es ihm sehr ungern. Ich wußte, daß er sich sehr schlimm fühlen würde. Aber ich wußte mir nicht anders zu helfen.*

*Tagebuch. Trecklager, 28. März:* Shiriwe ist nicht ins Dorf zurückgekommen. Er wird wahrscheinlich auch erst wiederkommen, wenn er sicher ist, daß ich ihm nichts antue. Er hat Yarima gezwungen, mit ihm zu flüchten, doch das entsprach mehr oder weniger dem Normalverhalten. Männer drohen und machen ihre Drohungen auch wahr. Sie erschießen eine Frau, wenn sie nicht mitgeht. Ich weiß von mehr als einer Frau, die deswegen umgebracht worden ist, weil sie die unter Drohungen gemachten Anträge abgelehnt hat. Gewöhnlich läuft es darauf hinaus, daß sie mit ihm geht. Sie hat keine Wahl. Sie geht und macht das Beste draus. Sie lernt, mit ihm zu leben. Das ist alles. Wenn der Mann sie weiterhin brutal bedroht, läuft sie weg. Aber er mißhandelt die Frau nicht mehr als üblich; er will sie nur zwingen, mit ihm zu gehen und sich an ihn zu gewöhnen. Du gehst mit mir, du bist jetzt meine Frau, du lebst mit mir. Dann tut sie es eben.

Im weiteren Verlauf der Tage nahm Yarima allmählich wieder zu, was sie an Gewicht verloren hatte. Und sie wurde freundlicher und liebevoller. Zu meiner großen Erleichterung sprach sie nicht mehr davon, unsere Ehe aufzulösen. Es war zu sehen, daß sie einen Heilungsprozeß durchmachte. Soweit ich es herausbekommen konnte, war fast alles erst im letzten Monat passiert. Es war so lange gutgegangen, bis die Patahamateri überzeugt waren, ich sei tot oder würde zumindest nicht mehr wiederkommen. Dann erst waren die Furien losgebrochen.

Das Shapono-Feuer, so wurde mir erzählt, war ausgebrochen, als die Patahamateri drei Monate nach meiner Abreise die Boriana-Pflanzung aufsuchten. Akiwe, ein lediger junger Mann, war seit mehr als einem Jahr in Irokawes Frau verliebt. Während der ganzen Zeit hatte er versucht, sie ihm wegzunehmen. Ich hatte das damals zusammen mit dem restlichen Dorf beobachtet. Er hatte Irokawe immer wieder herausgefordert. Dreimal war er mit ihr davongelaufen, und jedesmal hatten Irokawe und seine Verbündeten sie gefunden und zurückgebracht. Als das Dorf drei Monate nach meiner Abreise zur Borina-Pflanzung zog, stritt sich Akiwe mit Touwe, dem Anführer, wegen der Affäre. Als Touwe ihn vor der Gemeinde lächerlich machte, war Akiwes Zorn übergekocht. Heimlich war er nach Patahamateri zurückgekehrt und hatte Touwes Bereich des Shapono angezündet. Natürlich ging das gesamte Gebäude in Flammen auf, und das Feuer schlug auf mein Haus über. Die Patahamateri waren schockiert, als sie herausfanden, was geschehen war. Für Yarima war es noch schlimmer gewesen. Nun schien es so, daß jede Spur von mir verschwunden war. Die Ruinen meiner Hütte hatten für sie das Ende meines Lebens mit ihrem Volk bedeutet.

*Tagebuch. Trecklager, 1. April:* Yarimas seelisches Durchhaltevermögen kommt ihrer körperlichen Zähigkeit gleich. Sie hat einen schrecklichen Leidensweg hinter sich, aber sie erholt sich rasch. Sie lacht und scherzt wieder mit mir. Langfuß nennt sie mich, Große Stirn – ihre alten Spitznamen. Sie ist immer noch zurückhaltender als früher und irgendwie auf der Hut. Aber nicht auf Dauer geschädigt. Nach unseren Maßstäben müßte sie in einer Heilanstalt sein. Eine junge Frau aus New York, die so vergewaltigt, stranguliert und mißhandelt worden ist, hat wahrscheinlich für den Rest ihres Lebens einen Knacks. Aber hier gibt es keine Diskriminierung, keinen öffentlichen Skandal und – soweit ich sehen kann – keine bleibenden psychischen Nachwirkungen. Echt zu schaffen gemacht hat Yarima, daß sie schutzlos war, ohne Halt. Die ganze Zeit über war sie Freiwild. Deshalb beobachtet sie mich so. Sie kann immer noch nicht verstehen, warum ich so lange weg war, und weiß nicht, ob ich sie nicht wieder dem gleichen Schicksal überlasse.

*Tagebuch. Trecklager, 5. April:* Heut hab ich das Thema nochmal angeschnitten, sie rauszubringen, um ihr Ohr nähen zu lassen. Sie hat davon gesprochen, das Läppchen abzuschneiden. Sie hält es nicht aus, daß es so weghängt. Ich hatte schon vorher mit ihr geredet, daß wir es richten lassen könnten, aber sie war zu verängstigt, um überhaupt darauf einzugehen. Ich glaube, sie hat fast so viel Angst vor den Yanomami weiter unten am Fluß wie vor den Nabuh in Puerto Ayacucho, von denen sie nur ganz vage Vorstellungen hat. Wenn wir rausfahren, weiß sie, daß wir erst bei den Konoporepiweteri vorbeimüssen, mit denen die Hasupuweteri seit Jahren im Krieg leben; ein Vergeltungsschlag nach dem anderen. Dann Platanal, wo Yorusiwe in Carlitos Dorf wohnt, weitere Feinde ihrer älteren Brüder. Und dann Mavaca, eine noch größere Unbekannte. Sie könnte in fremde Länder entführt werden, von denen sie nie wieder zurückkehren würde. Die jungen Männer könnten sie mit »heri« verhexen, Zauberstoffen, die sie mißgestaltet oder unfruchtbar machen oder sogar ihren Tod bewirken können.

Doch heute, als ich wieder erwähnte, daß die Ärzte in Puerto Ayacucho ihr Ohr heilen könnten, sagte sie, sie glaube mir nicht. Wie konnten sie es heilen, wenn es schon so lange her ist und die zerrissenen Ränder bereits zugewachsen sind? Ich sagte ihr, sie können die Wunde wieder öffnen und nähen, so daß es völlig zuheilt. Daß sie darüber spricht, ist ein kleines Zeichen, daß sie sich die Sache überlegt.

*Tagebuch. Trecklager, 12. April:* Shori tauchte heut abend zu Besuch auf. Das war das erste Mal, daß ich irgendwen aus dem alten Dorf gesehen hab, seit Roter hergekommen ist, um mit mir letzten November an der

Niederschrift der Tonbandaufnahmen zu arbeiten. Yarima ist überglücklich, ihn zu sehen. Ich genauso. Es ist ein bißchen wie in alten Tagen. Ich freu mich, daß es ihr so gutgeht. Shori hatte alles über Yarima gehört und gesagt, es wär nie passiert, wenn er bei uns gelebt hätte. Aber er war weit weg und konnte nicht helfen. Er sagte, wir sollten zurückkommen. Niemand in seinem Dorf hätte Yarima gezwungen, mit ihm davonzulaufen, so wie Shiriwe es getan hat.

*Auch wenn ich mich bei Kenny wieder wohler fühlte, war ich traurig und erbost, weil mein Ohr kaputt war. Ich klebte die beiden Teile mit Kennys braunem Band zusammen, aber es war immer noch häßlich. Ich dachte, so wird es den Rest deines Lebens bleiben. Ich werde nie mehr Blumen tragen oder hübsch sein können.*

*Eines Tages kam Großer Bruder ins Lager gelaufen. Er stellte seine Pfeile an unsere Feuerstelle und kam in meine Hängematte. Ich war sehr überrascht und froh über seinen Besuch. Wir waren an derselben Feuerstelle aufgewachsen, und ich vermißte ihn und meine Mutter ständig. Kenny und Großer Bruder redeten sehr viel miteinander, was mir wohltat. Als wir bei den Hasupuweteri gewohnt hatten, waren sie dicke Freunde gewesen, und als sie miteinander redeten, erinnerte mich das an frühere Zeiten. Kenny erzählte Großem Bruder, daß er von den Patahamateri genug hätte und wieder zu den Hasupuweteri ziehen wollte. Er erzählte Großem Bruder, daß die Ärzte in Ayacuchoteri mein Ohr richten könnten. Danach könnten wir zurückkehren und bei den Hasupuweteri leben. Großer Bruder sagte, er sei auf die Patahamateri böse. Er sagte, er hätte sie nie leiden können. Als er mir ankündigte, er würde uns am Morgen verlassen, röstete ich einige Bananen für ihn. Er sagte, er mochte diese Leute nicht und würde sie nie besuchen, wenn wir nicht hierwären.*

Bevor Shori uns wieder verließ, half er mir, Yarima davon zu überzeugen, mit mir den Fluß hinabzufahren, um ihr Ohr behandeln zu lassen. Wenn wir zurückkämen, sagte er, sollten wir die Patahamateri verlassen und wieder bei ihm und ihrer Mutter wohnen. Ihre Mutter vermisse Yarima sehr. Langbart, Kubewe, Shiroi und viele andere wären sehr glücklich, uns wieder dazuhaben. Die Art, wie Yarima zuhörte, verriet mir, daß sie bereit war, nach Puerto Ayacucho zu gehen. Sie hatte selbst schon darüber nachgedacht, und das Wort ihres Bruders bedeutete ihr sehr viel. Aber sie hatte schreckliche Angst vorm Fliegen. Sie dachte, bei einem Flug mit dem »avión« müßte sie oben drauf sitzen, und der Wind würde sie in den Himmel fegen. Schließlich sagte ich, daß wir die ganze Strecke nach Puerto Ayacucho mit dem Boot fahren würden, eine Aussicht, vor der mir graute. Ich war nicht mal sicher, ob das überhaupt klappen würde, weil wir erst noch jemanden finden mußten, der uns runterfuhr.

Am Tag nach Shoris Abschied trafen die Patahamateri auf einen Pfad, der zum Orinoco führte. Dort trennten sich Yarima und ich von der Gruppe und gingen nordwärts zum Fluß. In ihrem Korb lagen zusätzlich zu unseren Hängematten einige grüne und gelbe Bananen. Ich trug den letzten Rest meiner Ausrüstung, die Juan Eduardo an meiner alten Anlegestelle zugedeckt hatte. Ich wußte, daß wir in einer riskanten Situation waren. Wir mußten am Fluß lagern und darauf hoffen, daß ein Boot vorbeikam. Juan Eduardo hatte mir gesagt, daß die Malariateams nicht mehr so oft raufkamen. Aber wir hatten keine andere Wahl. Wenn niemand kam, mußten wir versuchen, es bis zu den amerikanischen evangelischen Missionaren am Orinoquito zu schaffen, ein Vier- oder Fünftagesmarsch.

Zwei Tage später waren wir am Fluß, schlugen unser Lager auf und fischten nach Piranhas, mit kleinen Welsen als Köder. Wenn wir hier lange bleiben mußten, würden wir mit der Ernährung Probleme bekommen. Da wir ja auf jemand warteten, konnten wir den Fluß nicht verlassen und in den Wald gehen, um zu jagen und zu sammeln, und wir hatten nur wenig Bananen mit. Die Piranhas bissen an, und ihr weiches weißes Fleisch war nicht übel, wenn auch voller winziger, spitzer Gräten. Doch Piranha allein ist eine ziemlich geschmacklose und magere Kost.

Vier Tage lang ernährten wir uns von Piranhas. Schließlich rangen wir uns dazu durch, zu einer aufgegebenen Pflanzung zu gehen, die eine Stunde entfernt lag, um alles, was es dort an Eßbarem gab, zusammenzuraffen, auch wenn das ein Risiko bedeutete. Auf einer kleinen Lichtung am Flußufer stellte ich einen langen Pfahl auf, um sicherzugehen, daß uns niemand verpaßte. An dem Pfahl befestigte ich ein Stück roten Stoff und einen Zettel: »Bitte anhalten. Wir brauchen dringend Hilfe.«

Wir waren erst zehn Minuten auf dem Pfad, als wir den Motor hörten, ein fernes Brummen, das das Schreien und Zwitschern der Tukane und Sittiche übertönte. Als wir zum Lager zurückgerannt waren, hatten die drei Malariabediensteten bereits angelegt und schauten sich um. Unsere rote Flagge hatte sie aufmerksam gemacht.

Der Leiter der Gruppe war gerne bereit, uns zur Mavaca-Mission zu bringen, wo sein Standort war, obwohl er schon schwere Ladung hatte. Er habe vom Brand meines Hauses gehört, sagte er, und sich gefragt, was wohl mit mir geschehen war. Er meinte, in Mavaca gäbe es bestimmt jemand, der ziemlich bald nach La Esmeralda fahren würde.

Während ich unsere Sachen zusammensuchte, zog sich Yarima ein T-Shirt an und stieg in den braunen Rock, den ich ihr mal aus Caracas mitgebracht hatte. Ich hatte ihr gesagt, daß die Nabuh weiter unten am Fluß sie anstarren würden, wenn sie keine Kleider anhätte. Als wir rasch in der Hauptfahrrinne dahinglitten, beobachtete Yarima ängstlich den Ufersaum. Als das Boot voll beschleunigte, verwandelte sich ihre Ängstlichkeit in echte Furcht. Das einzige Boot, in dem sie bisher gesessen war, war mein Einbaum gewesen, der langsam durch die engen Passagen des Flusses tuckerte. Doch nun rasten wir dahin, der Wind zauste an ihren Haaren, und die Heckwelle des Schnellboots warf schaumgekrönte Wellen auf, die sie mit angstgeweiteten Augen anstarrte. Ich versuchte sie zu beruhigen, indem ich ihr versicherte, daß ihr in einem so starken Boot nichts geschehen würde. Doch meine eigenen Gedanken eilten schon nach Mavaca voraus, wo wir übernachten mußten. Die Mission dort war das Hauptzentrum der Salesianer im Yanomami-Gebiet. Direkt bei der Mission lebten über 500 Indios in verschiedenen Shapono, die größte Ansammlung von Yanomami überhaupt. Ich wußte, daß ein Yanomami-Mädchen, das von ganz weit oben am Fluß mit einem Ausländer herkam, mit Sicherheit große Neugier erwecken würde. Sobald sie uns sahen, würden sie sich um uns drängen. Ich konnte Yarima unmöglich vor ihrer Aufdringlichkeit und vor den Dingen schützen, die sie ihr über die Nabuh in Puerto Ayacucho oder über das, was sie dort erwartete, erzählen mochten. Yarima hatte nie in ihrem Leben einen Fremden gesehen – außer den Malariateams und einigen seltenen Besuchern von der

Außenwelt. Sie hatte nie einen Yanomami getroffen, dessen Sippen- und Siedlungsgeschichte sie nicht kannte.

*Es war das größte Boot, das ich je gesehen hatte. Der Motor war viel lauter als Kennys. Der Malariamann, der das Boot steuerte, saß vorn statt hinten wie Kenny. Als er losfuhr, zog das Boot so schnell an, daß die Spitze sich aus dem Wasser hob. Ich klammerte mich an den Sitz und schrie. Wenn wir um die Kurven im Fluß fuhren, neigte sich das Boot, und ich dachte, ich würde herausfallen. Als ich nach hinten blickte, sah ich große weiße Wellen, solche, die Ungeheuer machen, wenn sie wütend sind. Der Wind rauschte so schnell an meinem Gesicht vorbei, daß mir schlecht wurde. Ich war sicher, daß ich sterben würde, wenn ich herausfiel. Ich dachte, so mußte ein »avión« sein, nur daß es dich durch die Luft statt durchs Wasser trägt. Ich dachte daran, wie stark der Wind am Himmel sein müßte, und beschloß, mich nie dort hinauf zu wagen.*

*Als wir den Fluß entlangfuhren, wurde ich immer trauriger, weil ich daran dachte, daß meine Mutter, mein Bruder und meine Schwestern immer weiter hinter mir blieben. Ich hatte auch Angst vor den Yanomami in Konoporepiweteri und Yourusiwes Dorf. Großer Bruder hatte mir gesagt, ich solle mich ihnen nicht nähern. Aber das Boot fuhr sehr schnell an ihren Dörfern vorbei. Wir kamen auch an Platanal vorbei, von dem Kenny mir erzählt hatte. Das war, wo der Padre und die »hermanas« lebten. In Platanal hatten sie große Gärten direkt am Ufer angelegt. Ich hatte den Fluß noch nie so breit gesehen.*

Wir kamen nach einer fünfstündigen Fahrt am späten Nachmittag in Mavaca an. Als Yarima aus dem Schnellboot stieg, schaute sie um sich. Ihr Blick blieb an dem Missionsgebäude hängen, einem langen einstökkigen Palmholzbau mit einem Wellblechdach, der mit nichts zu vergleichen war, was sie je gesehen hatte. Gleich hinter dem Hauptgebäude befand sich eine Reihe von kleinen Betonhäusern, auch mit Wellblechdächern. Alle Gebäude waren von gemähtem Rasen umgeben, ein geringfügiges, aber auffälliges Zeichen, daß hier eine andere Geisteshaltung herrschte. Eine lange Minute stand Yarima wie angewurzelt da und starrte auf die primitive Urwaldsiedlung, als wäre sie direkt im Zentrum von Manhattan aus dem Boot gestiegen.

So schnell ich konnte, führte ich sie in eines der von den Malariakontrolleuren benutzten kleinen Häuser. Aber ich wußte, ich konnte sie unmöglich versteckt halten. Mittlerweile war sie so verängstigt, daß sie verstummt war. Im Haus kauerte sie sich in einer der Hängematten zusammen und bedeckte ihr Gesicht mit den Händen.

*Nach langer Zeit kamen wir um eine Biegung, und ich sah viele Gärten an der einen Flußseite. Da waren auch ein paar Nabuh-Häuser, dann ein Shapono und noch ein Shapono. Auf der anderen Seite des Flusses sah es so aus, als hätten sie alle Bäume gefällt. Auf einmal steuerten wir aufs Ufer zu und hielten an. Eine große Welle kam von hinten, hob das Boot hoch und setzte es dann ab. Ich war sehr froh, wieder Boden unter den Füßen zu haben.*

*Wir stiegen ein steiles Ufer hoch, und ich sah viele Häuser. Da war eine Reihe gelber Gebäude, und gegenüber war das größte Haus, das ich je gesehen hatte. Die einzigen Nabuh-Häuser, die ich vorher gesehen hatte, waren eigentlich Kennys Lehmhütten gewesen. Ich wollte wissen, wer dort wohnte, und Kenny sagte, nur Padre Bórteli und die Malarialeute. Das mußten aber viele sein, dachte ich.*

*Als wir in das große Haus gingen, kam Padre Bórteli heraus. Er war sehr freundlich, ganz so, wie wenn er uns oben am Fluß besuchen kam. Der Boden drinnen war seltsam glatt und hart. Er hatte eine Farbe, die ich noch nie gesehen hatte. Kenny sagte, es sei »cemento«. Das Gehen darauf war mir ungewohnt, aber angenehm. Es war kühl an meinen Füßen. Drinnen war ein Yanomami, der beim Padre arbeitet, und er kam mir auch nett vor. Er lachte und scherzte mit Kenny, aber zu mir sagte er nichts. Er lächelte bloß.*

*Doch als wir wieder nach draußen gingen, standen dort einige Huya. Ich senkte den Kopf, so daß ich sie nicht anschauen mußte. Die Patahamateri hatten mir gesagt, daß die Yanomami hier Kenny erschießen und mich entführen würden.*

Wir waren noch keine fünfzehn Minuten in Mavaca, als die hier ansässigen Yanomami schon in ihren Kanus über den Fluß kamen. Sie scharten sich um das Haus, streckten ihre Köpfe durch das Fenster und drückten gegen die Tür, die ich schnell zusperrte. Alle redeten gleichzeitig – nicht mit mir, sondern mit Yarima. Sie stellten ihr unzählige Fragen und sagten ihr unzählige Sachen auf einmal, während sie in der Hängematte kauerte und die Arme über den Kopf geschlagen hatte, als wolle sie den Lärm abwehren. Aus dem Stimmengewirr drangen Sätze hervor. »Weti bei urihiteri ke wa?« (Wer bist du?) »Weti hami waheki huu?« (Wo bringt dich der Nabuh hin?) »Warum gehst du mit ihm? Bleib hier bei uns.« »Er wird dich in sein Land mitnehmen.« »Du wirst deine Leute nie wiedersehen.« »Wer bist du? Wer bist du?« Sie war von dem Lärm überwältigt, von den fremden Gesichtern und Stimmen und von dem, was sie alles fragten und sagten. Ich machte die Tür auf, rannte heraus, fuchtelte mit den Armen und schrie ihnen zu, sie sollten sich verziehen. Sie wichen zurück, beobachteten das Haus aber weiter aus geringer Entfernung. In dieser Nacht hängte ich Tücher vor das Fenster und sperrte die Tür ab. Ich wußte, sie würden am nächsten Morgen wieder da sein. Hoffentlich konnten wir früh genug abreisen, um ihnen zu entwischen. Ein Bootsführer sagte mir, ein Team würde voraussichtlich kurz nach Tagesanbruch ablegen. Sie würden uns gerne mitnehmen.

Früh am nächsten Morgen kletterten Yarima und ich zusammen mit zwei Malarialeuten in den Einbaum. Noch waren keine Yanomami-Kanus auf dem Fluß, aber ich war sicher, daß sie in der nächsten halben Stunde schnurstracks auf unser kleines Haus zusteuern würden. Ich dankte dem Malariateam im stillen und pries mein Glück. Bestimmt würden wir in La Esmeralda keine derartigen Probleme haben; es lag weit außerhalb des Yanomami-Gebiets. Allerdings würde es echt schwierig werden, eine Mitfahrgelegenheit von La Esmeralda nach Puerto Ayacucho zu finden.

Sechs Stunden später legten wir in La Esmeralda an. Ich wollte Yarima eigentlich direkt in Juan Eduardos Haus bringen, doch als unser Kanu auf das Flußufer zusteuerte, standen Juan Eduardo und sein Sohn Carlos schon vor einer kleinen Hütte in der Nähe unseres Anlegeplatzes. Ich hatte ihn vor einem Monat zuletzt gesehen, als ich mit nichts außer meinem Gewehr in den Dschungel marschiert war und meine Frau gesucht hatte. Aber es war nicht seine Art, viele Worte zu machen. Ich hatte offensichtlich meine Frau gefunden, jetzt war ich hier, das war's.

Während wir miteinander sprachen, stand Yarima stumm hinter mir. Dann betraten wir die kleine Hütte. Darin befand sich Juan Eduardos motorgetriebenes Mahlwerk, neben dem ein großer Haufen Maniok-Wurzeln lag. Als er das Mahlwerk anließ, krallte sich Yarima in mein Hemd. Dann sah sie fasziniert zu, als Carlos 50 oder 60 Kilo Wurzeln in die Maschine stopfte, die sie zu einem großen Haufen Mehl verarbeitete. Der ganze Vorgang dauerte nur zehn oder zwölf Minuten. Ich konnte förmlich sehen, was ihr durch den Kopf ging. Das Mahlen dieser Unmenge an Wurzeln hätte zu Hause, wo sie von Hand über ein Stück dornige Rinde geschabt werden mußten, eine Woche harte Arbeit bedeutet.

Als der Mahlvorgang beendet war, bedeckten Juan Eduardo und Carlos den Mehltrog mit einer Plastikplane, und wir gingen die paar hundert Meter hinüber zu ihrer reetgedeckten Hütte, wo wir von Juan Eduardos warmherziger Frau mit offenen Armen empfangen wurden. Zum ersten Mal, seit wir unser Lager am Fluß aufgeschlagen hatten, zog ein Lächeln über Yarimas Gesicht. Sie freute sich noch mehr, als wir unsere Hängematten in einer verlassenen Hütte gleich nebenan aufknüpften. Sie fiel zwar schon halb zusammen, aber sie war nur für uns da. Hier würde uns niemand belästigen. Ich mußte Yarima überreden, die primitive Dusche zu benützen, die Juan Eduardo an der Rückseite angebracht hatte, doch als sie schließlich mit mir darunterstand, schwelgten wir beide in den Kaskaden kühlen, klaren Wassers. Wir hatten unser letztes Bad im schlammigen Orinoco genommen, wo das Säubern ein Wettlauf gegen die über uns herfallenden blutgierigen Schnaken gewesen war.

*La Esmeralda war flach und baumlos. Ich konnte sehr weit sehen. Nachdem Juan Eduardo und sein Sohn alle Maniok-Wurzeln gemahlen hatten, ergab das einen Mehlberg so groß wie ein Termitenhügel. Wir hätten damit so viel Maniok-Brot backen können, um alle Hasupuweteri mehrere Tage zu versorgen.*

*Dann gingen wir alle in Juan Eduardos Haus. Vom Tragen des Gepäcks in der heißen Sonne war ich müde und durstig geworden. Ich war noch nie an einem solchen Ort gewesen, wo es keine schattenspendenden Bäume gab. Im Haus begrüßten uns Juan Eduardos Frau und seine Töchter. Es tat gut, freundliche Nabuh-Frauen zu sehen, und ich fühlte mich sehr behaglich. Drinnen machte eine der Töchter auf einer »maquina« einen Rock. Sie hielt den Stoff in der einen Hand und drehte mit der anderen ein Rad. Wenn sie das Rad drehte, ging die Nadel sehr schnell rauf und runter. Das war das interessanteste Gerät, das ich je gesehen hatte. Kenny hatte mir vorher erzählt, daß »maquina« seine Kleider, Schuhe und Koffer gemacht hatte. Ich dachte, das muß die »maquina« sein.*

*Ich gab Juan Eduardos Tochter ein Stück Stoff, das Kenny mir bei uns geschenkt hatte, und fragte sie, ob sie einen Rock für mich machen könnte. Ich hatte nur den, den ich anhatte, und der war verschmutzt durch »onoto«-Farbe und Tabakflecken. Sie war sehr nett und lächelte mich an. Dann machte sie mir einen schönen Rock mit einem festen Band um die Hüfte.*

*Während Juan Eduardos Tochter den Rock machte, kam ein unheimliches Tier, auf dem ein Mann saß, an die Haustür. Ich machte einen Satz und kroch unter den Tisch, so erschreckte mich das Tier. Juan Eduardos Frau und Tochter lachten laut auf, als sie meinen Schrecken sahen. Sie sprachen mich an, aber ich konnte nichts verstehen. Kenny sagte, sie meinten, ich soll keine Angst haben, das Tier sei ein »caballo« und würde mir nichts tun. Kenny hatte mir vom »caballo« erzählt, aber ich hatte es mir nie so groß vorgestellt. Sie wollten, daß ich rausging und es streichelte, aber ich mochte nicht. Ich war erleichtert, als es abzog. Der Mann saß immer noch darauf.*

An diesem Nachmittag machte ich mit Yarima einen Bummel durch La Esmeralda. Die Mission dort war groß – mindestens fünfmal größer als Mavaca. Sie beherbergte sogar eine Internatsschule für Indio-Kinder. Yarima staunte über die Größe des Gebäudes genauso wie über die Grasflächen und die welligen Hügel. La Esmeralda war eigentlich fast ein Naturwunder, eine wellige Ebene mitten im Urwald. Ein früher Forscher war davon so hingerissen gewesen, daß er das Gebiet »Smaragd des Regenwalds« nannte – La Esmeralda.

Als wir herumspazierten, fragte ich unter den Händlern und Bootsleuten, ob jemand bald nach Puerto Ayacucho fahren würde. Aber keiner plante eine Fahrt. Außerdem war gerade das Benzin knapp geworden. In nicht allzu langer Zeit wurde jedoch ein Flußhändler erwartet. Der könnte uns vielleicht mitnehmen, erzählten sie mir. Allerdings wußte niemand so recht, wann er kommen würde.

Am nächsten Morgen schlenderten Yarima und ich gerade an der Mission vorbei, als unser Gespräch durch Flugzeuglärm unterbrochen wurde. Wir blickten hoch und sahen tief am Himmel eine zweimotoriges Sportflugzeug im Landeanflug auf die Mission. Yarima starrte gebannt hin, als der Flieger an uns vorbeirauschte, auf der Grasbahn aufsetzte und zum Stillstand kam. Am Rumpf war der Name »La Pajarita« aufgemalt – das Vögelchen. Ich war beinahe so überrascht wie Yarima, als gleich darauf statt einer der üblichen Buschpiloten zwei weißhaarige Damen aus dem Cockpit stiegen.

Als wir zu ihnen hinübergingen, war ich noch erstaunter, als sich die beiden als Amerikanerinnen entpuppten. Während ich mit ihnen sprach, wandte Yarima ihre Augen nicht mehr von dem Flieger ab. Sie war völlig gebannt davon. Sie hatte schon mal Flugzeuge gesehen, aber nur als ferne Gebilde am Himmel. Hier aber stand so ein Ding nur ein paar Meter vor ihr. Während die zwei Pilotinnen zusahen, machte ich Yarima mit dem Wichtigsten vertraut: dem Motor, den Piloten- und Passagiersitzen und den Gurten, die alle Passagiere fest in ihren Sitzen hielten. Dabei betonte ich die ganze Zeit, daß es unmöglich sei, in den Himmel fortgeweht zu werden.

Die zwei Frauen beobachteten uns mit Interesse. Sie waren ebenso erstaunt wie ich, hier draußen einen anderen Amerikaner anzutreffen, und besonders einen mit einer Yanomami aus dem Dschungel. Die eine der beiden, so stellte sich heraus, war eine pensionierte Lehrerin mit einem Flugschein. Ihre Freundin, sagte die Lehrerin, sei auch pensioniert, aber sie sei unter den ersten Frauen gewesen, die eine Astronautenausbildung gemacht hatten. Sie war nie ins All geflogen, hatte aber zu der ersten Gruppe gehört, bei der auch Frauen waren. Beide Pilotinnen waren gläubige Katholikinnen, und sie hatten sich mit ihrem Flieger freiwillig in den Dienst der Missions-Padres gestellt, um Flüge für sie zu machen. Hauptsächlich brachten sie Vorräte und Arzneien aus Caracas und Puerto Ayacucho hierher. Als ich ihnen kurz meine eigene Lage schilderte und erzählte, daß Yarima und ich auf ein Boot warteten, das uns nach Puerto Ayacucho mitnehmen würde, reagierten sie sehr freundlich. »Wir fliegen heute nachmittag dorthin«, sagte die ehemalige Astronautin und lächelte Yarima an. »Falls Sie mit uns kommen wollen, nehmen wir Sie gerne mit, wenn der Padre zustimmt. Fragen Sie ihn doch mal.«

»Ich weiß nicht«, entgegnete ich. »Ich möchte schon gern, aber ich bin nicht sicher, ob sie das verkraftet. Sie hat noch nie ein Flugzeug aus der Nähe gesehen, und ich kann mir kaum ausmalen, wie es für sie wäre. Ich habe ihr schon versprochen, sie bräuchte nicht zu fliegen.«

»Naja«, sagte die erste, »ich glaube nicht, daß es so schlimm wird. Wir haben schon vorher in Kolumbien und Ecuador Indios geflogen. Zuerst haben sie Bammel, aber am Ende mögen sie es. Ich glaube nicht, daß sie Probleme haben wird. Ich weiß, daß ein paar Yanomami-Frauen zur medizinischen Behandlung von Mavaca ausgeflogen worden sind. Ich habe nichts davon gehört, daß es Probleme mit ihnen gegeben hätte.«

Ich erklärte das Yarima, so gut ich konnte. Ich erzählte ihr, daß die zwei Frauen uns mitnehmen würden, wenn sie bereit wäre, nach Puerto Ayacucho zu fliegen. In dem Fall wären wir vor Einbruch der Dunkelheit dort. Wir könnten allerdings auch ein Boot nehmen. Ich sei sicher, daß irgendwann eines kommen würde, wüßte aber nicht genau, wann. Wenn wir mit dem Boot fuhren, würde die Reise lange dauern, fünf oder sechs Tage (ich hielt sechs Finger hoch). Auf dem Boot hätten wir wenig zu essen, und die Reise wäre lange und ermüdend. Wenn sie aber dennoch nicht fliegen wolle, wäre das in Ordnung, mir sei beides recht. Wir würden tun, was sie wollte.

Mittlerweile hatten sich noch andere Leute um den Flieger versammelt. Die Mission führte alle möglichen Bildungsmaßnahmen neben ihrer religiösen Bekehrungsarbeit durch, und die Ankunft eines Flugzeugs war ein Ereignis, das die Leute magisch anzog. Als immer mehr Leute herankamen, spürte ich eine wachsende Besorgnis. In Mavaca hatten die herandrängenden fremden Yanomami Yarima in Angst und Schrecken versetzt. Hier hatte sie die Möglichkeit gehabt, sich an andere zu gewöhnen, weil sie mit keiner Menschenmenge konfrontiert war. Ich beobachtete sie, als eine Anzahl Nonnen und Mönche herkam, um mit den Pilotinnen zu reden, und eine Gruppe von Schülern mit ihrer Lehrerin herandrängte. Sie schien gelassen, kein bißchen verwirrt. Aus ihrem gespannten Gesichtsausdruck konnte ich ersehen, daß sie versuchte, sich zu einer Entscheidung durchzuringen, ob sie es nun mit diesem Ding, diesem »avión«, das sie wie ein Vogel durch die Luft gleiten lassen konnte, aufnehmen sollte.

Während sie noch das Flugzeug anstarrte, kam ein mit mir befreundeter Ye'kwana, Juan Gonzalez, und stellte sich zu uns. Juan Gonzalez war in dem Ye'kwana-Dorf Toki aufgewachsen, wo auch eine Gruppe von Yanomami lebte. Wie alle Ye'kwana hatte er einen spanischen Namen angenommen und sprach sowohl Yanomami als auch Spanisch. Er pflegte mich manchmal sogar mit ein paar Brocken Englisch zu überraschen.

Juan hatte kürzlich in La Esmeralda eine Arbeit als Pfleger gefunden, eine Stellung, die er viele Jahre in Platanal innegehabt hatte. Ich war dort oft in seinem Haus gewesen, und er war einige Male zu mir auf Besuch und zum Jagen raufgekommen. Während ich mit den Pilotinnen sprach, unterhielt sich Juan mit Yarima, die er von seinen Aufenthalten in Patahamateri kannte. Mit einem Ohr lauschend, hörte ich, wie er ihr sagte, daß der Flieger gut war, sie bräuchte vor nichts Angst zu haben. Andere Yanomami-Frauen seien auch geflogen, und es gäbe keinen Grund, daß sie das nicht auch könnte. Ihr würde nichts zustoßen.

Ob das nun den Ausschlag gab, weiß ich nicht. Einen Augenblick später wandte sich Yarima mir jedenfalls zu und sagte entschlossen: »Ja, das ist besser als das Boot. Das wird uns nach Ayacucho bringen.« Ich platzte fast vor Stolz auf sie. Ich wußte, wieviel Überwindung es sie gekostet hatte, das zu sagen. Und ich wußte, daß sie noch mehr Mut brauchen würde, wenn sie der unvorstellbaren Welt von Puerto Ayacucho entgegentrat.

Eine Stunde später war die Maschine abflugbereit. Ich hatte die Zustimmung des Padre zum Mitfliegen erhalten. Die beiden Pilotinnen kletterten hinein, dann drei weitere Passagiere, eine Nonne und zwei Missionsvorsteher aus Caracas und schließlich Yarima und ich. Wir setzten uns ganz hinten hin, wo die letzten beiden Sitze mit zusätzlichen Gepäckstücken belegt waren. Ich schnallte Yarima an, dann mich und hielt ihre Hand, während die Pilotinnen alles kontrollierten und die Motoren anlaufen ließen.

Als die Motoren aufheulten, blickte Yarima mich an und stieß einen Schrei aus. Beim Anrollen des Flugzeuges packte sie meinen Arm und mein Bein und krallte mir ihre Finger tief ins Fleisch. Ich legte den Arm um ihren zitternden Leib und versuchte, sie zu beschwichtigen. Als wir beschleunigten und abhoben, blickte sie aus dem Fenster, dann warf sie den Kopf in meinen Schoß und umklammerte in Todesangst mein Knie. Ich versuchte mir vorzustellen, was sie durchmachte, fand aber keinen vernünftigen Vergleich. Ein Raumflug wäre für uns eine vergleichsweise einfache Sache. Wir haben das tausendmal in Filmen gesehen und sind geistig schon damit vertraut. Vielleicht Zeitreisen, dachte ich, irgendeine Art unvorstellbarer, lebensbedrohender Zeitreise. Dann fing sie wieder an zu schreien. Obwohl sie den Kopf in meinem Schoß vergraben hatte, übertönten Yarimas Schreie das Motorengedröhn. Die anderen Passagiere blickten sich verwundert nach uns um. In ihren Gesichtern konnte ich leichten Verdruß lesen, dann Besorgnis, als das Schreien lauter wurde. Mit einem Blick auf uns versuchte die Nonne Yarimas Aufmerksamkeit zu erhaschen. »Nicht Angst«, sagte sie in gebrochenem Yanomami, »nicht Angst, ›avión‹ gut, ›avión‹ gut.«

Nach kurzer Zeit ging das Schreien in Schluchzen über, aber Yarima zitterte noch immer stark, drückte sich an mich und stöhnte vor entsetzlicher Angst. Sie umklammerte fest meine Beine. Ich redete ihr beständig leise zu, sagte ihr immer wieder, »Es ist gut, es ist gut, Bushika, hab keine Angst, bitte hab keine Angst, wir sind bald in Ayacucho, Bushika, hab keine Angst.«

Die zweieinhalb Stunden nach Puerto Ayacucho waren nervenaufreibend. Obwohl Yarima nach einer Weile zu weinen aufhörte, blickte sie nie hoch und lockerte nie ihren Griff. Ich betete, daß wir nicht in schlechtes Wetter gerieten. Ich konnte mir nicht vorstellen, wie sie reagieren würde, wenn das Flugzeug in einen Luftwirbel geriet und zu rucken und zu sacken anfing.

Glücklicherweise hielt das Wetter, und obwohl ich mich schon fragte, ob der Flug je enden würde, begannen wir nach etwa zweieinhalb Stunden mit dem Landeanflug und schwenkten in einer letzten Schleife auf den Flugplatz von Puerto Ayacucho ein, etwa acht Kilometer außerhalb der Stadt. Als der Flieger auf der Rollbahn aufsetzte, hob Yarima zum ersten Mal den Kopf. Beim Aussteigen war sie ruhig, über alle Maßen erleichtert, wieder am Boden zu sein – aber nicht mehr als ich, sie hier zu haben.

Als ich unser Gepäck auslud und zu der kleinen Abfertigungshalle des Flughafens rüberging, witterte ich Gefahr, besonders, als ich die Schar von Zöllnern und Nationalpolizisten sah, die vor dem Gebäude auf uns wartete. Bei all der Anspannung während des Fluges hatte ich vorher nicht darüber nachgedacht. Klar, daß wir durch die übliche Kontrolle mußten – Ausweiskontrolle, Fragen, vielleicht eine Durchsuchung. Gold- und Diamantenschmuggel war hier gang und gäbe. Außerdem war die Amazonas-Region ein Sperrgebiet mit einer ganzen Liste von Beschränkungen. Die Ausfuhr von Pflanzen und lebenden Tieren war verboten, selbst Fotos und unentwickelte Filme unterlagen besonderen Regelungen. Und Anthropologen waren immer verdächtig. Was mochten sie erst von einem denken, der eine Indio-Frau ohne Papiere bei sich hatte? Du mußt cool bleiben, sagte ich mir und atmete tief durch. Die ganze Geschichte kann hier wie eine Seifenblase platzen.

Yarima merkte derweil glücklicherweise nichts von alledem. Sie war völlig darin versunken, alles um sich herum aufzunehmen. Der Flugplatz selbst, die riesige Fläche offenen Geländes, war etwas völlig Neues für sie. Selbst La Esmeralda hatte sie nicht darauf vorbereitet. Sie hatte noch nie die Möglichkeit gehabt, so weit zu sehen, sie hatte kaum je ihren Fuß auf ebenen Boden gesetzt. In ihrem ganzen Leben hatte sie noch nie die enge Geborgenheit des Regenwalds verlassen. Hier aber war alles anders, die Erde, die Pflanzen, der Geruch der Luft, ganz abgesehen von den Gebäuden und den seltsam aussehenden Menschen.

Vor der Abfertigungshalle hielt uns ein Polizist auf. Seine schweren Augenlider und die hohen Wangenknochen waren die eines Indios; vielleicht ein Baré, dachte ich. Seine militärisch stramme Uniform mit Hut und Schulterriegeln gab ihm ein gebieterisches Aussehen. »Zeigen Sie mir ihre Papiere«, sagte er mit tonloser Stimme und unbewegtem Gesicht, die Augen auf Yarima geheftet.

»Sie hat keine«, sagte ich. »Sie ist zum ersten Mal draußen. Ich bringe sie zur medizinischen Behandlung her.«

Er starrte sie eine Weile wortlos an. Doch es war nicht so ungewöhnlich, daß Indios zur medizinischen Behandlung herkamen, und schließlich entließ er uns mit einer Handbewegung. Als wir das Gebäude betraten, sah ich die Nonne aus dem Flugzeug, die mit einem anderen Polizisten sprach. Sie schaute in unsere Richtung. Schnell schob ich Yarima nach drinnen und blieb dann stehen, um das Gepäck zu ordnen. Ich bückte mich, machte einen der Riemen auf und versuchte, die Last etwas zurechtzurücken. Als ich aufblickte, war meine Frau nicht mehr neben mir. Mich durchfuhr ein kurzer Schrecken, bis ich sah, daß sie zu dem verdreckten kleinen Cafeteria-Bereich geschlendert war. Da stand sie nun bei einigen Männern an einem mit Coladosen, schmutzigen Servietten und Essensresten übersäten Tisch. Sie stand einfach bewegungslos davor, direkt an der Tischkante, und starrte sie an. Sie stand viel näher dran, als es sich gehört. Die Männer wollten ein Gespräch mit ihr anfangen, und einer bot ihr eine Cola an.

Yarima hatte noch nie Cola getrunken. Außer Reis oder einem meiner Kekse hatte sie nie etwas gegessen, was nicht auf dem Speiseplan der Yanomami stand. In dem Moment war mir überhaupt nicht danach, ihre Reaktion auf Cola zu testen oder in ein oberflächliches Gespräch verwickelt zu werden. Ich wollte bloß raus hier und in die Stadt, in ein Hotelzimmer, wo sie nicht mehr im Mittelpunkt der Aufmerksamkeit stünde. »Nein danke«, sagte ich im Näherkommen und schob Yarima auf die Tür zu, »sie trinkt keine Cola.«

Wir gingen durch die Tür und traten auf den Bürgersteig, wo die Taxis hielten. Die Dämmerung war rasch hereingebrochen. Ein paar klapprige Wagen standen am Straßenrand, aber niemand war in der Nähe. »Hier, Bushika«, sagte ich. »Du bleibst genau hier, während ich das übrige Gepäck hole. Rühr dich nicht vom Fleck. Ich bin gleich zurück.«

Ich wetzte schnell wieder hinein, holte unsere Sachen und stieß die Tür nach draußen auf – da war sie schon wieder weg. Ich war nicht länger als eine Minute drinnen gewesen, aber sie war wieder verschwunden. Ich wirbelte wie verrückt herum und versuchte, in alle Richtungen gleichzeitig zu schauen. Dann sah ich sie hinter einigen Büschen am Ende des Bürgersteigs kauern. Es dauerte eine Weile, bis ich kapierte, daß einer der alten Karren am Straßenrand gerade angesprungen war. Ich hatte es zuerst gar nicht bemerkt – das Geräusch eines Verbrennungsmotors ist etwas so Alltägliches, daß es uns kaum auffällt. Aber sie war sehr erschrocken, besonders als die Scheinwerfer plötzlich aufblitzten.

»Was ist das?« fragte sie, als ich zu den Büschen hinübergerannt war und mich neben sie gekauert hatte. »Ist es ein Tier? Wird es angreifen?«

»Nein, es ist alles in Ordnung. Es ist kein Tier, es ist ein . . .« Ich war einen Moment ratlos. »Es ist wie ein ›avión‹, nur daß es sich auf dem Boden bewegt. Es fliegt nicht.«

»Aber schau dir seine Augen an.« Mit angstgeweiteten Augen zeigte sie auf die Scheinwerfer.

»Das sind keine Augen, das sind Lichter . . . wie große Taschenlampen. Die sind da, damit die Leute drinnen in der Nacht den Pfad sehen können. Die Nabuh steigen da ein, siehst du?« Ich zeigte auf den Mann hinterm Lenkrad. Einer unserer Mitreisenden öffnete gerade vom Bordstein aus die Tür. »Es fährt auf dem Boden und bringt sie dahin, wo sie hinwollen. Wir werden selber auch bald in eins steigen, und es wird uns fahren. Davor brauchst du keine Angst haben.«

Gerade da hielt ein großer Pritschenwagen an, und ein junger Fahrer stieg aus, um die Taschen der Nonne und der beiden Pilotinnen zu holen, die gerade aus der Tür getreten waren. Ich nahm Yarima bei der Hand und zog sie auf den Gehsteig. Sie kam – zaghaft, aber sie kam. Sie war nun eher neugierig als ängstlich. Der Fahrer war ein freundlicher junger Geistlicher vom Missionsbüro, der hergekommen war, um einige der Kirchenleute nach Puerto Ayacucho zu bringen. Wir könnten gerne mitkommen, sagte er. Wir setzten uns auf die Pritsche zu den beiden Pilotinnen, und die Schwester nahm vorne bei ihm in der Kabine Platz.

Der Laster fuhr langsam auf der geraden, zweispurigen Straße in die Stadt. Yarima saß neben mir, so entspannt, als wäre sie ihr Leben lang hinten auf Lastwagen mitgefahren. Nach diesem Flug muß das ein Spaß gewesen sein. Die Astronautin und die Lehrerin lächelten sie an, zweifellos erleichtert darüber, daß sie keinem weiteren Schreckensausbruch ausgesetzt waren. Eine kühle, stetige Brise umwehte uns. Yarima hielt den Kopf hoch, schaute auf die Straße hinter uns, die im schwindenden Licht noch sichtbar war. Sie hatte noch nie so weit in die Ferne blicken können. Langsam streckte sie den Arm aus und deutete auf das lange graue Band der Straße hinter uns: »Huuwaa«, sagte sie. Toll!

In Puerto Ayacucho ließ uns der Fahrer beim Hotel »Gran Amazonas« raus, dessen Besitzerin, Irene Riberol, eine langjährige Bekannte von mir war. Irene wußte seit langem von Yarima. Sicher würde sie ein Zimmer für uns haben. Das »Gran Amazonas« ist ein großes altes Hotel im Kolonialstil, das einzige echte Hotel in Puerto Ayacucho. Dort steigen alle ab, die von draußen in das Amazonas-Gebiet reisen. Forscher, Anthropologen, Fotografen, Filmemacher, Beamte, alle, die hier etwas zu erledigen haben, treffen sich letztlich in der Cafeteria des Hotels, essen und trinken zusammen in dem Bar-Restaurant.

Als wir in die Eingangshalle traten, begrüßte uns Irene mit einem herzlichen Lächeln. Wie ich es vermutet hatte, freute sie sich, uns zu sehen. »Das ist also deine Frau«, sagte sie, kam hinter dem Tresen hervor und schloß sie strahlend in die Arme. Zu meiner Überraschung erwiderte Yarima die Umarmung und lächelte diese Wohlgesonnenheit in Person scheu an. So rasch es die Höflichkeit erlaubte, brachte ich Yarima aber auf das uns von Irene zugewiesene Zimmer. Ich wollte sie den Blicken und Fragen der Hotelgäste entziehen. Meine letzte Begegnung mit der Politbürokratie hier hatte mich mehr als nur vorsichtig werden lassen. Ich mußte mir erstmal Zeit nehmen, um mir genau auszudenken, wie ich unseren Aufenthalt hier regeln sollte.

Als wir durch die Empfangshalle gingen, dachte ich darüber nach, wen ich um Hilfe bitten konnte, damit alles glatt ging. Ich wußte nicht einmal, ob die Ärzte in Puerto Ayacucho Yarimas Ohr richtig behandeln konnten. Und wenn wir deswegen bis Caracas reisen mußten, würde sie Ausweispapiere brauchen – was wirklich problematisch werden konnte. Bei meinem alles andere als herzlichen Verhältnis zum Gouverneur und zu der Indio-Schutzbehörde konnte meine bloße Anwesenheit mit Yarima wirklich schon ein Problem werden.

Aber all diese Sorgen verflüchtigten sich, sobald wir nur unser Zimmer betraten und die Tür hinter uns zugemacht hatten. Schon bevor die Tür ins Schloß fiel, hatte Yarima ihren Rock fallen gelassen und das T-Shirt über den Kopf gezerrt. Sie hatte die in ihren Augen unsinnigen Anhängsel einen ganzen Tag lang getragen und konnte es keine Sekunde länger aushalten. Endlich frei, schaute sie sich rasch im Zimmer um. Zuerst fiel ihr das Doppelbett in die Augen. »Dort schlafen wir«, sagte ich. »Auf sowas schlafen die Nabuh.« Nachdem sie das einen Augenblick bedacht hatte, stieg sie über das Fußende auf die Matratze, wo sie sich hinstellte, etwas auf und nieder hüpfte, es erfühlte und auf der seltsam nachgiebigen Oberfläche das Gleichgewicht zu halten versuchte. »Es ist nett«, sagte ich, »bequem. Du kannst dich drauflegen.«

»Nein, ich glaube nicht«, antwortete sie. »Mir ist nicht nach schlafen.«

Plötzlich wurde sie stocksteif und fiel beinahe rücklings vom Bett. Auf der Wand gegenüber vom Bett befand sich eine Kommode mit einem großen Spiegel darüber. Während sie auf dem Bett stand, hatte sie hineingesehen und zum ersten Mal in ihrem Leben ihr Spiegelbild in voller Größe erblickt. Ich hatte kleine, handtellergroße Spiegel in den Dschungel mitgebracht. Ihr Gesicht hatte sie also schon zuvor betrachtet und war mit der Vorstellung eines Spiegels vertraut. Aber ihre volle Gestalt zu sehen war etwas anderes. Am ganzen Körper steif, starrte sie sich an. Sie dachte, gleich würde etwas Schlimmes passieren. Ich verstand: Ich hatte gesehen, wie andere Yanomami in der gleichen Weise auf Bilder von sich selbst reagierten, sogar nur auf die Spiegelbilder ihrer Gesichter. Sie glaubten, das eingefangene Bild erzeuge eine Art böse Kraft, die ihnen an den Kragen wollte. Ich holte ein paar Handtücher aus dem Badezimmer, und während ich damit den Spiegel verhängte, erklärte ich ihr, daß das Abbild ihr nichts tun würde. Wenn das Handtuch den Spiegel zudeckte, gäbe es kein Bild. Es wäre bestimmt nichts, worüber sie sich Sorgen machen mußte.

Das Licht im Zimmer war an gewesen, als wir hereinkamen. Nun zeigte ich ihr, wie das Licht durch das Drücken auf den Schalter an und aus ging. Das faszinierte sie, aber sie wollte ihn nicht anfassen, da es sich eindeutig um etwas Magisches handelte. Ein weiteres magisches Ding, oder zumindest ein wundersames, war die Toilette. Inzwischen spürte ich das Verlangen nach einer Zigarette und dachte, ich könnte nur mal schnell über die Straße zu einem kleinen Laden gehen und ein paar Schachteln und etwas zu essen holen. Ich würde nur kurz wegsein, aber ich wollte ihr vorher noch zeigen, wie das Badezimmer funktionierte, so daß sie es benutzen konnte, wenn sie wollte. Ich erklärte ihr die Toilette, wofür sie da war und wie sie funktionierte. Yarima war verblüfft, wie das Wasser in einem Guß hervorschoß, wenn ich den Hebel drückte. Allen Mut zusammennehmend, entschied sie, sich probeweise mal auf die Brille zu setzen, wie ich es ihr vorgemacht hatte. Langsam senkte sie sich, bereit, jeden Augenblick auf Gefahr zu reagieren, doch kurz bevor sie zu sitzen kam, sprang sie wieder auf. »Nein, es wird mich beißen, wenn ich mich draufsetze«, sagte sie nervös. Ich war trotzdem sicher, daß sie bald genug damit zurechtkäme. Mit der Toilette ja, aber bestimmt nicht mit dem Spiegel, vielleicht nie mit dem Spiegel. »Und wohin geht das Wasser, wenn es ins Loch gelaufen ist?« wollte sie wissen.

»In ein größeres Loch im Boden«, sagte ich. Als ich ihr dann das Waschbecken und den Wasserhahn zeigte, weigerte sie sich, in das herausströmende Wasser zu fassen, da sie dachte, es müßte von derselben Quelle kommen, wo das Toilettenwasser hinlief.

Als ich sie fragte, ob sie mit mir zum Laden über der Straße gehen wollte, blickte Yarima aus dem Fenster. Doch die Szene unten, besonders all die vorbeifahrenden Autos mit ihren Scheinwerfern, machte ihr angst. »Nein, ich bleib hier«, sagte sie und stieg wieder aufs Bett. »Vielleicht schlafe ich schon, wenn du zurückkommst.«

»Gut«, sagte ich, »versuch zu schlafen. Ich werde ganz schnell wieder zurücksein.«

# Trennung auf Nimmerwiedersehen

Ich überquerte gerade den Hotelparkplatz, als ich einen Jeep einparken sah. Heraus stieg Manuel Chavero, der Leiter des Büros der Indio-Schutzbehörde in Puerto Ayacucho. Es war derselbe Manuel Chavero, der mich drei Monate in Caracas hatte warten lassen, obwohl er überhaupt nicht daran dachte, meinen Fall zu untersuchen. Sein Eintreffen war mit Sicherheit kein Zufall. Wir waren noch keine Dreiviertelstunde hier. Jemand mußte ihn benachrichtigt haben, daß wir in der Stadt waren, höchstwahrscheinlich die Nonne, die mit uns geflogen war.

Als Chavero zum Hotel rüberging, beschloß ich, die Initiative zu ergreifen. Das letzte, was mir passieren durfte, war, in Defensive zu geraten und seine Fragen und Unterstellungen parieren zu müssen. Ich hielt es für das Beste, ihn über alles genauestens zu informieren, und zwar mit allem Nachdruck. Auf diese Weise hätte er keine Gründe, mich zu beschuldigen, ich würde etwas hinter dem Rücken der Regierung anstellen oder etwas zu verheimlichen suchen.

»Wenn Sie gekommen sind, um mich zu sprechen«, begann ich, »wissen Sie vermutlich, daß ich mit meiner Frau hier bin. Die Geschichte ist ganz einfach. Ich habe sie hierhergebracht, um ihr verletztes Ohr ärztlich behandeln zu lassen.« Chavero sah mich feindselig an. Es gab kein höfliches Lächeln, kein Händeschütteln. »Ich habe vor, es hier im Krankenhaus behandeln zu lassen, wenn das möglich ist«, fuhr ich fort. »Falls ich sie nach Caracas bringen muß, werde ich wegen der Ausstellung von Papieren vorsprechen.« (In Venezuela besitzt jeder einen Personalausweis, niemand kann ohne ihn reisen.) Als Indio-Frau konnte Yarima im Urwald hingehen, wo immer sie wollte, aber um ihn zu verlassen, brauchte sie einen Ausweis.

Chavero verdaute diese Information. »Hören Sie«, sagte er, »ich möchte später mit Ihnen reden. Ich habe einige Fragen an Sie und die Frau.« Dann drehte er sich um und ging.

Gegenüber kaufte ich eine Schachtel Zigaretten und einen Arm voll Bananen. Irene hatte gesagt, sie könnte sie mit etwas Fisch für Yarima kochen. Als ich wieder ins Zimmer kam, lag Yarima im Bett. Sie schlief nicht, obwohl es ein unglaublich anstrengender Tag für sie gewesen war, sondern lächelte einfach still vor sich hin. Sie hatte das Bett ausprobiert und offenbar festgestellt, daß es bequem war.

Eine halbe Stunde später waren wir in Irenes Büro und aßen das von ihr zubereitete Abendessen. Yarima trug wieder Rock und T-Shirt. Als ich ihr gesagt hatte, es sei Zeit, zu Irene zu gehen, hatte sie einfach die Tür aufgemacht und war splitternackt schon den halben Weg zur Halle gegangen, bevor ich sie einholte und wieder ins Zimmer brachte. Ich hielt ihr einen kurzen Vortrag, daß sie immer bekleidet sein müßte, wenn sie hinausging. Es war nicht leicht. Ein eingeborener Yanomami, der ein Hemd und eine Hose hat, hielt es allenfalls eine Stunde darin aus, wenn die Insekten besonders schlimm waren. Ein körperliches Schamgefühl ist ihnen völlig fremd. »Geh nie ohne Kleider hier raus«, bat ich sie eindringlich. »Die Nabuh mögen es nicht. Wenn jemand unbekleidet herumläuft, empfinden sie das als merkwürdig und peinlich.«

Gerade als wir mit dem Essen bei Irene fertig waren, klopfte es an der Tür. Es war Chavero, diesmal mit einem Indio, der Yanomami sprach. »Wir möchten draußen mit dir sprechen«, sagte der Indio direkt zu Yarima. »Wir möchten, daß du mit uns kommst und unsere Fragen beantwortest.«

Yarima sah mich verblüfft an, dann brach sie in Tränen aus. Sie sagte nichts, das brauchte sie auch nicht. Sie hatte oben am Fluß alle möglichen unglaublichen Geschichten darüber gehört, was die Nabuh mit den Indios anstellen. »Einen Moment mal«, sagte ich. »Sie können sie nicht einfach so mitnehmen.« Mir war nämlich plötzlich eingefallen, daß die Yanomami nie mit Fremden allein irgendwohin gingen. Besonders eine Frau würde nie allein mit jemand weggehen. Wie mochte sie dieses Ansinnen beurteilen – als Entführung, als Auftakt zu einer

Vergewaltigung? Oder vielleicht dachte sie aber auch an noch Schlimmeres, etwas, das sie zu Hause über die Nabuh gehört hatte.

Ich war nahe daran, den Dolmetscher anzuschreien. Mir lagen die Worte schon auf der Zunge. Doch andererseits stand Chavero direkt daneben, und obwohl ich bereit war, ihm die Stirn zu bieten, hatte er die Macht, sogar die laufende Genehmigung in meiner Tasche zu widerrufen. Um keinen Preis wollte ich ihm gegenüber Schwäche zeigen, aber ich wollte ihn auch nicht reizen. Ich würgte meine Worte wieder hinunter und hielt die Luft an. Aber Irene sagte ihm die Meinung. Yarimas ängstliche Reaktion hatte ihr genügt.

»Nein«, sagte sie, »Yarima ist mein Gast. Sie ist bei mir, und sie bleibt auch hier. Sie muß nirgendwohin.«

Das brachte Chavero für einen Augenblick aus der Fassung, und er wandte sich an mich: »Wären Sie bereit, sie morgen in mein Büro zu bringen? Ich möchte mit ihr allein sprechen, ohne Sie. Verstehen Sie? Wenn Sie anwesend sind, wird sie wahrscheinlich nicht antworten und Hemmungen haben, etwas zu sagen.«

»Ich weiß nicht«, sagte ich, »vielleicht wäre es besser, wenn Sie hier mit ihr sprächen.«

»Okay«, kam die Antwort, »das können wir auch machen. Wir sind morgen wieder hier.«

Am nächsten Morgen, während wir im Hotelrestaurant frühstückten, erschien der Yanomami-Dolmetscher mit einem weiteren Beamten aus Chaveros Büro. Sie baten mich, an einem anderen Tisch zu warten, während sie mit Yarima sprachen. Nachdem sie sich zu ihr gesetzt hatten, ging ich kurz nach draußen und lief ein wenig herum. Als ich ins Restaurant zurückkam, um nachzusehen, was los war, weinte Yarima. »Nun gut«, sagte ich und trat an den Tisch, »das genügt für heute. Wir haben einen Termin im Krankenhaus.« Sie brachen ab und gingen, aber eher widerwillig.

Der Krankenhaustermin war eigentlich erst später. In der Zwischenzeit ließ ich Yarima im Hotelzimmer und machte mich auf, um ihr einen Personalausweis zu beschaffen. »Es ist für eine Yanomami-Frau«, sagte ich den beiden Angestellten im Büro für Indio-Fragen.

»Kein Problem«, antworteten sie, »Sie müssen sie nur mit zwei

Zeugen herbringen, die ihre Identität bestätigen können. Es ist nur eine Formalität, irgendwelche Indios genügen. Dann werden wir ihr ihren Ausweis ausstellen.«

Gleich nach der Mittagspause war ich mit Yarima und zwei Indios aus dem Ort, die sich als Zeugen zur Verfügung gestellt hatten, wieder in der Paßstelle. Doch diesmal waren die beiden freundlichen Angestellten nicht mehr so freundlich. »Nein«, sagte die eine, als ich die Zeugen vorstellte, »um einen Personalausweis auszustellen, müssen wir beide Eltern sehen.«

Das machte mich stutzig. »Ihre Eltern? Heute vormittag haben Sie mir gesagt, irgendwelche Indios. Warum auf einmal ihre Eltern?«

»Tut mir leid«, sagte die Angestellte, »laut Vorschrift brauchen wir die Eltern als Zeugen.«

Irgendwas war in den drei oder vier Stunden, seit ich dagewesen war, offenbar geschehen. Irgend jemand hatte diesen Frauen Instruktionen gegeben. »Sehen Sie«, sagte ich, »das ist unmöglich. Sie wohnt weit oben am Fluß. Ich kann nicht so einfach dorthin gehen und ihre Eltern rausbringen. Außerdem leben ihre Mutter und ihr Vater in getrennten Dörfern.«

»Wenn die Eltern nicht als Zeugen erscheinen können«, sagte die Angestellte, »dann ist auch das Zeugnis der Großeltern zulässig.«

»Ist das Ihr Ernst?« Meine Stimme wurde lauter. »Wissen Sie, wo sie herkommt? Vom Oberlauf des Orinoco.«

»Tut mir leid«, erwiderte die Angestellte unbeeindruckt, »so lauten die Vorschriften. Wenn sie nicht die vorgeschriebenen Zeugen hat, können wir keinen Ausweis ausstellen.«

Bevor ich mich darüber zu sehr aufregte, hielt ich es für sinnvoller, im Krankenhaus vorbeizuschauen, wo wir später am Nachmittag einen Termin hatten. Wenn wir nicht nach Caracas mußten, brauchte Yarima auch keinen Personalausweis. Wie sich herausstellte, konnte Yarimas Ohr im Krankenhaus leicht behandelt werden. Ohrverletzungen waren unter den Yanomami nicht gerade selten. Es gab sogar eine Krankenschwester in einer der Missionen, so sagte mir der Arzt, die das wieder in Ordnung hätte bringen können. Wenn ich das vorher gewußt hätte! Wir vereinbarten einen Termin für den Eingriff und gingen zum Hotel zurück. Yarima hatte den Krankenhausbesuch problemlos überstanden, obgleich sie dazu neigte, herumzuwandern wie ein Kind, Dinge aus der Nähe zu inspizieren und sie anzufassen. Die Schwestern, die sie neugierig beobachteten, fanden das putzig. Aber sie war von der Befragung an diesem Morgen genervt und wollte möglichst schnell wieder zurück in die Vertrautheit unseres Zimmers.

*Ich berichtete Kenny, was der yanomami-sprechende Mann mir gesagt hatte. Er hatte gefragt, ob ich Kenny gern hatte. Als ich sagte, ja, ich habe ihn gern, fragte er, ob ich ihn wirklich gern hatte oder nur Angst vor ihm hätte. Ich sagte, nein, ich habe keine Angst vor ihm. Er schlägt mich nicht. Warum sollte ich Angst vor ihm haben? Dann fragte er mich, ob ich Kennys Frau bleiben wolle. Als ich ihm sagte, ja, sagte er, ich würde lügen. Er sagte, wenn ich ihm nicht die Wahrheit erzählte, würden sie mich ins Gefängnis stecken und mich nie wieder zu meinen Eltern lassen. Deswegen hätte ich geweint, sagte ich Kenny. Aber ich hatte keine Angst. Solange er da war, hatte ich keine Angst.*

Sie mag keine Angst gehabt haben, ich aber um so mehr. Ich wußte, wozu diese Leute fähig waren, und ich wußte genau, wie schutzlos ich hier war. Bei dem Gedanken daran brach mir der kalte Schweiß aus. Der Dolmetscher hätte Yarima so etwas nicht aus eigenem Antrieb gefragt. Es bedeutete, daß Chavero beschlossen hatte, mir so viele Schwierigkeiten zu machen, wie er nur konnte, und das waren nicht wenige. Wahrscheinlich wußte auch der Gouverneur, daß wir hier waren, und würde auch nicht gerade zuvorkommend sein. Zweifellos hatte Chavero sich mit ihm bereits besprochen.

In großer Sorge ging ich die Personen durch, die mir hier Rückhalt gaben. Irene war eine Freundin und genoß in Puerto Ayacucho ein gewisses Ansehen, aber das hatte kein politisches Gewicht. Unglücklicherweise war Gonzalez Herrera, der mir aus meinen früheren Schwierigkeiten herausgeholfen hatte, in Caracas und wurde nicht zurückerwartet. Der einzige mir Wohlgesonnene, der mir einfiel, und der wissen mochte, was zu tun war, war Oberst Borrell. Borrell war Heeresoffizier im Ruhestand, zäh und mit stahlblauen Augen. Früher hatte er die venezolanische Antiguerilla-Truppe befehligt. Er war vor einigen Jahren aus dem Militärdienst ausgeschieden und hatte sich auf einer Ranch in der Nähe von Puerto Ayacucho zur Ruhe gesetzt. Seit damals hatte er allen möglichen Ärger mit der Distriktsverwaltung gehabt und war verbittert und wütend. Mit der Zeit hatte er eine Menge Erfahrung in Auseinandersetzungen mit dem Gouverneur gesammelt. Borrell selbst hatte politisches Gewicht, denn er hatte einflußreiche Freunde in Caracas. Ich beschloß, mit ihm über meine Lage zu reden.

Während der nächsten paar Tage traf ich mich mehrmals mit Borrell, erzählte ihm meine ganze Geschichte und bat ihn um Rat, wie ich die Sache am besten angehen sollte. »Sie wissen«, sagte er, »daß sie Ortsfremde hier nicht mögen. Sie wollen alles fest im Griff haben, und das bedeutet, die Fremden fernzuhalten.« Borrells eigene Ranch war unter verdächtigen Umständen bis auf die Grundmauern niedergebrannt. »Sie wissen, daß das mit Ihnen ewig so weitergehen wird. Sie wollen Sie nicht hierhaben. Sie sind eine Belästigung. Bei Leuten wie Ihnen, die den Fluß raufgehen und dortbleiben, fühlen sie sich unbehaglich, und nun haben Sie zu allem Übel noch eine Indio-Frau.«

Während Borrell mir diese Zusammenhänge erklärte, ging die Quälerei mit Chaveros Büro weiter. Jeden Tag erschienen zwei oder drei Leute im Hotel, fragten Yarima aus und schüchterten sie ein. Sie versuchten, sie unter Druck zu setzen, damit sie sagte, sie wolle nicht meine Frau sein. Sie erzählten ihr, ich hätte vor, sie für immer an einen Ort weit hinter dem Ozean (eine Wasserfläche, die sie sich nicht vorstellen konnte) mitzunehmen. Sie drohten ihr mit Gefängnis, obwohl sie sich darunter auch nichts vorstellen konnte – doch allein das Wort flößte ihr Entsetzen ein.

Im Verlauf der Tage spürte ich, daß Yarima sich mir gegenüber veränderte. Zuerst bat sie mich, die Männer zu vertreiben, was ich in Hasupuweteri oder Patahamateri sicher getan hätte. Dort waren ihr schlimme Dinge zugestoßen, aber nur in meiner Abwesenheit. Während ich im Dorf war, wagte nie jemand, sie anzurühren oder sie anders als respektvoll zu behandeln. Für sie war ich der starke Beschützer, der Mann, den sie liebte und der Unheil von ihr fernhielt, der mit aller Kraft gekämpft hatte, um sie von Shiriwe wegzuholen.

Hier aber sah sie Tag für Tag nur meine Machtlosigkeit. Anstatt diese Leute zu vertreiben, konnte ich nur dasitzen und zuschauen, wie sie seelisch fertiggemacht wurde. Sie konnte das nicht verstehen. Konnte es sein, daß ich sie nicht mehr mochte? Vielleicht hatten sie ja doch recht, wenn sie ihr erzählten, sie sollte mir nicht trauen. Wenn Chavero unsere Beziehung zu untergraben versuchte, so leistete er ganze Arbeit. Bei den Yanomami kann ein Ehemann, der nicht in der Lage ist, seine Frau zu beschützen, sie nicht lange halten.

»Der einzig mögliche Weg für Sie«, sagte Borrell eines Tages, »wäre, es bekanntzumachen. Sie haben keine andere Möglichkeit, um sich zu schützen. Im Augenblick sind Sie hilflos, und die können mit Ihnen machen, was sie wollen, doch wenn Sie eine Erklärung in die Zeitungen setzen, werden die Leute davon erfahren und Unterstützung leisten. Gehen Sie in die Offensive. Wenn Sie das tun, treten sie bestimmt den Rückzug an.«

In jener Nacht überdachte ich Borrells Rat. Ich hatte meinen gesamten materiellen Besitz verloren: mein Boot, meinen Motor, meine Vorräte und meine Ausrüstung. Meine Aufzeichnungen, die geistige Arbeit von mehr als zehn Jahren, waren verbrannt und dort auf dem Boden verstreut, wo einmal Patahamateri gewesen war. Und jetzt entglitt mir auch das einzige, was ich noch auf dieser Welt hatte, meine Frau. Sobald ihr Ohr operiert war, würde sie wieder heimwollen. Sie war verängstigt und verwirrt von diesem verrückten Ort, an den ich sie gebracht hatte. Inzwischen galt auch meine Genehmigung nur noch knapp einen Monat.

Ich verlor fast die Hoffnung. Vielleicht konnte ich aber doch noch einen Weg finden, das abzuwenden. Wenn ich mir etwas Geld borgte und die richtigen Freunde fand, konnte ich sicher irgendwie eine neue Genehmigung ergattern. Je mehr ich nachgrübelte, desto zuversichtlicher wurde ich. Diese Hunde sollten mich nicht unterkriegen. Doch das alles würde nicht von jetzt auf gleich klappen. In der Zwischenzeit mußte ich Yarima hier raus und wieder flußaufwärts bringen. Der Termin für ihre Ohrbehandlung war am nächsten Tag. Danach würde ich sie zurückbringen, dann allein wieder herkommen und schauen, was ich tun konnte. Borrell hatte recht. Ich brauchte Verbündete, und ein Zeitungsartikel in Caracas würde all die Feinde des Gouverneurs auf meinen Fall aufmerksam machen. Eine Intervention von dritter Seite war meine einzige Hoffnung, und ich wäre blöd, wenn ich nicht mit Zähnen und Klauen für Yarima kämpfte. Die Idee mit der Zeitung barg Risiken. Ein entsprechender Artikel könnte den Gouverneur nur noch mehr reizen, ohne irgendeine bedeutende Unterstützung für mich auszulösen. Aber schlimmer als jetzt konnte es eigentlich nicht mehr kommen. Was hatte ich also zu verlieren?

Am nächsten Tag gingen wir ins Krankenhaus, wo der Arzt den Eingriff am Ohr in seinem Sprechzimmer durchführte. Erst wollte er Yarima eine Vollnarkose geben, aber das ließ ich nicht zu. Er hatte mir erklärt, daß es auch mit örtlicher Betäubung ginge, und ich wollte keine unnötigen Risiken eingehen. Yarima ließ die Prozedur gelassen über sich ergehen. Sie zuckte nicht mal mit der Wimper, als der Arzt den alten Riß wieder öffnete und ihn dann sorgfältig vernähte. Als es vorbei war, gingen wir ins Hotelzimmer zurück, wo Irene auf Yarima aufpassen konnte, während ich zu einem Gespräch mit Borrell ging.

Als ich Borrell mitteilte, was ich beschlossen hatte, gab er mir die Telefonnummer eines Freundes und politischen Verbündeten in Caracas namens Alvaro De Armas. De Armas stammte aus einer einflußreichen und begüterten venezolanischen Familie, die unter anderem eine politische Beratungsagentur betrieb. Er hatte einen guten Draht zur Presse. Telefonisch beschrieb ich De Armas die Lage, und seine Erwiderung war rasch und unzweideutig. »Ich denke, wir sollten auf alle Fälle etwas in die Zeitungen setzen. Sie müssen das veröffentlichen und klären. Sie müssen sich zur Wehr setzen. Wenn es erstmal bekannt ist, sind Sie diesen Leuten nicht mehr auf Gedeih und Verderb ausgeliefert.«

»Okay«, stimmte ich zu, »machen wir's. Aber Sie müssen mir eines versprechen. Wenn Sie einen Artikel schreiben, darf er nicht eher erscheinen, als bis Yarima wieder in ihrem Dorf ist. Wenn ich nach Puerto Ayacucho zurückkehre, bin ich bereit, mich den Konsequenzen zu stellen und den Kampf aufzunehmen. Ich werde alles tun, was zu tun ist. Aber er darf nicht erscheinen, bevor ich sie von hier weggebracht habe.«

»Jawohl.« sagte De Armas. »Seguro.«

An jenem Sonntagmorgen, drei Tage später, saßen Yarima und ich im Hotelrestaurant und unterhielten uns mit den zwei Pilotinnen, die uns von La Esmeralda hergeflogen hatten. Sie waren auch im ›Amazonas‹ abgestiegen. Jeden Morgen beim gemeinsamen Frühstück hörten sie mir mit großen Augen zu, wenn ich ihnen die neuesten Episoden unserer unendlichen Geschichte auftischte. Unser Plausch an diesem Morgen wurde unterbrochen, als Irene mit einer Zeitung aus Caracas in den Händen an unseren Tisch eilte. Sie war außer Atem und stotterte.

»Kenneth, Kenneth, Kenneth – was ist das, Kenneth? Was ist das? Mein Gott, Kenneth – was haben Sie sich angetan?«

Die Schlagzeile, mit der sie vor mir herumwedelte, lautete: »NEUER KONFLIKT IM DSCHUNGEL. GOUVERNEUR WEIST NORDAMERIKANISCHEN FORSCHER AUS«. Ich schnappte mir das Blatt und überflog den Artikel: »Der nordamerikanische Anthropologe Kenneth Good, der seit zehn Jahren im Land ist, beschuldigte die örtlichen Behörden in Puerto Ayacucho, die Beziehung zu seiner Yanomami-Frau zu verbieten, mit der er seit sieben Jahren zusammenlebt. Er legt ihnen zur Last, daß die vom Gouverneur Muller-Rojas eingenommene Haltung durch Druck einflußreicher Kreise beeinflußt worden ist.«

Als ich so weit gekommen war, fielen mir praktisch schon die Augen aus dem Kopf. »Der nordamerikanische Anthropologe bekräftigte, daß Soziologen der Vereinigung FundAmazonas, die die Ansicht vertreten, daß die Indios nicht mit fremden Personen (ausgenommen die Mitglieder von FundAmazonas) in Berührung kommen sollten, den Gouverneur dazu angestiftet haben, Maßnahmen gegen ihn zu ergreifen.«

Mir schwirrte der Kopf. »Kenneth, sowas können Sie doch nicht sagen. Wissen Sie denn nicht, daß das nicht geht?« Das war Irene, aber ich nahm sie kaum wahr. Wie konnte der Kerl das nur tun? Die FundAmazonas, um Himmels willen! Ich hatte nie ein Wort von der FundAmazonas gesagt – ein Zusammenschluß linksgerichteter intellektueller und politischer Gruppen. Ich hatte noch nie Kontakt mit ihnen gehabt! Und er hatte den Artikel jetzt herausgebracht, während sich Yarima noch in den Krallen dieser Leute befand!

Ich sprang auf. »Ich werde mir einen Anwalt besorgen«, verkündete ich Irene, hielt dann aber inne. Herrschaft, dachte ich, Herrschaft, wo würde ich am Sonntag einen Anwalt herkriegen? Außerdem, wer würde mich an diesem Ort verteidigen, wo der Gouverneur beinahe ein absoluter Monarch war und dabei, mir mit den Stiefeln ins Gesicht zu springen? Was hatte dieser De Armas mir bloß angetan?

»Mein Gott«, sagte die frühere Astronautin zu ihrer Gefährtin, »wer braucht da noch Fernsehen? Wir kriegen hier das unglaublichste Familiendrama der Welt live vorgeführt.«

Den Rest des Tages verbrachte ich in Panik. In Caracas hätte die Sache anders ausgesehen. Aber ich war in dieser Tropenstadt mit Yarima. Selbst wenn der Artikel die Unterstützung von mächtigen Leuten in der Hauptstadt auslöste, würde es Zeit brauchen, bevor sich das in praktische Hilfe umsetzte. In der Zwischenzeit waren wir völlig der Gnade des Gouverneurs ausgeliefert, und damit war er nicht gerade freigebig. An diesem Abend packte ich unsere Sachen und sagte Yarima, daß wir am nächsten Morgen heimfahren würden. Sie war begeistert.

Am Montag um acht Uhr waren Yarima und ich in Irenes Büro und riefen die Charterfluggesellschaft an. Ich wußte, daß mir Irene in der Not Geld leihen würde. »Ich brauche sofort ein Flugzeug«, sagte ich zu dem Agenten. »Ich muß auf der Stelle von hier weg.«

»Es tut mir leid, mein Herr«, war die Antwort, »ich kann vor ein Uhr gar nichts für Sie tun. Alle unsere Flieger sind bis dahin unterwegs.«

»Was?« rief ich entsetzt. »Sie müssen doch einen haben. Bitte, es ist ein Notfall. Ich muß ganz dringend abfliegen.«

»Es tut mir leid, mein Herr«, sagte die Stimme wieder, aber ich hörte den Rest des Satzes nicht mehr, weil Irene an der Tür geklopft und ihren Kopf ins Büro gesteckt hatte.

»Die Polizei ist hier, Ken«, sagte sie. »Sie wollen dich sprechen.«

In der Vorhalle warteten zwei Polizisten in Zivil auf mich, nicht einmal von der regulären Polizei, sondern Beamte des PTJ, einer Sondereinheit der Gerichtspolizei, die sich mit Schwerverbrechen befaßte. »Señor Good«, sagte der erste, »wir sind befugt, Sie und Ihre Frau festzunehmen und zu verhören. Sie werden die Güte haben, sie jetzt zu holen und mitzukommen.«

Yarima war bei Irene im Büro. Auf Yanomami sagte ich ihr, daß die Männer da draußen uns mitnehmen wollten. Ich verschwieg aber, daß es Polizisten waren, weil ich nicht wußte, wie sie darauf reagieren würde. In den Eingeborenendörfern herrschte ja gemeinhin der Glaube, die Polizei verspeise Yanomami. »Sie wollen uns mitnehmen«, sagte ich ihr, »aber ich möchte, daß du dich weigerst.« Wenn sie sie schon verhören mußten, sollten sie das im Hotel tun wie die Leute von der Indio-Schutzbehörde. Ich mußte unter allen Umständen verhindern, daß sie uns auf die Polizeiwache brachten. Ich sah schon vor mir, daß sie uns trennten oder einsperrten, und wenn das geschah, was würde Yarima tun? Wie würde sie das überstehen?

Als die Polizisten hereinkamen, weigerte sich Yarima, mitzugehen. Sie war verängstigt und weinte. Als die beiden Beamten sie so sahen, wurden sie ein wenig nachgiebiger. Zumindest legten sie ihren barschen Ton ab. Sie versuchten sie davon zu überzeugen, daß niemand ihr weh tun würde und daß sie keine Angst zu haben brauchte. Sie wollten ihr nur einige Fragen stellen. Diesen Spruch kannte sie schon von den Leuten, die sie die ganze Zeit gepiesackt hatten.

Als ich schließlich merkte, daß sie sich nicht auf ein Gespräch bei uns im Hotel einlassen würden, sagte ich: »Verstehen Sie doch bitte, sie hat Angst, mitzukommen. Sie ist noch nie vorher aus dem Dschungel herausgekommen. Wenn sie eine Beamtin herbringen könnten, würde sie das vielleicht beruhigen, und sie würde mitkommen.« Das leuchtete ihnen ein, aber sie bestanden darauf, daß ich mitkäme. Wir fuhren also in ihrem Jeep zur Polizeiwache, fanden eine Beamtin und brachten sie ins Hotel, wo Irene inzwischen ihr Bestes tat, um Yarimas Aufregung in Grenzen zu halten.

Eine Minute später wurden wir zum Jeep geleitet, der uns auf die Wache brachte. Bevor wir gingen, notierte ich schnell die Nummern der amerikanischen Botschaft und eines Freundes in Caracas und gab sie Irene. »Wenn wir nicht zurückkommen«, sagte ich und achtete darauf, daß die Beamten es hörten, »rufen Sie diese Nummern an und sagen ihnen, was passiert ist.«

Das Hauptquartier der PTJ war ein alter Kolonialbau direkt am Hauptplatz der Stadt. Wir gingen einen langen gefliesten Flur entlang und blieben vor einem großen Empfangstisch stehen. Rechts befand sich eine Stahltreppe, die in den zweiten Stock führte. Gleich hinter dem Empfangsbereich konnte ich die Zellen sehen. Ein übler, abgestandener Geruch erfüllte die Räume. Wir wurden nur kurz angewiesen, uns auf eine graue Holzbank gegenüber dem Tisch zu setzen, sonst sagte niemand etwas. Wir warteten stumm und sahen dem Polizisten hinter dem Tisch zu, wie er mit aufreizender Gelassenheit seine Pistole säuberte, die Trommel drehte und in jede Patronenkammer mit einem Auge hineinlinste. Yarima sagte nichts, aber sie rückte näher zu mir, so daß wir trotz der stickigen Feuchtigkeit eng aneinandergepreßt dasaßen.

Eine halbe Stunde später wurde ich in ein Nebenzimmer gerufen, wo ein Angestellter vor einer Schreibmaschine saß, um meine Erklärung aufzunehmen. Mir wurde nicht gesagt, ob es ein Problem gab oder ob ich unter Anklage stand, nur meine Erklärung, meine »declaración«, sollte ich abgeben. Da stand ich also vor dem Angestellten und erzählte ihm die ganze Geschichte. Ich begann mit dem Tag, an dem Yarima mir vom Dorfoberhaupt als Frau zugesprochen worden war. Ich sagte, daß wir nach Yanomami-Brauch und mit Zustimmung ihres ganzen Dorfes geheiratet hätten und daß wir schon seit einigen Jahren als Ehepaar lebten. Ich beschrieb, was geschehen war, als meine Genehmigung vier Monate lang hinausgezögert worden war, und wie ich schließlich nach der Rückkehr mein Haus und die ganze Ausrüstung verbrannt vorgefunden hatte. Der einzige Grund, warum ich meine Frau nach Puerto Ayacucho gebracht hätte, wäre ihr verletztes Ohr.

Als ich geendet hatte, war eine Stunde vergangen. Draußen saß Yarima immer noch regungslos da. Es sah so aus, als hätte sie mit keinem Muskel gezuckt, seit ich weg war. Sie holten sie zusammen mit einem Dolmetscher herein, einem Yanomami, der in der Ocamo-Mission wohnte und für die Regierung arbeitete. Ich fragte, ob ich sie begleiten könne, aber das wurde mir verweigert. Ich solle mich auf die Bank setzen und den Mund halten.

Aus dem Zimmer drang Stimmengewirr, aber ich konnte nicht

verstehen, was gesagt wurde. Eine halbe Stunde verging, dann noch eine. An einem Punkt hörte ich, daß Yarima zu weinen anfing, sprang auf und ging auf die Tür zu. Doch der Polizist am vorderen Tisch brüllte mich an, ich solle mich hinsetzen. Ich fragte ihn nach seinem Namen, doch er schrie nur: »Setz dich hin und rühr dich nicht.« Ich wäre trotzdem hineingegangen, ich hielt es nicht mehr aus. Aber ich hatte Angst, sie würden mich einsperren. Ich sah, wie der ekelhafte Mistkerl mich anglotzte und genau das am liebsten getan hätte. Ich stellte mir vor, daß Yarima aus diesem Zimmer kam und mich, ihre einzige Orientierungshilfe, nicht mehr vorfand. Ich ging langsam zur Bank zurück und setzte mich.

Yarima kam zwei Stunden lang nicht heraus. Mittlerweile war es Mittag, also Zeit für die Polizisten, abzubrechen und in die übliche dreistündige Mittagspause zu gehen. Vorher wiesen sie uns aber noch an, uns nicht vom Fleck zu rühren. Sogar der Beamte vom Empfangstisch ging weg und wurde durch zwei junge Polizisten ersetzt. Yarima weinte wieder, nicht mehr über das, was sie ihr gesagt hatten, sondern vor Hunger. Wir hatten beide seit dem letzten Abend nichts mehr gegessen. Sie wollte gehen, aber ich sagte ihr, daß wir bleiben müßten, daß der Mann noch weiter mit uns reden wollte. Danach würden wir ins Hotel gehen.

Doch das vergrößerte nur ihre Verwirrung. Sie sah nicht ein, warum wir nicht einfach gehen konnten. Die Vorstellung, daß jemand einen daran hindern konnte, sich frei zu bewegen, war ihr völlig fremd. Das gab es im Denken der Yanomami nicht, und ich konnte jetzt nicht damit anfangen, es ihr zu erklären. Tränen der Enttäuschung und des Zorns liefen ihr über die Wangen.

Die beiden jungen Beamten am Tisch beobachteten uns mit einem Lächeln, das mir voll Sympathie zu sein schien – ganz das Gegenteil von dem Individuum, dessen Platz sie eingenommen hatten. Dann fing einer meinen Blick auf. »Wir sind auf Ihrer Seite«, sagte er. »Wir wissen, was hier abläuft.« Als ich fragte, was er meinte, sagte er: »Wir sind mit dem Chef heute vormittag drüben im Büro des Gouverneurs gewesen. Der Chef und der Pflichtverteidiger haben beide dem Gouverneur geraten, Sie in Ruhe zu lassen. Sie haben gesagt, es gäbe keinen

Grund zu einer Festnahme, es gäbe kein Problem mit Ihnen. Doch der Gouverneur hat gesagt: ›Nein, ich will diesen Burschen. Ihr sollt ihn schnappen.‹«

»Ich denke«, sagte der andere, »es ist, weil der Gouverneur schon genug Schwierigkeiten mit dem Waffenskandal hat. Die Sache mit Ihnen und ihm in der Zeitung hat ihm gerade noch gefehlt. Der ›Diario‹ geht in die ganze Welt. Deswegen ist er so wütend. Er will die dazu bringen, Sie der Unzucht mit einer Minderjährigen anzuklagen.«

Drei Stunden später kehrten die übrigen Polizisten aus der Mittagspause zurück. Als erstes nahmen sie Yarima wieder zum Vorhör mit. Dann, nach einer Weile, wurde ich nach oben ins Büro des Chefs geführt. Ich saß vor ihm, während er mir weitere Fragen nach meiner Beziehung zu Yarima stellte. Sein Ton war höflich, sogar nett. Sein Benehmen schien das zu bestätigen, was der junge Beamte uns gesagt hatte. Ihm machte das alles offenbar kein großes Vergnügen.

Mitten im Verhör ging die Tür auf, und eine Polizistin führte Yarima herein. Ich sah gleich, daß sie wieder geweint hatte. Sie wollte sich neben mich setzen, aber die Frau nahm sie am Arm und schob sie ins Nebenzimmer. Als Yarima abgeführt wurde, sah sie mich mit flehenden Augen an. Wieso ließ ich zu, daß dies mit ihr geschah? Warum rettete ich sie nicht vor ihnen? Ich wollte beim Chef dagegen protestieren, aber er schnitt mir das Wort ab. »Señor Good, bitte hören Sie mir mal ernsthaft zu. Es ist entschieden worden, das Mädchen zu den Missionsschwestern zu bringen. Sie werden ihr was zu essen geben und sich um sie kümmern. Dann werden sie entscheiden, ob sie sie in der Missionsschule behalten oder wieder in ihr Dorf bringen. Was Sie betrifft, so werden wir Sie der Unzucht mit einer Minderjährigen anklagen.«

Einen Augenblick später ging die Tür des angrenzenden Zimmers auf, und die Frau führte Yarima heraus und die Treppe hinunter. Yarima blickte sich mit angsterfüllten Augen nach mir um. Das reichte. Das würde ich mir nicht mehr bieten lassen. »Nein, verdammt noch mal«, schrie ich und sprang auf. »Sie ist meine Frau. Das können Sie nicht machen. Mein Anwalt, meine Botschaft werden kommen, und auch die Zeitungen werden Ihnen auf den Pelz rücken. Sie wissen Bescheid. Ist das die Art, wie Sie hier die Indios schützen? Wenn Sie versuchen, sie in die Mission zu stecken, werden Sie den größten Skandal Ihres Lebens am Hals haben. Sie weiß ja nicht einmal, wie ihr geschieht.« Der Ausbruch schockierte ihn. Er war nicht der Mann, der es gewohnt war, daß Leute ihn anbrüllten, schon gar nicht Verhaftete. »Ich bestehe darauf, daß Sie mir zumindest die Möglichkeit geben, ihr zu erklären, was vorgeht. Sie hat keine Ahnung, was Sie mit ihr anstellen.«

Der Chef dachte einen Augenblick darüber nach. Er befand sich eindeutig in einer delikaten politischen Lage. Er wußte genausogut wie der Gouverneur, daß diese Sache ihnen leicht eine ziemlich üble Publicity einbringen konnte. Schließlich lenkte er ein und gab mir die Erlaubnis, zur Mission zu gehen und Yarima wieder herzubringen. Dann würden wir weiterreden.

Das war alles, was ich hören wollte. Ich raste die Treppe hinunter und zur Tür hinaus in Richtung Mission. Einen Block weiter sah ich Yarima mit der Polizistin am Gehsteig stehen. Sie schluchzte laut, und ich sah, daß sie zitterte. Sie verstand nur, daß sie abgeführt wurde – wahrscheinlich zu ihrer Hinrichtung oder zu etwas noch Entsetzlicherem. »Bushika«, rief ich, während ich auf sie zueilte, »es ist alles in Ordnung. Du kannst mit mir kommen. Du brauchst nicht mehr mit ihr gehen.«

»Nein, sie nehmen mich dir weg«, schluchzte sie. »Ich weiß, was sie machen. Sie nehmen mich dir weg.«

Die Polizistin war ebenso erleichtert wie ich. Sie konnte mit der völlig verängstigten Yarima kein Wort sprechen, und es waren schon Leute stehengeblieben, um zu gaffen.

Wir saßen bis sechs Uhr abends auf der harten Holzbank in der Polizeistation, bis sie sich endlich entschieden, was mit uns geschehen sollte. Wir hatten immer noch nichts gegessen. Irgendwann rief der Chef mich in sein Büro und sagte mir, daß wir für diese Nacht in unser Hotel zurückkehren durften. Aber um acht Uhr am nächsten Morgen sollten wir uns zur Fortführung des Verhörs auf der Station melden. Unter keinen Umständen sollten wir versuchen, Puerto Ayacucho zu verlassen. Yarima und ich machten uns Hand in Hand auf den Weg ins Hotel.

Dann legte sie mir den Arm um die Hüfte. Nach diesem unglaublich traumatischen Tag schien sie sich endlich beruhigt zu haben, und ich konnte mich nur über ihre Zähigkeit und Widerstandskraft wundern.

*Es war fast Nacht, als wir den Ort verließen. Als ich wieder in Irenes großem Haus war, fragte mich Kenny, warum ich geweint hatte. Ich erzählte ihm, es sei wegen dem gewesen, was der Yanomami mir gesagt hat. Er hat mir gesagt, wenn ich zugab, daß ich Kenny liebte, würden sie mich ins Gefängnis stecken, bis ich als alte Frau starb. Er sagte, ich würde nie mehr heimdürfen. Als ich ihn fragte, was das Gefängnis war, sagte er mir, es sei ein großer hohler Felsen. Sie würden mich da hineinstecken und noch einen Felsen oben drauftun, so daß ich kein Licht mehr sehen könnte. Da würde ich für immer bleiben, bis ich tot war. Als er das sagte, dachte ich an meine Mutter und meine Schwester. Ich vermißte sie so, als er das sagte, daß ich weinen mußte. Als ich weinte, sagte er mir, ich könnte mit ihm in sein Dorf gehen und seine Frau werden. Wenn ich das tat, würde ich nicht in den Felsen gesteckt werden. Er würde mit dem Pata in Ayacuchoteri sprechen und der Pata würde ja dazu sagen. Aber ich sagte dem Yanomami, daß ich ihn nicht heiraten wollte. Ich hätte bereits einen Ehemann, sagte ich ihm. Aber seine Worte jagten mir Angst ein.*

Als wir am nächsten Morgen auf die Polizeistation kamen, war ich fuchsteufelswild. Ich verlangte, den Pflichtverteidiger zu sprechen, und als er kam, verklagte ich den Dolmetscher. Als ich mich ausgetobt und ausgewütet hatte, waren sie sich einig, daß es keine andere Wahl gäbe, als Yarimas Aussagen zu streichen und den Dolmetscher zu feuern. Vor die Notwendigkeit gestellt, die ganze Sache erneut aufzurollen, sich auch noch vor einem Vertreter der Botschaft (ich hatte einen Anruf von dort erhalten, während ich redete) und wahrscheinlich auch vor einem Anwalt zu verantworten, trat der Chef den Rückzug an. »Señor Good«, sagte er, »wir werden die ganze Sache einem Richter übergeben.«

Am Tag vor der vereinbarten Anhörung – eine knappe Woche später – schlugen die Zeitungen wieder zu. Doch diesmal war es nicht De Armas. Inzwischen hatte der Gouverneur die Möglichkeit gehabt, seine eigenen Geschichten unterzubringen. »OHR ABGESCHNITTEN, WEIL INDIO-MÄDCHEN EINEN WEISSEN LIEBTE«. »Mit einem einzigen Hieb«, begann die ganzseitige Story, »schlitzte der Häuptling der

Yanomami-Indios Yarimas rechtes Ohr auf. Rund um ihn standen die achthundert Stammesangehörigen . . . die sie dazu verurteilten, durch den Wald zu wandern oder die Sklavin eines anderen Stammes zu werden.« Ich wurde blaß vor Wut. »Good nützte auch noch andere Indio-Mädchen aus«, hieß es in einem zweiten Artikel, »ob verheiratet oder nicht, er schwelgte in dem Luxus, mehrere Geliebte zu haben.« »Das ist kein Einzelfall«, erklärte eine angebliche Autorität. »Jahrelang hat es in den Indio-Siedlungen unhaltbare Zustände gegeben, mit Unterstützung von Anthropologen.« »Gouverneur Muller-Rojas beschuldigte persönlich den nordamerikanischen Anthropologen Kenneth Good, ein minderjähriges Indio-Mädchen mißbraucht zu haben, deren Eltern ihr zum Zeichen der Bestrafung das Ohr abgeschnitten haben.«

Mir schwirrte der Kopf. Jede Story war noch unglaublicher als die vorige. Ich hätte Yarima für ein bißchen Tand gekauft. Ich hätte sie gestohlen. Ich hätte sie in den Wald verschleppt. Ich hätte sie gezwungen, mit mir zusammenzuleben. Ihre Eltern hätten ihr das Ohr abgehackt, als sie von unserem Verhältnis erfuhren. Der Häuptling aller Yanomami (eine mythische Gestalt) hätte ihr Ohr mit dem Ruf abgehackt: »Das ist die Strafe dafür, daß du unsere Stammestradition verraten hast.«

Als ich am nächsten Morgen vor einem jungen Richter in dessen Büro saß, war mir äußerst seltsam zumute. Mich erwartete eine Haftstrafe wegen Unzucht mit einer Minderjährigen. Yarima würde in irgendeine Mission gebracht werden. Trotz allem, was ich getan hatte, um unsere Ehe zu retten, würden diese Leute uns trennen und jeden von uns einer Art Hölle ausliefern. Wenn sie Yarima in eine Mission steckten, so gab es praktisch keine Chance, daß sie je wieder zu ihrer Familie zurückkehren konnte. Für mich sah ich überhaupt keine Zukunft. Dennoch drangen weder Zorn noch Kummer in mein Bewußtsein. Ich verspürte nichts als eine dumpfe Taubheit, die sich langsam in meinem Kopf ausbreitete.

»Guten Morgen, Mr. Good.« Der Richter sprach sehr freundlich und formlos. »Ich habe mir den Fall angesehen, Mr. Good, und bin die Beschuldigungen durchgegangen. Ich denke nicht, daß Sie mit mir

Schwierigkeiten bekommen. Aus meiner Sicht gibt es kein rechtliches Problem mit Ihrer Beziehung.«

Ich blickte auf, wollte meinen Ohren nicht trauen. »Heißt das, daß sie vor dem Gesetz meine Frau ist?«

»Ja, das heißt es. Nach den venezolanischen Bestimmungen der Konsensehe ist sie Ihre Frau.«

»Heißt das, daß sie mir nicht weggenommen werden kann?«

»Ja, das heißt es.«

»Wir können uns frei bewegen?«

»Ja, Sie können sich frei bewegen.«

Aber am nächsten Tag wurde mir klar, daß mir gar nichts anderes übrigblieb, als Yarima zurückzubringen. Ich würde keine neue Genehmigung bekommen, was bedeutete, daß es keine Möglichkeit gab, weiterhin oben am Fluß zu leben. Ohne Personalausweis würde Yarima unmöglich mit mir nach Caracas kommen können. Wie der Richter gesagt hatte, konnten wir uns frei bewegen. Wir konnten uns nur nicht gemeinsam frei bewegen.

Ich war am Boden zerstört, nach allem, was passiert war. Mir tat Yarima unendlich leid; sie hatte soviel durchgemacht. Sie war immer noch nervös und den Tränen nahe, und ich wußte nicht, wie ich ihr je würde erklären können, warum ihr diese schrecklichen Dinge widerfahren waren. Eines war sicher: Ich konnte sie nicht länger leiden lassen.

Der Richter war gewillt, mir die Erlaubnis zu geben, mit Yarima den Fluß hinaufzufahren, insbesondere da mir meine alte Genehmigung noch eine kurze Galgenfrist gab. Ich fühlte mich wie tot, doch ich borgte mir Geld von Irene und mietete ein Flugzeug.

Yarima war so glücklich wie schon lange nicht. Heiter und strahlend – so hatte ich sie nicht mehr gesehen, seit ich vor sechs Monaten zu meiner verhängnisvollen Reise flußaufwärts aufgebrochen war. Sie sah sich das Flugzeug an, während es aufgetankt und mit Vorräten beladen wurde. Sie hatte kein bißchen Angst. Es war kaum zu glauben, daß dies dieselbe Person war, die vor gerade zwei Wochen während des Fluges so entsetzliche Ängste ausgestanden hatte. Wir standen schweigend auf dem Asphalt mit Irene und Oberst Borrell, die uns zum Abschied begleitet hatten, und warteten darauf, daß die letzten Vorräte an Bord geschafft wurden.

Als ich Borrell die Hand schüttelte, landete die Frühmaschine aus Caracas und rollte nicht weit von uns aus. Unter den aussteigenden Passagieren befand sich mein alter Widersacher Chavero, der herbeischlenderte, als er uns sah. »Wo geht es denn hin?« fragte er mit einer Stimme, die nichts Gutes verhieß.

»Ich bringe sie heim«, antwortete ich und unterdrückte den Drang, ihm endgültig mal die Meinung zu sagen.

»Nein, das glaube ich nicht«, sagte er und verzog die Mundwinkel zu einem leicht höhnischen Grinsen. »Sie gehen überhaupt nirgends hin. Sie sitzen in der Patsche. Alle Ihre Genehmigungen für den Urwald sind soeben vom Büro in Caracas widerrufen worden.«

Bevor diese Bemerkung noch vollständig zu mir durchdringen konnte, trat Oberst Borrell vor und ging mit Chavero ein Stück weg. Mit dem Oberst, das wußte ich, war nicht zu spaßen. Sicher gab er Chavero ein paar Hinweise darauf, welche Handlungsweisen in dessen ureigenstem Interesse lägen. »Déjalo«, hörte ich (»Laß ihn in Ruhe«). »Amigos en Caracas«, hörte ich, »Comprendes?« Als sie zurückkamen, murmelte Chavero nur: »Ich habe Sie nie gesehen.« Dann, ohne mich eines Blickes zu würdigen, ging er weiter zur Abfertigungshalle.

Zweieinhalb Stunden später landeten Yarima und ich in La Esmeralda. Dort bot sich Juan Eduardo wieder an, uns flußaufwärts zu bringen. Augenscheinlich nahm er persönlichen Anteil an unserer unter einem ungünstigen Stern stehenden Verbindung. In seinem Alter hatte er schon viel gesehen, einschließlich des Dramas um Helena Valero. Als wir den Fluß hinauffuhren, dachte ich darüber nach, ob er wohl je etwas Ähnliches miterlebt hatte.

Wie oft in den letzten zehn Jahren war ich schon so den Orinoco hinaufgetuckert? Jedesmal war ich voller Vorfreude gewesen. Zuerst freute ich mich darauf, die Hasupuweteri zu sehen und mein Leben bei ihnen wiederaufzunehmen, und dann auf Yarima. Jede Fahrt war mit

Gefühlen befrachtet gewesen – Freude, Sehnsucht, Verlangen, auch Angst und Sorge. Doch nie zuvor war ich von einer derart zermürbenden Trauer niedergedrückt worden. Es war ein stechender Schmerz, vor dem es kein Entrinnen gab. Es ist viel besser, körperlich zu leiden, dachte ich. Körperliche Schmerzen lassen sich behandeln, du kannst dich ihnen gewachsen zeigen, dich daran gewöhnen und dich sogar damit anfreunden. Aber dieses Gefühl, das mir ins Herz schnitt, hörte nicht auf. Es zerfraß meine Seele.

An meiner alten Anlegestelle ließ Juan Eduardo uns aussteigen. Er wartete mit seinem Sohn im Kanu, als ich Yarima zusah, wie sie ihren Korb mit dem Essen und den Waren belud, die ich gekauft hatte. Ich hätte alles darum gegeben, mit ihr nach Wawatoi, der Pflanzung im Inland, gehen zu können. Aber ich würde einen Tag brauchen um hinzukommen und einen weiteren für den Rückweg, und Juan Eduardo konnte nicht warten. Er mußte vor Einbruch der Nacht wieder in Mavaca sein. Ich wußte, wenn Yarima alles eingepackt hatte, gab es keinen Grund mehr für einen Aufschub. Trotzdem dachte ich daran, mit ihr zu gehen und niemals wieder aus dem Dschungel rauszukommen. Verwegene Ideen schossen mir durch den Kopf. Wir könnten wieder bei den Hasupuweteri leben. Die Nationalgarde würde uns nie erwischen. Wenn sie kamen, würden wir in den Wald flüchten. Selbst wenn sie sich Yanomami-Fährtenleser von der Mission holten, würde es ewig dauern, uns zu finden, und die Garde hatte nicht soviel Zeit. Ich hatte weder Nahrungsmittel noch Medizin, nicht einmal ein zweites Paar Schuhe. Diesmal mußte ich also wirklich wie ein Eingeborener werden. Aber ich war bereit dazu. Warum nicht? Vielleicht konnten wir ein paar Jahre durchhalten, bis es eine neue Wahl oder einen neuen Gouverneur in Puerto Ayacucho gab.

Aber das waren Tagträume. Selbst als ich mir vorstellte, daß wir allein tief in den südlichen Gebieten leben würden, wußte ich, daß ich es nicht tun konnte. Ich konnte es ihr nicht antun. Sie hatte genug mitgemacht. Wir schritten langsam vom Fluß zu der ausgebrannten Lichtung hinauf. Das alte vertraute Gefühl, daß sie auf dem Pfad gleich hinter mir ging, jagte mir eine Gänsehaut über den Rücken. Inmitten der Überreste des Patahamateri-Shapono und meiner Hütte blieben wir stehen. Ich drehte mich zu ihr um, und wir umarmten uns. Sie war auf der ganzen Fahrt sehr wortkarg gewesen. Auch jetzt sagte sie nichts, aber ihre Hände krallten sich in mein Hemd. Ich küßte sie auf die Stirn. »Geh«, sagte ich, »und paß auf die Schlangen auf.« Sie sah mich an, Tränen stiegen ihr in die Augen. »Sag Shori, daß ich ihn sehr mag. Aber sag ihm auch, daß ich diesmal nicht wiederkomme.«

Yarima ging auf dem Pfad davon. Bevor die Bäume uns endgültig voneinander trennten, drehte sie sich noch einmal um und sah mich an. Dann verschwand sie im Dschungel.

# Bei Nacht und Nebel

Als ich einen Schritt zurücktrat, streifte mein Fuß den kastanienbraunen Einband eines ausgebrannten Notizbuchs. Als ich herunterblickte, sah ich, daß ich inmitten meiner Sachen stand, den Überresten meiner Ausrüstung, meiner Vorräte, meiner Aufzeichnungen. Ich bückte mich und hob das Buch auf. Im Kopf hatte ich noch Juan Eduardos Worte, als wir das letzte Mal hier waren: »Sie sind nur an den Ecken und ein bißchen in der Mitte verbrannt.« Ich schlug das Notizbuch auf. Die Ränder der ersten Seite waren abgesengt, und in der Mitte war es innen an der Bindung angebrannt. Dadurch waren noch ein paar Sätze auf den jeweils nachfolgenden Seiten unleserlich gemacht. Langsam schritt ich durch den Schutt und wunderte mich, daß die Notizbücher anscheinend nicht nur das Feuer überstanden, sondern auch anderthalb Monate den Elementen getrotzt hatten. Einige waren völlig hinüber, doch etliche sahen so aus, als wären sie noch zu retten. Langsam und vorsichtig sammelte ich sie ein, drückte sie an die Brust, als ich den Pfad zum Fluß hinunterging, und verstaute sie im Kanu unter den verwunderten Blicken Juan Eduardos und seines Sohnes.

Wir blieben über Nacht in Mavaca. Dort sprach ich mit Padre Bórteli, der sich zwar mitfühlend zeigte, aber offensichtlich auch erleichtert war. Ich mußte daran denken, wie er mir vor einer Reihe von Jahren, kurz bevor er zu einer Reise nach Italien aufbrach, gesagt hatte: »Weißt du, Ken, auf einmal bist du vierzig und stellst fest, daß du trotz der ganzen Arbeit und all den Opfern eigentlich noch nichts getan oder geleistet hast.« Er war mir an jenem Abend ziemlich niedergeschlagen vorgekommen. Ich erinnerte mich, daß er sogar eine ältere Nonne wegen eines geringfügigen Fehlers gescholten hatte, was sonst nicht die

Art des gütigen Bórteli war. Ich hatte mir gedacht: Der arme Mann, er ist schon so lange hier draußen, und jetzt, nach all den Jahren, kann er nicht mehr. Aber Bórteli war zurückgekehrt. Ich wußte nicht, ob er in Italien wieder Zuversicht gefunden hatte oder nicht. Jedenfalls war er zurückgekommen und hatte seine Arbeit wiederaufgenommen.

In dieser Nacht schlief ich wenig. Ich konnte nicht glauben, daß meine Jahre im Regenwald so enden sollten. Das seltsam taube Gefühl, das mich erstmals im Büro des Richters beschlichen hatte, war immer noch da. Es war nicht Zorn, Depression oder Bitterkeit – seit Monaten waren meine Gefühle mit mir Achterbahn gefahren –, es war eher eine Leere, ein Nichts. Doch in diesem Vakuum kehrten ein paar Gedanken immer wieder: Wie konnte es bloß so enden? Wie konnte das zwischen mir und Yarima zerstört werden? Und alles wegen nichts, nur auf Grund der Böswilligkeit einiger zynischer Individuen.

Von Mavaca aus fuhren wir weiter nach La Esmeralda, und von dort flog ich nach Puerto Ayacucho. Im Hotel Gran Amazonas empfing mich Irene mit Tränen und einer Umarmung. Ich ging zu einem Drink an die Bar – etwas, das ich nicht getan hatte, als Yarima bei mir war – und traf dort die beiden Pilotinnen sowie einige andere Gäste, die ich kennengelernt hatte. Alle sahen mich mitfühlend an. Ich sagte nichts. Mitleid konnte ich nicht gebrauchen.

*Es war ein komisches Gefühl, auf diesem Pfad allein zu gehen, ohne Kenny. Aber ich dachte mir, daß es eben so sein mußte. Ich wußte, daß ich immer an Kenny denken würde, aber ich konnte so nicht mehr weiterleben. Früher, als ich noch ein kleines Mädchen war, war es anders gewesen. Aber wenn er nun den Fluß hinabfuhr, hatte ich niemand, der mich schützte. Ich wußte, er würde immer wieder den Fluß hinabfahren, und ich wußte auch, daß ich nicht mit ihm dorthinwollte. Es machte mir angst.*

*Als ich mich weiter vom Fluß entfernte, ging ich schneller, obwohl mein Gepäck schwer von all den Dingen war, die Kenny mir gekauft hatte. Ich hatte Angst, daß feindliche Angreifer mich finden würden. Auch sorgte ich mich, daß die Hasupuweteri nicht in Wawatoi sein mochten. Wenn nicht, würde ich nach Irokai gehen müssen. Wenn sie weit weg auf Treck waren, wußte ich nicht, ob ich sie finden konnte.*

*Als ich mich Wawatoi näherte, merkte ich, daß sie nicht da waren. Ich konnte keine Spuren auf dem Pfad sehen. Dann kam ich auf die kleine Lichtung vor dem Garten und sah das an Stöcken im Baum hängende Bündel. Als ich das sah, wußte ich, daß jemand gestorben war und daß viele krank sein mußten. Sie waren womöglich weit weg und würden nicht zurückkommen, bis die Leiche verbrannt werden konnte. Ich dachte, ich würde viele Nächte im Dschungel schlafen müssen, und bekam große Angst.*

Am nächsten Tag flog ich nach Caracas, wo ich mich wieder im Haus meines Filmemacherfreundes Manuel De Pedro einfand. In dem kleinen zusätzlichen Schlafzimmer hängte ich meine Hängematte auf und richtete mich inmitten der Karteischränke und der Kisten voll Manuels persönlicher Archäologie ein. Neben die Hängematte stellte ich meinen eigenen Pappkarton, das einzige Gepäck, das ich bei mir hatte. Das zweite Gästezimmer bei Manuel bewohnte ein anderer Freund, ein kubanischer Journalist, der in Venezuela arbeitete und sich kürzlich von seiner Frau getrennt hatte. Bei einer Tasse Kaffee in Manuels Küche sahen wir drei uns an und mußten lachen. Gerade erst war auch Manuel von seiner Frau verlassen worden, die mit ihren zwei kleinen Kindern nach Kalifornien gezogen war. Wahrhaftig, dachte ich, das ist ein Haus der gescheiterten Ehen und gebrochenen Herzen.

Ich wußte, daß ich mich in einem Schockzustand befand, zu benommen, um überhaupt meine Lage sachlich überdenken zu können. Zeitweise hatte ich das Gefühl, ich würde außerhalb meines Körpers schweben und mich selbst dabei beobachten, wie ich ziellos durch das Santa-Eduvigis-Viertel wanderte, wo Manuel wohnte. Manuel war immer noch mit seinem Dokumentarfilm über eine Gruppe von kreolischen Volkssängern beschäftigt, die sich in einem beschwingten Rhythmus auf der Gitarre begleiteten. Bald schon raubte diese Musik mir den letzten noch verbliebenen Nerv. Manuel versuchte mich aufzuheitern und zu den Parties und Proben der Gruppe mitzunehmen, aber ich wollte nicht. Sie kamen mir wie überdrehte Aufziehpuppen vor, die nicht mehr aufhören konnten. Daduh daduh daduh daduh! Daduh daduh daduh daduh daduh daduh! – Immer und immer wieder. Es schien mir nicht normal, daß jemand derart unerbittlich fröhlich sein konnte.

Inzwischen riefen die Zeitungen an. Die Flut von Artikeln über Yarima und mich hatten sie auf den Geschmack gebracht – die Behauptungen und Gegenbehauptungen hatten eine wunderbare Revolverblatt-Posse abgegeben. Nun warteten sie begierig auf einen zweiten Akt. Aber ich lehnte alle Interview-Angebote ab. Ich kam nur der Bitte der Zentral-Universität nach, dort einen Bericht aus erster Hand abzugeben, so daß die Angelegenheit endgültig geklärt werden konnte. Doch selbst bei diesem Anlaß ließ ich keine Presse im Raum zu. Nach meinen Erfahrungen war ich sicher, daß alles, was ich sagte, verzerrt wiedergegeben werden würde. Außerdem war ich davon überzeugt, daß der Gouverneur und seine Kontaktleute die Schlagzeilen mit noch weit schlimmeren und verletzenderen Lügen füllen würden, wenn ich mich öffentlich verteidigte.

Alvaro De Armas rief an, aber ich wollte auch ihn nicht sprechen. Er hatte damals den Artikel gegen die Absprache direkt veröffentlicht und hatte mir dadurch den größten Schaden überhaupt zugefügt. Doch er schaffte es, in eins unserer kurzen Gespräche einzuflechten, daß die Zeitung ihr Wort gebrochen hätte und daß es ihm aufrichtig leid täte, was geschehen war. Ich ließ mich erweichen und stimmte schließlich einem Treffen mit ihm zu.

Alvaro De Armas unterhielt eine Ein-Mann Polit- und Medienagentur, die er »Gabinete de Critica y Ensayo« nannte. Das »Gabinete« befand sich im Familiensitz der De Armas, der einen halben großen Häuserblock in der exklusiven Gegend von Altamira in Caracas einnahm. Dort wurde ich mit einem für meine Begriffe eindrucksvollen Zeremoniell empfangen, durch elegant ausgestattete Büros von einer Sekretärin zur anderen gereicht. Dicker Teppichboden dämpfte meine Schritte, und Landschaften im viktorianischen Stil sowie strenge Aristokraten blickten von den Wänden auf stattliche spanische Kolonialmöbel. Schließlich saß ich in De Armas' Vorzimmer auf einem schweren, üppigen Doppelsofa und wartete darauf, hineingebeten zu werden.

De Armas kam persönlich heraus, um mich in sein Besprechungszimmer zu geleiten, wo wir am Ende eines riesigen Mahagoni-Tisches Platz nahmen. Der Tisch war so stark poliert, daß er wie dunkler

Marmor aussah. De Armas war ein großer blonder Mann mit Glatzenansatz. Er hatte ein strahlendes Lächeln, ein einnehmendes Wesen und eine tiefe, sonore Stimme. Trotz seiner offenkundigen Energie hatte er eine elegante, gepflegte Ausstrahlung, die ich mit dem jahrhundertealten Wohlstand seiner Familie in Verbindung brachte. Während er lächelnd plauderte, beugte er sich etwas nach rechts, um das Schulterhalfter zurechtzurücken, das sich unter dem Jackett seines dreiteiligen Anzugs verbarg.

De Armas – er bat mich, ihn Alvaro zu nennen – leitete das Gespräch mit einer erneuten Entschuldigung für den Schnitzer der Zeitung ein. Sie hatten versprochen, sagte er mit gepflegtem englischen Akzent, daß sie seine Anweisung abwarten würden, bevor sie etwas druckten. Dann aber waren sie einfach vorgeprescht. Der Schaden, der für mich daraus erwachsen war, hatte ihn entsetzt. Ich sollte wissen, fuhr er fort, daß er und seine Kollegen unnachgiebig gegen General Muller-Rojas opponierten und daß sie beabsichtigten, den Mann, wenn möglich, von seinem Posten zu entfernen. Sie hielten ihn für eine Katastrophe. »Nun«, fragte er und wechselte das Thema, »und was sind Ihre Pläne? Ich nehme an, Sie werden wieder in die Staaten gehen, um Ihre Doktorarbeit zu beenden?«

»Nein«, sagte ich, ein bißchen überrascht, wie mir die Antwort heraussprudelte. »Nein, ich werde nicht in die Staaten zurückkehren. Ich will jetzt nur eins. Ich will meine Frau zurückhaben.« Selbst während ich das sagte, konnte ich meinen eigenen Worten kaum glauben. Der Gedanke hatte tagelang an mir genagt, doch bis zu diesem Augenblick hatte ich ihn nie geäußert, nicht einmal vor mir selbst. Ich wollte Yarima zurück. Das war alles. Ich hatte keine weiteren Pläne.

De Armas saß einen Augenblick völlig still da und sah mich eigenartig an. »Ich verstehe«, sagte er nach langem Schweigen sehr langsam, als ob er die Situation überdachte und versuchte, die Aspekte im Kopf zu ordnen. »Ich glaube ... es ... könnte ... möglicherweise ... einen ... Weg ... geben« – er starrte immer noch vor sich hin –, »um Sie dort wieder hinzubringen. Zumindest für kurze Zeit.«

Meine Lebensgeister kehrten zurück, auch wenn die Idee völlig verrückt klang. Muller-Rojas war nicht bereit, mich zurück in den

Dschungel zu lassen. Außerdem war ich völlig, total pleite; ich hatte nicht einmal mehr genug Geld, um mir eine Flasche Medizin zu kaufen. »Keine Sorge«, sagte De Armas, als ich dies erwähnte, »um solche Dinge können wir uns jederzeit kümmern.« Und er machte eine kleine wegwerfende Handbewegung. »Lassen Sie mich noch ein bißchen drüber nachdenken. Kommen Sie morgen vorbei. Vielleicht gibt es dann etwas Konkreteres, worüber wir uns unterhalten können.«

Am nächsten Tag saß ich wieder an dem polierten Tisch in De Armas' Büro. »Soweit ich das beurteilen kann«, begann er, »liegt das Problem darin, daß Sie nicht formell mit Ihrer Frau verheiratet sind. Wenn Sie gesetzlich getraut wären, hätten Sie die Probleme erst gar nicht gehabt. Muller-Rojas hätte Ihnen nichts anhaben können.«

»Ja«, sagte ich, »das mag sein. Doch wie hätten wir uns trauen lassen sollen, wenn ich ihr nicht einmal einen Personalausweis beschaffen konnte?«

»Ich weiß, aber wir haben einen Plan, das zu regeln. Wir werden mit einem befreundeten Piloten vereinbaren, daß er Sie direkt nach La Esmeralda fliegt, ohne Puerto Ayacucho zu berühren. Ich werde mich um alle Ihre Vorräte und Ihre Ausrüstung kümmern; das soll nicht Ihre Sorge sein. Von La Esmeralda aus begeben Sie sich flußaufwärts und legen einen Hubschrauberlandeplatz an. Holen Sie Ihre Frau, und warten Sie mit ihr am Landeplatz. Wir werden einfliegen und Sie abholen. Wir werden eine mobile Einheit der Meldebehörde im Hubschrauber haben, die die Paßausstellung in entlegenen Gegenden erledigt. Sie werden Ihrer Frau auf der Stelle einen Personalausweis ausstellen. Dann wird sie reisen können. Danach wird der Hubschrauber Sie am Río Negro absetzen, wo wir Sie von einem Standesbeamten trauen lassen. Das wäre es dann. Sobald Sie gesetzlich verheiratet sind, wird niemand Sie mehr davon abhalten können, mit ihr in ihrem Land zu leben. Sie können ihre Heimat sogar zu Ihrem festen Wohnsitz erklären.«

Ich wußte nicht genau, was ich davon halten sollte. Aber ich wußte mit Sicherheit, daß mich De Armas nicht auf den Arm nahm. Er hatte eine todernste Kampagne gegen Muller-Rojas laufen, und es war offensichtlich, daß dies irgendwie da hineinpaßte, wenn mir auch nicht ganz klar war, in welcher Weise. Die ganze vorige Nacht hatte ich herumgegrübelt, was er im Sinn haben könnte. Als ich es nun gehört hatte, war ich noch nicht davon überzeugt, ob es eine so tolle Idee war, um mich da hineinziehen zu lassen. Ich würde nie erfahren, welche verworrenen politischen Machenschaften da abliefen. Warum noch weitere Komplikationen mit der Regierung riskieren? dachte ich. Steckst du nicht schon tief genug drin? Auf der anderen Seite, belehrte mich eine zweite Stimme, weißt du eines sicher in deinem Leben, nämlich, daß du sie zurückhaben mußt. Und was hast du sonst für Ideen, fragte die Stimme, um das zu bewerkstelligen?

Am nächsten Morgen um sechs Uhr war ich mit Alvaro am La-Carlota-Fughafen in Caracas. Er hatte mir am vorhergehenden Nachmittag eingeschärft, niemandem etwas zu sagen. Ich hatte geschwiegen, obwohl Manuel mein Stimmungsumschwung schon mehr als seltsam vorgekommen sein muß. Seit meiner Ankunft hatte ich mich in einem Zustand tiefer Depression herumgeschleppt, und an diesem Morgen glänzten meine Augen auf einmal wieder.

Es war alles so schnell gegangen, daß ich fast keine Zeit gehabt hatte, mein Zeug zusammenzubekommen. Ich würde mit mehr oder weniger leeren Taschen losfliegen. Mit dem, was Alvaro aufgetrieben hatte, hatte ich genügend Nahrungsmittel und einige Gebrauchsgegenstände, aber kaum Kleidung, fast keine Medizin und kein Gegengift. Na gut, dachte ich, beten wir einfach, daß ich wieder Glück habe. Ich habe es bisher immer geschafft.

Der Pilot setzte mich in La Esmeralda ab. Unglücklicherweise war Juan Eduardo krank und konnte mich nicht den Fluß hinauffahren. Doch mit seiner Hilfe konnte ich einen spanischsprechenden Ye'kwana-Bootsführer anheuern. Bis zum nächsten Morgen hatten wir genügend Benzin aufgetrieben und waren zum Ablegen bereit. Drei Wochen zuvor war ich mit Juan Eduardo den Fluß heruntergekommen, zu fertig, um auch nur davon zu träumen, je wieder flußaufwärts zu fahren.

Die Nacht verbrachten wir in Mavaca. Am nächsten Morgen fuhren wir weiter und nahmen noch einen Yanomami von der Mission mit, der weiter flußaufwärts Verwandte hatte und uns gefragt hatte, ob er mitfahren könnte. Ich war froh, ihn dabeizuhaben. Wenn die Hasupuweteri nicht in der Wawatoi-Pflanzung waren, würde ich jemanden brauchen, der mir bei der Suche half.

Alvaros Plan war anspruchsvoll und kompliziert. Um einen Hubschrauber in den Dschungel zu schicken, mußten Vereinbarungen mit dem Verteidigungsministerium und dem Innenministerium, dem die Meldebehörde unterstellt war, getroffen werden. Das Helikopterteam würde uns, so sagte Alvaro, genau sieben Tage nach meiner Abreise erwarten. Ich sollte Yarima und sie zur Wawatoi-Pflanzung bringen. Wir hatten ja dort schon einige Zeit mit den Hasupuweteri gelebt. Während der Volkszählung hatte ich an dieser Stelle einen Landeplatz für die Hubschrauber der Nationalgarde freigelegt. Sobald ich dort war, würde ich den Platz säubern und auf sie warten. Mein Zeitplan mußte sehr präzise sein. Sie hatten die Koordinaten (ich hatte sie Alvaro gegeben), doch wenn sie ankamen und es gäbe keinen freien Platz, hätten sie keine Landemöglichkeit. Und sie konnten nicht nochmal zurückkommen.

Als wir zur Anlegestelle am Fluß kamen, bat ich den Fahrer, auf mich zu warten. Wenn die Hasupuweteri in Wawatoi waren, könnte ich am selben Tag noch hingehen, übernachten und zurückkommen. Wenn ich nach Irokai, ihrer zweiten Pflanzung, gehen mußte, würde es noch einen Tag dauern, und er müßte zwei Nächte warten. Ich würde in jedem Fall zurückkommen, versicherte ich ihm, oder aber einen Boten mit einer Nachricht schicken. Er sollte keinesfalls abfahren, bevor ich ihm nicht ein Datum genannt hatte, an dem er mich abholen sollte. Wenn es mit dem Helikopter aus irgendeinem Grund nicht klappte, mußte ich noch eine Möglichkeit haben, um hier rauszukommen.

Dann machten der Missions-Yanomami und ich uns auf den Weg nach Wawatoi. Alles, was wir nicht bequem tragen konnten, ließen wir bei dem Ye'kwana-Indio und seinem Boot zurück. Bei flottem Tempo kamen wir am Spätnachmittag an, aber die Pflanzung lag verlassen da. Ich untersuchte die Feuerstellen und den Bewuchs auf dem Pfad und stellte fest, daß zumindest seit ein paar Wochen niemand mehr hier gewesen war. Ich war mir relativ sicher, daß sie bei ihrer zweiten

Pflanzung waren. Wir suchten nach Spuren, und plötzlich entdeckte mein Gefährte, daß die frischesten Pfadspuren nicht nach Irokai führten, sondern nach Osten.

Ich hatte noch nie erlebt, daß die Hasupuweteri in diese Richtung auf Treck gegangen waren. Aber der Missions-Yanomami war sicher, daß niemand zur zweiten Pflanzung gezogen war. Also folgten wir der Spur nach Osten, trieben uns bis nach Einbruch der Nacht an und schlugen unser Lager im Dschungel auf. Früh am nächsten Tag liefen wir um einen kleinen Hügel herum, als wir plötzlich ohne Vorwarnung mitten in ein Trecklager hineinplatzten. Ich war einen Augenblick verblüfft und verwirrt. Wir hatten keine Stimmen gehört und niemanden gesehen, doch auf einmal waren die Unterstände und Feuerstellen – und die dazugehörigen Leute – um uns herum aufgetaucht. Die Yanomami waren genauso überrascht wie wir. Die Männer schnappten sich ihre Pfeile und Bogen und stießen Kriegsschreie aus. Wir standen ganz still, während sie sich um uns scharten, uns sorgfältig musterten und sich zugleich nervös nach Angreifern umsahen. Offenbar waren wir für sie mindestens ebenso eine geisterhafte Erscheinung wie sie für uns.

Doch gleich darauf fand mein Begleiter seine Sprache wieder. »Habt keine Angst, habt keine Angst. Wir sind es nur, wir sind Freunde.« Als sich die Spannung löste und ein Gespräch aufkam, bemerkte ich, daß die Sprache dieser Leute etwas anders klang. Der Tonfall und die Aussprache waren nicht die der Orinoco- und Siapa-Yanomami. Mein Gefährte war ihnen fremd, aber sie schienen einiges über mich zu wissen, auch wenn wir uns nie begegnet waren. Es stellte sich heraus, daß es Poreweteri von der Parima-Hochebene weit hinter dem Orinoco waren. Sie waren in letzter Zeit von Überfällen arg gebeutelt worden. Mehrere Leute waren umgebracht worden, und ihre Gemeinschaft hatte sich in panischer Angst aufgesplittert und war geflohen. Diese eine Gruppe war in das Gebiet hier gegangen, weil sie durch weibliche Familienbande mit den Patahamateri verwandt waren. Die Patahamateri, sagten sie, waren fast eine Tagesreise weiter landeinwärts. Ja, sie hätten von meiner Frau gehört. Sie wäre bei denen. Sie lebte mit einem Mann namens Shiriwe zusammen, »mit dem, der dir bereits Kummer bereitet hat«, wie sie es unter Beachtung des Namenstabus ausdrückten.

Ich erschrak. Als ich Yarima vor drei Wochen verlassen hatte, war sie auf dem Weg zu der Gruppe ihres Bruders gewesen, nicht zu den Patahamateri. Nie wieder wäre sie zu diesen Leuten gegangen, die ihr so übel zugesetzt hatten, es sei denn, sie war irgendwie dazu gezwungen worden. Und Shiriwe? Ich hatte ihn das letzte Mal nicht gesehen – während der paar Wochen bei den Patahamateri hatte er sich nicht gezeigt. Und ich war froh darüber gewesen. Nach der Entführung wußte ich nicht, was ich ihm angetan hätte. Doch nun lebte Yarima den Poreweteri zufolge wieder mit Shiriwe zusammen. Wenn das stimmte, mußte ich mich erneut auf die Suche machen, um sie zurückzubekommen. Mich überkam die Erinnerung an das letzte Mal. Ich hatte gehofft, ich könnte einfach zu den Hasupuweteri gehen und dann mit Yarima nett zum Hubschrauber-Landeplatz spazieren. Und nun stand mir eine weitere Konfrontation bevor, vielleicht schlimmer als das letzte Mal.

Nach kurzer Bedenkzeit entschied ich, zuerst meinen Bootsführer zu benachrichtigen, daß er mich an gleicher Stelle in genau zwei Monaten wieder abholen sollte. Das wäre mein Hintertürchen, wenn ich das Hubschrauber-Rendezvous versäumte, das mir auf einmal wie eine gewagte Wette vorkam. Er sollte die Vorräte am Pfad zurücklassen. Ich würde sie später abholen. Ich wußte, wenn der Helikopter nicht bis Wawatoi kam oder ich es nicht dorthin schaffte, mußte ich selbst einen Weg finden, Yarima nach draußen zu bringen und ihr einen Ausweis zu verschaffen, damit wir dann formell getraut werden konnten. Das würde etwas haarig werden, da wir über La Esmeralda, wahrscheinlich sogar über Puerto Ayacucho herausmüßten. Aber ich fühlte mich dem gewachsen. Das letzte Mal war ich allein gewesen, jedem kleinlichen Beamten auf Gedeih und Verderb ausgeliefert. Jetzt würde ich echte Unterstützung haben, wenn es darum ging, unsere Rechte zu verteidigen. Außerdem war aus Alvaros Andeutungen ziemlich klar hervorgegangen, daß sich hier unten bald größere Ereignisse abspielen würden, daß er und seine Verbündeten ihre Truppen aufmarschieren ließen.

Doch selbstverständlich mußte ich erst Yarima finden. Das war beim letzten Mal schon nicht leicht gewesen, als Shiriwe sie in den Wald geschleppt hatte. Wenn ihm das diesmal auch gelang, könnte ich hier lange festsitzen. Aber ich würde nicht zulassen, daß dieser Mann mir meine Frau wegnahm. Es war mir egal, was ich dafür tun mußte. Ohne sie würde ich nicht von hier weggehen.

Mit einem Poreweteri als Führer machte ich mich auf den Weg in den tieferen Dschungel. Ich fürchtete mich nicht vor einem Kampf mit Shiriwe. Sicher würde er mich nicht direkt herausfordern. Aber ich hatte Angst, daß uns die Kunde von unserer Ankunft vorauseilte und er bei unserem Eintreffen bereits mit Yarima verschwunden wäre.

Der Poreweteri und ich kamen schnell voran. Spät am Tag hörten wir plötzlich Stimmen vor uns – die Patahamateri, da war ich mir sicher. Ich lief los, in der Hoffnung, sie überraschen und Yarima festhalten zu können, bevor jemand davonrennen konnte. Doch als ich in die Nähe der Lagerunterstände kam, merkte ich, daß es schon zu spät war. Der erste, dem ich begegnete, sah mich und sagte ohne eine Spur von Überraschung: »Eou, Shori«. Sie hatten gewußt, daß ich im Anmarsch war.

Die Patahamateri schienen dennoch froh zu sein, mich zu sehen. Es waren weniger Familien als bei meinem letzten Aufenthalt. Nach meiner Abreise, sagten sie, hatten sich der Anführer Touwe und einige Verwandte von der Gruppe abgespalten und ihr Lager etwas weiter weg aufgeschlagen. Die einzigen Patahamateri, die über meine Ankunft nicht erfreut waren, waren Shiriwes zwei Brüder und ihre Familien, die mich argwöhnisch beäugten. Shiriwe selbst war weg. »Ja, Schwiegersohn«, sagte Yarimas Vater, als ich mich neben seine Hängematte hockte, »er hat sie wieder mitgenommen.«

Mittlerweile wußte ich genau, was zu tun war, wie auch alle anderen, die schon fast dasselbe Spiel vor etwas mehr als einem Monat mitgemacht hatten. Ich setzte mich mit den Männern zu einer Lagebesprechung zusammen. Ja, sagten sie, sie glaubten, sie könnten sie finden. Sie würden ihr Bestes versuchen. Diesmal – wie letztes Mal – würde die Suche wieder dadurch erschwert werden, daß das Dorf auf Treck war. Zusätzlich zu den in verschiedene Richtungen ausschwärmenden Suchern würde also auch das Dorf seiner eigenen Route durch den Wald folgen. Den ganzen Tag waren Gruppen auf der Suche und kamen dann ohne Ergebnis zurück, wobei die Männer ernst und grimmig dreinblickten. Ich ging zum Oberlauf, andere flußabwärts. Wir durchsuchten die alten Pflanzungen und gingen in die Nachbardörfer, um zu fragen, ob Shiriwe und Yarima irgendwo aufgetaucht waren. Anders als beim letzten Mal regnete es nun ziemlich heftig. Deshalb war der Boden weich und behielt die Spuren. Aber dennoch trafen wir kaum auf vielversprechende Zeichen am Weg, und was wir fanden, führte nur in Sackgassen. Jeder Tag endete für mich mit einer Riesenenttäuschung, wenn ich die Männer ohne Yarima zurückkehren sah. Der fünfte Tag verging, dann der sechste. Am sechsten Tag tauchte ein Poreweteri mit der Nachricht im Lager auf, daß der Ye'kwana-Bootsführer nicht mehr am Fluß gewesen war, als mein Bote dort ankam. Er war bereits abgehauen und hatte meine restlichen Vorräte mitgenommen.

Wenn Alvaro tatsächlich einen Hubschrauber bekommen hatte, würde dieser am siebten Tag nach Wawatoi kommen und dort nichts vorfinden – keine Landefläche und niemand zum mitnehmen. Und nun hatte ich auch kein Hintertürchen mehr. Zum ersten Mal beschlich mich Angst davor, wie das alles enden würde. Die Leute sagten ständig: »Ich weiß nicht, was sie dort draußen essen, denn es sind keine Früchte reif.« Es war ihnen schleierhaft, wo Shiriwe Yarima hingebracht haben könnte.

Nach zwei Wochen hatten wir immer noch kein Glück gehabt, und die Männer wurden der Suche rasch müde. Shiriwe hatte scheinbar einen Unterschlupf gefunden, der eine mehr als eintägige Suche, wie sie die Jäger bisher durchgeführt hatten, erforderlich machte. Mir wurde klar, daß ich, um Yarima zu finden, meine Anstrengungen verdoppeln mußte. Je länger ich darüber nachdachte, desto sicherer wurde ich, daß der einzige, der diese Sache zu einem erfolgreichen Abschluß bringen könnte, Touwe, der Anführer, war.

Am nächsten Tag sandte ich eine Nachricht an Touwe zu seinem Lager und bat ihn, herzukommen. Während der ganzen zwei Wochen, seit ich hier war, hatten wir uns nicht gesprochen, obwohl er sich nur ein paar Minuten entfernt aufhielt. Er war auf der Hut. Ich wußte, daß er befürchtete, ich würde mich dafür rächen wollen, daß er Yarimas Ohr eingerissen hatte. Er konnte sich sicher gut vorstellen, daß ich ziemlich wütend auf ihn war. Vermutlich würde er aber schwerlich begreifen, daß ich nicht daran dachte, mich zu rächen. Zugleich war ich sicher, daß er eine Versöhnung begrüßen würde, und war mehr als gewillt, den Anfang zu machen.

Einige Zeit später schritt Touwe zu meiner Freude ins Lager. Er setzte sich in die Hängematte neben mir. Er gab keine Antwort, als ich ihm sagte, ich sei ihm nicht mehr böse, aber ich sah, daß es ihn freute. Als ich hinzufügte, ich hielte ihn für den einzigen, der meine Frau finden könnte, und ihn um seine Hilfe bat, strahlte er. Wir waren nicht nur wieder Freunde. Darüber hinaus erfüllte ihn der Gedanke, daß ich ihm wieder vertraute und seine Fähigkeiten schätzte, mit echter Freude.

Außerdem war er nicht abgeneigt, sich mit Shiriwe auseinanderzusetzen. Patahamateri machte gerade eine Spaltung durch, und die Beziehungen zwischen den Familien von Touwe und Shiriwe waren alles andere als herzlich. Einer der Hauptgründe für die Spaltung des Dorfes war, daß Shiriwes Bruder es geschafft hatte, sich die Frau eines älteren Mannes zu nehmen, eines Mitglieds von Touwes Sippe, was die gesamte Familie des Häuptlings erzürnt hatte. Eine Gelegenheit, Shiriwe nachzujagen, kam ihm gerade recht.

»Aber du kannst nicht immer nur einen Tag weggehen wie die anderen«, erklärte ich ihm, als wir das besprachen. »Du mußt ein Buschmesser, einen Topf, Nahrung und Streichhölzer mitnehmen. Du mußt dafür gerüstet sein, lange genug wegzubleiben, um sie zu finden. Du kannst nicht früh aufbrechen und abends wiederkommen. Sie sind zu weit weg. Doch wenn es hier jemand gibt, der sie finden kann, dann bist du es, niemand sonst.«

Für einen Häuptling war Touwe noch jung, dazu aggressiv und energiegeladen. »Keine Sorge, Shori«, sagte er, »ich komme nicht eher heim, als bis ich sie gefunden habe. Sie ist deine Frau. Wir werden sie dir zurückholen.« Mit seinem Bruder und einem Cousin brach er auf, nachdem ich ihn mit Macheten und Streichhölzern versorgt hatte. Als ich ihnen nachblickte, dachte ich bei mir, daß dies meine letzte Chance war. Die anderen waren bereits müde. Sie hatten sich nach besten Kräften bemüht und hatten nun kein Interesse mehr, selbst bei der Aussicht, daß ich mich wieder im Dorf ansiedeln würde. Wenn Touwe sie nicht erwischt, dachte ich besorgt, was kann ich dann noch tun?

Während Touwe weg war, schickte ich Yarimas Bruder eine Nachricht. Sicher war es den Hasupuweteri zu Ohren gekommen, daß ich wieder da war. Aber ich wollte Shori aus einem besonderen Grund einladen. Er war das letzte Mal bei uns zu Besuch gewesen, nachdem ich Yarima wiedergefunden hatte. Seine Anwesenheit war äußerst hilfreich gewesen, nicht nur für Yarima, auch für mich. Er übte einen besänftigenden Einfluß auf sie aus, und für mich war er ein alter Freund, der mir weit näher stand als jeder Patahamateri.

In den ersten drei Tagen nach Touwes Aufbruch wurde im Trecklager viel spekuliert. Der Anführer war als ausgezeichneter Jäger und Fährtenleser bekannt; viele der Leute waren zuversichtlich, daß er Yarima finden und bald wieder zurückkommen würde. Eine alte Frau sagte zu mir: »Weißt du, du solltest sie wirklich prügeln, wenn sie zurückkommt. Dann weiß sie, daß sie nicht mehr weglaufen soll. Nimm ein hartes Stück Brennholz und schlag ihr auf die Beine.«

»Nein«, gab ich zurück, »das bringe ich nicht fertig.« Ich wußte, daß es unmöglich war, die Kluft zwischen meinem Standpunkt und ihrem zu überbrücken.

»Na gut«, antwortete sie, »wenn du sowas nicht machst, dann beschwer dich nicht, wenn sie wieder wegläuft.«

Ein oder zwei weitere Tage verstrichen ohne ein Zeichen von Touwe oder Yarima. Aber Shori tauchte auf. Er hatte meine Nachricht erhalten und war sofort gekommen. Ich fühlte mich gleich viel besser, als ich Shori um mich hatte, und genoß die Gespräche und die Sympathie dieses Freundes. Nachts am Feuer erzählte er mir die Neuigkeiten über die Hasupuweteri und die anderen Gruppen, die in unserem Gebiet wohnten: vom Garten, von Geburten, Toden, Überfällen, Besuchen und Festen. Er berichtete mir von dem bestürzenden Ereignis, das nicht nur die Hasupuweteri, sondern auch die Patahamateri und alle anderen Siedlungen in der Gegend erschüttert hatte, dem Tod des großen Häuptlings Langbart. Es hatte aufwendige Begräbnisfeierlichkeiten und eine ausgiebige Trauer gegeben. Seine Asche war getrunken worden. Langbarts Stellung als »pata« wurde nun von Kubewe eingenommen, ein weiterer guter Freund von mir, ein Mann, der auch Yarimas klassifikatorischer Bruder war. Mehrere Monde lang war nun das Essen knapp gewesen, sagte Shori. Viele Gruppen wären auf Wayumi und fast keine lebte mehr in Flußnähe. »Warum bist du wieder bei diesen Leuten, Shori?« fragte er. »Du weißt doch, du solltest bei uns wohnen.«

»Ja, ich weiß«, erwiderte ich. »Aber als ich zurückkam, stellte sich heraus, daß deine Schwester hier bei diesen Leuten war. Ich hatte erwartet, daß sie zu euch geht. Ich weiß nicht, was passiert ist.«

Shori hatte gehört, daß Yarima bei den Patahamateri wäre, aber er hatte es erst erfahren, nachdem sie schon eine Zeitlang wieder zurückgewesen war. Er wußte auch nicht, was ihr zugestoßen war, als sie vom Fluß herkam. Nur sie würde es uns erzählen können. Höchstwahrscheinlich, so vermutete er, war sie im Wald auf die Patahamateri gestoßen, und die hatten sie nicht mehr gehen lassen. »Das kommt davon, wenn du sie in ein anderes Dorf bringst«, sagte er und nahm das Thema wieder auf, mit dem er schon vor einem Monat angefangen hatte. »Es wäre alles nicht so gekommen, wenn du bei uns geblieben wärst.«

Am 25. Juli 1985, sieben Tage nachdem Touwes Trupp uns verlassen hatte, kam der Cousin des Häuptlings ins Lager gerannt. Es war am späten Nachmittag. Ich lag in meiner Hängematte. Sobald ich ihn sah, blickte ich ihm ins Gesicht, in der Hoffnung, dort lesen zu können, fürchtete aber gleichzeitig, den gleichen ernsten Ausdruck zu sehen, den alle anderen Sucher gehabt hatten. Statt dessen flog ein leichtes Lächeln über seine Züge, als er bemerkte, daß ich ihn forschend ansah. »Shori«, sagte er, »warte nur hier. Setz dich in deine Hängematte und warte.« Dann ging er an mir vorbei, lief rasch zu seiner eigenen Hängematte und legte sich hinein, während er seine Frau und seine zwei Kinder anstrahlte, die er eine Woche lang nicht gesehen hatte.

Ich saß da, verging fast vor Hoffnung und Freude, und spähte in den Schatten, aus dem er gerade getreten war. Ein oder zwei Minuten später tauchte eine kleine Gruppe aus der Dunkelheit auf, Touwe zuerst, dann sein jüngerer Bruder und hinter ihm Yarima. Sie sah dünn und müde aus. Aber sie war nicht verletzt und stand auch nicht unter einem Schock wie das vorige Mal. Sie blieb stehen und sah mich einen Augenblick lang an, kam dann herüber und kauerte sich ans Feuer, um sich aufzuwärmen. Aber sie hielt Abstand zu mir. Ich spürte ihre Angst. Immer, immer müssen es die Frauen ausbaden, dachte ich. Ich wußte, das gesamte Lager beobachtete mich, gespannt, was ich tun würde. Doch bevor ich mich entscheiden konnte, ob ich rübergehen und sie zu meiner Hängematte führen sollte, hatte Yarima sich aufgerafft. Sie stand auf und kam selbst herüber. Es war mutig von ihr, und ihre Augen waren noch immer wachsam. Dann entdeckte sie Shori in der Hängematte neben mir, und die Spannung lockerte sich auf der Stelle. Ich fühlte, wie sie verschwand, fast wie etwas Greifbares. Yarima stieg in meine Hängematte. »Sei nicht böse auf mich«, sagte sie, »jetzt bin ich wieder da.«

Später am Abend ging ich rüber, um mit Touwes Cousin zu reden. Ich war begierig darauf, zu erfahren, was geschehen war, und ich wußte, daß Touwe selbst mir wahrscheinlich nicht viel verraten würde, besonders, wenn es darum ging, seine eigenen Leistungen zu beschreiben. Nachdem er Yarima zurückgebracht hatte, war er sofort in sein eigenes Lager zurückgekehrt. Der Cousin drehte sich um und sah mich an, als ich mich in die Hängematte legte, die diagonal zu seiner aufgespannt war. »Schwager«, begann er – er wußte, weswegen ich gekommen war –, »so ist es abgelaufen. Wir haben viele Tage gesucht, aber nichts gefunden. Wir sind nach Süden auf den Shukumini ke U zu. Dort im Land der Shamatari haben wir sie gefunden, viele Tagesreisen nach Süden. Der Mann wollte sie nicht gehen lassen. Er beschwerte sich bei uns. Er beschimpfte meinen Cousin. Er hielt sie fest am Arm. Dann hat er einen Knüppel abgeschnitten, und mein Cousin hat einen Knüppel abgeschnitten. Sein Schlag hat meinem Cousin nicht weh getan. Doch mein Cousin hat ihm hart auf die Schulter geschlagen, und er hat seinen Knüppel fallen lassen. Er hat ihn mit einem Schlag erwischt, den er nicht ausgehalten hat, ein fester Schlag, der ihm weh getan hat. Dann haben wir ihm deine Frau weggenommen. Mein Cousin und ich gingen voraus. Mein Bruder lief hinterher. Ich habe deiner Frau gesagt, daß du ihr nichts tun würdest. Ich habe ihr gesagt, sie soll nicht weglaufen. Aber sie wollte gar nicht weg. Sie hatte Angst, daß der Mann uns am Pfad auflauern und sie mit einem Pfeil erschießen würde. Aber ich habe ihr gesagt, sie soll sich nicht grämen. Dieser Mann fürchtet sich vor dem großen Zorn meines Cousins.«

Am nächsten Morgen schenkte ich die meisten Handelswaren, die ich dabeihatte, den Patahamateri, mehr, als ich mit ihnen als Bezahlung vereinbart hatte. Sie waren sehr glücklich darüber, aber überrascht und verstimmt, als Shori, Yarima und ich unsere Sachen zu packen begannen. Shori und ich hatten schon vor einigen Tagen entschieden, daß wir nach Hasupuweteri gehen würden, und Yarima hatte sich besonders gefreut, das zu hören. Ich wußte, daß wir den Hubschrauber verpaßt hatten – wenn er überhaupt gekommen war –, und während ich meinen nächsten Schritt plante, wollte ich in der sichersten Umgebung sein, die es für uns gab. Shoris Anwesenheit bedeutete Yarima ungeheuer viel. Es machte sie gelöster, gab ihr ein Gefühl der Behaglichkeit, und das Wierdersehen mit ihrer Mutter und anderen nahen Verwandten würde ihr noch mehr das Gefühl der Geborgenheit, der grundlegenden Normalität des Lebens geben. »Das ist das Schöne an ihren Verwandtschaftsbeziehungen«, schrieb ich an jenem Abend in mein Tagebuch. »Das ist ihre Bedeutung. Unser Leben ist so ausgefüllt mit materiellen Dingen, Karrieren, Unterhaltung, mit Abwechslung und Veränderungen, mit ehrgeizigen Zielen. Das gibt's bei ihnen alles nicht, sie haben dafür ihre Verwandten, deshalb bedeutet ihnen die Familie so viel.«

Ich wußte, daß die Patahamateri über unsere bevorstehende Abreise schwer enttäuscht waren. Einer der Gründe, warum sie sich so bemüht hatten, mir Yarima zurückzubringen, war die Aussicht gewesen, uns wieder als Dorfgenossen zu haben. Sie sagten nicht viel, als wir unsere Vorbereitungen trafen, aber ihre Gesichter und die gelegentlichen Blicke, die sie uns zuwarfen, waren beredt genug.

Touwe selbst war da schon direkter. Als wir drei an seinem Lager anhielten, war er sauer. »Shori«, sagte er und stieg aus seiner Hängematte, »warum gehst du? Ich habe deine Frau für dich gefunden. Ich habe sie zurückgebracht. Wir sind viele Tage über die Berge gelaufen, um sie zu holen. Nur weil ich das getan habe, hast du sie wieder. Und jetzt gehst du.«

»Ich weiß, was du getan hast«, antwortete ich. »Deshalb gebe ich dir Geschenke.« Zusätzlich zu einer Reihe einfacher Handelswaren hatte ich eine große Stahlaxt für ihn, ein äußerst wertvolles Stück. »Du sollst wissen, daß du immer Geschenke von mir bekommen wirst. In Zukunft bekommst du viele Dinge von mir. Dir wird nichts fehlen. Aber ich kann nicht bei euch bleiben. Ich kann nicht in eurem Dorf bleiben, wo dieser Mann und seine Brüder wohnen. Ich kann bei ihnen nicht leben. Sie haben meine Frau mißbraucht, deshalb kann ich nicht bleiben. Andere, die hier leben, haben sie früher auch mißbraucht. Ich kann bei den Patahamateri nicht wohnen.«

»Dann sag deiner Frau«, meinte Touwe, »daß sie nicht mehr weglaufen soll. Ich werde nicht nochmal nach ihr suchen.« Damit setzte er sich wieder in seine Hängematte, legte die Hand auf den Mund und blickte starr in den Wald.

Bis zum Abend waren Shori, Yarima und ich wieder in Wawatoi und warteten auf die Ankunft der Hasupuweteri, die nach seiner Versicherung bald kommen würden. In unserer Hängematte erzählte mir Yarima in dieser Nacht, was geschehen war. Nachdem ich sie am ausgebrannten Shapono am Fluß verlassen hatte, war sie nach Wawatoi gegangen in der Hoffnung, ihren Bruder zu finden. Aber in der Pflanzung war niemand. Da sie Angst hatte, allein zu bleiben, war sie nach Irokai gewandert – dem Shapono der Hasupuweteri tief im Landesinnern. Doch auf dem Weg dorthin war sie auf die Patahamateri getroffen. Sie befürchtete das Schlimmste, eine Wiederholung dessen, was ihr das letzte Mal zugestoßen war, als sie allein unter den Patahamateri gewesen war. Doch statt dessen hatte Shiriwe sie für sich beansprucht. Er war »hushuo«, erzürnt gewesen, daß ich es geschafft hatte, ihm Yarima wieder abspenstig zu machen. Und nun war sie ihm direkt wieder in die Arme gelaufen. Als ein Poreweteri-Läufer ihm mitteilte, daß ich zurückgekommen war, hatte er sich entschlossen, sie weit in den entlegensten Teil des Dschungels zu bringen. Aber es war hart, sagte Yarima. Sie hatten wenig zu essen. Kein Obst war reif, und sie hatten nur kleine Vögel schießen können. Ohne einen Topf versuchte sie Pfirsichpalmfrüchte zu rösten, doch die Schalen waren äußerst zäh. Als Touwe sie fand, hatte Shiriwe schon vorgehabt, wegen Nahrungsmitteln in ein Dorf zu gehen.

Am folgenden Tag tröpfelten allmählich die Hasupuweteri ein. Wie es ihre Art war, knüpften sie einfach nur Hängematten auf und machten sich dann an ihr Tagwerk, in das wir, die Neuankömmlinge, augenblicklich wieder einbezogen wurden. »Ja«, sagten sie, als sie sich zu einem Plausch in die Hängematte setzten, »wir wissen, was dir dort draußen passiert ist. Wir haben davon gehört. Das war ein schlechter Ort für dich. Nein, den Mann, der sie entführt hat, haben wir nie gemocht.« Yarima und ich hatten diese Leute vor zweieinhalb Jahren unter unschönen Umständen verlassen. Nun waren wir auf einmal wieder integriert, fast so, als wären wir nie weg gewesen. Da waren sie – Yarimas Mutter, älter jetzt, mit ersten Altersfalten, mein Schwager Kubewe, der neue Anführer, Yarimas Schwester und die von ihr so geliebten Kinder, sogar Shatakewe, mein alter Feind. Am ersten Tag kam er nicht in meine Nähe, doch bald schon kamen wir im normalen Tagesablauf wieder ins Gleis. Die alte Feindschaft war verschwunden. Es war alles vergangen und vergessen. Vielleicht liegt es daran, sagte ich mir, daß ich seitdem so viel durchgemacht habe. Als ich ihm einen Streifen roten Lendentuchstoff schenkte, der am Boden meines Rucksacks verblieben war, nahm er ihn einfach fraglos an, obwohl er sich gewundert haben muß, warum ich das tat. Ich verriet ihm nicht, wie glücklich ich war, wieder hier zu sein.

Am nächsten Tag rief ich die Männer zusammen, um den Landeplatz freizuräumen. Die sieben Tage waren zwar lange um, aber ich hatte keinen Helikopter gehört und auch nicht erfahren, daß einer über den Wald geflogen war. Ich hatte immer noch einen Funken Hoffnung. Ich wußte, daß es kompliziert war, einen Hubschrauber hierherzubringen, und daß es womöglich noch länger dauerte, als Alvaro sich ausgerechnet hatte. Das Vorhaben mußte nicht nur mit dem Verteidigungs- und Innenministerium koordiniert werden, die oft Meinungsverschiedenheiten hatten. Auch die Versorgung war schwierig, wie ich aus meiner Volkszählungserfahrung wußte. Die Stellen zum Auftanken mußten eingerichtet und Vorsorgemaßnahmen für den Notfall getroffen werden. Entgegen aller Vernunft hoffte ich, er würde doch noch eintreffen.

Wir warteten in Wawatoi, während eine Woche verging, dann noch eine, bis es offensichtlich war, daß niemand kam. Da der Ye'kwana-Bootsfahrer abgehauen war, ohne auf eine Nachricht von mir zu warten, würde auch kein Kanu herkommen. Ich überlegte, ob ich vielleicht einfach bleiben sollte. Wir waren hier bei den Hasupuweteri. Yarima war überaus glücklich, wieder in ihrem Heimatdorf zu sein, und wir hatten unser gemeinsames Eheleben wieder aufgenommen. Doch im Grunde meines Herzens wußte ich, daß ich, so gemütlich es hier im Dschungel war, eigentlich nicht wirklich wie die Eingeborenen werden konnte. Ich hatte nur noch wenig Kleidung. Mein eines Paar Turnschuhe war mit dem letzten Stück Klebeband zusammengeflickt. Ich hatte kein Gegengift und keine Arznei gegen Malaria, Ruhr oder Hepatitis. An jedem Tag hier setzte ich mein Leben aufs Spiel. Außerdem hatte ich keine Vorräte, kein Notizbuch und nicht eine Batterie. Ich konnte nicht einmal arbeiten. Ich hatte auch meine letzten Handelswaren verschenkt. Ich mußte lachen, als mir bewußt wurde, daß ich nun ärmer war als die Hasupuweteri. In bezug auf Nahrung und Unterkunft war ich von ihnen abhängig und hatte nichts, was ich ihnen dafür geben konnte. Ich langte in meinen Rucksack und prüfte die letzten drei mir verbliebenen Patronen. Drei im Rucksack, zwei in meiner Tasche griffbereit – mein gesamter Vorrat an westlicher Technologie.

Mir wurde klar, daß ich keine Wahl hatte. Ich mußte wieder den Fluß hinunter – *wir* mußten den Fluß hinunter, denn ich würde nie wieder ohne Yarima abreisen. Sobald wir draußen waren, würde ich Yarima einen Ausweis besorgen, und wir konnten uns formell trauen lassen, genau so, wie Alvaro vorgeschlagen hatte. Dann würde ich mich darum kümmern, genügend Geld aufzutreiben, damit ich meine Forschungen und mein Schreiben auf einer gesicherteren Grundlage weiterführen konnte. Doch ich wollte diesmal Shori mitnehmen. Ich hätte gern jemanden bei mir, erklärte ich ihm und Kubewe, der das Dorf vertreten und den Nabuh die Wahrheit über meine Beziehung zu

Yarima berichten konnte. Kubewe war dafür. Er war verärgert, als er erfuhr, was uns letztes Mal in Puerto Ayacucho geschehen war, und er wollte jemanden mitschicken, der alles genau beschreiben konnte. Sein Bruder konnte für ihn vor dem Gouverneur sprechen. Shori überlegte eine Weile, dann sagte er zu, obgleich ich sehen konnte, daß das Vorhaben ihm angst machte. Aber seine jüngere Schwester war ja schon dort gewesen, und sie schien es ganz gut überstanden zu haben. Sie war nicht ins Gefängnis gesteckt, ermordet oder verspeist worden. Sie war sogar in einem Flugzeug geflogen.

*Ich war sehr glücklich, von den Patahamateri weg zu sein. Ich wußte nicht, warum wir je bei ihnen hatten leben wollen. Das waren nicht meine Leute. Ich war sehr glücklich darüber, bei meiner Mutter und meiner Schwester zu sein. Es war gut, meinen Bruder zu sehen. Wir gingen in den Garten, setzten uns zu einem Plausch hin, und ich hielt die Babys meiner Schwester, die wie meine eigenen Kinder waren.*

*Als Kenny Großen Bruder bat, mit uns nach Caracasteri zu kommen, wußte er nicht gleich, ob er mitwollte. Ich dachte, er hat ein bißchen Angst. Er wußte nicht, wovor er sich fürchtete, außer daß er all die Lügen gehört hatte, die die Yanomami weiter unten erzählten. Aber die älteren Männer sagten ihm, er solle mit. Sie sagten, er könnte viele Handelswaren für das Dorf bekommen.*

Am nächsten Tag packten Shori, Yarima und ich unsere wenigen Habseligkeiten zusammen und brachen zum Fluß auf. In Yarimas Korb waren einige Bananen, ein paar »ohina«-Wurzeln und ein halbes Dutzend Maniokfladen, die ihre ältere Schwester gebacken hatte. Die Wawatoi-Pflanzung war bald abgeerntet, und die Gemeinschaft würde sich bald selbst auf den Weg machen, entweder zu einem der anderen Gärten oder auf Treck. Es war der 1. August, fast anderthalb Monate nachdem ich Caracas verlassen hatte.

*Tagebuch. Am Fluß, 12. August:* Wir sind jetzt schon fast zwei Wochen am Fluß. Yarima, Shori und ich. Am 2. August ist ein Malariaboot vorbeigekommen. Sie fuhren flußabwärts, aber es waren viele Leute drin, so daß sie uns nicht mitnehmen konnten. Sie sagten, sie würden bestimmt jemanden herschicken. Sie nahmen auch einen Brief an Juan

Eduardo mit. Die Insekten sind schrecklich. Kein Essen außer Piranhas und Palmherzen, die Shori vom Baum holt – Schmalhans ist Küchenmeister. Am Fluß kannst du wirklich Hunger leiden. Es ist durchaus möglich, auch in Zeiten der Nahrungsknappheit im Regenwald zu überleben, aber dafür mußt du in Bewegung bleiben. Und wir sitzen am Fluß fest.

Bis zum 15. August waren wir alle drei vom Hunger geschwächt. Wir ließen unser Gepäck am Fluß, zu erschöpft, um es zu tragen, und gingen nach Wawatoi zurück. Die Hasupuweteri staunten über unser Kommen. Sie dachten, wir wären schon längst abgefahren. Kubewe schickte einige junge Männer runter, um unsere Sachen zu holen. Dann sagte er mir, daß es in Wawatoi nichts mehr zu holen gäbe und daß sie vorhätten, am nächsten Tag nach Irokai zu ziehen, wo die »ohina«-Wurzeln reif zur Ernte waren. Die einzige Nahrung, die es hier noch gab, war der wilde Honig, den sie gerade gefunden hatten. Yarima, Shori und ich stopften ihn bereits gierig mit den Fingern in den Mund.

Zwei Tage später waren wir in Irokai. Ich hatte es kaum noch geschafft. Ich mußte alle verfügbaren Kraftreserven aufbieten, um ohne Stütze zu gehen. Das erste, was Kubewe tat, als wir ankamen, war, einige Pfund »ocumo«-Wurzeln auszugraben und sie in einem Aluminiumtopf, den ich ihm in besseren Zeiten geschenkt hatte, zu kochen. Er gab sie mir und sah zu, wie ich immer weiter aß, bis der ganze Topf leer war. Dann kochte er noch mehr. Mit einer Diät aus »ocumo«, gelegentlich mit Paranüssen und wildem Honig angereichert, kam ich allmählich wieder zu Kräften. Yarima pflegte mich, kochte und brachte mir Wasser, während ich in meiner Hängematte lag und ausruhte. Nachts paßte sie aufs Feuer auf, damit die Glut nie ganz erlosch, sondern die Hängematte wärmte, die sie, Shori und ich in einem engen Dreieck Kopf- an Fußenden um das Feuer herum aufgehangen hatten. Ihr Bruder und sie waren am Fluß genauso ausgehungert gewesen wie ich, aber sie hatten die Auszehrung besser ausgehalten und sich viel schneller erholt.

*Tagebuch. Irokai, 26. August:* Morgen werden wir drei wieder an den Fluß gehen. Ich fühl mich noch nicht danach, aber ich hab keine Wahl. Wenn das Malariateam raufkommt, dann fast immer zwischen dem 1. und dem 10. Zumindest reicht die Kraft zum Laufen. Yarima und Shori sind dünn, kommen mir aber normal kräftig und gesund vor. Ich muß im letzten Monat zwanzig Pfung verloren haben. Ich kann zum ersten Mal seit ich weiß nicht wann meine Rippen sehen. Wenn es einen Weg gäbe, diese Diät zu vermarkten, wäre ich reich. Die Yanomami-Blitzkur zum Schlankwerden. Iß soviel »ocumo«-Wurzeln wie du willst und nimm trotzdem ab.

Am 29. August waren wir wieder am Fluß, doch etwas zu weit unten, als es Shori lieb war – die Konoporepiweteri waren weniger als einen Tagesmarsch weiter flußabwärts von hier, und Hasupuweteri stand noch immer mit ihnen auf Kriegsfuß. Als wir den Orinoco hinaufzogen, kamen wir an die gleiche Stelle, wo mein erstes Haus gestanden hatte. Wir waren am 4. September dort, als ich 43 wurde.

*Tagebuch. Am Fluß, 9. September:* Wir warten immer noch. Wieder gibt es fast nichts zu essen, einige Krabben, ein paar kleine Fische, an manchen Tagen gar nichts. Vor ein paar Tagen fanden wir einen Fleck mit Cashewbäumen weiter drinnen. Die saftigen rohen Früchte waren köstlich. Aber wir sind alle wieder abgezehrt. Ich kann kaum stehen oder sprechen. Wenn ich es versuche, höre ich mich an wie Marlon Brando als »Pate« kurz vor seinem Tod. Shori und Yarima halten besser durch, aber auch sie sind ausgehungert. Ich hab schon die lebhaftesten Essenshalluzinationen. Ich träume, ich bin wieder in meiner alten Hütte, esse Spaghetti, Reis, Nudelsuppe mit Huhn und dick mit Erdnußbutter bestrichene Kekse. Ich kann den Kaffee in meinem Pott riechen und die Musik auf meinem Kurzwellenempfänger hören.

Am nächsten Tag arbeiteten Yarima und ich uns langsam durch sumpfiges Gelände abseits vom Flußufer und suchten nach Fröschen, als wir das Summen eines Motors hörten. Wir erstarrten beide und lauschten. Von unserem Standort aus war es schwer, den offenen Fluß zu sehen, und wir wußten, sie würden uns nicht entdecken. Ein paar Minuten zuvor war Shori zum alten Garten aufgebrochen, um zu schauen, ob er ein paar Tabakblätter finden konnte. Wenn er schon verhungern mußte, grummelte er, dann wollte er dabei wenigstens seinen Tabak im Mund haben.

Das Summen wurde lauter. Durchs Schilf sah ich ein Motorboot um die Biegung sausen, ohne auf uns zu achten. Ich eilte nach vorn, stolperte durch das Rohr und wedelte wild mit den Armen. Ich versuchte zu schreien, doch es kam nur ein heiseres Krächzen heraus. Im knietiefen Wasser platschend, schrie ich noch einmal und sah, wie die drei Männer im Boot die Köpfe umwandten. Einen Augenblick später wendeten sie abrupt und steuerten auf uns zu.

# Indios in Caracas

Als das Boot beidrehte, erkannte ich zwei Malariabedienstete. Das dritte Gesicht kam mir bekannt vor, aber ich wußte nicht, wo ich es hintun sollte. Inzwischen war Yarima zu mir herübergewatet, die noch zwei eingefangene Frösche gepackt hielt. Sicher rannte auch Shori bereits den Pfad herunter, um zu sehen, wer da angekommen war.

Yarima und ich standen lächelnd da, als der dritte Mann den Mund aufmachte. »Wissen Sie, wer ich bin?« fragte er in zornigem, drohendem Ton – einem Amtston, der unter diesen Umständen völlig fehl am Platz schien.

»Nein«, antwortete ich mit leise krächzender Stimme. »Wer sind Sie?«

»Ich bin Quijada.«

»Ja?«

»Señor Chaveros Assistent.«

»Ah, ja«, sagte ich, da mir sein Gesicht aus mehreren unerfreulichen Begegnungen wieder einfiel. »Ah, ja. Natürlich, Quijada.«

»Sie halten sich hier ohne Genehmigung auf.« Seine Stimme hatte einen herrischen, unverschämten Unterton. »Sie sind illegal hier. Sie haben zwei Möglichkeiten. Die eine ist, daß Sie jetzt zu mir ins Boot steigen. Die andere ist, daß ich Ihnen die Nationalgarde auf den Hals schicke, um Sie zu verhaften und rauszubringen.«

So schwach ich auch war, spürte ich einen plötzlichen Adrenalinstoß. Ist das zu glauben, dachte ich. Wir sind hier kurz vorm Verhungern, und das erste, was dieser Scheißkerl von sich gibt, ist, daß er mich verhaften will!

»Sie haben recht«, sagte ich und bemerkte gleichzeitig, daß Yarima das Lächeln im Gesicht gefror. »Ich habe keine Genehmigung. Im

Augenblick habe ich keine Genehmigung. Aber meine Genehmigung war noch gültig, als ich hier ankam. Wir saßen hier am Fluß fest. Sie sehen ja selbst unseren Zustand. Ich bin nur hier, weil ich nicht herauskommen konnte. Ich habe weder ein Boot noch einen Motor. Sie wissen sicherlich, daß vor drei Wochen ein Malariaboot hier war. Sie haben meine Nachricht mitgenommen, daß ich Hilfe brauche, aber niemand ist gekommen. Wir sind hier allein gelassen worden. Wenn Sie also meinen, ich bin aus freien Stücken hier, und Sie können ja selbst sehen, wie wir ausschauen, dann sind Sie verrückt.« Ich wollte diesem Typ gegenüber eigentlich einen steifen, förmlichen Ton anschlagen, aber der entglitt mir bereits wieder. »Sie wollen die Nationalgarde hier raufschikken, um uns zu schnappen? Fein! Ich werde sie mit offenen Armen empfangen. Ich werde jeden empfangen, der uns hier rausbringt.

Und was Ihren Chef Chavero angeht . . .« Ich holte tief Luft und riß mich zusammen. Mit so jemand mußte man bedachtsam und überlegt umgehen. Am besten man kam ihm verächtlich und drohend. »Was Ihren Chef Chavero angeht, so war beim letzten Treffen mit ihm die Lage ganz anders als jetzt. Seitdem bin ich in Caracas gewesen. Ich habe dort politische und juristische Beziehungen und Pressekontakte geknüpft. Chavero ist in ernsten Schwierigkeiten. Ich würde Ihnen raten, sich da nicht mit hineinziehen zu lassen. Wenn ich nach Puerto Ayacucho komme, wird er sich für seine Handlungsweise in diesem Fall ausführlich rechtfertigen müssen. Meine Freunde und ich werden ihm gehörig einheizen.« Es war größtenteils Bluff, aber er würde wahrscheinlich einlenken, wenn ich die Lage so bedrohlich wie möglich darstellte. Warum sollte er sich da hineinziehen lassen, wenn es nicht nötig war?

»Oh«, sagte er und, nach einer kurzen Pause: »Wenn Sie mit uns kommen wollen, können Sie das selbstverständlich.«

»Wenn ich mit Ihnen komme, nehme ich meine Frau und meinen Schwager mit.« Shori rauschte inzwischen schon durchs Schilf auf uns zu. »Sie kommen auch mit. Wenn Sie uns mitnehmen, müssen Sie außerdem garantieren, daß Sie uns alle mit Essen versorgen. Ist das klar?«

»Oh ja, natürlich, natürlich«, sagte er. »Es ist genug da. Ich werde Ihnen allen was zu essen geben.«

Als wir in La Esmeralda ankamen, brachte ich Yarima und Shori in Juan Eduardos Haus unter und rief aus der Krankenstation über Funk Alvaro an. Ich hatte vor, erst einmal allein nach Puerto Ayacucho zu gehen, um den Versuch zu unternehmen, die Probleme, die wir beim letzten Mal dort gehabt hatten, im voraus zu regeln. Alvaro war nicht da, aber seine Sekretärin war überaus erfreut, von mir zu hören. Alvaro, sagte sie, würde überglücklich sein, daß ich wohlauf war. Sie wußte nicht alle Einzelheiten, aber doch, daß der Hubschrauber, den sie geschickt hatten, nicht über Puerto Ayacucho hinausgekommen war. Es habe Probleme zwischen den beiden Ministerien gegeben, meinte sie, war sich aber nicht sicher. Auf jeden Fall würde sie ein Flugzeug organisieren können, daß mich abholte.

Nach der Landung in Puerto Ayacucho erhielt ich die beste Nachricht, die ich je gehört hatte. Etwa drei Wochen zuvor war General Muller-Rojas als Gouverneur abgesetzt worden. Als ich das hörte, fiel mir ein Stein vom Herzen. Auf dem Weg ins Hotel Amazonas zu Irene ging ich wie auf Wolken.

Am nächsten Tag schickte ich einen Flieger nach La Esmeralda, um Yarima und Shori abzuholen. Ich selbst flog nicht mit. Ich hatte einen Termin bei dem neuen Gouverneur vereinbart. Seine Sekretärin hatte mir am Telefon gesagt, daß er sich freuen würde, mich zu sehen, und bereits mit Señor De Armas über meine Lage gesprochen habe. Deshalb versäumte ich Shoris erste Flugerfahrung. Ich konnte mir Yarima schon vorstellen, wie sie als alter Hase ihn beruhigte und besänftigte. Ich hätte gerne gewußt, ob er diesmal ihre Beine im Yanomami-Klammergriff preßte.

*Als wir in das »avión« stiegen, legte der Mann, der es fliegen ließ, uns die Gurte an. Großer Bruder schlug sich die Hände vors Gesicht, als der Motor aufheulte und das »avión« so schnell über den Boden fuhr. Er hatte so große Angst, daß er nicht hinsehen konnte. Mein armer Bruder. Ich wußte, wie ihm zumute war. Das erste Mal, als ich in einem »avión« flog, war ich sicher, daß ich sterben würde. Ich werde die Angst, die ich hatte, nie vergessen. Aber ich war schon zweimal geflogen, und nun gefiel es mir.*

*Wir waren lange in der Luft, bis Großer Bruder die Augen aufschlug. Er starrte aus dem Fenster, sagte aber bloß: »So hoch, so hoch.« Ich sagte nichts. Ich wollte nicht, daß er sich wie mein »kleiner« Bruder fühlte. Ich wußte, daß er seine Angst verlieren würde, genau so, wie ich meine abgelegt hatte.*

Zwei Tage später hatten Yarima und Shori ihre Personalausweise. Selbst nach dem Gouverneurswechsel hatten die beiden Beamten uns Schwierigkeiten bereitet. Sicher war Chavero bei ihnen gewesen. Doch diesmal hatten sich Alvaro und Oberst Borrell mit dem Amt in Caracas in Verbindung gesetzt, und die Leute dort darüber informiert, daß die beiden Indios Bürger Venezuelas seien und ein volles Recht auf Personalausweise hätten. Da ich einen offiziellen Namen für die Dokumente brauchte, taufte ich Shori »Antonio«. »Sie können nicht seinen wirklichen Namen verwenden«, erklärte ich den Beamten. »Es ist eine Beleidigung, ihre Namen einzusetzen.« Er erhielt den Nachnamen Armas, zu Ehren von Alvaro. Yarima aber, die mit den Gepflogenheiten der Nabuh nun schon so lange vertraut war, entschied, ihren wirklichen Namen einzusetzen, also hieß es auf ihrem Ausweis: »Armas, Yarima. Geburtsort: Territorio Federal Amazonas.«

Als wir die Ausweise in Händen hatten, buchte ich drei Tickets für einen Flug nach Caracas. Doch bis zum letzten Augenblick blieb ich nervös. Trotz des neuen Gouverneurs war Puerto Ayacucho für mich gleichbedeutend mit Schwierigkeiten. Ich konnte es nicht erwarten, diesen Ort zu verlassen. In Caracas konnte ich ganz neu anfangen. Ich würde mir eine neue Genehmigung besorgen, einige der venezolanischen Stiftungen um Unterstützung angehen und den Kontakt mit Marvin Harris und der Universität von Florida wieder aufnehmen. Ich würde meine Tagebücher sowie die Daten aus den versengten Notizbüchern und die Unterlagen zu verschiedenen Bereichen meiner Studien, die ich hier und da bei Freunden in Kellern gelagert hatte, neu zusammenstellen. Ich würde mich wieder ausrüsten und mit Vorräten eindecken und dann auf einer gewissermaßen soliden Grundlage wieder in den Dschungel zurückgehen. Ein objektiverer Beobachter hätte in Anbetracht meiner finanziellen Lage und meiner tatsächlichen Aussichten wahrscheinlich mitleidig gelächelt. Aber ich – ich konnte es nicht erklären –, ich fühlte mich, als könnte ich die Welt erobern.

*Ein großes »avión« brachte uns von Ayacuchoteri nach Caracasteri. Es war ganz anders als das kleine »avión«. Als wir in der Luft waren, war es gar nicht laut – es war gar nicht so, als ob wir uns bewegten. Aber es flog viel, viel höher. Es flog am allerhöchsten. So weit das Auge reichte, lag Wald unter uns, und Kenny zeigte mir die glänzenden Spuren der Flüsse und die winzigen Häuser der Nabuh-Dörfer. Dann flogen wir über die Wolken, wo alles daunenweiß war. Damals konnten wir aber nicht das Wort »Wolken« sagen, weil das der Name von Langbarts Mutter war. Wir nannten die Wolken statt dessen »Rauch«.*

*Nach einiger Zeit sagte Kenny, daß wir uns Caracasteri näherten. Als das »avión« tiefer flog, sahen wir einen riesigen Fluß. Der Fluß war so groß, daß wir das andere Ufer nicht sehen konnten. Großer Bruder fragte Kenny, wo es flußaufwärts ginge, und Kenny deutete dahin. Als Großer Bruder fragte, was auf der anderen Seite sei, sagte Kenny: »Americateri ist auf der anderen Seite.« Er sagte, der Fluß hieße »Caribe«.*

*Als das »avión« gelandet war, gingen wir nicht wie in Ayacuchoteri im Freien zum Haus hinüber. Stattdessen gingen wir durch einen langen überdachten Weg in ein sehr großes Haus, wo es mehr Nabuh gab, als ich je gesehen hatte. Da gab es so viele von ihnen wie die durch den Wald wandernden Ameisen. Sie liefen alle schnell durcheinander. Großer Bruder und ich blieben nahe bei Kenny, damit die Scharen von Nabuh uns nicht mit sich rissen.*

*Wo wir stehenblieben, befand sich ein großes, rundes, glänzendes Ding vor uns, das sich zu drehen begann. Dann kam aus einem schwarzen Loch in der Mitte das Gepäck auf das glänzende Ding. Kenny sagte, daß die »maquina« das Gepäck vom Flugzeug herbrachte und bald auch unseres aus dem Loch kommen würde. Großer Bruder und ich sahen aufmerksam hin. Als das Loch unser Gepäck vor uns ausspuckte, lachten wir. Wir verstanden damals nicht, wie es ging, und es kam uns erstaunlich und lustig vor. Großer Bruder langte hin und griff sich unser Gepäck genauso wie die Nabuh. Ich fand das sehr tapfer.*

Glücklicherweise hatte Alvaro seinen Fahrer geschickt, um uns abzuholen. Mittlerweile war Yarima ganz süchtig auf Auto fahren, eigentlich schon seit unserem zweiten oder dritten Tag in Puerto Ayacucho bei unserer ersten Reise. Sie war das erste Mal, als sie das Geräusch eines Anlassers hörte, vor Schreck ins Gebüsch gehüpft. Später in jener Nacht hatte sie sich geweigert, nach draußen zu gehen, wo die flammenäugigen Bestien durch die Straßen röhrten. Aber sobald sie sich überzeugt hatte, daß sie sicher waren, wollte sie überallhin fahren. Auch wenn es nur ein paar Blöcke weiter war, bestand sie darauf, ein Taxi zu nehmen. Shori jedoch hatte keine Chance gehabt, sich daran zu gewöhnen.

Alvaros Wagen war groß und schwarz, ein Modell, das die Venezolaner Conquistador nannten, die größte in diesem Land verkäufliche Luxuslimousine.

Mittlerweile waren wir auf der Autobahn nach Caracas. Shori hatte kein Wort gesagt, aber es kam mir so vor, als ob sein Atem schneller und flacher ging. Als er den Kopf leicht nach links drehte, sah er ein Auto aufholen und an uns vorbeisausen. Er hatte es nicht kommen hören. Das Ding war einfach aufgetaucht und geräuschlos mit einer Geschwindigkeit herangekommen, die noch beängstigender war als unsere eigene. Er lehnte den Kopf in den Sitz zurück. Als ein weiteres Auto an uns vorbeiflog, schloß er die Augen. Ich hoffte, er würde sich nicht erbrechen oder ohnmächtig werden. Yarima auf der anderen Seite schien nichts zu bemerken. Sie war zu beschäftigt, fasziniert zu verfolgen, wie der Conquistador uns auf ein großes Loch in dem Berg zutrug, der sich direkt vor uns erhob.

Caracas an sich ist für viele Fremde ein Schock. Die Hektik und der Lärmpegel können sogar einem Weitgereisten höllisch vorkommen. Yarima schien diese Atmosphäre aufzusaugen, doch Shori starrte mit vor Schreck starrem Körper aus dem Fenster. Langsam bahnte sich der Conquistador seinen Weg aus dem Innenstadtverkehr und schnurrte den Hang nach Altamira hoch. Vor dem großen weißen De-Armas-Komplex hielt der Fahrer an und stieg aus, um die Türen zu öffnen. Shori blickte auf den festen Boden vor der offenen Tür. Er kam langsam heraus, stand leicht schwankend auf dem Gehsteig und sah mir zu, als ich einen weißen Knopf drückte und in eine Wand sprach, ein Vorgang, auf den nicht einmal Yarima gefaßt war, ihrem Ausdruck nach zu schließen. Als die Wand antwortete, machte sie einen raschen Schritt zurück, dann hob sie zaghaft die Hand und berührte das kleine schwarze Gitter der Gegensprechanlage. Weder sie noch ihr Bruder schienen das kleine rote Blinklicht an der Videokamera bemerkt zu haben, die von ihrem Wandsockel einen Meter über unseren Köpfen auf uns gerichtet war.

Oben an der Wendeltreppe, die zu den Büros führte, erwarteten uns Alvaro und seine Sekretärin Nana, die uns zur Begrüßung die Hände entgegenstreckten. Yarima und ihr Bruder blickten lächelnd auf die ausgestreckten Hände und sahen zu, als ich meine eigene vorstreckte und nacheinander Alvaro und Nana die Hand gab. Sie folgten meinem Beispiel nicht. Alvaro schlug Shori lachend auf die Schulter und führte uns in das Besprechungszimmer, wo Gebäck, Kaffee und Saft auf dem Tisch bereitstanden und die Eltern von De Armas uns erwarteten. Als Alvaro bemerkte, daß Shori unsicher ging, fragte er, ob ihm die Kleidung ungemütlich sei. Ob er lieber ein Lendentuch tragen wollte. Als ich das übersetzte, bejahte Shori, und wir gingen in das Vorzimmer und suchten eins aus dem Gepäck heraus. Als er wieder hereinkam, sah Shori sehr viel zufriedener aus, obwohl ich wußte, daß es nicht die Kleidung war, die ihn durcheinanderbrachte. Danach, als er sich auf einem der Stühle niederließ, aus dem Fenster auf Caracas hinabsah und eine Cola trank, die De Armas ihm angeboten hatte, sah es so aus, als würde er sich rasch von seinem ersten Zivilisationsschock erholen.

Binnen einer Woche gingen Yarima und Shori schon mit Familie De Armas und anderen Freunden von mir, die uns in einige der feinsten Restaurants einluden, zum Essen aus. Es stellte sich sehr schnell heraus, daß Shori alles aß, wohingegen Yarima sich weigerte, ein Essen anzurühren, das nicht genauso aussah, wie sie es vom Dschungel her kannte. Ich beobachtete diese Szenen fasziniert, wobei ich an den Kulturschock während meiner ersten Zeit bei den Hasupuweteri zurückdachte. Selbst als ich schon jeden Bissen wog, den die Indios in den Mund nahmen, war ich seltsamerweise bei meinem eigenen Essen geblieben. Yarima war mir da ähnlich. »Die Dame«, sagte Alvaro bisweilen zu einem Ober mit schwarzer Krawatte, »nimmt den Fisch. Aber er muß speziell zubereitet werden. Bitte sagen Sie dem Küchenchef, er möchte ihn unzerteilt und ohne Öl oder Butter kochen, und er darf absolut kein Salz oder andere Gewürze enthalten.« Der Ober glotzte ihn an. »Strikte ärztliche Anweisung«, sagte Alvaro dann. Doch wenn der Fisch kam, war es fast immer einer, den sie nicht kannte, und sie wollte ihn trotzdem nicht essen.

Yarima störte es sogar, daß sie gefragt wurde, was sie essen wollte. Es regte sie auf, daß jemand sie etwas so Lächerliches fragte. Statt zu antworten, bat sie mich jedesmal, ich sollte dem, wer immer es auch war, untersagen, solchen Unsinn daherzureden. Das Nahrungsangebot in Caracas war sowohl für sie wie Shori unfaßbar, und ich wußte, daß ihr merkliches Erstaunen, als wir in einen Supermarkt gingen, nur die schwächste oberflächliche Widerspiegelung ihrer Empfindungen war. Im Urwald kreiste das gesamte Leben jedes einzelnen um die tägliche Nahrungssuche. Für einen Yanomami war die Frage: »Bist du hungrig?« völlig sinnlos. Genausogut ließe sich fragen, ob er gerne atmet. »Möchtest du lieber eine ›eteweshi‹ oder eine Pfirsichpalmfrucht?« ist kein Satz, den ein Yanomami je ausgesprochen hat. Doch genau das war es, was unsere Freunde die ganze Zeit fragten. »Nach was für einem Essen ist dir heute«, sagten sie, »chinesisch oder italienisch?« Und ich war nicht in der Lage, auch nur ein Wort sinnvoll zu übersetzen.

In Sabana Grande, der Innenstadt von Caracas, gewöhnten sich Yarima und Shori allmählich an die Menschenmassen, obwohl ich es ihnen nicht abgewöhnen konnte, mir im Gänsemarsch hinterherzulaufen. »Geht hier neben mir«, sagte ich und nahm sie am Arm, damit sie neben mir bleiben sollten. Doch im nächsten Moment waren sie wieder im Gänsemarsch. Die lebenslange Gewohnheit, auf schmalen Pfaden hintereinander zu gehen, ließ sich nicht so leicht abschütteln. Es war einfach kein normales Gefühl, neben jemand zu gehen.

Außerdem ging ich meistens zu schnell für sie. Hier, auf ebenem, freiem Pflaster ohne Hindernisse, bewegten sich meine langen Beine einfach zu rasch. Shori und Yarima hatten Mühe, mit mir mitzuhalten, selbst wenn ich absichtlich den Schritt verlangsamte. Es war genau umgekehrt wie im Dschungel. Dort gehen sie mit leicht eingeknickten Knien und einwärts gekrümmten Zehen in einer an die ständigen Hindernisse und die Unebenheit des Waldbodens angepaßten Gangart. Nach einem Jahrzehnt beherrschte ich diesen Gang ganz gut, doch natürlich nicht so perfekt wie die Indios. Wenn sie es eilig hatten, konnte ich nie mithalten.

Doch hier war alles umgekehrt. Alle Rollen waren vertauscht. Hier kümmerte ich mich um sie. Ich war derjenige, der alles verstand und mit allem umzugehen wußte. Daß ich hier problemlos zurechtkam, muß besonders für Shori eine umwerfende Erfahrung gewesen sein. Zum ersten Mal war ich derjenige, der alles konnte.

Mit einigen Dingen kamen sie leicht zurecht. Sie gewöhnten sich zum Beispiel schnell daran, Kleidung zu tragen, und waren überhaupt nicht überrascht, daß jeder der unzähligen Menschen hier angezogen herumlief. Alle Nabuh, die sie je im Dschungel gesehen hatten, waren bekleidet gewesen (obwohl ein deutscher Anthropologe, der sich kurzzeitig im Amazonas-Gebiet aufgehalten hatte, gern nur mit Penisstrick herumlief). Allerdings waren sie erstaunt darüber, wie attraktiv Kleider sein konnten. Das wiederum überraschte mich, wie rasch sie Stile und Farben bemerkten und kommentierten. Sie waren beide davon hingerissen, wie die Nabuh Kleidung als Schmuck verwendeten, eine Idee, die ihnen vorher noch nie gekommen war. Besonders Yarima fragte mich nach Farben und wollte nach kurzer Zeit Röcke und Blusen haben, die hübscher waren und ihr besser standen als die, die ich ihr in Puerto Ayacucho gekauft hatte.

*Bei Alvaros Haus war ein Haus, wo es viele Kleider gab. Nana nahm mich das erste Mal mit. Da hingen viele schöne Hemden und Röcke in allen Farben an der Wand. Da waren stapelweise Hosen, blau, rot, grün und auch in anderen Farben. Die mußten bestimmt eine »maquina« haben, so wie die, die Juan Eduardos Frau in La Esmeralda hatte.*

*Als ich das erste Mal mit Nana hinging, hielt sie mir ein blaues Hemd an. Dann nahm sie eine blaue Hose, aber das Blau der Hose war dunkler. Sie fragte mich, ob es mir gefiel. Ich sagte: »Si.« Ich hatte in Caracas gelernt, was »ja« heißt. Dann hielt Nana ein gelbes Hemd und ein grünes Hemd an mich und fragte, ob sie mir gefielen. Ich sagte wieder »ja«, da lachte sie.*

*Nana wollte mir etwas kaufen, aber ich konnte nicht sagen, was mir am besten gefiel. Ich mochte sie alle. Sie waren alle sauber, weich und schön. Also hat Nana mir das gelbe Hemd gekauft. Ich sah zu, wie sie der Frau Geld gab, nicht das glänzende Geld, sondern die Geldblätter. Es war ein hübsches Hemd, und ich freute mich, daß Nana mich dorthin mitgenommen hatte. Ich hatte vor, Kenny hinzuführen, damit er mir das blaue und das grüne auch noch kaufte.*

Die meiste Zeit stellten weder Yarima noch Shori viele Fragen. Mit ihnen zusammen war es völlig anders als auf einem Stadtrundgang mit Freunden oder Verwandten, die zu Besuch waren, wo du ständig eine Sehenswürdigkeit nach der anderen zeigen, beschreiben und erklären mußt. Für die beiden Yanomami war das nicht bloß ein neuer und anderer Ort, es war ein systematischer Wandel der Lebenserfahrung. Phänomene, die sie sich nie im Geiste vorgestellt hatten, bestürmten ihre Sinne in endloser Flut. Meistens wußten sie gar nicht, wie sie danach fragen oder wo sie mit dem Fragen anfangen sollten. Sie hatten keinen Bezugsrahmen, innerhalb dessen sie Fragen entwickeln konnten.

Es war ihnen auch nicht möglich, ihre Angst vor der Polizei abzulegen. Mittlerweile wußten sie, daß die Männer in Uniform Polizisten waren. Doch obwohl es sich offenbar um keinen anderen Stamm handelte und obwohl sie sie nicht bedrohten, hielten Shori und Yarima strikt Abstand, wiesen mich auf Polizisten auf der Straße hin und zogen mich in eine andere Richtung. Sie waren besonders schockiert darüber, daß Polizistinnen Waffen trugen. Ihre eigenen Begriffe von der Rollenverteilung der Gechlechter waren, wie ich wußte, sehr viel strenger als unsere, und der Anblick von Frauen mit Pistolen bereitete ihnen großes Unbehagen. Wolkenkratzer und Aufzüge waren unfaßbare Mysterien, die sie mit Verblüffung hinnahmen, aber waffentragende Frauen bedeuteten eine beunruhigende Verletzung der Norm.

*Zu der Zeit verstand ich noch nicht, was Polizisten waren. Es schien mir so, daß sie überall leben mußten. Wir sahen sie in Ayacuchoteri, und nun sahen wir sie in Caracasteri. Es gab viele in Caracasteri. Ich fragte Kenny, wo ihr Dorf war, und er sagte, sie hätten kein Dorf. Aber das ergab keinen Sinn.*

*Ich konnte die Polizisten immer schon von weitem an ihrer Kleidung erkennen. Ich sah auch die Frauen der Polizisten. Sie hatten das Gleiche an und trugen auch Waffen. Ich fragte mich, ob deren Kinder auch das Gleiche anhatten und Waffen trugen, aber ich sah nie welche. Alle sahen für mich sehr wild aus, und ich wollte ihnen nicht zu nahe kommen. Ich fragte Kenny viel über die Polizei, aber ich verstand nichts von dem, was er mir sagte. Ich verstand deshalb nichts, weil ich dachte, das wäre ein anderes Dorf der Nabuh! So hatten wir es in Hasupuweteri und Patahamateri gehört. Kenny erzählte mir, daß die Polizisten die einzigen Leute seien, die in Caracasteri Waffen tragen durften. Er sagte, wenn er sein Gewehr mitnehmen würde, würden die Polizisten es ihm wegnehmen.*

Die einzige Gewaltszene, die wir mitansahen, verstärkte ihre Abneigung, obwohl sie sie auch faszinierte. Als wir eines Nachmittags die Avenida Real entlanggingen, entstand auf dem Gehsteig ein Handgemenge. Dort, direkt vor uns, versuchte eine breitschultrige, muskulöse Frau in einem enganliegenden gelben Kleid, zwei Polizisten abzuwehren, die sich nach Kräften bemühten, sie in einen Polizeiwagen zu zerren. Als sie dem einen einen gezielten kurzen Schlag verpaßte und den anderen in den Schwitzkasten nahm, merkte ich, daß es sich gar nicht um eine Frau handelte, sondern eine Transvestiten-Prostituierte. Sie (er) hatte offenbar ihr Gewerbe am Bordstein ausgeübt, als die beiden Polizisten vorbeifuhren und einzuschreiten beschlossen.

Wir sahen zu, wie die beiden Sittenwächter sie endlich in den Würgegriff bekamen und sie auf den Rücksitz niederrangen, wobei alle drei schwitzten, sich verrenkten und fluchten. Yarima und Shori mußte nicht gesagt werden, was die Polizisten da taten – sie verschleppten offenbar die arme Person, damit sie irgendeine schreckliche Grausamkeit an ihr verüben konnten. Aber sie wollten unbedingt wissen, warum die Polizei diese bestimmte Frau herausgepickt hatte und wie sie so groß und muskulös geworden sei. Sie hatten jemand wie sie noch nie gesehen.

Ich wußte nicht, wo ich anfangen sollte. Wie erkläre ich, daß ein Mensch sich für Sex verkauft? Wie erkläre ich, daß ein Mann sich als Frau verkleidet? Oder Gesetze, die das verbieten? Und überhaupt, wie erkläre ich Gesetze? Das Sexualverhalten der Yanomami ist völlig genormt und schließt Homosexualität aus. Ich hatte in all den Jahren bei ihnen keinen einzigen Fall gesehen oder davon gehört. Sie kennen Prostitution nicht, und die Vorstellung eines Transvestiten unter den nackten Yanomami ist ein Witz. Mir fiel ein Schweizer Botaniker ein, den ich vor Jahren im Hotel Gran Amazonas getroffen hatte und der mir zugeflüstert hatte, er habe während seines Besuchs in Lizots Dorf einen Transvestiten gesehen. Was kann er meinen? dachte ich. Hat er einen Mann mit einem Hüftstrick oder eine Frau mit einem Penisstrick gesehen? Nein, er hatte einen Mann gesehen, der ein Kleid anhatte. Direkt vor allen anderen. Der Botaniker war ganz baff, als ich ihm sagte, daß der Mann den Unterschied zwischen Männer- und Frauenkleidung nicht gekannt hatte. Er hatte bei einem Handel irgendwie ein Kleid erwischt und trug es, weil das Ungeziefer unerträglich war, nicht weil er sich gerne als Frau ausgab.

Wenn Yarima und Shori die Stadt zuviel wurde, gingen wir in den Parque del Este, dem wunderschön gestalteten Park in der Innenstadt von Caracas. Dort gab es reichlich Platz zum Spazierengehen. Wenn das saftige tropische Grün dieser Anlage auch nicht ganz dem Regenwald entsprach, so tat es aber den Augen wohl, die zu lange von Beton und Asphalt überreizt worden waren. Unser erster Besuch dort wurde unerwartet zu einem Abenteuer, als wir eine kleine Brücke überquerten und in einen Teich blickten, der von großen Goldfischen und anderen bunten Schuppenträgern wimmelte. Sowohl Shori wie Yarima beugten sich übers Brückengeländer und begutachteten mit sachverständigem Interesse das, was sie dort unten sahen. »Schau dir all diese Fische an«, meinte Shori schließlich. »Warum fangen wir nicht ein paar und kochen sie?«

»Wir können sie nicht fangen«, erwiderte ich.

»Na ja«, sagte Shori genervt, weil ich ihn so wörtlich nahm, »ich meine, wir könnten doch Angelschnur und Haken besorgen, und dann können wir sie fangen.«

»Nein«, antwortete ich, »auch wenn wir Angelschnur und Haken hätten, könnten wir sie nicht fangen. Die Leute dürfen sie nicht fangen.«

Shori dachte darüber nach. »Warum nicht?« fragte er.

»Weißt du«, antwortete ich und wußte schon, wie seltsam das klingen würde, »die Nabuh wollen sie einfach gern anschauen.« Yarima und Shori sahen sich an, sagten aber nichts.

Knapp fünfzig Meter weiter auf demselben Weg gelangten wir an einen weiteren Teich, wo mehrere Kaimane am Ufer lümmelten. Das war was anderes. Fische sind eine Sache, aber Kaiman ist das Lieblingsgericht der Yanomami. Ein Yanomami geht meilenweit für eine Kaimanmahlzeit. »Shori«, begann mein Schwager vorsichtig. Er hatte meine komische Erwiderung bezüglich der Fische bedacht und wußte nun nicht so recht, wie er es angehen sollte. »Shori, du weißt, wir haben seit sehr langer Zeit keinen Kaiman mehr gegessen.« Er linste auf ein zähnestarrendes Reptil, das direkt unter uns sperrangelweit gähnte. »Es wäre bestimmt gut, wieder einmal Kaiman zu essen.« Keine Antwort von mir. »Wir könnten den hier ganz leicht erledigen.«

»Nein«, sagte ich, »wir können ihn nicht erledigen.« Ich zeigte auf einen Wächter, der nicht weit weg stand. »Siehst du den? Er wird nicht zulassen, daß wir ihn töten.«

»Ich meine nicht jetzt«, fuhr Shori fort, als ob es ihm einleuchtete, daß wir uns das Tier selbstverständlich nicht jetzt unter den Augen des Wächters schnappen können. »Ich meine heute nacht. Wir kommen her, wenn es dunkel ist. Wir töten ihn nachts und schaffen ihn in unser Haus.«

»Nein«, sagte ich, obwohl mir mittlerweile der Gedanke an ein Kaimanessen nicht so ganz ohne zu sein schien. »Nein, können wir nicht. Die Wächter sind auch nachts hier.«

»Und was tun dann die Kaimane hier?« fragte Shori ärgerlich.

»Na ja«, versuchte ich zu erklären, »es ist das Gleiche wie mit den Fischen. Die Leute sehen sie sich gerne an.«

Das war eine Vorstellung, die Shori unaussprechlich absurd fand. Daß sie sich Fische zum Anschauen hielten, war schon schlimm genug. Aber die Vorstellung, daß jemand sich einen Kaiman zum Vergnügen anschaute, entlockte ihm ein ungläubiges Kopfschütteln. »Behetiai?!« rief er. (»Machst du Witze?!«) Dann schritt er voller Abscheu davon und sagte zu Yarima: »Die spinnen, die Nabuh. Sie halten sich Tiere zum Angucken.« Seinem Tonfall nach vermutete er, daß ich ihm nicht die ganze Wahrheit sagte.

Ich hatte vorgehabt, sobald ich hierherkam, diverse Vorräte zu besorgen und mich um eine neue Genehmigung zu kümmern. Ich dachte, ich hätte recht gute Aussichten, zumindest eine minimale Unterstützung von einer der venezolanischen Stiftungen zu erhalten. Doch obwohl ich meine Anträge gestellt und mich mit Leuten getroffen hatte, schien nichts vorwärtszugehen. »Ja, Dr. Good«, sagten sie (ich hatte den Titel noch gar nicht), »es bestehen durchaus Aussichten. Aber Sie müssen mit dem stellvertretenden Direktor darüber reden, und er ist bis Ende des Monats weg.« Es war Anfang des Monats. »Vielleicht könnten Sie ihn am 29. anrufen oder lieber am darauffolgenden Donnerstag. Er wird sehr beschäftigt sein, wenn er zurückkommt.«

Seit unserer Ankunft hatten wir bei Manuel De Pedro gewohnt. Es war sehr beengt dort, und schließlich war es auch Manuel gegenüber einfach nicht mehr vertretbar, noch länger dortzubleiben. Außerdem spürte ich, daß Yarima und Shori das Leben mitten in Caracas über längere Zeit nicht aushalten konnten. Es war ja ganz nett, dort einen kurzen Besuch zu machen, die Welt der Nabuh zu erleben und dann wieder in die Ruhe des Dschungellebens zurückzukehren. Aber auf unbestimmte Zeit in dem Lärm und Streß einer Großstadt leben? Mittlerweile war es bereits Dezember. Der Bewilligungsvorgang dauerte eine Ewigkeit. Er ging voran, obwohl er bei den ganzen Schritten, die die Stiftungen für nötig hielten, schwer einzuschätzen war, was tatsächlich passierte. Was immer auch geschah, es sah so aus, als müßten wir noch mindestens ein bis zwei Monate hierbleiben.

Manuel hatte Freunde, die in den Bergen außerhalb von Caracas wohnten. Sie hatten ein leeres Gästehaus, das wir benutzen konnten. Dort draußen zu wohnen, hätte seine Vorteile. Außerdem müßten wir Manuels Gastfreundschaft nicht weiter strapazieren. Ich wollte auch Yarima und Shori aus der Stadt herausbringen. In den Bergen in Turgua konnte Shori ein Lager im Yanomami-Stil bauen. Wir konnten über einem Feuer kochen. Wir hatten Ruhe und Frieden. Zugleich konnte ich nach Caracas fahren, wann immer es nötig war, um den Genehmigungsprozeß und die Zuschußanträge im Auge zu behalten. Ende Dezember beschloß ich umzuziehen.

Am betreffenden Tag holte uns Alvaros Fahrer ab, diesmal nicht im

Conquistador, sondern in einem rechtsgesteuerten Londoner Taxi, das Alvaro vor Jahren während seiner Studienzeit in England spontan gekauft und nach Venezuela überführt hatte. Dieses Taxi war eine Kuriosität, das einzige seiner Art in Venezuela und wahrscheinlich nicht gerade ideal, dachte ich, um uns in die zerklüfteten Berge zu bringen, wo befestigte Straßen eine Seltenheit waren. Doch Alvaro brauchte das andere Auto an diesem Tag selbst, und sein Geländewagen mit Allradantrieb war in der Werkstatt. Also stopften wir unsere Sachen ins Taxi und los gings.

Das Taxi schaffte den ersten Teil der Strecke problemlos, aber als wir in steileres Gelände kamen, zog es nicht mehr richtig und überhitzte. Das letzte Stück Lehmstraße, das zum Haus von Manuels Freund führte, war besonders schlimm. Die alten Fahrspuren waren voller Schlamm und Wasser vom letzten heftigen Regen, und das Taxi stotterte, schlingerte und kam nicht mehr in Fahrt. Schließlich blieb es ganz stehen und weigerte sich, auch nur einen Zentimeter weiterzufahren.

Wir stiegen alle aus, neugierig beobachtet von einer Gruppe kleiner schwarzer Kinder, deren Familien in den Bergen wohnten. Sie waren neben dem Taxi hergerannt, als es den Schlammweg hinaufgeschlingert war. Die Kinder starrten diese seltsamen Eindringlinge an – Alvaros Fahrer mit Chauffeurmütze, ein großer »gringo« mit Bart und zwei Dschungel-Indios, die alle betrübt auf das komische Vehikel blickten, das sie aus unerfindlichen Gründen in die arme Gegend von Turgua befördert hatte. Das war offenbar das aufregendste Ereignis, das diese Kinder seit langem miterlebten. Ich erinnerte mich an die Situation, als ich mit den Soldaten der Luftwaffe in ihren weißen Handschuhen und Moskitonetzen mit einem Hubschrauber vom Himmel mitten in das unberührte Yanomami-Dorf gefallen war. Der Grad an Überraschung und Neugier muß fast der Gleiche gewesen sein.

Ich marschierte die restlichen fünfhundert Meter zum Haus von Manuels Freund Douglas Branch, einem Engländer, der mit seiner amerikanischen Frau Hillary aus einem hektischen Leben ausgestiegen war und sich hier in den Bergen niedergelassen hatte. Als Douglas hörte, was vorgefallen war, stiegen wir in seinen Geländewagen, um die anderen samt dem Gepäck herzuholen. Doch als er die Zündung einschaltete, rührte sich nichts, und als er unter der Haube nachsah, stellte er fest, daß die Batterie fehlte. »Das müssen die Leute vom Holzlager gewesen sein, die heute früh da waren«, sagte er. »Die Kerle haben meine Batterie gemopst. Aber das kriegen wir schon hin.« Einen Augenblick später schloß er die Batterie eines auf seinem Grundstück stehenden Schrottautos an, und wir dampften los.

Am Hang hinter seinem Haus hatte Douglas Branch ein kleines Einzimmer-Gästehaus, das Yarima und ich bezogen, während Shori sich direkt davor einen Yanomami-Unterstand baute. Das war der Beginn dreimonatigen Aufenthalts in den Bergen, wo sich bald ein schöner Dobermannpinscherwelpe zu uns gesellte. Er war ein Geschenk meines alten Freundes Carlos Carvallo, den ich vor fast sechs Jahren während der Malariaepidemie flußaufwärts mitgenommen hatte. Yarima taufte den Welpen gleich Wayabito, ihre Aussprache von Los Guayabitos, der Stadt, in der Carlos wohnte. Sie und ich gewannen den Hund rasch lieb, ebenso Shori, der im Geiste schon den furchterregenden Jäger vor sich sah, zu dem ein so kräftiger Welpe heranwachsen konnte.

Carlos lieh mir auch ein Motorrad, so daß ich nach Caracas fahren konnte, um mich um die Genehmigungserteilung und die Zuschußanträge zu kümmern. Yarima liebte das Motorrad. Sie mochte es, sich an meinen Rücken zu klammern, während ich die Hänge von Turgua hinunterbretterte und in die Stadt brauste, wo sie oft bei Alvaros Sekretärin Nana blieb, mit der sie sich gut angefreundet hatte. In der Zwischenzeit schlug ich mich mit Sekretärinnen und Beamten herum, hielt an der Humboldt-Stiftung, einer deutsch-venezolanischen Kulturorganisation, die nach dem deutschen Naturforscher Alexander von Humboldt aus dem 19. Jahrhundert benannt ist, Seminare über das Leben der Indios und beteiligte mich an verschiedenen Projekten der Schule für Tropenmedizin an der Zentral-Universität.

Im Laufe der Zeit schwand allmählich meine Zuversicht, finanziell auf einen grünen Zweig zu kommen. Wenn gar nichts durchging, wäre ich in einer verzweifelten Lage, da ich ja von Anleihen bei Freunden gelebt hatte. Ich konnte auch nicht ewig warten. Yarima machte das

Leben hier draußen nichts aus. Es gab viel, was sie allmählich an der Stadt genoß, und natürlich hatten wir uns beide. Aber Shori war nun fünf Monate draußen. Er vermißte den Dschungel schrecklich, und er vermißte sein Dorf. Binnen kurzem würde ich einen Weg finden müssen, ihn zurückzubringen.

Doch alle aufkeimenden Sorgen um meine Finanzlage wurden eines Tages mit einem Schlag in den Schatten gerückt, als ich erfuhr, daß Harald Herzog in seinem Dorf am Rio Bocon Selbstmord begangen hatte. Mir war schon vorher zu Ohren gekommen, daß er Probleme hatte, und als ich ihn zuletzt sah, hatte er sich auch recht merkwürdig benommen, so fand ich jedenfalls. Ich war im Yanomami-Shapono in Platanal zu Besuch gewesen, als die Indios auf einmal riefen: »Harati, Harati, Harati!« Ich schaute mich um und sah Harald durchs Tor marschieren. Während die Indios seinen Namen riefen, schritt Harald über den Innenhof. Über das ganze Gesicht lachend, schaute er nach allen Seiten und winkte den Leuten in ihren Hängematten zu. Es war ein auffälliges Benehmen für jemanden, der seit einem Jahr bei den Yanomami lebte, völlig unvereinbar mit ihrem Verhaltenskodex. Doch es war nicht nur sein Verhalten, das mich stutzig machte, es war Harald selbst. Als ich ihn das letzte Mal gesehen hatte, war sein Haar pechschwarz gewesen. Nun war es stahlgrau. Er sah alt, müde und verbraucht aus. Später erfuhr ich, daß er sich mit einer Yanomami-Frau eingelassen und fürchterliche Schwierigkeiten mit ihrem Mann bekommen hatte. Derartige Probleme konnte ich mir nur allzugut vorstellen. Doch selbst vor diesem Hintergrund war Haralds Tod ein schwerer Schlag für mich.

Ende Januar erhielt ich eine kleine Zuwendung von einer der Stiftungen, aus ihrem Vorjahrs-Budget, wie sie mir mitteilten. Wenn ich in diesem Jahr früh genug einen Antrag stellte, glaubten sie, mir auch weiterhin helfen zu können. Das Geld langte, um uns alle auszustatten und wieder an den Orinoco zu bringen, aber es reichte nicht im entferntesten aus, um einen ausgedehnten Aufenthalt zu finanzieren. Meine Genehmigung war – endlich – auch durchgegangen, so daß in dieser Hinsicht keine Probleme bestanden. Es war eine herbe Enttäuschung für mich, daß ich nicht genug Geld auftreiben konnte. Aber es war keine Frage, daß wir zurückmußten, Shori für immer, Yarima und ich auf einen Besuch. Nach unserer Rückkehr wollten wir ein letztes Mal versuchen, mehr Geld zu beschaffen. Wenn sich herausstellte, daß das wirklich in Venezuela nicht möglich war, wollte ich mich an die amerikanischen Stiftungen wenden. Yarima war bereit, mit mir in die Vereinigten Staaten zu gehen. Sie hatte mir schon gesagt, daß sie das gerne tun würde. Sie hatte zwar keine Ahnung, wie mein Dorf aussah, aber sie fühlte sich dem gewachsen, was auf sie zukam. Verglichen mit den welterschütternden Gegensätzen, die sie bereits durchlebt hatte – was konnte es da noch viel Neues geben?

# Abschied vom Dschungel

Am 15. Februar 1986 flog uns ein befreundeter Anwalt, Alvaro Rotondaro, der auch Pilot war, nach La Esmeralda – Yarima, Shori, mich und Wayabito. Dort blieben wir ein paar Tage bei Juan Eduardo und seiner Frau, während ich mit einem Ye'kwana-Bootsführer verhandelte, der uns und unser großes Gepäck flußaufwärts bringen konnte.

Nach der Ankunft an unserem alten Flußlager zog Shori los, um die Hasupuweteri zu suchen und einige Huya herzubringen, die die mitgebrachten Waren tragen sollten. Ich bezahlte dem Bootsmann die Fahrt. Zusätzlich gab ich ihm noch etwas Geld mit dem Auftrag, am 1. April wiederzukommen. Dann mußte ich nämlich zurück, um die Prozedur der Zuschußanträge erneut anzugehen. Daneben gab es einen weiteren Grund, warum ich um diese Zeit wieder in Caracas sein wollte, einen ungleich wichtigeren. Wir hatten gerade gemerkt, daß Yarima wieder schwanger war, und diesmal war ich fest entschlossen, ihr die bestmögliche Vorsorge zu bieten.

Am nächsten Morgen lagen Yarima und ich noch in unserer Hängematte, als Shori auf einmal mit den Huya aus dem Wald auftauchte. Sie mußten schon im Dunkeln von Wawatoi aufgebrochen sein und hatten brennende Scheite vor sich hergetragen, um den Pfad auszuleuchten. Eine Stunde später trafen die übrigen Hasupuweteri ein. Die ganze Dorfbevölkerung kam von ihrer Inlandspflanzung an den Fluß, um uns zu begrüßen. Shori hatte bereits seine Kleidung abgelegt, und als die Hauptgruppe ankam, zog sich auch Yarima aus. Von allen Seiten kamen Bemerkungen zu ihrem Rock, ihrer Bluse und ihrem Haar, das während ihres Aufenthalts bei den Nabuh gewachsen war und äußerst un-yanomamisch aussah – erschreckend, sagten ihre Schwester und ihre Freundinnen in gespieltem Entsetzen. Dann mußte sie sich hinsetzen und bekam einen Haarschnitt verpaßt, nicht mit den üblichen langen, scharfen Halmen, sondern mit einer neuen Schere, die ich aus dem Gepäck fischte.

Drüben in Wawatoi bauten die Hasupuweteri gerade ein neues Shapono, und als wir da waren, bat ich sie, noch ein kleines Haus für meine Vorräte und die Ausrüstung zu errichten. Das meiste davon wollte ich während meines Aufenthalts verschenken. Es tat gut, wieder hier zu sein. Die Leute freuten sich wirklich, uns zu sehen, vor allem, weil sie von zu Besuch weilenden Yanomami, die weiter flußabwärts wohnten, die üblichen standhaften Beteuerungen gehört hatten, daß wir umgebracht worden seien. Wie Shori staunten sie über Wayabito, der, obwohl noch ein Welpe, nicht viel kleiner war als die ausgewachsenen Jagdhunde des Dorfes. Alle waren sich sicher, daß er der größte Jäger im Urwald werden würde. Abends beobachtete ich, wie Shori in seiner Hängematte saß und Geschichten von den Wunderdingen erzählte, die er bei den Caracasteri gesehen hatte. Er nahm seine Erzählungen mit einem Kassettenrecorder auf, den ich ihm zu diesem Zweck gegeben hatte. Aber als ich mir später die Bänder anhörte, war vieles von dem, was er sagte, schwer zu verstehen. So fließend mein Yanomami war, die Sturzflut von Analogien und Anspielungen, mit denen Shori Eindrücke zu vermitteln suchte, die in der geistigen Welt seiner Zuhörer nicht vorkamen, machte seine Geschichten so gut wie unverständlich. Ich wußte, ich hatte hier die Grundlage zu einer äußerst faszinierenden sprachlichen, kulturellen und psychologischen Studie. Aber ich müßte eng mit einem Informanten zusammenarbeiten – vorzugsweise Shori persönlich –, um das erst aufzuschreiben, dann die wörtliche Bedeutung zu übersetzen, die oft unsinnig erschien, und zuletzt die zugrunde liegende Bedeutung zu erschließen. Das wäre ein langwieriger Prozeß, und Shori selbst würde bald nach Mokaritateri aufbrechen, wo ihm eine Frau versprochen worden war. So würde die Studie warten müssen.

Die anderthalb Monate in Wawatoi gingen rasch und angenehm vorbei. Die meiste Zeit gab es reichlich Bananen, und die Jagd lief gut. Es gab so gut wie keine Spannungen im Dorf, und die Leute waren gelöst und glücklich. Wieder nahm ich meine Studien auf, ergänzte meine Berichte über den Jagdablauf und die Ernährungsmuster der Hasupuweteri. Da ich so lange weg gewesen war und nun – zur Abwechslung mal – in eine ruhige, streßlose Situation zurückkehrte, fielen mir erneut einige charakteristische Seiten ihres Lebens auf. Ich fühlte mich wie ein Reisender, der von einem langen Auslandsaufenthalt wieder nach Hause gekommen ist. Er ist zu Hause, aber zugleich sieht er die Dinge in einem anderem Licht. Bräuche, Sitten und Erscheinungen, die er früher für selbstverständlich gehalten hatte, springen ihm plötzlich ins Auge, wenn er sie im Geiste mit denen in dem Land, das er gerade verlassen hat, vergleicht.

Die Art, wie die Indios sich bewegten, faszinierte mich von neuem, dieser flüssige, langsame Rhythmus bei ihrem Tagwerk. Welch ein Kontrast zur Hektik der Bürger von Caracas. Wieder war ich beeindruckt von ihren gesunden Zähnen, so regelmäßig und ohne Zeichen von Verfall. Mehr denn je fesselte mich die Beobachtung von Eltern im Umgang mit ihren Kindern, zweifellos auch deshalb, weil ich mit 43 Jahren selbst Vaterfreuden entgegensah. Mich rührte die Zärtlichkeit, dieser ununterbrochene Kontakt bei Tag und Nacht zwischen Müttern und Kindern und nicht zuletzt die offensichtliche Freude, die die Hasupuweteri-Väter an ihren Töchtern und Söhnen hatten. In früheren Jahren hatte ich das Verwandtschaftssystem der Yanomami in der Theorie genau studiert, doch nun achtete ich mehr darauf, wie die Schwestern einer Mutter sich als klassifikatorische Mütter tatsächlich auf ganz mütterliche Art ihren »Kindern« zuwandten, genauso wie sich die klassifikatorischen »Väter« väterlich gegenüber ihren »Nachkommen« verhielten. Deswegen war ein Kind stets eng und liebevoll umsorgt. Selbst wenn ein echter Elternteil starb, war ein fast ebenso naher klassifikatorischer Elternteil da, um das Kind zu ernähren und zu lieben. Unter den Yanomami gab es keine Waisen.

Ende März brachen Yarima und ich von Wawatoi aus zum Orinoco auf und nahmen zwei Huya als Träger mit. Der Bootsführer hatte versprochen, uns am 1. April wieder abzuholen, und ich wollte ihn auf keinen Fall verpassen. Shori war einige Wochen zuvor nach

Mokaritateri zu seiner neuen Frau aufgebrochen. Die übrigen Hasupuweteri waren über unseren Abschied traurig, aber sie akzeptierten es, vor allem, nachdem ich erklärt hatte, daß ich mit dem Geld, das ich in Caracas zu erhalten hoffte, noch viel mehr Sachen für sie kaufen würde, die sie brauchten. Außerdem wollten sie in Kürze zu einem Treck aufbrechen. Die Bananen würden nur noch ein oder zwei Wochen reichen.

*Ich wollte mit Kenny weiter nach Caracasteri. Ich konnte ohne ihn nicht hierbleiben. Ich wollte auch Irene in Ayacuchoteri und Nana wiedersehen. Aber der Hauptgrund, warum ich mitwollte, war der, daß Kenny mir gesagt hatte, der Nabuh-Doktor in Caracasteri könne Schwangere betreuen. Ich hatte immer noch Angst von der Zeit her, als mein erstes Baby starb. Ich wollte nicht, daß dieses auch starb.*

*Aber ich war sehr traurig darüber, meine Schwester und meine Mutter zu verlassen. Meine Mutter war schon alt, und ich dachte, es könnte sein, daß ich sie nie wieder sah. Die Tochter ihrer Tochter hatte bereits ein Baby bekommen. Am letzten Morgen saß ich an der Feuerstelle meiner Mutter und unterhielt mich mit ihr und meiner älteren Schwester. Die Sonne stieg schon hoch, und Kenny war immer noch mit einigen Männern in seinem Haus und packte seine Sachen. Dann rief er »Pei!«, und ich wußte, es war Zeit zum Aufbruch. Meine Mutter begann zu weinen. Sie sagte: »Geh ins Dorf deines Mannes, um das Baby zu kriegen. Dann komm wieder her zu mir.« Sie weinte, als sie das sagte, und meine Schwester und ich weinten auch.*

*Ich lief rasch den Pfad entlang durch die Gärten und weinte beim Gehen, weil ich so unglücklich war. Als Kenny mich einholte, gab er mir das kleine »manashi«-Küken, das Großer Bruder mir geschenkt hatte. Ich war so schnell aufgebrochen, daß ich es vergessen hatte.*

Am späten Vormittag des nächsten Tages waren wir am Fluß, wo wir einen kleinen Treck-Unterstand bauten und uns dann von den beiden Huya, die uns begleitet hatten, verabschiedeten. Der Fluß war niedrig; ein schlechtes Zeichen, da wir wußten, daß dies dem Bootsführer die Herfahrt erschweren würde. Aber wir ließen uns zum Warten in unseren Hängematten nieder und hofften, daß er es trotzdem irgendwie am nächsten Tag schaffen würde, wie er versprochen hatte. Ich erinnerte mich nur zu gut an das letzte Mal, als wir so am Fluß gewartet hatten. Diese Erfahrung wollte ich nicht nochmal durchmachen.

*Tagebuch. 3. April, 4. Tag am Fluß:* Wir haben die letzten »klebo«-Früchte aufgegessen, die einer der Huya uns noch von einem Baum geschlagen hatte. Das Boot ist nicht gekommen. Das gefällt mir gar nicht. Es drückt auf die Stimmung, hier allein zu warten. Heute früh waren die Bäume voll mit »manashi«-Vögeln. Ich wünschte, ich hätte mein Gewehr [ich hatte es Shori gegeben, da ich dachte, er könne mehr damit anfangen und ich könne in Caracas ein neues auftreiben]. Uns ging auch das Brennholz aus, aber wir schafften es, einen abgestorbenen Baum umzustürzen. Dummerweise verfing er sich in einer Liane. Um ihn daraus zu lösen, hätte ich zehn Meter den blanken Stamm hinaufklettern müssen, wovor ich Schiß hatte. Ich kann das nicht so wie ein Yanomami. Die können wie Affen klettern, und die Frauen schicken die Männer ständig irgendwo rauf wegen Honig, Obst oder Brennholz.

*Als ich Kenny sagte, er müßte hinaufklettern, um die Liane von dem Baum zu lösen, sagte er, er glaube nicht, daß er so hoch hinaufklettern könne. »Du mußt«, sagte ich, »wir brauchen ihn für das Feuer. Wenn wir heute nacht kein Feuer haben, werden uns die Vampire beißen.« Es gab viele Vampire am Fluß, und sie waren äußerst angriffslustig. Kenny sagte, er habe Angst, der Baum würde auf ihn fallen. »Keine Sorge«, sagte ich, »wenn er auf dich fällt, werde ich ihn zur Einäscherung deiner Leiche verwenden.« Ich sagte das, um ihn zum Lachen zu bringen. Aber er wußte nicht, ob ich einen Witz machte, also sagte ich ihm, daß ich ihn vielleicht auch nicht verbrennen würde. Vielleicht würde ich ihn den Fluß hinuntertreiben lassen. Ich erinnerte mich daran, als er mit »prisi-prisi« krank darniederlag, hatte er dem Großen Bruder gesagt, er soll ihn zum Padre hinuntertreiben lassen. »Keine Sorge«, sagte ich ihm, »ich werde dich den Fluß hinuntertreiben lassen, und dann gehe ich allein nach Hause.«*

*Als Kenny das hörte, schwang er sich auf den Baum und fing sehr langsam an, den Stamm hinaufzuklettern. Aber er konnte nicht wie ein Yanomami klettern, und ich befürchtete schon, daß er abstürzen würde, also rief ich ihm zu, er soll herunterkommen. Er tat so, als hörte er mich nicht, und kletterte weiter. Mir war sehr bange, er würde abstürzen, also rannte ich in den Wald und sammelte rasch einen Stapel Brennholz, den ich unten an den Baum legte, so daß Kenny sehen konnte, daß er nicht mehr klettern brauchte.*

Als Yarima sich über mich lustig machte, dachte ich: Hol's der Teufel, jetzt gilt's, und begann mich hochzuziehen. Überflüssig, zu bemerken, daß sie mich in dem Augenblick, als ich im Baum oben war, anflehte herunterzukommen. »Du wirst fallen, du wirst fallen«, schrie sie. »Komm runter, komm da runter.« Ich versuchte, mich weiter hochzuschieben, als hätte ich nichts gehört, aber ich kam wirklich langsam voran, und schließlich blieb mir nichts anderes übrig, als so elegant wie möglich wieder hinunterzurutschen. Als ich wieder am Boden war, stand sie mit einem Stapel Brennholz da, den sie schnell im Wald zusammengeklaubt hatte.

*Tagebuch. 6. April, 7. Tag am Fluß:* Wenig Anglerglück. Ein Piranha hat meinen großen Haken abgebissen; jetzt hab ich nur noch einen. Ohne Metallrute ist es schwer, sie rauszuziehen, bevor sie mit ihren Zähnen die Leine durchtrennt haben. Die paar, die wir gefangen haben, sind etwa dreißig Zentimeter lang, vielleicht vier Pfund, und sie sind verbissene Kämpfer. Sie kurven wie wild herum, und du hast bloß die Leine in der Hand, keine Rute, also sind sie schwer zu erwischen.

In den letzten paar Tagen hat Yarima den »Hesi ke maki«, den großen Gebirgszug im Süden, angesungen. Sie sagt, wenn er ihre Gesänge hört, wird Regen kommen, der wird den Fluß ansteigen lassen, und der wird dann unseren Bootsmann herbringen.

Ich hab noch ein bißchen Kakaopulver und Trockenmilch übrig, vielleicht reicht's noch zwei Tage. Aber Yarima will es nicht anrühren. Der Gedanke, Milch von einem Tier zu trinken, widert sie an. Ich hab versucht, noch einen »klebo«-Baum zu fällen, aber meine Machete ist stumpf, und ich hab keinen Schleifstab zum Schärfen. Ich hab bloß den Stamm zu Brei geschlagen, anstatt ihn durchzuhauen. Mußte schließlich aufgeben, sehr zu Yarimas Enttäuschung. Meine Hände sind voller Blasen.

Der Morgen des 7. April brach mit Donnergrollen an, dem ein kurzes, aber heftiges Gewitter folgte. Der Fluß stieg leicht an, was auch unsere Stimmung steigen ließ, aber es kam kein Boot, und bei Einbruch der Nacht waren wir wieder ebenso niedergeschlagen wie hungrig. Die blutsaugenden Stechmücken waren so schlimm, daß jeder von uns selbst mit dem Moskitonetz Dutzende von juckenden Stichen hatte, an denen wir uns wegen der Infektionsgefahr nicht kratzen durften. Da wir an diesem Abend Regen erwarteten, legte ich eine Plastikplane über das Netz.

Abends beklagte sich Yarima über »shitehema nini«, Bauchweh, genauso wie vor der Fehlgeburt. Besorgt fachte ich das Feuer an, mit schrecklichen Gedanken im Kopf. Endlich schlief ich ein. Ich wußte, es war möglicherweise bloß Hunger; ich hatte selbst arge Bauchschmerzen. Doch was, wenn es was anderes war? Am nächsten Tag, beschloß ich, ausreichend Nahrung zu suchen, selbst wenn wir deshalb den Fluß eine Zeitlang verlassen und das Risiko eingehen mußten, das Boot zu verpassen.

Am folgenden Morgen hinterließ ich einen Zettel und eine rote Fahne an einem Pfad im Fluß, und Yarima und ich gingen Richtung Wawatoi landeinwärts. Unterwegs fanden wir reichlich »eteweshi«-Früchte und einen echten Leckerbissen, Papaya mit ihrem hohen Vitamin-C-Gehalt. Auf dem Heimweg mit unserer Ladung auf dem Rükken stießen wir auf eine Horde Kapuzineraffen, die »rosa«-Früchte in einem Baum futterten. Sie bemerkten uns nicht, deshalb hielten wir an, um zu beobachten, wie sie mit ihren äußerst schnellen, ruckartigen Bewegungen durch die Zweige turnten. Das ist zweifellos eine Schutzmaßnahme, aber es sieht komisch aus. Yarima sah ihnen zu und konnte kaum das Lachen unterdrücken. Die Chancen zu einer so ausgiebigen Beobachtung aus der Nähe sind selten. Als ich ihr Vergnügen über die Kapriolen der Kapuziner sah, war ich froh, daß ich nicht mein Gewehr dabei hatte. Affenfleisch ist sowieso nicht mein Leibgericht. Einen Augenblick lang verspürten wir ein bißchen Fröhlichkeit statt der düsteren Laune, die uns unten am ungezieferverseuchten Fluß heimsuchte.

An jenem Abend bereitete Yarima eine üppige Mahlzeit aus »eteweshi«, Papayas und ein paar Bananen zu, die wir auch gefunden hatten.

Wir verschlangen alles mit Heißhunger. Ich freute mich besonders darüber, daß sie soviel aß. Ihrem Bauch, sagte sie danach, gehe es einfach gut. Es war eine erfreuliche Abwechslung, einmal satt und zufrieden schlafen zu gehen.

Wir lagen kaum zehn Minuten in unseren Hängematten, als ein Blitz den Himmel über dem Fluß durchzuckte und die Luft fast gleichzeitig von einem gewaltigen Donnerschlag erschüttert wurde. Strömender Regen prasselte nieder, von Donner und Blitz begleitet. Yarima fürchtete sich so sehr, daß sie ihr Kleid aus dem Gepäck holte und es sich über den Kopf hielt. Blitze sind nach dem Glauben der Yanomami etwas Schauriges, doch Donner erschreckt sie erst recht. Von meiner Hängematte aus redete ich ihr gut zu, sie solle sich nicht fürchten, es würde ihr nichts geschehen. Doch zwischen den Donnerschlägen konnten wir ein unheimliches Knarren und Ächzen hören, als der Wind die riesigen Bäume hin- und herpeitschte. Ich zündete unseren letzten Kerzenstummel an. Im flackerndem Licht sah ich, daß das Wasser den seichten Graben überflutete, den ich um unseren Unterstand gezogen hatte, die Feuerstelle überspülte und unser schwelendes Feuer löschte. Verzweifelt schöpfte ich es mit den Händen heraus, als ich Yarima schreien hörte: »Hei ke!« (»Da kommt es!«) Ich lauschte, dann hörte ich es: ein starkes Krachen direkt über uns.

Eine Sekunde später knallte ein großer Ast zu Boden, wobei einer seiner Zweige unser Dach durchbohrte und eine Querstange zerbrach. Er schlug weniger als einen halben Meter von der Stelle auf, wo Yarima neben ihrer Hängematte stand. Wasser ergoß sich durch das zerstörte Dach. Immer noch das Kleid über den Kopf haltend, packte Yarima unseren Tabakbeutel und kauerte sich in eine Ecke, wo das Dach unbeschädigt war, während ich den Ast rausschob und mich dann wieder beeilte, mehr Wasser rauszuschöpfen. Erst vor kurzem hatten wir von zwei Mokaritateri gehört, die von einem fallenden Ast getroffen waren, während wir in Caracas gewesen waren. Natiwe, der Ehemann, hatte sich den Arm gebrochen, der ihm schließlich einfach von der Schulter faulte. Seine Frau war am gebrochenen Genick gestorben. Böse »hekura«, hieß es, hätten den Baum auf sie gestürzt.

Es goß bis halb zehn, dann ließ der Regen nach, wenn auch nicht die Blitze. Obwohl wir unter unserer Plastikplane fast trocken blieben, machten wir uns doch Sorgen um die hohen Bäume um das Lager. Endlich döste ich ein, und als ich meine Augen aufschlug, stand Yarima lächelnd über mir.

*Tagebuch. 16. April, 17. Tag:* Schon seit Tagen mache ich mir Sorgen und bin sauer. Sauer auf den Bootsführer, der offensichtlich nicht kommt, trotz der Tatsache, daß der Fluß jetzt reichlich hoch ist. Sorge mich um Yarima. Genau, was ich nicht passieren lassen wollte, sie so darben zu lassen, besonders in den ersten drei Monaten. Zwei Tage hab ich damit verbracht, auf ein riesiges Bündel »yei«-Früchte einzuhacken. Ich baute eine Behelfsleiter, um ein Stück auf den Baum raufzukommen, dann band ich ein Messer an einen langen Stock und versuchte, es abzuschlagen. Das Messer war bei weitem nicht groß genug, und so um das Stockende gebunden, taugte es so gut wie gar nichts. Ich war drei- oder viermal kurz davor, aufzugeben. Aber Yarima wartete darauf, und ich hatte keine Wahl, als weiterzumachen. Als die Früchte schließlich fielen, stürzten sie auf die Leiter und warfen mich fast aus dem Baum. So ein Bündel wiegt bestimmt sechzig Pfund.

Die Vampire sind unglaublich aggressiv. Einer biß mich in die Stirn, ein anderer erwischte Yarima am Finger. Letzte Nacht kam einer sogar irgendwie in unser Moskitonetz. Ich hab ihn genüßlich mit einem Schuh zu Tode geprügelt. Wir schlafen nicht gut. Yarima fürchtet sich vor einem Überfall. Irgend jemand könnte vom Ufer raufkommen und im Lager sein, bevor wir einen Ton hören. Mit dem Hunger, der Langeweile, den blutsaugenden Stechmücken, den Vampiren und den auf uns stürzenden Bäumen haben wir beide allmählich die Schnauze voll. Für sie gibt es da auch noch Geister, Wasserungeheuer und böswillige Schamanen, die ihr Sorgen machen. Wir beide würden ja die Strapazen ertragen, wenn wir sicher wären, daß wir hier rauskommen. Aber ich glaub nicht, daß noch eine Chance besteht, daß dieser Ye'kwana herkommt. Ich kann nicht verstehen, warum er nicht zumindest jemand anderen geschickt hat.

Am 18. April gaben Yarima und ich am Fluß auf und gingen nach Wawatoi zurück, in der Hoffnung, die Hasupuweteri zu finden. Sie waren da, aber kurz davor, zu einem Treck aufzubrechen, da auch ihnen die Nahrung ausgegangen war. Obwohl es uns nicht paßte, mit ihnen zu ziehen, blieb uns ohne Essen keine Wahl.

Die Gruppe steuerte nach Süden auf Ashitoweteri zu, eine mit den Hasupuweteri verwandte Gemeinschaft. Sie hatten die Hasupuweteri eingeladen, den Treck in ihr Gebiet zu machen und sich mit ihnen die Bananen aus den Pflanzungen von Ashitoweteri zu teilen. Bei dem üblichen langsamen Treck-Tempo brauchten wir für den Weg eineinhalb Wochen, obwohl das Jagen und Sammeln ganz gut lief und niemand unter Nahrungsmangel litt. Glücklicherweise gab es in den Pflanzungen von Ashitoweteri überreichlich Bananen, grüne und gelbe, deswegen gestaltete sich das Lagerleben fröhlich und vergnügt. Die beiden Gruppen statteten sich Besuche ab, handelten und feierten.

Es wäre recht angenehm gewesen, wenn Yarima und ich nicht so darauf gebrannt hätten, den Dschungel zu verlassen. Ich fragte mich schon, wie wir je rauskommen würden. Ich wußte, daß ich allein zu Fuß rauskäme. Ich spürte zwar noch immer die Nachwirkungen der Unterernährung, aber mit ein bißchen mehr Ruhe und Essen hätte ich es schaffen können, obwohl ich die längere Route am Orinoquito entlang bis zur Eingeborenenmission der Amerikaner hätte nehmen müssen. Kein Hasupuweteri hätte mich am Orinoco entlang nach Platanal oder Mavaca begleitet. Die Dörfer in dieser Gegend waren traditionelle Feinde.

Doch es war sinnlos, darüber nachzudenken, denn Yarima, die nun im dritten Monat schwanger war, konnte das nicht schaffen. Ich wollte auch nicht allein rausgehen, um mit einem Boot wieder den Fluß heraufzukommen, um sie zu holen. Das letzte, was ich getan hätte, war, sie noch einmal hier allein zu lassen.

Eines Tages kam ein Ashitoweteri namens Hotehawe mit einem Vorschlag zu mir. »Shori«, sagte er, »ich war schon mal in Mavaca. Ich habe Verwandte in Bishaashiteri [ein Dorf bei der Mavaca-Mission]. Ich könnte zu Besuch dorthin gehen. Wenn ich dort bin, kann ich den Padre bitten, ein Boot für dich zu schicken.« Das war ein Wahnsinnsangebot. Mavaca war nicht einmal die nächste Mission. Dorthin würde er, selbst wenn er sich beeilte, mindestens fünf oder sechs Tage brauchen. Noch dazu mußte Hotehawe, um nach Mavaca zu gelangen, das Gebiet von Gemeinschaften durchqueren, die den Ashitoweteri feindlich gesonnen waren.

Wir rechneten, so gut wir konnten, den Zeitplan aus. Es war nun der 26. April. Hotehawe würde sechs Tage brauchen, um dorthin zu kommen. Etwa zwei weitere würde es dauern, bis das Boot herkam. Wenn alles glattging, konnten wir damit rechnen, am 4. Mai abgeholt zu werden. Ich gab Hotehawe eine schriftliche Botschaft für den Padre mit und sah dann zu, wie er losging, Pfeile und Bogen in der Hand, den Köcher und eine zusammengefaltete Rindenhängematte auf dem Rükken. Wenn nötig, konnte er ewig so reisen. Sogar die Hängematte war nicht notwendig. Wie alle Yanomami-Männer konnte Hotehawe eine »Wanderhängematte« aus der Innenrinde von »nari nati«-Bäumen herstellen, die er entweder mit einem Messer oder mit seinen Zähnen abschälte. Vor ein paar Jahren hätte er noch einen Feuerquirl mitgenommen, doch nun hatte er wohl einige Streichhölzer bei den Pfeilspitzen in seinem Köcher verstaut.

Am nächsten Tag brachen Yarima und ich mit drei jungen Ashitoweteri-Trägern auf. Nach fünf Tagen stetigen, wenn auch gemächlichen Wanderns gelangten wir an den Orinoco, etwas weiter unten als da, wo wir das letzte Mal kampiert hatten. Weder Yarima noch ich verspürten besondere Lust, unseren früheren Lagerplatz wiederzusehen. Die Ashitoweteri-Huya rodeten schnell eine Fläche und stellten eine behelfsmäßige Hütte auf – nicht groß, aber beträchtlich solider als der von uns zuvor benutzte Treck-Unterstand. Zumindest würde sie das meiste Ungeziefer fernhalten. Höchstwahrscheinlich würden wir nur ein oder zwei Tage bleiben. Meine Hauptsorge war, daß Hotehawe aus irgendeinem Grund nicht bis Mavaca kam oder daß er dorthin kam, nur um festzustellen, daß der Padre unterwegs war. Wenn er Probleme hatte, die ihn zwangen, nach Ashitoweteri zurückzukehren, war ich mir nicht sicher, ob er überhaupt daran denken würde, weitere fünf Tage bis an den Fluß zu laufen, um uns zu benachrichtigen, daß niemand kam.

Als es dunkel wurde, merkte ich aber, daß Hotehawes Vorankommen nicht meine einzige Sorge war. Den Ashitoweteri war zu Ohren gekommen, daß die Konoporepiweteri vorhatten, die Hasupuweteri, ihre traditionellen Feinde, zu überfallen, und wir waren die einzigen Hasupuweteri weit und breit. Yarima fürchtete sich sehr, und bei Einbruch der Nacht bekam auch ich es mit der Angst zu tun. Zum ersten Mal seit all den Jahren hier. Ich hatte kein Gewehr, und in einer solchen Behausung war es sogar noch schlimmer als im Freien. Sie bräuchten bloß in den Eingang treten, das wäre es dann schon. Wenn wir wenigstens draußen wären, dachte ich besorgt, hätte ich eine Chance, mich ihnen entgegenzustellen, vorausgesetzt, wir hörten sie rechtzeitig kommen. Drinnen hätten wir keine Chance. Ich konnte eine Weile nicht einschlafen, genausowenig wie Yarima. Statt dessen lagen wir da und lauschten auf die Dschungelgeräusche. Endlich nickten wir ein, und am Morgen waren die meisten unserer Befürchtungen verschwunden. Der Einbruch der Nacht hat etwas an sich, das einen unsicher und zaghaft werden läßt.

Zwei Tage später schwamm ich gerade an der Stelle, wo ein kleiner Zufluß in den Orinoco mündet, als ich einen Motor hörte. Noch bevor ich es richtig begriffen hatte, rauschte schon ein großes schnelles Aluminiumboot um die Biegung und drosselte die Fahrt, als die Insassen mich sahen. Sie waren offenbar überrascht, jemand so im Fluß anzutreffen. Als das Boot herantrieb, starrten mich vier verblüffte Gesichter an, ein Yanomami und drei Weiße. Dann sagte einer der Weißen: »Señor Good?«

»Ja?«

»Padre Bórteli schickt uns.«

Es waren offenbar junge Ärzte, die auf der Mavaca-Mission Forschungen in Tropenmedizin durchführten. Padre Bórteli hatte sie mit seinem Boot, seinem Motor und seinem Benzin hergeschickt. Sie könnten mich und meine Frau holen, hatte der Padre gesagt, und vielleicht die Hasupuweteri dazu bringen, für ihre Studie Blut zu spenden. Ich hörte zwar zu, aber meine Aufmerksamkeit war in Wirklichkeit auf ihren 85-PS-Motor gerichtet. Ich starrte darauf und mußte lachen. An meinem alten Einbaum hatte ich einen 8-PS-Motor gehabt. Die Ärzte sagten mir, sie hätten von Mavaca aus dreieinhalb Stunden gebraucht. Normalerweise dauerte die Fahrt mit dem Einbaum mehr als einen vollen Tag.

Ich wußte, daß die Hasupuweteri inzwischen wieder auf Wawatoi zusteuerten, also sagte ich dem Yanomami, er solle nachsehen, ob sie schon eingetroffen seien. Wenn sie da waren, kamen sie mit Sicherheit zum Fluß herunter, um die Ärzte zu sehen. Am nächsten Tag zeigten sich ein paar Huya. Sie hatten Wawatoi vor der Hauptgruppe erreicht, und es machte ihnen nichts aus, etwas Blut abgezapft zu bekommen, obwohl sie nicht sehr erfreut waren, als sie sahen, welche karge Ration an Handelswaren ihnen die Ärzte dafür gaben. Die nächsten zwei Tage mußte ich mein Reisefieber zügeln, während wir auf die Ankunft der übrigen Hasupuweteri warteten. Als sie schließlich kamen, sah ich ungeduldig zu, wie die Ärzte jeden Dorfbewohner untersuchten und ihm Blut abnahmen. Die Prozedur dauerte einen ganzen Tag.

Endlich stießen wir am 7. Mai ab. Der Fluß war hoch, und der riesige Motor dröhnte hinten am Boot. Wir erreichten Guajaribo in vierzig Minuten (mein persönlicher Streckenrekord war zwei Stunden), und drei Stunden später legten wir in Mavaca an. In der Mission tischte uns Bórteli ein leckeres Abendessen auf und informierte mich über die letzten Neuigkeiten und Gerüchte. Harald Herzog, sagte er, war zweifellos von einer Kugel getötet worden, doch niemand sei sicher, ob er sich selbst getötet habe. Die Yanomami seines Dorfes stellten es zwar so dar, aber die Einzelheiten des Geschehens blieben im dunkeln.

An diesem Abend rief ich in Alvaro De Armas Büro an und sprach mit Nana, die es arrangierte, daß ein Flugzeug aus Puerto Ayacucho herkam, um uns abzuholen. Am nächsten Morgen starteten wir. Gerade als wir landeten, brach ein Gewitter los, und wir kamen naß bis auf die Haut im Hotel Gran Amazonas an. Doch unser Empfang durch Irene und Oberst Borrell war so herzlich, wie er nur sein konnte. An diesem Abend schrieb ich in mein Tagebuch, daß Yarima Bratkartoffeln aß und ich »ein Steak, Schinken, Brot, Käse, Kuchen, Eis und eine Cola. Was für eine Schlemmerei!« Es war ein bißchen komisch, so was in mein Feldtagebuch zu schreiben. Aber ich wußte, wann immer ich künftig diesen Eintrag ansah, würde es mich an jene siebzehn Tage am Orinoco erinnern, wo wir an nichts anderes als ein Essen, ein Bad und ein Bett gedacht hatten. Und jetzt hatte ich alles auf einmal.

Bevor ich schlafen ging, rief ich Alvaro an. »Wir erwarten Sie mit offenen Armen«, sagte er. »Überraschungen warten auf Sie. Gruß und Kuß an Yarima. Und wie geht es Eurem kleinen ›Kencito‹?« Als ich wieder in unser Zimmer kam, lag Yarima schon nackt auf dem Bett und schlief.

Am nächsten Tag flogen wir nach Caracas. Alvaro hatte eine Etage unter seinen Büros ein Zimmer für Yarima und mich hergerichtet, wo es auch eine kleine Küche und ein Badezimmer gab. Dort, sagte er, sollten wir während unseres Caracas-Aufenthalts wohnen.

Am darauffolgenden Tag ging die Suche nach Zuschüssen wieder ganz von vorn los. Es zog sich wie üblich langatmig hin. Ich wartete etwa eine Woche auf eine Besprechung, die gut verlief. Dann wurde noch eine Sitzung in ein oder zwei Wochen vereinbart, nach der ich dann zu hören bekam, daß eine weitere Sitzung nötig wäre. Es war eine frustrierende Erfahrung, besonders, weil ich wieder auf Pump lebte, eine Situation, die meine Geduld, wenn schon nicht die meiner Freunde, bis zum Gehtnichtmehr strapazierte.

Aber wenigstens wurde Yarima ständig ärztlich betreut. Ein Onkel Alvaros war ein prominenter Geburtshelfer, der sie alle zwei Wochen untersuchte und zusätzliche Tests an der Entbindungsklinik vereinbarte, bei der er Belegbetten hatte. Yarima erhielt ganz bestimmt die bestmögliche Pflege, einschließlich Ultraschall und fast aller modernen Vorsorgeuntersuchungen.

»Möchten Sie das Geschlecht Ihres Babys wissen?« fragte der Arzt eines Tages. »Wenn Sie es lieber nicht möchten, werde ich es Ihnen nicht sagen. Es liegt an Ihnen und Ihrer Frau.«

»Ja, sicher«, sagte ich.

»Ja«, sagte auch Yarima.

»Es ist ein Junge«, sagte der Arzt.

Yarima nahm das alles höchst gelassen hin, als wäre daran überhaupt nichts Ungewöhnliches. Diese Frau, dachte ich, die vor Angst fast vergangen wäre, als sie vor einem Dreivierteljahr ihr Ebenbild im

Spiegel gesehen hatte, verfolgte nun auf einem Bildschirm die Bewegungen des Babys in ihrem Bauch, als wäre es das Normalste von der Welt. So ganz sonderbar war ihre Reaktion aber auch wieder nicht. Als der Arzt die Umrisse und Bewegungen des Fötus aufzeigte, glaubte sie ihm. Ich wußte auch nicht, wie das Ultraschallbild zustande kam, doch ich glaubte ihm auch.

Gegen Ende des achten Monats nahm mich der Arzt nach einer Ultraschalluntersuchung beiseite und sagte: »Wissen Sie, Señor Good, wir bestimmen die normale Entwicklung des Fötus unter anderem durch Messungen. Es fällt mir nicht leicht, es Ihnen zu sagen, aber zu diesem Zeitpunkt erscheint mir der Kopf Ihres Babys ein bißchen größer, als er es im Verhältnis zu den Füßen sein sollte.« Er sagte nichts weiter. Aber das genügte schon, um mich total zu beunruhigen. Es war nicht nur die Möglichkeit eines anormalen Fötus, vor der ich Angst hatte, obwohl das schon schrecklich genug war. Es ging auch darum, daß ich nicht wußte, was geschehen würde, wenn das Kind mit einer Behinderung zur Welt kommen würde. Bei den Yanomami ist die Lösung bei der Geburt eines nicht normalen Kindes schmerzhaft simpel. Es darf nicht am Leben bleiben. Die Yanomami haben nicht die Möglichkeit, ein behindertes Kind aufzuziehen, und deshalb töten sie solche Säuglinge. Außer den Sorgen um das ungeborene Baby peinigte mich diese zusätzliche Angst. Was würden wir tun? Was würde Yarima tun?

Alvaro rief einen weiteren ihm bekannten Arzt hinzu, der auch ein angesehener Geburtshelfer war, und wir holten seine Meinung ein. Der zweite Arzt versicherte mir, daß alles normal sei. Als ich ihm dann berichtete, was der erste Arzt festgestellt hatte, untersuchte er Yarima noch einmal sehr gründlich. Anschließend teilte er uns mit, er könne überhaupt keine Anzeichen für irgendeine Art von Anormalität feststellen.

Mit der Zeit richteten wir uns häuslich ein. Alvaro bot mir die Benützung eines Textverarbeitungssystems an, womit ich die Abfassung meiner Doktorarbeit und den Entwurf einer völkerkundlichen Studie über die Yanomami beginnen konnte. Anhand meiner Notizen und Daten konnte ich allmählich exakte Schlußfolgerungen zu jenen anthropologischen Fragen formulieren, die mich ursprünglich in das Amazonas-Gebiet geführt hatten und die ich von Anfang an bei den Hasupuweteri untersucht hatte. Einige der unmittelbaren Gründe für Konflikte zwischen einzelnen und Gruppen in den Yanomami-Dörfern hatte ich am eigenen Leibe erlebt und unter den mir Nahestehenden erfahren. Es gab Konflikte, die gelegentlich zum Auseinanderbrechen von Siedlungen führten. Die Hasupuweteri und Patahamateri waren ursprünglich zusammengewesen, und zu meiner Zeit hatte sich jede Gruppe noch einmal gespalten. Doch all meine Aufzeichnungen deuteten darauf hin, daß ungeachtet der unmittelbaren Auslöser für solche Streitigkeiten unterschwellig der knappe Wildbestand die Größe und Verteilung der Siedlungen bestimmte. Selbst bei kleinen Dorfbevölkerungen und entsprechendem Entfaltungsraum zwischen den Siedlungen waren die Pflanz-, Jagd- und Sammeltechniken der Yanomami immer noch nicht ergiebig genug, um ihnen eine seßhafte Lebensweise zu gestatten. Ihre Art der Lebensmittelversorgung zwang sie offenbar nicht nur dazu, die Größe ihrer Dörfer zu begrenzen, sondern auch, häufig umzuziehen und einen Teil des Jahres als Nomaden zu leben. Nichts legte den Schluß nahe, daß die Yanomami auf irgendeine Weise unfähig waren, soziale Mechanismen zur Eindämmung von Gewalt auszubilden. Sie hatten im Gegenteil eine Vielzahl von Gepflogenheiten entwickelt, die zu gemeinschaftlicher Harmonie erzogen. Doch ihre Existenzsicherung schien der Entwicklung einer sozialen Organisation entgegenzuwirken, die bei Auseinandersetzungen vermitteln oder das Zusammenleben größerer Gruppen zugelassen hätte.

Während ich mich in meine Arbeit vertiefte, fand ich, abgesehen von meiner derzeitigen Mittellosigkeit, mein Leben recht angenehm. Nach all den Jahren würde ich endlich meine Doktorarbeit abschließen. Yarima war in besten Händen. Wir hatten wunderbare Freunde. Ich war sogar zuversichtlich, daß wir schließlich wieder etwas Geld in die Hand bekämen.

Während ich an meiner Dissertation arbeitete und die Zuschußanträge am Laufen hielt, begann Yarima Spanisch zu lernen. Alvaro hatte das Problem mit dem Personal einer nahe gelegenen Sprachenschule besprochen. Das Yanomami war eine schriftlose Sprache, und Yarima hatte keine Vorstellung von fremden Sprachen, also konnte ihr Spanisch als Zweitsprache nicht auf die gleiche Weise beigebracht werden wie einem Urlauber oder Einwanderer. Es war eine findige Lehrkraft nötig, und die Schule empfahl eine Lehrerin namens Yolanda. Sie schloß mit Yarima augenblicklich Freundschaft, ging mit ihr aus und brachte ihr auf dem Weg über das, was sie zusammen in der Stadt um sich herum sahen und hörten, Spanisch bei. Mit Yolanda und Nana hatte Yarima zwei herzliche und verständnisvolle Gefährtinnen, die einfühlsam mit der einzigartigen Herausforderung umgingen, der sich Yarima in dieser von ihrer eigenen so verschiedenen Welt stellen mußte.

Tagsüber arbeitete ich am Computer, dann rief abends meist Alvaro an, sagte, er habe Hunger, und schlug vor, irgendwohin essen zu gehen. Dann gingen wir drei in ein Restaurant, manchmal noch mit Nana, manchmal mit anderen Bekannten. Yarimas Eßgewohnheiten waren immer noch ein Problem. Selbst jetzt wollte sie nichts essen, was nicht sehr der üblichen Yanomami-Nahrung glich. Schweinefleisch war eng verwandt mit Pekari, Huhn schmeckte ganz wie »manashi«. Darüber hinaus mußte ich mich noch mit den Ernährungstabus der Yanomami für Schwangere abgeben. Zum Beispiel war allgemein bekannt, daß bestimmte Fischsorten die Kehle oder die Leber eines Babys schädigten.

An manchen Tagen nahm ich mir frei. Dann spazierten Yarima und ich zur Plaza Venezuela mit ihrer großen bunten Wasserfontäne. Sie liebte besonders den Rummelplatz in Chacaí, den Nana und ich hin und wieder mit ihr besuchten. Vom Boden aus konnte ich sie vor Vergnügen kreischen hören, wenn sie und Nana in einer Bootsschaukel fuhren, die in riesigen, aber sanften Bögen an die zwanzig Meter in die Luft schwang.

Doch trotz Yarimas wachsender Eingewöhnung und meiner Fortschritte mit der Dissertation schlugen mir meine Geldsorgen immer mehr über dem Kopf zusammen. Nach viereinhalb Monaten war abzusehen, daß keine Zuschüsse zu haben waren. Ich spürte, daß ich nicht länger warten konnte. Ich war tief verschuldet und äußerst unglücklich darüber, meinen Freunden auf der Tasche zu liegen. Ich wußte, wenn in Venezuela keine Unterstützung zu bekommen war, mußte ich mich in den USA danach umsehen. Ich hatte auch darüber nachgedacht, daß ich ein Buch über meine Erfahrungen schreiben könnte, und der Arbeitsplatz dafür waren ebenfalls die USA. Alvaro ermutigte mich bei diesem Vorhaben. Eines Tages teilte er mir mit, daß Freunde von ihm in New York für mich Kontakte geknüpft hätten. Pablo und Maria Teresa, ein Ehepaar, das ich flüchtig kannte, hatten sich mit »Time-Life« in Verbindung gesetzt. Einer der Autoren von »Time-Life«, sagten sie, sei an einem Gespräch mit mir interessiert.

Es war Anfang Oktober, als ich mit meinen Eltern telefonierte, die mir auf der Stelle anboten, das Geld für die Flugtickets zu schicken. Bis Mitte des Monats packte ich alle unsere Sachen zusammen und gab das, was ich nicht mitnahm, verschiedenen Freunden zur Verwahrung. Am 17. Oktober brachte uns Carlos Carvallo zum Flughafen, wo Yarima und ich mit PanAm nach New York flogen. Ich war seit fünf Jahren nicht mehr in meiner Heimat gewesen.

# Hochzeit in Pennsylvania

Am Kennedy-Flughafen in New York mußten wir erst durch die Einwanderungskontrolle. Gleich hinter den großen eisernen Schwungtüren würden Pablo und Maria Teresa auf uns warten. Doch als wir eben durch den Zoll waren und mit unseren Sachen herausgehen wollten, bat ein anderer Beamte uns, zu einem Schalter am Rande der Halle zu gehen. Dort fragte eine Einwanderungsbeamtin noch einmal nach unseren Pässen. »Yarima Armas« lautete der eine, »Kenneth Good« der andere. Mit einem Blick auf Yarima, die nun im neunten Monat schwanger war, fragte die Beamtin, warum Yarima in die Vereinigten Staaten gekommen sei. Ich antwortete, daß sie nicht Englisch spreche, aber eine Freundin meiner Eltern sei. Sie sei zu Besuch in die USA gekommen, um das Land zu sehen. Die Beamtin blickte skeptisch drein. Hier war zweifelsohne nur wieder jemand aus der Dritten Welt, der die amerikanischen Einwanderungsbestimmungen unterlaufen wollte. Sie blickte auf Yarimas gewölbten Bauch. »Mr. Good«, fragte sie, »darf ich fragen, ob das Ihr Baby ist?«

»Madame«, sagte ich – (ich fand noch nicht ganz in meine Umgangssprache zurück) –, »das ist eine heikle Frage.«

»Einen Augenblick«, sagte sie, verschwand in einem Büro und ließ mich mit einem äußerst unguten Gefühl zurück. Sie kam gleich wieder mit ihrem Vorgesetzten. »Diese Frau«, erklärte sie ihm, »hat ein Besuchervisum.« Yarima hatte keinen sehr ausgeprägten Bauch, aber in diesem Augenblick sah sie für mich so aus, als wäre sie im zehnten Monat schwanger. »Und sie spricht kein Englisch.« Sie wandte sich an mich. »Spricht sie Spanisch?«

»Nein, auch nicht«, sagte ich.

»Sie spricht auch kein Spanisch«, teilte sie ihrem Chef mit.

»So?« sagte er. Sie blickte ihn an, dann wieder mich.

»Okay«, sagte sie, »ich schätze, das wär's dann. Einen schönen Tag noch, Mr. Good.« Dann, zu Yarima gewandt: »Ihnen wünsche ich einen angenehmen Aufenthalt in den Vereinigten Staaten.«

Draußen begrüßten uns Pablo und Maria Teresa wärmstens in dem Getriebe der Ankunftshalle. Als ich mich umblickte, war mir überaus merkwürdig zumute; ich fühlte mich wie ein Fremder. Ich hatte die heimische Sprache – das heißt den New Yorker Dialekt – die ganzen Jahre nicht mehr gehört. Selbst bei diesen Menschenmassen erschien alles so wohlgeordnet, so sauber. Während der Begrüßung lauschte ich auf die Geräusche dieser Umgebung. Ich hörte Gepäckträger, Menschen, die Freunde und Verwandte begrüßten, Taxihaie, die hereingekommen waren, um Fahrgäste zu ergattern. »Hey«, sagte ein Taxifahrer zu einem Mann, der zur gleichen Zeit wie wir herausgekommen war, »hey Kumpel, brauchste'n Taxi?« Nach dem schrillen, pfeilschnellen venezolanischen Gassenspanisch klang das würdevoll, fast elegant.

Während wir mit Pablo und Maria Teresa nach Manhattan hineinfuhren, schaute sich Yarima alles an, wobei sie aber nicht viel sprach. Schließlich wandte sie sich an mich und bemerkte: »Hier haben sie nicht so viele Autos, nicht?« Ich wußte, was sie meinte. Wir waren an Caracas gewöhnt, wo Autos aus allen Richtungen auf einen zubrausten, hupten, Abgase ausspuckten und die Motoren wegen nicht funktionierender Schalldämpfer knatterten und röhrten. Dort lauerte überall Gefahr. Hier war der Verkehr scheinbar wohlgeordnet. Das war das Wort, das mir dauernd einfiel: wohlgeordnet. Manhattan war genauso ein wohlgeordneter Ort, ein relativ gebändigter Ort. Keine kleine Stadt, aber auch kein Caracas. Es war Caracas mit gemäßigter Luftverschmutzung, Caracas mit gebändigtem Chaos. Jemand hatte die Lautstärke leiser gedreht.

An jenem Nachmittag telefonierte ich in der Wohnung von Pablo und Maria Teresa im kubanischen Viertel von Union City, New Jersey, mit einem Reporter von »Time-Life«. Er wußte nicht so recht, ob jemand an unserer Geschichte interessiert war, aber sobald ich eine Wohnung hätte, sollten wir miteinander reden.

Am nächsten Tag fuhren wir mit dem Zug nach Philadelphia. Meine Eltern erwarteten uns am Bahnhof 13. Straße. Sie wohnten in Havertown damals auf einem historischen Grundstück mit dem Namen The Grange. Ihre Wohnung befand sich in einem großen Backsteinbau, der von herrlichen Gärten und Wegen umgeben war, alles in der Kolonialzeit angelegt und gebaut. Washington und Lafayette waren nur zwei der zahlreichen Gestalten aus der Revolution, die hier übernachtet hatten. In diese geschichtsträchtige Umgebung zogen Yarima und ich nun ein. Wir schlugen unser provisorisches Lager auf einem Sofabett auf, das wir ins Eßzimmer gestellt hatten.

Sobald wir uns eingerichtet hatten, brachte ich Yarima ins Bryn-Mawr-Krankenhaus in die Abteilung für Geburtenvorsorge zur Untersuchung. Das Krankenhaus lag im Bereich der Main Line von Philadelphia und hatte eine erstklassige Entbindungsstation mit bestens ausgebildetem Personal und der allerneuesten Ausrüstung. Ich schaute in eines der Zimmer mit Kreißbett, Überwachungsapparatur und Notfallausrüstung, und im Geiste sah ich den Bach, wohin die Frauen aus Hasupuweteri zum Gebären gingen, wo sie sich auf ein Palmblatt kauerten und sich an einem Ast über ihren Köpfen festhielten. Ich war zuversichtlich, daß Yarima das Krankenhaus gut verkraften würde; sie hatte sich bereits an soviel gewöhnt, was neu und fremd war. Doch als ich auf das Kreißbett sah und an das Bachufer dachte, war ich unsicher, wie sie es anstellen würde.

Ich begann auch unsere Heirat in die Wege zu leiten. In Venezuela, wo die Konsensehe weit verbreitet ist, war eine Heirat nicht so wichtig erschienen, zumindest nicht, nachdem meine Schwierigkeiten mit der Aufenthaltsgenehmigung gelöst waren. Doch hier in den Vereinigten Staaten würde es Probleme geben, wenn wir nicht formell getraut waren. Yarima hatte nur ein Visum für einen Kurzaufenthalt, und ich wollte ihr so schnell wie möglich eine Daueraufenthaltsberechtigung beschaffen. Das war nur möglich, wenn unsere Ehe formell abgesegnet war. Außerdem konnte unser Baby jeden Augenblick geboren werden, und wenn wir nicht offiziell Mann und Frau waren, wären die Krankenhausformalitäten und die Eintragung ins Geburtenregister unnötig kompliziert.

Während ein Anwalt, den mein Bruder kannte, dem vorsitzenden Richter am Amtsgericht unsere Lage darlegte, nahm meine Mutter Yarima mit, um Kleider und Schuhe einzukaufen. Ich begleitete die beiden zum Übersetzen. Als ich sie so zusammen durch das belebte Einkaufszentrum in der 69. Straße gehen sah, erkannte ich, daß meine Mutter diese jüngsten Ereignisse in ihrem Leben mit bemerkenswertem Gleichmut hinnahm. Ihr Sohn, von dem sie so viele Jahre viel zu selten gehört hatte, war urplötzlich mit einer Frau wieder aus dem Dschungel aufgetaucht – und nicht bloß mit einer Frau, sondern mit einer Indio-Frau aus den Tiefen des Regenwalds, einer Indio-Frau, die kurz davor stand, einem neuen Enkel das Leben zu schenken. Es kann für sie nicht einfach gewesen sein, doch sie nahm uns auf und half uns nach besten Kräften. Yarima suchte sich mit meiner Mutter zusammen Kleider aus und probierte sie an, wobei sie sich schließlich für eines aus grauer Baumwolle mit einem breiten weißen Kragen und einer rosafarbenen Schleife entschied und das Ensemble mit einer hellbeigen Anzugjacke vervollständigte. Dann machten wir uns auf die Suche nach Schuhen, keine so leichte Sache, da Yarimas Füße selbst für die kleinste Frauengröße zu winzig waren. Nachdem wir es bei mehreren Damenschuhgeschäften vergeblich versucht hatten, endeten wir schließlich in einem Kinderschuhladen, wo wir zum Glück ein einigermaßen hübsches Paar in Größe 32 fanden, das ganz nett zur Kleidung paßte.

Eine Woche später heirateten wir, wenngleich die Feierlichkeit des Anlasses Yarima nicht besonders beeindruckte. Formelle öffentliche Riten jeglicher Art sind im Leben der Yanomami spärlich gesät – außer dem Ritus der ersten Menstruation und der Schamaneninitiation gibt es keine. Die Vorstellung einer Hochzeitszeremonie oder der Gedanke, daß zwei Leute nicht richtig verheiratet waren, wenn nicht eine dritte Person dies bestätigt hatte, waren Yarima völlig fremd. In ihren Augen, wie in meinen, waren wir seit mehr als vier Jahren Mann und Frau, schon seit dem Tag, als Roter sie mir in Wawatoi zurückgebracht und sie ihre Hängematte neben meine gehängt hatte. Also erklärte ich Yarima, der Pata von Pennsylvaniateri wollte nur mit uns über die Ehe sprechen und uns ein paar Fragen stellen.

Am Morgen des 22. Oktober fuhren meine Eltern uns zum Gerichtsgebäude des Bezirks Delaware in Media, Pennsylvania, wo wir meinen Bruder, meine Schwester und Pablo und Maria Teresa die aus Union City angereist waren, trafen. Amtsrichter David T. Videon, der die Zeremonie durchführte, war ein Endvierziger, aber er sah beträchtlich jünger aus. Er streckte Yarima freundlich lächelnd die Hand entgegen. Sie lächelte zurück und gab ihm die Hand, etwas, das sie nicht oft tat. Dieser Brauch der Nabuh erschien ihr immer noch merkwürdig. Im Büro von Richter Videon unterschrieben wir die Heiratsurkunde, wobei Yarima zwei Kreise unter meine krakelige Unterschrift malte, die sie sich als ihr Zeichen ausgesucht hatte. Dann nahmen wir alle im Verhandlungszimmer unter den Flaggen der Vereinigten Staaten und des historischen Bundesstaates von Pennsylvania Platz, Yarima in ihrem neuen Kleid und ihren neuen Schuhen, ich in meiner Safarijacke.

Ich hatte vom Gericht eine Sondererlaubnis bekommen, als Dolmetscher bei meiner eigenen Hochzeit zu fungieren, doch bis zu dem Augenblick, als Yarima und ich uns an den Händen nahmen und vor Richter Videon traten, hatte ich keinen Gedanken daran verschwendet, was das alles nach sich ziehen würde. »Yarima«, hob der Richter an, erst sie, dann mich anblickend, »Yarima, Ken, die Ehe ist sowohl ein Vertrag wie ein Stand.« In der Sekunde, als ich das hörte, wußte ich, daß ich Schwierigkeiten bekommen würde. »Seid ihr bereit«, fragte er, »diesen Bund zu schließen, die gesetzliche Ehe, die ein ehrbarer Stand ist? Und seid ihr bereit, die Gesetze des Bundesstaates Pennsylvania einzuhalten?«

Die Gesetze des Bundesstaates Pennsylvania einhalten? dachte ich. Wie um alles in der Welt soll ich das übersetzen? Er legte eine Pause ein, um mir Zeit zu geben. »Meinst du«, fragte ich Yarima, »daß du gern in Pennsylvaniateri leben möchtest?« »Awei«, sagte sie. »Ja.«

»Und du, Ken«, fuhr der Richter fort, »nimmst du Yarima als deine gesetzlich angetraute Gattin an? Versprichst du, sie zu lieben und zu trösten, sie zu ehren und zu schätzen, in Freud und Leid, in guten wie in schlechten Tagen, allen anderen zu entsagen, bis daß der Tod euch scheidet?«

»Ja«, sagte ich, »das will ich.«

»Und du, Yarima, nimmst du Ken als deinen gesetzlich angetrauten Gatten an? Versprichst du, ihn zu lieben und zu trösten, ihn zu ehren und zu schätzen, in Freud und Leid, in guten wie in schlechten Tagen, allen anderen zu entsagen, bis daß der Tod euch scheidet?«

*Der Pata sagte ein paar Dinge, und Kenny sagte mir, was es hieß. Erst sprach der Pata in der Sprache von Pennsylvaniateri, dann sprach Kenny das auf Yanomami nach. Er sagte mir, der Pata meinte, wir werden wie Mann und Frau zusammenleben. Er sagte, der Pata meinte, daß Mann und Frau sich lieben und sich helfen müssen. Dann sagte mir Kenny, der Pata fragte, ob ich ihn als Ehemann wollte, ob ich seine Frau sein wollte, auch wenn er krank werden und auch, wenn er alt werden würde, sogar bis wir beide starben. Ich meinte: »Sag dem Pata, ich bin deine Frau. Erzähl ihm, daß ich auch noch deine Frau sein werde, wenn du krank wirst. Wenn du unsere Hängematte nicht mehr verlassen kannst, werde ich zum Fluß runtergehen, um dir Wasser zu holen. Ich werde Bananen ernten und sie für dich über dem Feuer rösten. Sag dem Pata, ich werde für dich Obst und Honig sammeln. Ich werde dir Fleisch kochen. Ich werde mich um dich kümmern und all die Dinge tun, auch wenn du alt bist. Sogar dann werde ich deine Frau sein.«*

»Ich nehme an«, fragte der Richter lächelnd, »das ist ein Jawort?«

»Ja«, sagte ich, »das ist ein Jawort.«

Neun Tage später brachte Yarima im Bryn-Mawr-Krankenhaus unseren Sohn zur Welt. Ich hatte ihr gesagt, wir würden dorthin gehen, damit die Ärzte ihr bei der Entbindung helfen konnten. Im Wehenzimmer schlossen die Schwestern sie an den Apparat zur Herztonregistrierung des Babys an und sagten ihr, sie solle sich auf die Seite legen. Die Hebamme erklärte uns, daß der Muttermund erst zwei Zentimeter offen wäre. Wir könnten also bis zur Geburt noch einige Stunden mit Wehen erwarten. Yarima lag an das Gerät angeschlossen und war nicht froh darüber, in einer einzigen Stellung verharren zu müssen. Nach einer Stunde heftiger Wehen sagte sie zu mir: »A kei waikiwe.« (»Das Baby kommt.«) »Wo sind diese Ärzte, die helfen würden, wie du gesagt hast?«

Ich rief die Schwestern und sagte ihnen, Yarima wäre schon in den letzten Wehen. Als sie das abtaten, wurde ich unwirsch. »Wenn sie sagt, das Baby kommt gleich, dann kommt es auch.« Während sie den Arzt suchten, setzte sich Yarima auf, hockte sich auf das Bett, hielt sich an den metallenen Seitenstreben fest und preßte.

Als der Arzt kam, war er erstaunt, den Muttermund schon zehn Zentimeter weit und sie bereits im Geburtsvorgang vorzufinden. Es war kaum noch Zeit, sie in den Kreißsaal zu bringen, bevor das Baby geboren wurde. Es war ein hübscher Junge mit Mandelaugen und dem Kopf voll dicker schwarzer Haare, Yanomami-Haare. Ich nannte ihn David Alexander, obwohl ich wußte, daß das für Yarima nichts hieß. Die Yanomami gaben ihren Kindern selten Namen, bevor sie nicht zwei oder drei Jahre alt waren – das heißt, bevor das Kind sich nicht als robust genug erwiesen hat, um gute Überlebenschancen zu haben. Wir wünschten keine Beschneidung, sagte ich dem Arzt. Ich sagte ihm nicht, warum, und er fragte mich nicht nach den Kleidungssitten von Davids mütterlichen Verwandten.

In diesem Winter wohnten wir bei meinen Eltern. Im Januar fiel Schnee, was Yarima verblüffte. Für sie war es so etwas Ähnliches wie der von den Stromschnellen fliegende Schaum, aber sie konnte nicht begreifen, wieso er den Himmel erfüllte und auf dem Boden liegenblieb. Als ich es ihr erklärte, rannten wir in den Hof hinaus, lieferten uns eine Schneeballschlacht und bauten einen Schneemann. Yarima warf mit vollen Händen das seltsame weiße Zeug in die Luft und lachte ausgelassen. Im Januar kam auch der Kontakt mit »Time-Life« zustande. Der Journalist von »People«, mit dem ich ursprünglich geredet hatte, brachte seinen Artikel über uns, und in den Läden und auf der Straße erkannten uns die Leute und kamen her, um sich vorzustellen. Sie lächelten Yarima und das hübsche Kind an, das sie als gute Yanomami-Mutter, die sie war, stets in einer Hüftschlinge bei sich trug.

In Caracas hatten wir herausgefunden, daß wir fern von den Hasupuweteri glücklich zusammenleben konnten, und in Philadelphia war es nicht anders. Wir fanden unser Glück in uns selbst und in der Freude an David. Die Gewöhnung an andere ging nicht so problemlos vonstatten. Yarima schnappte zunächst nur ein paar Brocken Englisch auf. Sie schien am Erlernen der Sprache kein Interesse zu haben, und das gestaltete die Entwicklung ihrer eigenen Beziehungen natürlich schwierig. Andere Aspekte des amerikanischen Lebens jedoch wollte sie unbedingt verstehen – wie das mit dem Geld war, wie die Einkäufe vonstatten gingen, wie wir über die Runden kamen. Sie sah die nach ihrem Empfinden grundlegende Einsamkeit in unserer Kultur, die in krassem Gegensatz zu der ständigen Gemeinschaftlichkeit der ihrigen stand. Nachts, wenn wir in der Ferne Sirenen hörten, sprach sie von den Nabuh, die krank oder verletzt waren oder deren Haus vielleicht brannte. In den Sirenen glaubte sie deren Hilferufe zu hören.

Im Juli zogen wir in die Umgebung von Scranton, wo ein Freund von mir ein großes Haus besaß, das gerade fertiggestellt wurde. Dort inmitten der Hügellandschaft und der herrlichen Seen Nordpennsylvanias ließen wir uns nieder. Für Yarima waren die kühleren Tage und Nächte eine willkommene Abwechslung zu der sommerlichen Feuchtigkeit in Philadelphia, und sie liebte den Herbstanfang mit seinen Farben und den ersten kalten Nächten. Wir schliefen in Trainingsanzügen unter zwei Daunensteppdecken, das Baby zwischen uns gekuschelt.

Wir hatten uns selbst, und wir hatten David. Wir gingen in der Hügel- und Seenlandschaft spazieren, und wir hackten Holz für unsere Öfen. Hin und wieder fuhren wir in den Ort, um einzukaufen und einen Schaufensterbummel zu machen. Ich stieß sogar auf eine Quelle für Gemüsebananen, keine einfache Sache in Scranton. Ich machte mich auch wieder an meine Dissertation, während Yarima sich mit dem Baby und dem Haus beschäftigte. Trotz all der Schwierigkeiten in unserem Leben verlor sie selten die gute Laune. Ich bewunderte sie oft im stillen, wenn sie Davids Frühstücksbrei anrührte, ein Schnäppchen in einem Geschäft im Ort machte oder einen Song von Michael Jackson summte, den sie gehört hatte. Trotz der Anspannung des Lebens an einem fremden Ort, dessen innere Struktur sie, wie sie wußte, nicht begriff und vielleicht auch nicht begreifen konnte, blieb ihre innere Heiterkeit unverkennbar. Sie lächelte ungezwungen und lachte häufig. Doch manchmal, wenn sie sich auf ihrem Walkman Kassetten von Dorfgesängen und -ansprachen anhörte, sah ich Tränen in ihren Augen glitzern. Ich wußte, daß sie ihre Familie und ihre Freunde schrecklich vermißte.

Im Herbst 1987 änderten sich unsere Verhältnisse. Zum einen war Yarima wieder schwanger, zum anderen hatten wir einen Vorvertrag mit einer Filmgesellschaft unterschrieben, die von unserer Geschichte gehört hatte. Nun, da wir die Mittel hatten, mußten wir unbedingt an den Orinoco reisen – trotz der Schwangerschaft. Yarima sollte Ende März niederkommen. Wir konnten Yarimas Dorf einen langen Besuch abstatten und anschließend das Baby in Caracas bekommen. Weil wir David mit in den Dschungel nehmen wollten, war eine Menge zusätzlicher Vorkehrungen nötig: ein Schlauchboot, falls mit dem Aluminiumboot etwas passierte, ein spezielles Gegengift für Kleinkinder, eine komplette Arzneiausrüstung, Babynahrung, wasserdichte Koffer und vor allen Dingen einen Kurzwellensender mit Generator. Ich wollte gar kein Risiko eingehen, dort wieder festzusitzen, diesmal nicht.

Wir traten die Reise im frühen November an, flogen bis La Esmeralda und fuhren per Boot flußaufwärts. Die Guajaribo-Stromschnellen, gefährlich wie eh und je, ergossen ihre Wassermassen in unser Boot. Yarima packte David und kletterte auf einen Felsen, während ich mich darum bemühte, das Boot und die Vorräte zu retten. Als wir schließlich nach Wawatoi kamen, war unser Wiedersehen mit den Hasupuweteri wie alles andere in unserem Leben voller Freud und Leid. Mitten in der freudigen Erregung erfuhr Yarima, daß einer ihrer klassifikatorischen Brüder, Ariwe, an Malaria gestorben war, und noch während alle um sie herum vor Wiedersehensfreude strahlten, liefen ihr die Tränen übers Gesicht. Wir wurden sanft getadelt, daß wir so lange weggeblieben waren, aber augenblicklich wieder aufgenommen, als wären wir nie fort gewesen. In jener Nacht schlief Yarima nackt in einer Yanomami-Hängematte, David warm eingepackt im Arm.

Ich hatte vorgehabt, gegen Ende Februar abzureisen. Nach meinen Berechnungen blieben uns dann noch zwei Monate in Caracas, bevor das Baby kam. Aber die Natur wollte es anders. Am Morgen des 22. Februar wachte Yarima auf und klagte über Bauchkrämpfe. Sie hatte eindeutig Wehen. Der Tag begann wolkig, und es wurde immer dunkler. Yarima sammelte einige Palmblätter, um sie später mit runter zum Bach zu nehmen, wenn es soweit war. Ihre Mutter und ihre Schwester würden bei ihr sein, und ich wollte die Geburt mit der Videokamera filmen.

Kurz darauf aber öffnete der Himmel seine Schleusen, und Yarima entschied, in der Hütte zu gebären statt draußen im Regen. Gerade als sie mir das sagte, spürte sie plötzlich den Drang, zu pressen – sie hatte erst seit ein paar Stunden Wehen –, was uns beide überraschte. Rasch breitete sie die Palmwedel in der Ecke aus und hockte sich hin. Bevor ich die Kamera holte, streckte ich den Kopf zur Tür heraus, um ihre Mutter zu rufen. Dann schaute ich mich um, gerade noch rechtzeitig, um mein zweites Kind auf die Welt kommen zu sehen.

Vanessa (wie ich sie nannte; ihr Yanomami-Name würde noch warten müssen) wog bei der Geburt gerade vier Pfund. Sie war zwar winzig, aber allem Anschein nach gesund und saugte von Beginn an kräftig. Doch es dauerte weitere dreieinhalb Monate, bis ich das Gefühl hatte, sie sei stark genug für die Reise flußabwärts, und noch einen Monat, bevor wir in die Staaten zurückflogen.

Während ich dies schreibe, ist David dreieinhalb und Vanessa zwei Jahre alt. Sie sind meines Wissens die ersten und einzigen Yanomami-Amerikaner. Wir führen ein weitgehend normales Leben in Rutherford, New Jersey. Ich lehre inzwischen am Jersey City State College. Die Kinder sind putzmunter und lebhaft – ein bißchen zu lebhaft, denke ich manchmal, besonders spätabends, wenn Yarima und ich müde sind. Sie reden wie ein Wasserfall und rasen auf ihren Dreirädern durchs Wohnzimmer. Sie lieben die Kindersendungen im Fernsehen, besonders die »Sesamstraße« und »Arielle, die kleine Meerjungfrau«. Von ihnen lernt Yarima nun Englisch. Ich beobachte, wie sie sich langsam, aber sicher eingewöhnt, und frage mich, welche Überraschungen die Zeit noch bringen wird. Der unausweichliche Druck, zu lernen, dazuzugehören, sich Wissen und Wege der Kultur anzueignen, das alles lastet auf ihr, ein Druck, den ich besser als die meisten anderen Menschen einzuschätzen weiß. Aber ich weiß auch, daß es einen

Grund gibt, warum die Yanomami als einzige unter den Stämmen des Amazonas-Gebietes so isoliert geblieben sind. Tief in ihrem Wesen ist etwas verborgen, das sich jeglichem Wandel hartnäckig widersetzt. Vielleicht ist ihr elementares Selbstbewußtsein, ein unerschütterliches Vertrauen in ihre wesensmäßige Überlegenheit gegenüber all denen von draußen. Sie sind zutiefst davon überzeugt, daß trotz der Technologie des Nabuh, trotz seines Wohlstands und trotz seines Lebenskomforts sie es sind und nicht er, die vorleben, was es heißt, ein Mensch zu sein.

# Register

Aggression s. Yanomami
Aguirre, Lope de 10
Alfinger (auch: Dalfinger), Ambrosius 10
Amazonen 11
American Anthropological Association 199
American Museum of Natural History 16
Anden 12
Arawaken 127
Ashitoweteri 123, 392–394
Azteken 15

Bach, Johann Sebastian 251
Baré-Indios 330
Bering-Landbrücke 13, 39
Berrio (Entdecker) 10
Bestattungsbräuche s. Yanomami
Besuchszeremoniell s. Yanomami
Bis, Padre 19, 22
Bishaashiteri 392
Blanco 48 f., 51
Boriana 212 f., 249 ff., 300
Borrell, Oberst 324 f., 327, 338, 368, 395
Bórteli, Padre 259, 264, 306, 341 f., 392–395
Branch, Douglas 379 f.
Branch, Hillary 379
Brasilien 13

Caracas 16–19, 29, 131, 138, 142, 150, 154, 164, 174, 182 f., 199, 213, 215 f., 220, 222, 224, 234, 242, 254, 268, 279, 272 f., 275, 279, 283, 295, 304, 310, 312, 317, 320, 323 f., 326 ff., 337, 344, 347, 361, 366, 368, 370, 372 f., 376, 378, 380, 383, 385, 390, 396, 402, 407, 409
Carneiro, Robert 16; 22, 25 f., 27 ff., 31 f., 36 f., 42, 63, 136, 149, 192
Carter, Jimmy 260
Carvallo, Carlos 154 ff., 159, 380
Casiquiare 12
Chagnon, Carlene 133
Chagnon, Napoleon 16–26, 28 f., 31, 35 f., 40, 56, 63 ff., 80, 85, 100, 117, 127, 134 ff., 174, 178, 192, 211, 216 ff.
Chavero, Manuel 268–272, 274 f., 320 ff., 324 ff., 338, 365 f., 368
Chiappino (Anthropologe) 181
Chibcha (Königreich) 12
Coco, Padre 19
Colchester (Anthropologe) 181
Columbia University, New York 137
Columbus, Christoph 10

DDT (Schädlingsbekämpfungsmittel) s. Malariakontrollteam
De Armas, Alvaro 327, 329, 335, 344–348, 352, 359 f., 369 ff., 373, 378 ff., 395–398, 400
De Pedro, Manuel 270, 296, 343, 347, 378 f.
Deutschland 139, 150, 153 f., 164, 167, 174
Drogen s. Yanomami
Doyle, Arthur Conan 11

Ecuador 141, 176, 311
Eggenschwiller, Mauricio 180
Ehe s. Yanomami
Eibl-Eibesfeldt, Irenäus 138–142, 144, 146, 150, 153 f., 165–171, 174, 178, 181, 199, 205 ff., 209, 215, 221, 258
El Dorado 11 f.
Ethologie 138 ff., 169

Fawcett, Oberst 11
Felicita, Sor 19

Florida, University of 164, 178 ff.
Fredlund, Eric 16, 22 f., 25, 40, 65 f., 100, 117, 192
FundAmazonas 328

Gainesville, Florida 164, 174, 179 f.
Geister s. Yanomami
Goetz, Elka 206
Goetz, Inga 131, 138, 206, 278
Gonzales, Juan 312
Gonzales, Padre 42
Gonzales Herrera 223, 266 f., 276 f., 324
Guajaribo-Stromschnellen 12, 24, 40, 66, 126, 142, 159, 183, 190, 201, 223, 257, 269, 279, 395, 409

Hames, Ray 16, 22, 25, 27, 65 f., 100, 117, 192, 216 ff., 265
Handelszeremoniell s. Yanomami
Harris, Madeline 216
Harris, Marvin 17, 56, 63 f., 100, 117, 136 f., 139, 164, 174, 178 ff., 216 f., 368
Hasupuweteri passim
Havertown, Pennsylvania 177, 403
Hawaroweteri 105, 108 ff., 112, 124, 196, 212, 285
- Pflanzungen 109
Heilrituale s. Yanomami
Herzog, Harald 205 f., 234, 381, 395
Hiomisiteri 155
Humanethologie 138 ff., 169
Humboldt, Alexander von 12, 15, 380

Ik 211
Inzesttabus s. Yanomami
Irokai 224, 236, 240, 242 ff., 246, 248, 342, 348, 362
Isabella (span. Königin) 12

Jagd s. Yanomami
Jersey City State College 410
Jívaro 176

Kasharaweteri 51
Kinder s. Yanomami
Kindestötung s. Yanomami
Kindesverlobung s. Yanomami
Kolumbien 176, 311
Konoporepiweteri 254, 301, 305, 363, 394
Kulturmaterialismus 97
Kulturökologie 64

La Esmeralda 265, 276, 278, 304, 307 ff., 328, 314, 342, 346 f., 350, 367, 373, 383, 409
Lebensgewohnheiten s. Yanomami
Lévi-Strauss, Claude 216
Lizarralde, Roberto 196
Lizot, Jacques 21–24, 27 ff., 101, 126, 181, 216 f., 222, 224, 234, 376
Lorenz, Konrad 138, 140, 169

Magnilia, Cuto 270
Malaria 125 f., 154–164, 179 f., 246
Malariakontrollteam (DDT) 48–51, 132, 253, 256 ff., 264 f., 303, 306, 361, 365 f.
Mavaca (Fluß) 20
Mavaca-Mission 20 f., 264, 301, 304 ff., 308, 311, 339, 341 f., 347, 392–395
Max-Planck-Institut, München 138 ff., 152 f.
Mexiko 15
Mission, evangelische und katholische 12, 274
Mokaritateri 102–106, 108, 119 f., 124, 195, 227, 231, 384, 386, 390
- Pflanzungen 104
Muller-Rojas (Gouverneur) 266 ff., 271, 274–277, 317, 324, 326 ff., 332–336, 344 ff., 361, 367
München 138 f., 152
Musik s. Yanomami

Nanimabuweteri 108 f., 114, 116
- Pflanzungen 114, 116
Nahrung s. Yanomami
Namenstabu s. Yanomami
Neblina, Pico da 12
Neuguinea 141, 176
New York 16, 136, 139, 400
Noguera, Carlos 278, 280, 282 ff., 307 f., 341
Noguera, Juan Eduardo 277 f., 280, 282–286, 303, 307 f., 338 f., 341, 347, 361 f., 367, 373, 383

Ocamo (Fluß) 66
Ocamo-Mission 18 ff., 40, 265, 272, 331
Orellana, Francisco de 10 f.
Orinoco 10, 12, 15, 18, 20, 24, 100 f., 110, 112, 127, 130, 142, 154, 175, 180, 207 f., 213, 248, 252, 278, 284 f., 292, 308, 323, 338, 349, 363, 381, 385, 392 ff., 396, 409
Orinoquito 12, 285, 303, 392

Parima-Hochebene 349
Parima-See 12
Patahamateri 142, 154, 156, 161 f., 184 f., 188, 200, 212, 248–263, 265, 269 f., 274 f., 279 f., 282–288, 292 f., 296 f., 300, 302 f., 312, 325 f., 339, 349 ff., 353 ff., 357 f., 361, 398
Patanoweteri 183
Peñascal 12, 284
Pennsylvania State University 14, 17, 29, 35, 64, 133, 139, 153, 224
Pflanzungen s. Yanomami
Philadelphia 403, 407
Pizarro, Francisco 11
Platanal-Mission 42, 100, 142, 146, 150, 159, 161, 166, 182 f., 190, 201, 205, 208, 221, 257, 259, 264, 310, 305, 312, 381, 392
Poreweteri 349–352, 358
Prararaiteri 202
PTJ 329, 331
Puerto Ayacucho 11, 175, 18, 215, 217, 221 f., 264 ff., 268, 270 ff., 276, 279 f., 283 f., 288, 295, 301–304, 307 f., 310 ff., 316 f., 320, 324 f., 327, 331, 334, 339, 342, 346, 350, 361, 366–369, 373, 395

Rahuawe 297
Rahuawe (Fluß) 226
Raleigh, Walter 12
Reagan, Ronald 234, 259
Riberol, Irene 317, 321 f., 324, 327–330, 335, 337 f., 342, 367, 395
Río Bocon 206, 381
Río Negro 12, 346
Roosevelt, Theodore 10
Rotondaro, Alvaro 383
Rutherford, New Jersey 410

Sanchez (Gouverneur) 221, 223, 235
Sanders, William 16, 22, 24 f., 135, 137, 174, 192
Sanema-Indios 12
Santos, Padre 163
Sarisariñama-Plateau 12
Schamanen s. Yanomami
Schönheitsbegriff s. Yanomami
Scranton, Pennsylvania 408
Sexualität s. Yanomami
Shamatari 101, 116, 180 f., 356
Shuimuiteri 223 f., 260, 283 ff., 291
Shukumi ke U (»Fluß der Sittiche«, Yanomami-Name für den Siapa) 356
Siapa 100 f., 108, 112 ff., 116, 119, 124, 180, 182, 190, 225, 285
Sierra Imeri 12
Sierra Unturán 110
Sozialstruktur s. Yanomami
Sprache s. Yanomami
Stammesfehden s. Yanomami
Studien, genealogische 104, 114, 116, 119
Studien, kulturvergleichende 138, 140 f.
Stummer, Martin 175 ff., 199
Surucucu 110

Tayariteri 21 f., 40, 65 f., 134
Teotihuacan 15
Texeira (Entdecker) 10
Teotihuacan 15
Toki 312
Tokonaweteri 285
Tolteken 15
Trecks s. Yanomami
Turgua 378 ff.

Union City, New Jersey 418, 421
Urdenata, Luis 275
Ursua, Pedro de 10
USA 65, 165, 177 f., 212, 222, 234, 258 ff., 382, 400–405

Valero, Francisco 48 ff.
Valero, Helena 48, 278, 338
Venezuela 11 ff., 17, 64, 154, 174, 320, 343, 368, 379, 382, 400, 403
- Indio-Schutzbehörde 215, 221, 271, 317, 322 f.
- Volkszählungsprojekt 180–183, 190, 195 f., 201–207, 209, 221 f.
Vergewaltigung s. Yanomami
Verwandtschaftsbeziehungen s. Yanomami
Wagley, Charles 180
Warokoaweteri 292
Washington 182, 199 f.
Wawatoi 161, 188, 201, 207, 223, 226, 235 f., 241, 252, 284, 339, 342 f., 348, 352, 358, 360, 362, 383 ff., 389, 392, 395, 404, 409
Wohnen s. Yanomami

Yanomami passim (s. auch: Bishaashiteri, Hasupuweteri, Hawaroweteri, Hiomiseteri, Kasharaweteri, Konoporepiweteri, Mokaritateri, Nanimabuweteri, Patahamateri,

Patanoweteri, Poreweteri, Prararaiteri, Shamatari, Shuimuiteri, Tokonaweteri, Warokoaweteri, Yehiopateri, Ye'kwana)
- Aggression 6 ff., 81–87, 398
- Äußeres 14, 27 f., 38
- Bestattungsbräuche 52, 87–91, 155, 162, 354 f.
- Besuchszeremoniell 103 f., 114
- Drogen 54, 77, 79, 87
- Ehe 84 f., 142–152, 186, 196 f., 326, 331
- Feste 212 f.
- Geister 79, 105–108, 234
- Gewalt, häusliche 85–87, 238
- Gewalt, ritualisierte 74
- Handelszeremoniell 114 ff.
- Heilrituale 54
- Herkunft 13
- Inzesttabus 145, 193, 249
- Jagd 62 f., 72, 89, 242, 262
- Kinder 385
- Kindesverlobung 144 f.
- Kindestötung 413
- Lebensgewohnheiten 13, 16, 46, 81, 95 ff.
- Musik 104, 249, 251, 264, 270
- Nahrung 68
- Namenstabu 6, 59 f., 93
- Pflanzungen s. Boriana, Irokai, Wawatoi
- Schamanen 54, 77, 79, 87, 92, 160, 255
- Schönheitsbegriff 192, 194 f.
- Sexualität 87, 193 f., 211 f., 227 f., 375 f.
- Sozialstruktur 37 f.
- Sprache 6, 30, 40, 53 ff., 81 f., 153
- Stammesfehden 14, 49 ff.
- Trecks 13, 66–75, 97 f., 212
- Vergewaltigung 119–123, 191, 193 f., 241–245, 251
- Verwandtschaftsbeziehungen 59, 93, 104 f.
- Wohnen 13, 30 f., 37 f., 46 f., 71, 75–80, 98, 109 f.

Yehiopateri 124, 227
Ye'kwana 12, 217 f., 265, 271 f., 312

Zentral-Universität von Venezuela 17
- Schule für Tropenmedizin 381

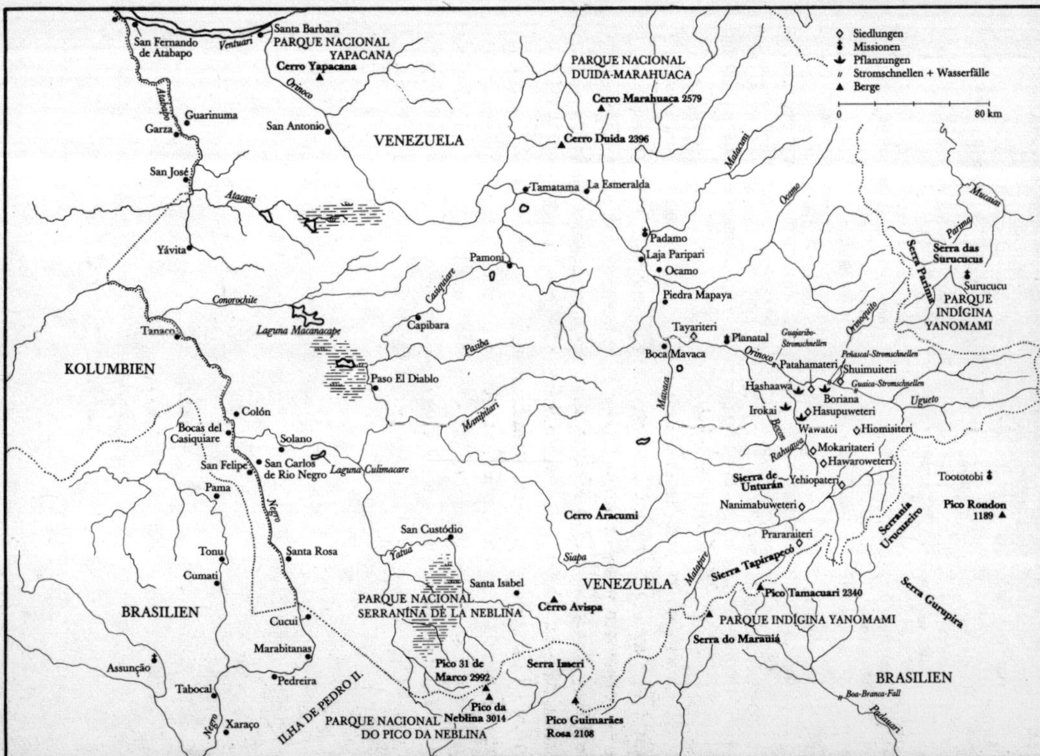

Siedlungen
Missionen
Pflanzungen
Stromschnellen + Wasserfälle
Berge
0
80 km
San Fernando de Atabapo
Santa Barbara
Ventuari
PARQUE NACIONAL YAPACANA
Cerro Yapacana
Orinoco
Atabapo
Guarinuma
Garza
San Antonio
VENEZUELA
San José
Atacavi
Yávita
PARQUE NACIONAL DUIDA-MARAHUACA
Cerro Marahuaca 2579
Cerro Duida 2396
Tamatama
La Esmeralda
Matacuni
Ocamo
Mucajaí
Parima
Padamo
Laja Paripari
Ocamo
Pamoni
Casiquiare
Conorochite
Laguna Macanacape
Capibara
Pasiba
Tanaco
KOLUMBIEN
Paso El Diablo
Piedra Mapaya
Tayariteri
Planatal
Guajaribo-Stromschnellen
Orinoco
Orinoquito
Serra Parima
Serra das Surucucus
Surucucu
PARQUE INDÍGINA YANOMAMI
Boca Mavaca
Patahamateri
Peñascal-Stromschnellen
Shuimuiteri
Guaica-Stromschnellen
Hashaawa
Boriana
Ugueto
Irokai
Hasupuweteri
Becon
Wawatöi
Hiomisiteri
Rahuawa
Mokaritateri
Hawaroweteri
Mavaca
Manipitari
Colón
Bocas del Casiquiare
Solano
San Felipe
San Carlos de Rio Negro
Laguna Culimacare
Pama
Negro
Sierra de Unturán
Yehiopateri
Tootobi
Nanimabuweteri
Pico Rondon 1189
Cerro Aracumi
Serrania Urucuzeiro
San Custódio
Praraiteri
Tonu
Santa Rosa
Yatua
Siapa
Matapire
Sierra Tapirapecó
Cumati
Santa Isabel
VENEZUELA
Pico Tamacuari 2340
Serra Gurupira
BRASILIEN
PARQUE NACIONAL SERRANÍNA DE LA NEBLINA
Cerro Avispa
Cucui
PARQUE INDÍGINA YANOMAMI
Serra do Marauiá
Marabitanas
Assunção
Pico 31 de Marco 2992
Serra Imeri
BRASILIEN
Pedreira
Tabocal
ILHA DE PEDRO II.
Pico da Neblina 3014
Boa-Branca-Fall
PARQUE NACIONAL DO PICO DA NEBLINA
Pico Guimarães Rosa 2108
Padauari
Negro
Xaraço